ARCHIVES
CAMPANAIRES
DE PICARDIE

PAR

Jos. BERTHELÉ

ARCHIVISTE DU DÉPARTEMENT DE L'HÉRAULT
MEMBRE NON RÉSIDANT DU COMITÉ DES TRAVAUX HISTORIQUES

~~~~~~

TOME PREMIER

Les Cavillier et les Gorlier. — I. *Biographie des fondeurs.* — II. *Archives des fondeurs.* — III. *Historique des cloches* (XVIIe-XVIIIe siècles). — *Département de la Somme.*

ABBEVILLE	MONTPELLIER
IMPRIMERIE F. PAILLART	LIBRAIRIE Louis VALAT
Rue de l'Hôtel-de-Ville, 26	Place de la Préfecture, 9

1911

Don de Mme Berthelé

ARCHIVES CAMPANAIRES DE PICARDIE

2606

8° Ly^11 241

EXTRAIT DES *Mémoires de la Société d'Émulation d'Abbeville*, tome XXIII de la collection (4ᵉ série, tome VII), première partie, pp. 1 à 489.

ARCHIVES CAMPANAIRES DE PICARDIE

PAR

Jos. BERTHELÉ

ARCHIVISTE DU DÉPARTEMENT DE L'HÉRAULT
MEMBRE NON RÉSIDANT DU COMITÉ DES TRAVAUX HISTORIQUES

TOME PREMIER

Les Cavillier et les Gorlier. — I. *Biographie des fondeurs.* — II. *Archives des fondeurs.* — III. *Historique des cloches* (xviie-xviiie siècles) : — *Département de la Somme.*

ABBEVILLE
IMPRIMERIE F. PAILLART
Rue de l'Hôtel-de-Ville, 26

MONTPELLIER
LIBRAIRIE Louis VALAT
Place de la Préfecture, 9

1911

ARCHIVES CAMPANAIRES

DE PICARDIE

INTRODUCTION

Les sources écrites, où les archéologues campanographes ont coutume d'aller puiser leurs informations, sont, — d'une part, les inscriptions des cloches, — de l'autre, les archives locales.

Les inscriptions campanaires fournissent les noms des parrains et marraines, des prêtres consécrateurs, des fondeurs, des membres de la municipalité ou de la fabrique. On y trouve des dates, des formules liturgiques. etc.

L'histoire de l'opération industrielle et commerciale, de la cérémonie religieuse, de la fête publique. dont les cloches ont été l'occasion, se rencontre assez souvent dans les délibérations et dans la comptabilité des communes et des fabriques. ainsi que dans les registres des paroisses. entre deux autres baptêmes ... moins solennels.

Les anciennes minutes des notaires offrent, de

temps à autre, des documents campanaires (marchés, règlements de comptes, quittances, etc.), dont le dépouillement est toujours fructueux. Les « livres de raison », conservés chez certains particuliers et contenant le souvenir des menus évènements locaux, permettent, à l'occasion, de même que les minutes notariales, de compléter les archives paroissiales et communales, ou même de suppléer à leur disparition.

A ces diverses sources d'information publiques ou privées, il y a lieu d'en ajouter une autre, — également d'ordre privé, — susceptible de fournir beaucoup de renseignements curieux, — que l'on a assez peu utilisée jusqu'à ce jour, et qu'il importe de ne pas négliger. Ce sont les *Archives de famille des fondeurs de cloches eux-mêmes.*

Parmi nos fondeurs de cloches actuels, plus d'un possède des papiers assez abondants : marchés, textes d'inscriptions, certificats des paroisses ou des communes auxquelles des cloches ont été fournies, correspondances, registres de fonderie, registres de comptabilité, etc., se rapportant non seulement à la période moderne, mais encore à des temps plus lointains, quand le métier s'exerce dans la famille depuis plusieurs générations. — Dans certains cas, ces papiers sont passés entre les mains des descendants, plus ou moins proches, des anciens fondeurs.

Depuis quelques vingt ans [1], au cours de nos

---

[1]. C'est exactement en 1890 qu'a eu lieu notre premier voyage d'exploration campanaire en Picardie. — Nos premiers articles d'épigraphie campanaire (Poitou, etc.) remontent à 1887 et 1888.

recherches sur l'histoire de l'industrie campanaire, nous avons eu la bonne fortune de découvrir, — épars un peu aux quatre coins de la France [1], — un certain nombre de ces « dépôts », inégalement riches d'ailleurs, d'archives campanaires personnelles, et nous y avons puisé bien des informations dignes de mémoire.

Ces « dépôts » concernent souvent des localités très éloignées de l'endroit où ils sont aujourd'hui conservés. C'est ainsi que le Bassigny [2], — pays par excellence des anciens fondeurs de cloches *ambulants*, — a enrichi nos dossiers de beaucoup de pages très précises sur des cloches fondues dans le Gers, la Dordogne, la Creuse, la Haute-Vienne, l'Ain, la Savoie, le Nord, l'Aisne, le Pas-de-Calais, la Belgique, la Prusse rhénane [3].

Mais les archives campanaires, les plus riches que nous ayons pu explorer, sont — de beaucoup — celles de M. Xavier Cavillier, fondeur de cloches à Carrépuits, près Roye (Somme).

La famille Cavillier a produit, du xvi⁰ au xx⁰ siècle, une trentaine de fondeurs de cloches ; M. Xavier Cavillier possède les papiers d'une notable partie d'entre eux. Avec une amabilité parfaite, dont nous ne saurions trop le remercier, il a bien voulu mettre

---

[1]. Cf. nos *Enquêtes campanaires*, pp. 644-645.
[2]. Haute-Marne et Vosges.
[3]. Nous n'avons donné qu'une *très minime partie* de ces informations d' « Archives campanaires » dans nos publications antérieures : — *Enquêtes campanaires* (Montpellier, 1903). — *Mélanges de Campanographie ancienne et moderne* (Montpellier, 1906), — *Exploration campanaire du Périgord*, en collaboration avec M. le chanoine Brugière (Périgueux, 1907), — *Opuscules campanaires* (Montpellier, 1907 et suiv.).

tous ces documents à notre disposition et nous autoriser à en extraire les renseignements historiques, qui nous paraîtraient intéressants ou utiles à publier.

D'autres « nids » de documents campanaires picards, moins importants toutefois, nous ont été ouverts, avec une égale obligeance, par les descendants des Gorlier, d'Urbain Guffroy et de Victorice Caron, à Roisel (Somme), — par feu M. Adolphe Cavillier, ancien fondeur de cloches à Solente (Oise), — et par MM. Daperon père et fils, anciens fondeurs à Amiens.

Ce sont ces quatre dépôts d'archives campanaires, — tous quatre conservés en pays picard, — le premier, appartenant à la fonderie de cloches, toujours existante et toujours renommée, de Carrépuits, — les trois autres provenant des fonderies de cloches, successivement disparues, de Roisel, de Solente et d'Amiens, — que nous voudrions faire connaître par le présent travail [1].

Les documents qui y sont conservés, se rapportent non seulement à la Picardie proprement dite, mais encore aux *diverses provinces circonvoisines*. Les amateurs de l'histoire locale des divers départements du nord de la France (Somme, Oise, Aisne, Pas-de-Calais, Nord, etc.) trouveront dans cet *inventaire sommaire* des détails précis, — *que l'on rechercherait en vain ailleurs*, — sur les cloches d'un grand

---

[1]. Nous y joindrons, naturellement, le dépouillement des papiers divers, qui nous ont été gracieusement donnés, tant par M. Xavier Cavillier, que par feu M. Adolphe Cavillier, par les descendants de Victorice Caron et par M. Jules Daperon, — et qui font aujourd'hui partie de notre bibliothèque personnelle.

nombre de communes et de paroisses. Nos confrères en campanographie y recueilleront, en outre, quantité de particularités instructives sur l'artistique industrie de la fonte des cloches, en campagne et en fonderie, antérieurement aux temps actuels[1].

Notre programme n'était pas d'écrire l'histoire de tous les fondeurs de cloches, fixes ou de passage, ayant travaillé en Picardie. Il n'y aura donc pas lieu de chercher ici une étude spéciale sur les divers fondeurs qui ont été autrefois établis à Abbeville, à Amiens, à Montdidier, etc., et dont un certain nombre de cloches ont déjà été signalées par divers auteurs.

D'une façon générale, nous ne nous sommes occupé que des fondeurs de cloches appartenant aux diverses branches des *familles Cavillier et Gorlier*, et de ceux qui ont succédé aux Cavillier et aux Gorlier, à Aumale, à Amiens et à Roisel.

De même, et sauf quelques cas exceptionnels, nous nous sommes bornés, pour chacune des localités passées en revue, aux renseignements fournis par les quatre fonds d'archives, provenant des fonderies de cloches de Carrépuits, de Roisel, de Solente et d'Amiens. Nous n'avons eu recours à d'autres sources, que pour suppléer aux lacunes de ces archives et essayer un catalogue partiel des cloches.

---

[1]. Nous avons relevé çà et là, à l'état de spécimens, — sur les prix du travail, les conditions financières des associations, la valeur des marchandises, etc., — des détails caractéristiques susceptibles d'être utiles, non seulement aux campanographes, mais encore aux érudits, aujourd'hui de plus en plus nombreux, qui se préoccupent de l'histoire économique de l'ancienne France.

œuvres de ceux de ces fondeurs, dont les papiers ne se sont pas conservés.

Autant que nous l'avons pu, et sans nous laisser arrêter par le souci des défectuosités de rédaction qui devaient en résulter, nous avons conservé aux textes leur libellé original [1] et procédé *par extraits*. C'était le meilleur moyen d'atteindre le maximum d'exactitude et de précision. Nous sommes certain que personne ne nous reprochera d'avoir sacrifié toute préoccupation personnelle d'auteur, pour laisser la parole, le plus souvent, aux Cavillier et aux Gorlier eux-mêmes.

Il nous a paru que, dans cette analyse des archives campanaires ayant survécu en Picardie, nous ne devions pas nous astreindre à suivre en tous points la méthode officiellement adoptée pour la rédaction des inventaires d'archives départementales ou communales. Nous avons voulu éviter les confusions et les répétitions, qui, dans l'espèce, auraient résulté de la façon de procéder ordinaire. En conséquence, nous nous sommes abstenu de donner le résumé de nos documents, *registre par registre, dossier par dossier*. Nous avons groupé les renseignements, localité par localité, paroisse par paroisse, et dans l'ordre chronologique, — en renvoyant, pour chaque fonte, à la source unique ou aux sources multiples, qu'il peut y avoir lieu de consulter pour plus ample information.

---

[1]. Nous n'avons pas hésité cependant à corriger certaines fautes d'orthographe, dont la reproduction littérale eût été parfaitement oiseuse.

Nous avions songé un instant à répartir toutes ces localités *dans l'ordre alphabétique*, en donnant, à la suite pour chacune d'elles, l'historique des cloches, durant la période ancienne et durant la période moderne. Mais nous avons bien vite reconnu qu'il était préférable d'adopter, d'une part, un groupement géographique, qui permettrait de mieux distinguer le champ d'action des divers fondeurs ; d'autre part, une subdivision chronologique, tenant compte de la période d'arrêt qu'a subie l'industrie de la fonte des cloches en France, durant la Révolution, et séparant nettement les xvii° et xviii° siècles des temps plus rapprochés de nous.

C'est pourquoi nous avons catalogué — d'abord, les cloches des Cavillier et des Gorlier *anciens*, — ensuite, les cloches des Cavillier et des Gorlier *modernes*, et celles de leurs successeurs, — et réparti les unes et les autres par *départements, arrondissements et cantons*.

Cette disposition, plus logique (nous oserions presque dire plus scientifique), aura, par surcroît l'avantage d'apporter plus de clarté dans l'ensemble de nos dépouillements, et par suite d'en diminuer l'aridité. Peut-être, grâce à elle, ces pages, écrites surtout pour être *consultées*, bénéficieront-elles quelquefois de l'honneur d'être *lues !* au moins par fragments.

Montpellier, le 3o juin 1909.

PREMIÈRE PARTIE

BIOGRAPHIE DES FONDEURS
XVIIe-XXe Siècles

CHAPITRE PREMIER

LES CAVILLIER

FONDEURS DE CLOCHES

La famille Cavillier, — dont le nom a été donné, le 30 mars 1898, à l'une des rues de la ville d'Amiens[1], — occupe une place tout particulièrement importante parmi les familles de fondeurs de cloches, qui ont prospéré, au temps jadis, dans nos diverses provinces françaises, — parallélement aux invasions régulières des *fondeurs ambulants* du Bas-

---

[1]. Séance du Conseil municipal d'Amiens, du 30 mars 1898. — *Rapport du Maire.* — 12° Dénominations de rues. — *Rue Cavillier.*
« Ce nom est celui d'une ancienne famille picarde, dont les membres
« exercèrent de père en fils, dans notre ville [sic], dès le xvi° siècle
« [sic], l'industrie de la fonte des métaux et se distinguèrent princi-
« palement dans l'art campanaire.
  « La grosse cloche du beffroi, deux bourdons de la cathédrale et la
« plupart des cloches des églises d'Amiens sortirent des ateliers
« Cavillier, auxquels furent commandées les cloches de célèbres
« basiliques de France, entr'autres : les cathédrales de Chartres, de
« Blois ; l'église Saint-Étienne-du-Mont, à Paris ; les églises de Saint-
« Vulfran et du Saint-Sépulcre, à Abbeville, ainsi que les carillons
« de Roubaix, de Tourcoing, de Seclin et de Liévin.
  « La fonderie située rue Le Nôtre était encore dirigée, il y a quel-
« ques années, par un descendant de la famille Cavillier ». (*Bulletin municipal de la ville d'Amiens*, 25° année, 1898, 1re partie. *Délibérations du Conseil municipal*, pp. 181-183).
  « Le Conseil a adopté » (*Ibid.* p. 183).

signy. — des *Lorrains*, pour employer le terme (partiellement inexact d'ailleurs) alors en usage chez les fondeurs aussi bien que dans le public [1].

On trouve les Cavillier établis, durant des périodes plus ou moins longues, non seulement sur les confins respectifs des départements actuels de la Somme et de l'Oise : à *Carrépuits* [2] et à *Solente* [3], — mais encore, dans l'Oise : à *Noyon* et à *Beauvais* ; — dans la Somme, à *Amiens* [4], — et dans la Seine-Inférieure : à *Rouen* et à *Aumale* [5].

Ils ont été une trentaine à pratiquer la fonte des cloches. Leur œuvre remplit trois siècles : le XVIIe, le XVIIIe et le XIXe. Leur nom est écrit avec honneur dans la chronique campanaire d'Amiens, d'Abbeville, de Péronne, de Montdidier, de Roye, de Corbie, de Noyon, de Compiègne, de Senlis, de Dunkerque, de Laon, de Soissons, de Reims, de Paris, de Versailles, de Chartres, de Blois, et de plusieurs centaines d'autres localités. Il n'est guère d'historien local de l'Oise et de la Somme, qui n'ait été amené à s'intéresser à eux, soit par les inscriptions des bronzes des clochers, soit par quelque document

---

1. Sur les fondeurs de cloches ambulants du Bassigny, voir notamment : — Jos. Berthelé, *Enquêtes campanaires* (1903), passim ; — Jos. Berthelé, *Mélanges* (1906), passim ; — H. Brugière et Jos. Berthelé, *Exploration campanaire du Périgord* (1907), passim.

2. *Carrépuits*, Somme, arrondissement de Montdidier, canton de Roye, — à proximité du département de l'Oise.

3. *Solente*, Oise, arrondissement de Compiègne, canton de Guiscard, — à proximité du département de la Somme, — à quatre kilomètres environ de Carrépuits.

4. Depuis 1820 environ, — et non pas « dès le XVIe siècle », comme l'a écrit, en 1898, M. le Maire d'Amiens.

5. *Aumale*, chef-lieu de canton de l'arrondissement de Neufchâtel-en-Bray (Seine-Inférieure), à proximité des départements de la Somme et de l'Oise.

(marché, compte ou procès-verbal de bénédiction), conservé dans les archives communales ou paroissiales.

Le premier centre connu de l'activité campanaire des Cavillier, est Noyon, où l'on voit Roger et ses fils installés durant le premier tiers du xvii° siècle. — En 1636 ou 1638, Philippe I. Cavillier crée la fonderie de cloches, de Carrépuits, toujours existante et qui compte actuellement une durée non interrompue de 270 ans, sous la direction des représentants successifs de la *branche aînée* : Philippe Ier, Nicolas II, Philippe II et Philippe III, Nicolas III et Nicolas IV, Amédée et Xavier.

Les trois Cavillier, en qui se personnifia la maison de Carrépuits, de la seconde moitié du xvii° siècle à la seconde moitié du xviii° siècle, eurent chacun un frère, dont la descendance se déroba à la tradition familiale de la collaboration avec les aînés. Et Carrépuits vit se développer, parallélement à la branche aînée, trois *branches cadettes*, sinon aussi marquantes, au moins aussi fécondes et en partie aussi laborieuses que la grande lignée directe des Philippe et des Nicolas.

Après avoir quelque temps séjourné eux aussi à Carrépuits, ces représentants des branches cadettes émigrèrent plus ou moins loin du foyer paternel. Les petits-fils du frère de Nicolas II, (ceux que Philippe III appelait *les Colinieux*, du nom de leur père Nicolas, dit Colin) allèrent s'établir vers 1763 à Aumale. Le neveu de Philippe II s'était fixé à Rouen vers 1745. Sous la Restauration, les frères cadets de Nicolas IV continuent ou créent des fonderies de cloches à Beauvais et à Amiens. Vers la même époque, le petit-fils du frère cadet de Philippe III transporte son atelier de Carrépuits dans un village tout proche, à Solente [1].

Cette fonderie de Solente a cessé de fonctionner depuis bientôt une vingtaine d'années. Celles de Beauvais, d'Aumale et de Rouen, ont également disparu. De toutes les fonderies de cloches, plus ou moins distantes de Carrépuits, qui ont été exploitées par des Cavillier, une seule a duré jusqu'au commencement du xxe siècle : celle d'Amiens, mais depuis quarante ans déjà, ce n'était plus un Cavillier qui la dirigeait. A l'heure actuelle, la fonderie de cloches de Carrépuits — la doyenne peut-être des maisons françaises de ce genre, — se trouve seule à représenter la spécialité industrielle et artistique de la famille Cavillier.

L'intérêt toujours croissant que les érudits portent aux recherches d'épigraphie et d'histoire campa-

---

1. Les Cavillier de Beauvais et d'Amiens paraissent avoir vécu en bonne intelligence avec leurs parents de Carrépuits. Il n'en fut pas de même pour les autres.

L'animosité des branches de Rouen et de Solente, et sans doute aussi de la branche d'Aumale, contre la branche aînée de Carrépuits, semble bien avoir été largement payée de réciprocité, et il est facile de deviner à qui songeait Philippe III, quand il écrivait dans son *Avis au Public* (nous dirions aujourd'hui son *prospectus*), cette phrase finale, non moins agressive que défensive :

« *En outre le dit Cavillier a l'avantage de prévenir ceux qui souhaite-*
« *roient le mettre en œuvre, qu'il se trouve plusieurs ouvriers rouleurs*
« *ou autres, qui, pour se procurer des ouvrages en fonte de cloches sur sa*
« *réputation, se disent être ses enfants, ses ouvriers ou travailler chez lui :*
« *ce qui est de faux exposés, à moins qu'ils ne soient munis de la pré-*
« *sente adresse du nom de votre serviteur, ou de celui de Nicolas qui est*
« *son fils* ». [Cf. Jos. Berthelé, *Enquêtes campanaires*, pp. 251-252].

La formule ne manque pas d'un certain piquant. Nous ne savons si elle fut efficace ; en tout cas, elle fut jugée bonne, et Nicolas IV aussi bien qu'Amédée ne se privèrent pas de la rééditer, textuellement ou même avec plus d'ampleur. Amédée alla même jusqu'à nommer en toute lettre son concurrent de Solente.

naires, nous encourage à entreprendre aujourd'hui la monographie de cette importante famille et le catalogue de son œuvre [1]. Nous ne croyons pas nous faire illusion en disant que ce dépouillement méthodique des archives de Cavillier — et des autres documents, susceptibles de contrôler et de compléter ces archives, — apportera une contribution utile à l'histoire locale de la Picardie et à l'histoire générale de l'art industriel en France.

Les Cavillier de Noyon.

ROGER, — seconde moitié du xvi° siècle et premier tiers du xvii°. — « le premier [de la famille

---

[1]. Nous avons déjà eu l'occasion, à plusieurs reprises, de nous occuper de l'histoire des Cavillier, fondeurs de cloches :

La Fonderie de cloches de M. Xavier Cavillier à Carrépuits (Somme), dans les *Annales de la Société historique et archéologique de Château-Thierry*, année 1890, pp. 161 à 171 ; — tiré à part sous le même titre, Château-Thierry, 1891, in-8 de 13 pp. ;

Deux jours à Carrépuits, dans la *Revue poitevine et saintongeaise*, tome VIII, n° 94, octobre 1891, pp 309 à 316 ; — tiré à part dans le *Carnet de voyage d'un Antiquaire poitevin*, pp. 257 à 266 ;

Une famille de fondeurs de cloches du xvi° ou xx° siècle, dans nos *Enquêtes campanaires* (Montpellier, 1903, in-8°), pp. 225-226 ; — *les premières fonderies des Cavillier, Noyon et Carrépuits*, ibid., pp. 227 à 232 ; — *les « Cloches et Fondeurs de cloches » de M. Louis Régnier et les Manuscrits de Philippe II Cavillier : « la Pyrotechnie » et « l'Œuvre campanale »*, ibid., pp. 233 à 246 ; — *Deux devis de fontes de cloches sur place, dressés par Philippe III Cavillier*, ibid., pp. 247 à 250 ; — *le Prospectus de Philippe III Cavillier*, ibid., pp. 251-252 ; — *Origine de la fonderie de Roisel (Somme)*, ibid., pp. 253 à 255 ; — cf. l'*Index des noms de fondeurs*, pp. 574 à 577 ;

La Famille Cavillier, dans le volume du *Congrès archéologique de France*, 72° session (tenue en 1905 à Beauvais par la Société française d'Archéologie), pp. 667 à 677 ; — article tiré à part sous le titre : *La Famille Cavillier et les Fonderies de Carrépuits, de Solente, d'Amiens, de Beauvais, etc.* (Caen, Henri Delesques, mars 1907, une plaquette de 13 pages in-8°, formant le premier fascicule de nos *Opuscules campanaires*).

Cavillier], à ce qui paraît, qui ait été fondeur de cloches » ;

Né à Corbie (Somme) « en 1548 » :

D'abord fondeur ambulant ; — établi ensuite à Noyon, à une date inconnue [1] : — marié à Noyon avec Marie Boussinet ; — mort postérieurement au 12 octobre 1629 [2], par conséquent âgé de plus de 80 ans :

Père des quatre fondeurs de cloches NICOLAS, JEAN, NOEL et PHILIPPE, qui suivent ;

Fut, pour son malheur, en 1610, l'un des entrepreneurs (en société avec Claude Dupuys, Pierre Roussel et Bon Maréchal) de la fonte — réussie seulement à la troisième coulée — du gros bourdon de la cathédrale de Noyon [3] :

Dans l'état actuel de nos connaissances, la cloche de Selens (Aisne), qui remonte à 1606, serait la seule signée de lui, encore existante : elle représenterait le plus ancien spécimen parvenu jusqu'à nous de l'industrie des Cavillier [4].

JEAN, NICOLAS et NOEL, — fils de ROGER, qui précède, et frères de PHILIPPE I (de Carrépuits) qui suit ; — premier tiers du XVIIe siècle ; — années de naissance et de décès, inconnues :

Ont travaillé, comme leur père, pour diverses

---

1. C'est par erreur que l'abbé Corblet, Dergny et de Champeaux ont écrit : « Dès 1548, Roger Cavillier était établi à Noyon ».
2. Cf. le marché des cloches de Brie, passé le 12 octobre 1629, par Roger et Nicolas Cavillier, — dans nos *Enquêtes campanaires*, p. 229.
3. Philippe III Cavillier, *Généalogie*, pp. 3-4 ; — Jos. Berthelé, *les premières fonderies des Cavillier, Noyon et Carrépuits*, dans *Enquêtes campanaires*, pp. 227 et suiv. ; — *Congrès archéologique de France*, 72e session, p. 670.
4. Cf. nos *Enquêtes campanaires*, p. 228, note 2.

localités appartenant aujourd'hui aux départements de l'Oise, de la Somme et de l'Aisne ;

Il paraît impossible, pour le moment, de préciser la durée et le caractère de leurs carrières respectives : — on voit, en 1629, *Nicolas* entreprenant des cloches, en société avec son père[1] ; — en 1632, *Nicolas et Noël* font ensemble une expertise de cloches[2] ; — *Jean* paraît avoir, dans certains cas, travaillé sans ses frères[3] ; — les quatre cloches (s. d.) de l'église Saint-Martin de Noyon, refondues en décembre 1743, furent entreprises par les quatre frères associés « *Nicolas, Jean, Noël et Philippe*[4] » :

M. Xavier Cavillier possède encore la matrice gravée que les trois frères Nicolas, Philippe et Jean Cavillier, travaillant en société, employaient pour la signature de leurs cloches.

La branche aînée de Carrépuits.

La lignée directe des Cavillier a pour premier représentant, à Carrépuits, l'un des fils de Roger. PHILIPPE I, établi au dit Carrépuits vers 1636-1638. Sa carrière campanaire, commencée à Noyon, se continue avec ce nouveau domicile, durant la majeure partie du second tiers du XVIIe siècle.

Le fils aîné de Philippe I, NICOLAS[5], âgé de vingt

---

1. *Brie* (Aisne).
2. *Marest-Dampcourt* (Aisne).
3. *Roye* (Somme), la Charité et les Cordeliers.
4. Philippe III Cavillier, *Généalogie*, p. 5.
5. M. l'abbé Meister appelle ce fondeur « NICOLAS I" du nom (1647-1705) » (*Épigraphie du canton de Grandvilliers*, dans les *Mém. Soc. acad. Oise*, t. XIX, p. 96), et en conséquence, le fils et le petit-fils de Phi-

ans lors de la mort de son père (1667). lui succède et continue la fonte des cloches, en fonderie et sur place, jusques dans les premières années du xviiiᵉ siècle.

Le xviiiᵉ siècle a été, pour les Cavillier de la branche directe, une période particulièrement brillante et féconde. On pourrait dire : *la période des grands Cavillier*. — Le petit-fils et l'arrière-petit-fils de Philippe I, Philippe II et Philippe III remplissent presque exactement chacun par moitié, l'ensemble de ce siècle. Ils sont à la fois fondeurs et écrivains. Ils dotent la Picardie de bourdons et de sonneries remarquables. Ils laissent à leurs descendants un précieux traité technique sur leur industrie, et un curieux *livre de raison* contenant l'historique de la famille.

Pendant plus de vingt ans, antérieurement à la période révolutionnaire, Nicolas III, fils de Philippe III, a sa place à côté de son père. Après la Révolution, pendant la période du premier Empire, c'est lui qui préside à la maison de Carrépuits.

Il a pour successeur son fils aîné Nicolas IV, mort en décembre 1860. — De décembre 1860 à février 1884, la maison a pour chef Amédée.

Depuis février 1884, la fonderie des cloches de Carrépuits est dirigée par M. Xavier Cavillier, neuvième représentant de la branche directe.

lippe III, « Nicolas IIᵉ du nom (1738-1811), Nicolas IIIᵉ du nom (1770-1860) » (ibid., p. 97). — En raison de l'existence antérieure d'un premier Nicolas, fils de Roger et frère de Philippe I, nous désignerons le fils de Philippe I sous le nom de *Nicolas II*, et le fils et le petit-fils de Philippe III, sous les noms de *Nicolas III* et de *Nicolas IV*. Les autres Cavillier ayant porté le prénom de Nicolas, se distingueront facilement de ceux-ci, l'un à cause de son surnom : *Nicolas, dit Colin* ; les autres grâce à leur double prénom : *Pierre-Nicolas* (d'Aumale) et *Louis-Nicolas* (de Beauvais).

Nous reprenons chacun de ces fondeurs dans l'ordre chronologique, pour préciser leur biographie.

PHILIPPE I, — représentant de la deuxième génération de la branche directe des Cavillier ; — né à Noyon en 1606, — fils de Roger Cavillier et de Marie Boussinet ;

Marié à Carrépuits, en 1636 ou 1638, avec Suzanne Gorlier[1] ; — fondateur, vers cette même époque[2], de l'atelier campanaire de Carrépuits ;

Père des fondeurs de cloches : — Nicolas II (1647-1705), représentant de la troisième génération en ligne directe des Cavillier de Carrépuits, — et Charles (1650-1699), souche de la première branche cadette des Cavillier de Carrépuits, d'où sont sortis les Cavillier d'Aumale ;

Mort à Carrépuits, le 6 janvier 1667[3].

L'unique cloche encore existante que nous con-

---

[1]. « Ce mariage devait avoir une importance capitale pour le développement de l'industrie campanaire en Picardie. — Et d'abord, il marque l'origine de la fonderie de cloches encore en activité, de Carrépuits. — En second lieu, c'est de ce mariage que procèdent les différents Cavillier, qui, au cours des xviiie et xixe siècles, allèrent installer leurs pénates et leurs fourneaux à Aumale, à Rouen, à Solente, à Beauvais et à Amiens. — En troisième lieu, c'est à Suzanne Gorlier et à son fils Nicolas Cavillier que se rattache la fonderie de cloches des Gorlier, qui a existé à Roisel (Somme) pendant 160 ans environ, et une autre fonderie de cloches, de moins longue durée, créée à Frévent (Pas-de-Calais) par un des Gorlier, de Roisel. » (Jos. Berthelé, dans le Congrès archéol. de France, 72e session, pp. 671-672.)

[2]. « En 1647 [sic], Philippe Cavillier fonda à Carrépuits un établissement que dirige encore aujourd'hui avec succès un de ses arrière-petit-fils » (L'abbé Corblet, Notice historique et liturgique sur les cloches, dans la Revue de l'Art chrétien, tome Ier, 1857, p. 222) ; — reproduit par Dergny, les Cloches du pays de Bray, tome Ier (1863), p. 66, — et par A. de Champeaux, Dictionnaire des Fondeurs, tome Ier, (1886), p. 254.

[3]. Philippe III Cavillier, Généalogie, pp. 5 à 7.

naissions de lui, est celle de Vregny (Aisne), fondue en 1634 [1].

NICOLAS II. — représentant de la troisième génération de la branche directe des Cavillier ; — né à Carrépuits, — baptisé au dit lieu le 31 mars 1647, — fils du fondeur de cloches PHILIPPE I Cavillier, qui précède, et de Suzanne Gorlier [2] ; — frère aîné du fondeur de cloches CHARLES Cavillier, dont il sera parlé plus loin ;

Marié à Carrépuits, le 2 avril 1674, avec Suzanne Warguier [3] ;

Père et maître des fondeurs de cloches : — PHILIPPE II (1676-1753), représentant de la quatrième génération de la branche directe, — et JEAN (1680-1713), souche de la seconde branche cadette des Cavillier de Carrépuits, qui a produit le Cavillier fondeur de cloches de Rouen ;

Maître également de son cousin germain CHARLES GORLIER, qui s'établit fondeur de cloches à Roisel vers 1692 ;

Mort à Carrépuits, le 17 juin 1705, âgé de 58 ans [4].

---

1. De La Prairie, dans le *Bul. Soc. archéol. Soissons*, 2ᵉ série, tome II (1868), p. 155.
2. « En l'année 1647, ... le 31ᵉ mars, fut baptizé un fils, nommé Nicolas ; ses père et mère Philippe Cavillier et Suzanne Gorlier... » (Archives communales de Carrépuits, GG. 1.)
3. Les mariages manquent, pour cette année, dans les anciens registres paroissiaux, conservés aux archives communales de Carrépuits.
4. « L'an 1705, le 17ᵉ juin, est décedé, sur les dix heures du matin, en sa maison, Nicolas Cavillier, fondeur de cloche, demeurant à Carrépuis... Son corps fut le lendemain inhumé au cimetière de cette paroisse... Il estoit âgé d'environ soixantes ans ». (Arch. commun. de Carrépuits. GG).

« Nicolas Cavillier est mort le 17 juin 1705, âgé de 58 ans deux mois et dix-sept jours. » (Arch. Cavillier, Carrépuits : A, note à l'intérieur de la couverture).

Il est le premier Cavillier, dont les archives de la famille permettent de reconstituer l'œuvre d'une façon à peu près complète, au moins à partir de 1681.

Il opère, soit à Carrépuits, dans l'atelier paternel, soit en campagne, dans diverses localités appartenant aujourd'hui aux départements de l'Aisne, de l'Oise, de la Somme et du Pas-de-Calais, — soit pour son propre compte, soit pour le compte de deux chaudronniers faisant le commerce des métaux et des cloches : SENAULT, de Soissons, et DAPREMONT, de Péronne.

Il travaille généralement en société avec un ou plusieurs membres de la famille : — avec son frère cadet Charles, de 1681 (?) à 1699[1] ; — avec son dit frère Charles et avec son fils aîné Philippe II, de 1695 à 1699 ; — après la mort de son frère Charles (22 décembre 1699), avec ses deux fils Philippe II et Jean, de 1700 à 1705 ;

Après lui avoir appris le métier de fondeur de cloches et l'avoir eu comme coopérateur pendant plusieurs années, Nicolas Cavillier travailla également en société avec Charles Gorlier, de 1691 à 1693.

PHILIPPE II. — représentant de la quatrième génération de la branche directe des Cavillier ; — né et baptisé à Carrépuits, le 10 janvier 1676, — fils de NICOLAS II Cavillier, qui précède, et de Suzanne Wargnier ou Vuarnier[2] ;

Marié en 1707 avec Marie Blangy :

---

[1]. Cette association n'est que vraisemblable pour les années 1681 à 1690 ; elle est certaine pour les années 1691 à 1699.

[2]. « Le dixiesme janvier est né et baptizé un fils, nommé Philippes ; ses père et mère, Nicolas Cavillier [et] Suzanne Vuarnier » (Archiv. commun. de Carrépuits).

Père des fondeurs de cloches : — Philippe III, représentant de la cinquième génération de la branche directe, — et Florentin, souche de la troisième branche cadette de Carrépuits, d'où sont sortis les Cavillier de Solente :

Mort à Carrépuits, le 25 août 1753, âgé de 77 ans [1].

On le voit travailler, à Carrépuits ou sur place, — en société avec son frère Jean, de 1705 à 1713 ; — seul [2], [avec son cousin Nicolas, dit *Colin*, comme apprenti ?], de 1714 à 1719 ; — en société avec le dit *Colin*, de 1720 (?) à 1735 [3] ; — avec son fils aîné Philippe III, de 1735 à 1739 ; — en société avec le dit Philippe III, de 1740 à 1744 ; — en société avec ses deux fils Philippe III et Florentin, de 1744 à 1753.

A fondu notamment : — en 1734, l'une des grosses cloches de la cathédrale de Noyon, du poids de 8.000 livres environ ; — en 1736, les deux bourdons de la cathédrale d'Amiens, pesant ensemble 16.000 livres environ ; — en 1748, le bourdon du beffroi d'Amiens, estimé du poids de 22.000 livres ; — diverses sonneries ou cloches isolées, moins considérables, pour d'autres églises d'Amiens et de Noyon, pour Montdidier, Compiègne, etc.

A écrit pour l'instruction de ses descendants, un important traité technique sur la fonte des cloches,

---

1. « Le 26e jour d'aoust 1753, le corps de Philippe Cavillier, âgé de 77 ans, fondeur de cloches de cette paroisse, époux de Marie Blangy, décédé le jour d'hier, ... a été inhumé dans le cimetière de cette paroisse, en présence de Philippe et Florentin Cavillier, ses enfants, qui ont signé », et qui ont l'un et l'autre ajouté à leur nom leur qualité de « fondeur ». (Archiv. commun. de Carrépuits).
2. « Depuis l'an 1714 que je travaille seul », écrit-il lui-même. (Archiv. Cavillier, Carrépuits : F, p. 14).
3. « Séparation avec Colin à Guillaucourt » en 1735.

dont nous connaissons quatre rédactions successives, toutes les quatre ornées de dessins par l'auteur lui-même[1] : — la première, écrite en 1705, intitulée : *l'Art des Fondeurs de cloches*[2] ; — la seconde, écrite en 1726, intitulée : *la Pyrotechnie*, ou plus exactement : *Nouvelle Pyrotechnie, ou l'Art au feu*[3] ; — la troisième, écrite en 1732, intitulée : *l'Œuvre campanale*[4] ; — la quatrième, également intitulée : *l'Œuvre campanale*, écrite en 1740[5].

A écrit également (entre 1748 et 1723) une autre étude technique sur les cloches, intitulée : *Remarques à faire sur la dissertation du s^r Pluche, dans son « Spectacle de la Nature », entretien vingt-unième, où il parle de cloches sans connoissance : en voicy la réfutation par expérience et par preuves*[6]...

PHILIPPE III, — représentant de la cinquième génération en ligne directe des Cavillier de Carré-

---

[1]. Nous avons décrit trois de ces manuscrits, au cours de notre article intitulé : *Les « Cloches et Fondeurs de cloches » de M. Louis Régnier et les Manuscrits de Philippe II Cavillier : « la Pyrotechnie » et « l'Œuvre campanale »*, dans le *Bulletin monumental*, tome LXXI, année 1896, pp. 356 à 365 ; reproduit dans nos *Enquêtes campanaires* pp. 237 à 243. — Nous décrirons, quelque jour, le plus ancien.

[2]. Chez M. Xavier Cavillier, à Carrépuits.

[3]. Vendu, en septembre 1892, par M. Adolphe Cavillier, ancien fondeur de cloches à Solente, à M. Ferdinand Farnier, fondeur de cloches à Robécourt (Vosges).

[4]. Appartenant à M. F. Malbranche, de Bernay (Eure) : — signalé en 1895, par M. Louis Régnier, dans le *Bulletin archéologique du Comité des Travaux historiques*, p. 432.

[5]. Vendu en septembre 1892, par M. Adolphe Cavillier à M. Ferdinand Farnier. — C'est par erreur que ce manuscrit a été daté de l'année 1750 et attribué à *Philippe III Cavillier*, par l'abbé Corblet, dans la *Revue de l'Art chrétien*, tome I, p. 222 ; par De Champeaux, dans son *Dictionnaire des Fondeurs*, tome I, p. 254, et par M. l'abbé Meister, au cours de son *Épigraphie du canton de Grandvilliers*, dans les *Mém. Soc. acad. Oise*, tome XIX, p. 97 ; tirage à part, p. 28.

[6]. Chez M. Xavier Cavillier, à Carrépuits.

puits ; — né à Carrépuits le 15 mars 1712 : — fils de Philippe II. qui précède, et de Marie Blangy [1] ;

Marié à Carrépuits, le 2 juin 1738, avec Angélique Hareux ; — père du fondeur de cloches Nicolas III, représentant de la sixième génération des Cavillier de la branche directe ;

Mort à Carrépuits le 30 brumaire an XIV (21 novembre 1805), âgé de 93 ans et huit mois [2].

A travaillé, — le plus souvent à Carrépuits, quelquefois sur place, — en société avec son frère Florentin, de 1753 à 1769 ; — après la mort de Florentin [3] : en société avec son neveu Louis-Florentin, dit *Tintin*, et avec la coopération de son fils Nicolas III, durant l'année 1770 ; — en société avec les dits Louis-Florentin et Nicolas III, de janvier 1771 à juillet 1779 ; — après l'établissement de Louis-Florentin à son compte personnel [4] : en société avec son fils Nicolas III, de juillet 1779 à la Révolution ;

A collaboré avec son père aux bourdons de la Cathédrale et du Beffroi d'Amiens, en 1736 et en 1748 ;

De 1753 à 1769, a fondu notamment, en société

---

1. « L'an 1712, le 18ᵉ mars, fut ... baptisé ... un fils, né le 15ᵉ du dit mois ... de légitime mariage de Philippe Cavillier, fondeur de cloches, et de Marie Blangis... » (Archiv. commun. de Carrépuits, GG).

2. Le 1ᵉʳ frimaire an XIV, « Nicolas Cavillier, fondeur de cloches, âgé de 65 ans », déclare le décès, à la date du 30 brumaire, dix heures du soir, de son père « Philippe Cavillier, âgé de 94 ans, fondeur de cloches », veuf d'Angélique Hareux. (État-civil de Carrépuits).

3. « Florentin est décédé le 23ᵉ octobre 1769, à trois heures matin ». (Archiv. Cavillier, Carrépuits : journal O, p. 44 ; copie Berthelé, fol. 50). — Cf. Archiv. Cavillier, Carrépuits : registre J, pp. 151 et 161 à 163.

4. Voir ci-dessous, art. *Louis-Florentin*.

avec son frère Florentin : — en 1753, la sonnerie de Liancourt-sous-Clermont (Oise) : — en 1754, la sonnerie de Fontaine-sur-Somme (Somme), pesant de 5500 à 6000 livres ; — en 1755, les quatre cloches de l'église Saint-Remy d'Amiens, pesant environ 10.000 livres ; — la même année, les deux cloches secondaires et les deux timbres du Beffroi d'Amiens, pesant ensemble environ 3500 livres ; — en 1757, les trois cloches de Crécy-en-Ponthieu (Somme), pesant environ 4000 livres ; les quatre cloches de l'abbaye de Saint-Acheul (près Amiens), pesant environ 3500 livres, et les quatre cloches de Domart-en-Ponthieu, pesant environ 7500 livres ; — en 1760, les deux grosses cloches de l'église Sainte-Catherine d'Abbeville, pesant environ 5000 livres ; — en 1761, les dix cloches de l'église Saint-Gilles d'Abbeville, pesant environ 15.000 livres ; — en 1766, la sonnerie de Montigny-Lengrain (Aisne) : — en 1767, les quatre cloches d'Attichy (Oise), et les deux petites de la grosse sonnerie de l'abbaye de Saint-Faron, à Meaux (Seine-et-Marne).

De 1771 à 1779, en société avec Louis-Florentin et Nicolas III : — en 1771, la quatrième cloche de la grosse sonnerie de la cathédrale de Laon, pesant 6000 livres environ ; — en 1772, les quatre grosses cloches de l'abbaye de Saint-Corneille, à Compiègne, pesant 12.000 livres environ ; — en 1772 et 1774, une belle sonnerie de dix cloches pour l'abbaye de Cuissy (Aisne) ; — en 1773, les quatre grosses cloches de l'église Saint-Firmin-le-Confesseur d'Amiens ; — en 1774, la sonnerie de l'abbaye de Notre-Dame, à Ham ; — la même année, la plus grosse cloche de la grosse sonnerie de l'abbaye de

Corbie. pesant environ 4250 livres ; — en 1779, les deux sonneries de Pontpoint (Oise) ; les cinq cloches de l'abbaye de Genlis (Aisne), pesant près de 5700 livres, et six cloches pour l'église Saint-Pierre de Roye (Somme), pesant 8000 livres environ ; — etc.

Après 1779, en société avec Nicolas III : — en 1783, la petite des grosses de l'abbaye de Corbie ; — en 1784, la seconde grosse de l'abbaye de Cuissy ; — en 1785, la sonnerie de Notre-Dame-de-Liesse (Aisne) et les deux secondes cloches de l'église Saint-Martin de Chauny (Aisne) ; — en 1790, les quatre grosses de Craonne (Aisne) : — etc.

A écrit, en 1764, le livre de raison de la famille Cavillier, spécialement de la branche directe de Carrépuits, — livre de raison qu'il a lui-même continué à plusieurs reprises, que ses descendants ont tenu à jour jusqu'à l'époque actuelle, et qui s'ouvre par la *Généalogie de la famille des Cavilliers, présentement fondeurs de cloches demeurants à Carrépuits, près Roye, en Picardie, dont le commencement est de l'année 1548* [1]...

NICOLAS III, — représentant de la sixième génération en ligne directe des Cavillier, de Carrépuits ; — né à Carrépuits le 28 septembre 1738, — fils unique de PHILIPPE III, qui précède, et d'Angélique Hareux [2] ;

Marié à Carrépuits, le 11 septembre 1770, avec Geneviève Faroux [3] ; — père de trois fondeurs de cloches, savoir : 1° NICOLAS IV, représentant de

---

1. Nous reparlerons plus loin de ce manuscrit.
2. Il fut baptisé le lendemain.
3. Archiv. commun. de Carrépuits, GG. — Le même jour vit le mariage de Nicolas III et la naissance de Nicolas IV.

la septième génération de la branche directe ; — 2° Louis-Nicolas, établi fondeur de cloches à Beauvais ; — 3° Constant-Apollinaire, établi fondeur de cloches à Amiens ;

Mort à Carrépuits, le 21 janvier 1814, âgé de 76 ans [1].

Travaille en société avec son père et Louis-Florentin Cavillier, à partir de janvier 1771 [2]; — après le départ de Louis-Florentin (juillet 1779), continue à travailler en société avec Philippe Cavillier, jusqu'à la Révolution.

A fondu, après la Révolution : — en 1803, deux cloches pour la cathédrale de Reims, pesant ensemble de 8 à 9.000 livres, et quatre petites cloches pour l'église Saint-Maurice de la même ville ; — en 1805, quatre cloches pour la cathédrale de Laon, pesant ensemble de 13 à 14.000 livres, et cinq cloches pour l'église Saint-Jacques de Reims ; — en 1806, huit cloches pour l'église Saint-Remi de Reims ; — en 1807, trois cloches pour la cathédrale de Noyon ; — en 1808, quatre cloches pour l'église Saint-Nicolas de Boulogne-sur-Mer ; — en 1810, sept cloches pour la cathédrale de Soissons ; — etc.

A continué la tradition des Cavillier écrivains, en rédigeant le *Glossaire de l'Argot des anciens fondeurs de cloches* [3].

---

[1]. Le 22 janvier 1814. « Nicolas Cavillier, deuxième du nom, et Constant-Apollinaire Cavillier, tous deux fondeurs de cloches, domiciliés au dit Carrépuits », déclarent le décès, en date de la veille, de « Nicolas Cavillier, premier du nom, leur père, âgé de 76 ans, époux de Geneviève Faroux ». (État-civil de Carrépuits).

[2]. Janvier 1771 : « Nicolas entre en communauté avec nous ». (Journal O, p. 67 ; copie Berthelé, fol. 66).

[3]. Nous avons déjà eu l'occasion de signaler ce *Glossaire*. Nous le publierons quelque jour.

— 28 —

NICOLAS IV, — représentant de la septième génération en ligne directe des Cavillier, de Carrépuits :
— né à Carrépuits, le 11 septembre 1770 : — fils du fondeur de cloches NICOLAS III, qui précède, et de Geneviève Faroux [1] ;

Époux de Marie-Scolastique Ducellier [2] :

Père du fondeur de cloches AMÉDÉE, représentant de la huitième génération de la branche directe de Carrépuits [3] ;

Mort à Carrépuits le 17 décembre 1860, âgé de 90 ans [4].

A fondu, notamment : — en 1816, deux cloches pour la cathédrale de Chartres, et une pour l'église Notre-Dame de Versailles ; — en 1818, deux pour l'église Saint-Pierre de Roye (Somme) ; une, pour

---

1. Archiv. commun. de Carrépuits, GG.
2. Le 7 prairial an VI, annonce du mariage de « Nicolas Cavillier, garçon majeur, fondeur, domicilié en cette commune » de Carrépuits, fils de Nicolas Cavillier et de Geneviève Faroux, — avec Marie-Scolastique Ducellier, de la commune de Licourt (Somme) ; — les dits fiancés « entendoient faire rédiger l'acte de leur futur mariage, par devant l'agent municipal du dit Licourt, le neuf du dit prairial ». (État-civil de Carrépuits).
3. Des autres fils de Nicolas IV, deux furent, eux aussi, plus ou moins fondeurs deux cloches et travaillèrent soit à Carrépuits avec leur père et leur frère Amédée, soit avec leurs oncles de Beauvais et d'Amiens. Ce sont :
1° VICTOR, ou plus exactement Louis-Victor, né à Carrépuits le 2 pluviôse an X (22 janvier 1802), — mort à Carrépuits le 22 janvier 1876, à l'âge de 75 ans, propriétaire ;
2° EUGÈNE, ou plus exactement Nicolas-Eugène, né à Carrépuits, le 20 ventôse an XI (11 mars 1803), — mort à Roye, au mois de juillet 1892.
Victor fondit à Carrépuits en société avec son père, de 1835 à 1852.
4. Le 17 décembre 1860, « Louis-Victor Cavillier, cultivateur, âgé de 58 ans, et Ernest-Amédée Cavillier, fondeur de cloches, âgé de 51 ans », déclarent le décès de leur père Nicolas Cavillier, « ancien fondeur de cloches, veuf de Scolastique Ducellier, fils de Nicolas Cavillier et de Geneviève Faroux », mort le dit jour à deux heures du matin, âgé de 90 ans trois mois et six jours. (État-civil de Carrépuits).

Bagnolet (près Paris), et une pour l'église Saint-Médard de Paris ; — en 1819, les quatre cloches de l'église Saint-Étienne-du-Mont, à Paris ; — en 1821, les quatre cloches de la paroisse Saint-Louis, à Blois (Loir-et-Cher) ; — en 1823, les quatre cloches de Senlis (Oise) et les quatre de l'église Saint-Louis de Versailles ; — en 1824, trois cloches du Carillon de Dunkerque.

AMÉDÉE, — ou plus exactement AMÉDÉE-ERNEST, — représentant de la huitième génération de la branche directe de Carrépuits ; — né à Carrépuits le 11 septembre 1809, — fils de NICOLAS IV, qui précède, et de Scolastique Ducellier [1] ;

Marié à Carrépuits, le 23 mai 1850, avec Clarisse-Constance Gillet ; — père du fondeur de cloches XAVIER, représentant de la neuvième génération de la branche directe ;

Mort à Carrépuits, le 10 février 1884, à l'âge de 75 ans et cinq mois [2].

A refondu en 1881 le bourdon de la cathédrale de Soissons.

XAVIER, — ou plus exactement LOUIS-MARIE-FRANÇOIS-XAVIER, — représentant de la neuvième génération de la branche directe des Cavillier ;

Né à Carrépuits le 27 juin 1852, — fils aîné d'AMÉDÉE, qui précède ; — élève de son père ; son associé du mois d'octobre 1880 au mois de février 1884 ; — directeur actuel de la fonderie de Carrépuits ;

---

[1]. Nicolas IV Cavillier avait alors 39 ans.
[2]. Le décès fut déclaré le dit jour, par ses fils XAVIER, fondeur de cloches, âgé de 31 ans, demeurant à Carrépuits, et ALBERT, fondeur en fer, âgé de 27 ans, demeurant à Beauvais. (État-civil de Carrépuits).

Les plus fortes cloches ou sonneries qu'il ait fondues sont celles de Montreuil-sur-Mer (Pas-de-Calais), de Creil (Oise), de Thury-en-Valois (id.) et de Conty (Somme).

Branche latérale de Carrépuits et Aumale.

La première branche latérale des Cavillier comprend cinq fondeurs de cloches :
1° CHARLES (1650-1699), père de Nicolas ;
2° NICOLAS, dit COLIN (1696-1734) ;
3°, 4° et 5° les trois fils de Nicolas, dit Colin, savoir : PIERRE-NICOLAS, JEAN-BAPTISTE et JEAN-CHARLES.

Jusqu'en 1762, les représentants de cette branche sont domiciliés à Carrépuits. En 1763, Pierre-Nicolas s'établit à Aumale. Durant le dernier tiers du XVIIIe siècle, les frères de Pierre-Nicolas se partagent entre Carrépuits et Aumale.

CHARLES, — né à Carrépuits ; baptisé au dit lieu le 30 juin 1650 ; — fils du fondeur de cloches PHILIPPE I Cavillier, le créateur de l'atelier de Carrépuits, et de Suzanne Gorlier [1] ;

Petit-fils du fondeur de cloches ROGER Cavillier, de Corbie et Noyon ; — frère cadet de NICOLAS II, représentant de la troisième génération de la branche directe de Carrépuits ;

Marié à Carrépuits, le 23 février 1683, avec Marie Delaporte [2] ;

---

1. « Le 30° juin au dict an [1650], fut baplizé un filz, nommé Charles ; ses père et mère, Philippe Cavillier et Susanne Gorlier... » (Archiv. commun. de Carrépuits, GG).
2. Archiv. commun. de Carrépuits, GG.

— 31 —

Domicilié toute sa vie à Carrépuits ;

Mort au dit lieu, le 22 décembre 1699, « âgé de 50 ans ou environ » [1] ;

Travailla, comme fondeur de cloches, avec son frère aîné Nicolas II de la branche directe ;

Cousin germain du fondeur de cloches Charles Gorlier, de Roisel ;

Oncle des fondeurs de cloches Philippe II Cavillier, représentant de la quatrième génération de la branche directe de Carrépuits, — et Jean, chef de la branche latérale de Carrépuits et Rouen ;

Père du fondeur de cloches Nicolas, dit Colin, de Carrépuits ; — beau-père, par sa fille Cécile, du fondeur Jean Capperon, d'Amiens ; — grand-père des fondeurs de cloches Pierre-Nicolas, établi à Aumale, Jean-Baptiste, associé de Pierre-Nicolas à Aumale, et Jean-Charles.

NICOLAS, dit COLIN, — né à Carrépuits, le 21 février 1696, — fils du fondeur de cloches Charles Cavillier, qui précède, et de Marie Delaporte ; — filleul de Philippe II Cavillier, représentant de la quatrième génération de la branche directe de Carrépuits [2] ;

Marié à Carrépuits, le 16 février 1734, avec Cathe-

---

[1]. « L'an 1699, le 22ᵉ décembre, Charles Cavillier, fondeur de cloches, demeurant en cette paroisse, est deceddé dans sa maison sur les quatre heures après midy,... aagé de 50 ans ou environ ; son corps fut le lendemain inhumé dans le cimetière de cette paroisse... » (Archiv. commun. de Carrépuits, GG).

[2]. « L'an 1696, le 22ᵉ febvrier, fut baptizé dans l'église de cette paroisse un fils né le 21ᵉ du mesme mois et an, de et dans légitimme mariage de Charles Cavillier, fondeur, et de Marie Delaporte ; ... il fut nommé Nicolas ; son parrain fut Philippe Cavillier... » (Archiv. commun. de Carrépuits, GG).

rine Cavenel [1] : — mort au dit Carrépuits, le 10 septembre 1767, dans sa 72ᵉ année [2].

PIERRE-NICOLAS, — né à Carrépuits, le 27 mai 1735, — fils du fondeur de cloches NICOLAS, dit COLIN, qui précède, et de Catherine Cavenel [3] ; — domicilié d'abord à Carrépuits ;

Marié à Aumale, le 10 février 1763, — à la suite de la fonte de cloches entreprise pour cette localité, — avec Marie-Madeleine Haveau, veuve Dumarché [4] ;

Établi fondeur de cloches à Aumale pendant une trentaine d'années ; — travailla en société avec son frère cadet Jean-Baptiste, qui lui aussi se fixa à Aumale ; — domicilié au dit Aumale, rue Sᵗ-Lazare, [vraisemblablement à la poste aux chevaux de la route d'Amiens, à proximité du cimetière et du pont du chemin de fer actuel, au même endroit que plus

1. Le 16ᵉ février 1734, « Nicolas Cavillier, garçon majeur, fondeur de cloches, natif de cette paroisse, y demeurant, fils de Charles Cavillier et de Marie Delaporte, ... a épousé ... Catherine Cavenel ... » (Archiv. commun. de Carrépuits, GG).

2. Le 11 septembre 1767, inhumation de « Nicolas Cavillier, laboureur et fondeur, âgé de 71 ans et demy, époux de Cavenelle, décédé le jour d'hier »; la dite inhumation, « en présence de Jean-Baptiste et de Jean-Charles, ses enfants, tous deux garçons ». (Archiv. commun. de Carrépuits, GG).

3. « Le 27ᵉ mai 1735, est né en légitime mariage, et le lendemain, veille de la Pentecôte, a été baptisé ... Pierre-Nicolas, fils de Nicolas Cavillier, fondeur de cloche, et de Catherine Cavenel, ses père et mère ... » (Archiv. commun. de Carrépuits, GG).

4. Le 10 février 1763, « mariage entre Pierre-Nicolas Cavilliers, laboureur et fondeur, âgé de 28 ans, fils de Nicolas et de Catherine Cavenel, de la paroisse de Saint-Nicolas de Carpuis, diocèse de Noyon, d'une part, et Marie-Magdeleine Haveau, veufve en premières noces de Nicolas du Marché, en son vivant aubergiste et maître des postes à chevaux pour le Roy, à Aumale, âgée d'environ 32 ans, de cette paroisse d'Aumale, d'autre part », le dit mariage contracté « en présence de Jean-Baptiste Cavilliers, de la paroisse de Carpuis, frère de l'époux ». (Archiv. municip. d'Aumale, GG, registre de 1760 à 1769).

tard le beau-fils de son frère Jean-Baptiste, Evrot Boudin] ;

Mort à Aumale, le 12 messidor an III (30 juin 1795), âgé de 60 ans[1].

JEAN-BAPTISTE. — né à Carrépuits le 10 septembre 1741, — second fils de « Nicolas Cavillier, fondeur de cloches, et de Catherine Cavenel[2] » ; — frère des fondeurs de cloches Pierre-Nicolas, qui précède, et Jean-Charles, qui suit :

Domicilié d'abord à Carrépuits ; — fixé ensuite, à partir de 1768 ou environ, à Aumale, auprès de son frère aîné Pierre-Nicolas, avec lequel il travaille en société :

Marié à Aumale, le 12 février 1784, avec Marie-Nicole Roussel, veuve Boudin[3] ;

Vraisemblablement maître de son beau-fils Evrot Boudin, qui lui succéda :

Mort à Aumale le 14 mars 1816, âgé de 73 ans[4].

---

1. Le 12 messidor an III, « Jean-Baptiste Cavillier, marchand, âgé de 58 ans ou environ », et Nicolas du Marché, aussi marchand, déclarent que « Pierre-Nicolas Cavillier, aubergiste, âgé de 60 ans, est mort ce jourd'hui, huit heures du matin, dans sa maison, rue Saint-Lazare ». (État-civil d'Aumale, registre des ans II et III, troisième année, n° 49).

2. Baptisé le 11 septembre (cf. Archiv. commun. de Carrépuits, GG.).

3. Le 12 février 1784, à Aumale, « mariage entre Jean-Baptiste Cavillier, fondeur de cloches, âgé de 42 ans, fils majeur de feu Nicolas et de Catherine Cavenel, ses père et mère, originaire de la paroisse de Saint-Nicolas de Carrépuis, diocèse de Noyon, et de fait depuis seize ans de cette paroisse, d'une part, et Marie-Nicole Roussel, âgée de 39 ans, veuve en premières noces d'Evrod Boudin, fille majeure de feu Louis et de Marie Fresnel, ses père et mère, aussi de cette paroisse, d'autre part », le dit mariage contracté « en présence de Pierre-Nicolas Cavillier, son frère ». (Archiv. municip. d'Aumale, GG., registre de 1780 à 1790).

4. Le 15 mars 1816, à Aumale, « Evrot Boudin, âgé de 46 ans, beau-fils du défunt, fondeur de cloches », et Louis-Théodore Gellée, âgé de 48 ans, pharmacien, beau-frère du défunt, déclarent que

— 34 —

JEAN-CHARLES, — né à Carrépuits, — baptisé au dit lieu le 21 juin 1748, — [troisième] fils du fondeur de cloches Nicolas Cavillier, dit Colin, et de Catherine Cavenel [1]; — frère des fondeurs de cloches Pierre-Nicolas et Jean-Baptiste Cavillier, qui précèdent ;

Célibataire ; — décédé à Carrépuits, dans sa 78ᵉ année, le 16 janvier 1826 [2].

Le successeur des Cavillier à Aumale.

BOUDIN (Charles-Evrot), — dit couramment Evrot-Boudin, ou même simplement Evrot, — né à Aumale le 12 juin 1769, — non fils de fondeur de cloches [3] : — beau-fils du fondeur de cloches Jean-

« Jean-Baptiste Cavillier, âgé de 73 ans, né à Carrépuis, département de la Somme, ancien fondeur de cloches, fils de défunts Nicolas Cavillier et de Catherine Cavenel, et époux de Marie-Nicole Roussel, est décédé le jour d'hier à dix heures du soir, en son domicile sis faubourg Saint-Lazare en cette ville ». (État-civil d'Aumale).
1. Archiv. commun. de Carrépuits, GG.
2. Son acte de décès le dit « âgé de 77 ans et sept mois, né et domicilié au dit Carrépuits, fils de feu Nicolas Cavillier, à son décès cultivateur et fondeur de cloches, et de deffunte Catherine Cavenel » ; — la déclaration de son décès fut faite par son cousin « Nicolas Cavillier, âgé de 55 ans, fondeur de cloches ». (État-civil de Carrépuits).
3. Le 12 juin 1769, à Aumale, baptême d'un enfant « né de ce jour de Marie-Nicole Roussel, fille mineure de Louis et de Marie Frenel, ses père et mère, de cette paroisse, et de Evrault Bouding, fils mineur de Toussaint et de Marie-Catherine Morel, demeurant actuellement chez les sʳˢ Boufflers frères, négotiants de cette ville, qui a aussi reconnu le dit enfant pour être son fils... et le dit enfant a été nommé Charles-Evrault ». (Archiv. municip. d'Aumale, GG., registre de 1760 à 1769). — Le 27 juin 1769, à Aumale, « mariage entre Evrot Boudin, fils mineur de Toussaint et de Marie-Catherine Morel, âgé de 25 ans, originaire et de droit d'Abbeville-Saint-Lucien, paroisse et diocèse de Beauvais, et de fait, depuis six ans, de cette ville, d'une part, et Marie-Nicole Roussel, fille aussi mineure de Louis et de Marie Frenel, de droit et de fait de cette paroisse,

— 35 —

Baptiste Cavillier, qui avait épousé en 1784 Marie-Nicole Roussel, veuve Boudin ;

Élève des Cavillier d'Aumale et spécialement de Jean Baptiste, à qui il succéda ;

A fondu jusqu'à un âge très avancé :

Mort à Aumale le 18 octobre 1850, âgé de 81 ans [1] :

— n'a pas eu de successeur :

Avait épousé Angélique-Sophie Favret.

La fonderie d'Evrot Boudin était située à l'entrée de la ville d'Aumale, à l'extrémité de la rue Saint-Lazare (route d'Amiens), à proximité (à main droite) du cimetière et du pont du chemin de fer (ligne d'Abancourt au Tréport). L'ensemble du terrain de la fonderie est occupé actuellement par les trois maisons construites par M. Delille, maître charron, et portant les n°s 62, 64 et 66. Le four se trouvait exactement sur l'emplacement de la voie, derrière la maison n° 66 ; les derniers vestiges en ont disparu lors de l'installation de la voie spéciale de la petite ligne d'Aumale à Amiens [2].

d'autre part ; ... et les dits Evrot Boudin et Marie-Nicole Roussel ont reconnu pour leur enfant Charles-Evrot Boudin, né le 12 de juin de l'année 1769 et baptisé le 12 de juin de cette même année en cette paroisse » (Ibid.).

[1]. Le 18 octobre 1850, à Aumale, acte de décès de « Charles-Evrot Boudin, âgé de 81 ans, né en cette ville le 12 juin 1769, rentier, ... décédé ce jourd'hui en son domicile rue Saint-Lazare en cette ville, fils de défunt Evrot Boudin et de dame Marie-Nicole Roussel, et veuf de dame Angélique-Sophie Favret, avec laquelle il a été marié en la commune de Trichâteau le 23 octobre 1801 ». (État civil d'Aumale).

[2]. Communication de M. Alexandre Bulot, ancien tailleur de pierres, âgé de 75 ans, domicilié à Aumale, rue Saint-Lazare, n° 66. (Notre enquête à Aumale, septembre 1907).

Branche latérale de Carrépuits et Rouen.

Cette branche n'a été représentée que par deux fondeurs, le père et le fils : — 1° JEAN, qui travailla à Carrépuits avec son père, son oncle et son frère, à la fin du xvii° siècle et au commencement du xviii° : — 2° JEAN-CHARLES, qui ne se mit à la fonte des cloches que trente ans environ après la mort de son père et quitta la Picardie pour aller s'établir à Rouen, vers le milieu du xviii° siècle.

JEAN, — né à Carrépuits le 3 juin 1680, — baptisé le 7 du même mois au dit lieu ; — second fils du fondeur de cloches NICOLAS II Cavillier, représentant de la troisième génération de la branche directe de Carrépuits, et de Suzanne Vuarnier[1] ;

Frère cadet de PHILIPPE II Cavillier, représentant de la quatrième génération de la branche directe de Carrépuits et auteur de *l'Œuvre campanale* ;

Époux de Marie-Marguerite Richard ;

Mort à Carrépuits, le 10 octobre 1713, dans sa 34° année[2] ;

Père du fondeur de cloches JEAN-CHARLES, qui

---

1. Le 3° juin est venu au monde... et le septiesme baptizé un enfant nommé Jean... ; ses père et mère Nicolas Cavillier et Suzanne Vuarnier... » (Archiv. commun. de Carrépuits, GG.).

2. Le 10 octobre 1713, « est décoddé à une heure du matin Jean Cavillier, fondeur de cloches, demeurant en cette paroisse, âgé de 35 ans ou environ », fils de Suzanne Vuarnier et époux de Marie Marguerite Richard ; il fut inhumé le même jour après-midi. (Archiv. commun. de Carrépuits, GG.).

« Jean Cavillier est mort le 9 octobre 1713, ayant 33 ans 4 mois et 3 jours ». (Archiv. Cavillier Carrépuits : A, note à l'intérieur de la couverture).

suit : — oncle du fondeur de cloches Philippe III Cavillier, représentant de la cinquième génération de la branche directe de Carrépuits.

Jean apprit le métier de fondeur de cloches auprès de son père Nicolas II Cavillier et de son oncle Charles ; on le voit travaillant avec eux et avec son frère Philippe II, dès 1694[1] :

Après la mort de Nicolas II, il fondit en société avec ledit Philippe II : — cette association des deux fils de Nicolas II dura jusqu'à la mort de Jean en 1713.

JEAN-CHARLES, — né à Carrépuits le 24 novembre 1713, — fils « de deffunt Jean Cavillier, en son vivant fondeur de cloches, et de Marie-Marguerite Richard »[2] ;

Tonnelier jusque vers 1745 ; — ensuite fondeur de cloches à Rouen[3] pendant au moins 35 ou 40 ans.

Branche latérale de Carrépuits et Solente.

La branche latérale qui a créé, au XIXᵉ siècle, la fonderie de cloches de Solente, comprend quatre fondeurs : — Florentin, Louis-Florentin, Louis-Charles et Adolphe, — dont le premier se classe chronologiquement dans le second tiers du XVIIIᵉ siècle, et dont le dernier a cessé de fondre en 1891. Les deux premiers ont été domiciliés exclusivement

---

[1]. Archiv. X. Cavillier : reg. A, p. 78.
[2]. Archiv. comm. de Carrépuits, GG.
[3]. Philippe III Cavillier, *Généalogie*, pp. 59-60.

à Carrépuits : le troisième s'est partagé entre Carrépuits et Solente : le dernier a été établi exclusivement à Solente.

Le premier, Florentin, — un des fondeurs marquants de la famille Cavillier [1], — fut le collaborateur de son frère aîné Philippe III. Après sa mort (1769), son fils Louis-Florentin ne vécut en bon intelligence avec l'oncle Philippe III et le cousin Nicolas III, que pendant une dizaine d'années. En 1779, commence la rivalité avec la branche directe, — rivalité qui a duré jusqu'à la fin de la maison de Solente.

FLORENTIN, — né à Carrépuits, le 19 janvier 1721 [2], — fils du fondeur de cloches Philippe II Cavillier, représentant de la quatrième génération de la branche directe de Carrépuits, et de Marie Blangy :

Frère cadet de Philippe III Cavillier, représentant de la cinquième génération de la branche directe de Carrépuits et auteur de la *Généalogie* de la famille :

Marié à Carrépuits, le 26 septembre 1747, avec Marie-Catherine Lesquendieu [3] :

Toujours domicilié à Carrépuits :

---

1. Nous avons déjà eu l'occasion de dire que Florentin « mérite d'être noté parmi ceux qui ont le plus contribué à l'honneur de la famille Cavillier ».
2. « L'an 1721, le 22ᵉ janvier, fut ... baptisé un fils, né le 19ᵉ des présens mois et an, en et de légitime mariage de Philippe Cavillier, fondeur de cloches, et de Marie Blangis, demeurans au dit lieu... » (Archiv. commun. de Carrépuits, GG.).
3. Dans son acte de mariage, il est dit : — « garçon, fondeur, âgé d'environ 27 ans », — fils de Philippe Cavillier, fondeur, et de Marie Blangy, — et frère de « Philippe Cavillier, fondeur » (Archiv. commun. de Carrépuits, GG.).

Mort au dit Carrépuits, le 23 octobre 1769, dans sa 49ᵉ année [1].

Père du fondeur de cloches Louis-Florentin dit *Tintin*; — grand'père du fondeur de cloches Louis-Charles, — et arrière grand'père du fondeur de cloches Adolphe:

Élève de son père Philippe II;

Travailla en société avec le dit Philippe II et avec Philippe III, de 1744 à 1753. — et en société avec le dit Philippe III, de 1753 à 1769;

Collabora à la fonte des bourdons d'Amiens et des importantes sonneries fournies durant le second quart du XVIIIᵉ siècle à Fontaine-sur-Somme, Saint-Remy d'Amiens, Crécy-en-Ponthieu, Saint-Acheul, Sainte-Catherine et Saint-Gilles d'Abbeville, Montigny-Lengrain, Attichy, etc.

LOUIS-FLORENTIN, — surnommé *Tintin* [2], — né et baptisé à Carrépuits le 22 mai 1752, — fils du fondeur de cloches Florentin Cavillier, qui précède, et de Marie-Catherine Lesquendieu [3]; — neveu de Philippe III Cavillier, représentant de la cinquième génération de la branche directe de Carrépuits et. auteur de la *Généalogie* de la famille;

Toujours domicilié à Carrépuits;

Époux de Marie-Catherine-Rose Delarouzé ou

---

[1]. Le 24 octobre 1769, inhumation de Florentin Cavillier, « laboureur et fondeur de cloches », décédé le jour d'hier, âgé de 49 ans, époux de Marie-Catherine Lesquendieu; la dite inhumation, en présence de Philippe Cavillier, fondeur, son frère paternel, et de Florentin, son fils. (Archiv. commun. de Carrépuits, GG.).

[2]. Il est désigné, sous ce surnom, dès le mois de mars 1771, dans le journal de dépenses de Philippe III Cavillier. (Archives de X. Cavillier, O, p. 58).

[3]. Archiv. commun. de Carrépuits, GG.

Larouzé, de la paroisse Saint-Médard de Roye : — mort à Carrépuits, le 9 mars 1824, « âgé d'environ 72 ans »[1] :

Père du fondeur de cloches Louis-Charles, qui suit : — grand'père du fondeur de cloches Adolphe, de Solente.

Élève de son père Florentin et de son oncle Philippe III. Louis-Florentin travailla en société avec le dit Philippe III et son cousin germain Nicolas III, jusque dans la seconde quinzaine de juillet 1779[2]. A partir de cette date, il fit bande à part et fondit pour son propre compte, en concurrence avec ses parents de la branche directe[3].

LOUIS-CHARLES, — surnommé *Roblot*, — né et baptisé à Carrépuits le 15 mai 1785, — fils du fondeur de cloches Louis-Florentin Cavillier, qui précède, et de Marie-Catherine-Rose Larousée[4] :

Marié à Solente, le 27 octobre 1812, avec Marie-Anne-Joséphine Delavenne[5], d'où son nom de Cavillier-Delavenne ;

Domicilié à Carrépuits, au moins jusqu'en 1816 ; domicilié ensuite à Solente :

Mort en voyage, le 7 mars 1851, à Sapignies, près Bapaume (Pas-de-Calais)[6] ; — inhumé à Solente :

---

1. État-civil de Carrépuits.
2. Archives de M. Xavier Cavillier : journal Q, pp. 23, 36 et 41-42 ; — copie Berthelé, fol. 228, 233, etc.
3. Cf. le *Prospectus de Philippe III Cavillier*, dans nos *Enquêtes campanaires*, pp. 251-252.
4. Arch. commun. de Carrépuits, GG.
5. Communication de M. Xavier Cavillier.
6. Communication de feu Adolphe Cavillier. — État-civil de Sapignies.

— 41 —

Élève et successeur de son père Louis-Florentin ; — père et maître d'Adolphe qui suit.

ADOLPHE, ou plus exactement Charles-Adolphe, — né à Carrépuits, le 26 octobre 1816, — fils du fondeur de cloches Louis-Charles Cavillier, qui précède, et de Marie-Anne-Joséphine Delavesne ;
Domicilié à Solente : — marié avec Marie-Augustine-Eugénie Carpentier, de Champien, d'où son nom de Cavillier-Carpentier ;
Élève et successeur de son père ;
Fondeur de cloches à Solente pendant une quarantaine d'années (de 1851 à 1891) ;
Mort à Solente le 18 avril 1898.
N'a pas eu de successeur.

Notons encore Louis-Florentin, — né à Carrépuits, le 1er décembre 1812, — fils de Louis-Charles Cavillier et de Marie-Anne-Joséphine Delavenne, — frère aîné d'Adolphe, — domicilié à Champien ; — décédé à Champien le 22 novembre 1890, âgé de 78 ans, rentier ;
Dans sa jeunesse, il travailla aux cloches avec son père et son frère ; — après la mort de son père, il travailla également un peu avec son frère, notamment pour la sonnerie de Roisel, — mais il n'a jamais été établi fondeur de cloches et n'a jamais fait aucune entreprise de ce genre.

Le Cavillier de Beauvais.

LOUIS-NICOLAS, — né à Carrépuits le 11 juin 1773, — fils du fondeur de cloches Nicolas III Cavillier, représentant de la sixième génération de la branche directe, et de Geneviève Faroux[1] ; — frère des fondeurs de cloches Nicolas IV, de Carrépuits, et Apollinaire, d'Amiens ;

Époux de Élisabeth-Félicité Allexandre :

Mentionné dans l'état-civil de Beauvais, de 1809 à 1839, comme demeurant à Beauvais, rue de l'Écu ; — dit « fondeur », de 1809 à 1831[2] ; — en 1839, dit « fondeur en cuivre »[3] ;

Quitta Beauvais antérieurement à 1843 ;

Mort à Amiens, le 16 mars 1850[4].

Les Cavillier d'Amiens.

APOLLINAIRE, ou plus exactement « Constant-Apollinaire », — né à Carrépuits — baptisé au dit lieu le 10 juillet 1789, — fils du fondeur de cloches Nicolas III Cavillier, représentant de la sixième génération de la branche directe, et de Geneviève Faroux[5] :

Frère des fondeurs de cloches Nicolas IV, de Carrépuits, représentant de la septième génération de la branche directe, et de Louis-Nicolas, fixé à Beauvais ;

1. Archiv. commun. de Carrépuits, série GG.
2. Le 16 février 1809, naissance de sa fille Louise ; — le 4 mars 1811, naissance de sa fille Flore ; — le 3 octobre 1812, naissance de sa fille Éléonore ; — le 9 octobre 1819, naissance de son fils Louis-Nicolas ; — le 16 décembre 1831, décès de son fils Louis-Nicolas. (État-civil de Beauvais, année 1809, n° 129. ; 1811, n° 176 ; 1812, n° 843 ; 1819, n° 788, et 1831, n° 909).
3. Mariage de sa fille Flore, le 2 avril ; — « Apolinaire Cavillier, âgé de 55 ans, fondeur en cuivre, domicilié... [à] Amiens, boulevart du Mail », oncle de l'épouse, est présent au dit mariage. (État-civil de Beauvais, année 1839, n° 251).
4. État-civil d'Amiens, décès de 1850, n° 352.
5. Archiv. commun. de Carrépuits, série GG.

— 43 —

Oncle des fondeurs de cloches AMÉDÉE, EUGÈNE et VICTOR Cavillier, de Carrépuits :

Domicilié d'abord à Carrépuits[1] :

Établi fondeur de cloches, vers 1820[2], à Amiens, où il avait un frère, marchand quincaillier[3], et divers autres parents[4] :

Marié à Dury, près Amiens, le 27 décembre 1825, avec Joséphine-Augustine Lesage[5] ;

Nous paraît avoir exercé le métier de fondeur de cloches, au moins jusqu'en 1857[6] : — avait sa fonderie à Amiens, boulevard Saint-Charles[7] ;

Père et maître du fondeur de cloches APOLLINAIRE Cavillier-Luneau, qui lui succéda :

Décédé « en sa maison à Amiens, boulevard Saint-Charles, n° 29 », le 21 janvier 1864, âgé de 64 ans et six mois, « rentier »[8].

APOLLINAIRE, — né à Dury (Somme, arr. d'Amiens, canton de Sains), le 24 juillet 1826 ; — fils de CONSTANT-APOLLINAIRE Cavillier, qui précède, et de Joséphine-Augustine Lesage[9] ;

---

1. Le 22 janvier 1814, dans l'acte de décès de Nicolas III, Constant-Apollinaire est dit *fondeur de cloches*, comme son frère aîné Nicolas IV, et comme lui, *domicilié à Carrépuits* (État-civil de Carrépuits).
2. Le registre d'Apollinaire Cavillier, que possèdent aujourd'hui MM. Daperon frères, fondeurs à Amiens, commence approximativement à *l'année 1820*.
3. « Philippe Cavillier, établi à Amiens, est décédé au dit Amiens le 16 juillet en 1845, étant âgé de 72 ans et 7 mois » (*Généalogie de la famille Cavillier*, p. 170).
4. Cf. l'acte de mariage du dit Apollinaire Cavillier.
5. État-civil de Dury-lès-Amiens (Somme) : — communication de M. Andrieux, maire de Dury.
6. Dans le registre d'Apollinaire Cavillier, que possèdent MM. Daperon frères, l'écriture d'Apollinaire Cavillier cesse avec l'année 1857 (page 79).
7. Communication de M. Alexandre Daperon.
8. État-civil d'Amiens.
9. État-civil d'Amiens, Mariages, 1851, 9 juin.

Marié à Amiens, le 9 juin 1851, avec Fortunée-Clarisse-Natalie Luneau[1], d'où son nom de Cavillier-Luneau ;

Mort aux Andelys (Eure), le 28 août 1900, âgé de 74 ans ; — inhumé à Amiens[2].

Dit, dans l'état-civil d'Amiens, — le 9 juin 1851, « fondeur, demeurant avec ses père et mère, à Amiens, boulevard Saint-Charles, n° 19 » ; — le 10 juillet 1872[3], « négociant », demeurant à Amiens « au faubourg de Beauvais, boulevard Longueville, n° 46 » ;

Associé, dès avant le mois de janvier 1863, avec son contre-maître Lecull, qui lui succéda quelques années plus tard, probablement au commencement de 1868.

C'est Cavillier-Luneau qui transporta la fonderie, du boulevard Saint-Charles, où l'avait installée son père, à l'endroit qu'elle occupe encore actuellement rue du Boucaque, auj. rue Le Nôtre, n° 58 (au faubourg de Beauvais).

Cavillier-Luneau ajoutait déjà à sa fabrication des cloches des travaux de fonte de fer (socs de charrue, etc.). Sous ses successeurs, la fonte de fer est devenue de beaucoup la partie dominante.

---

1. « Née à Vernon, arr. d'Evreux, dép. de l'Eure, le 12 août 1833, vivant chez ses parents au grand faubourg de Beauvais d'Amiens, rue Saint-Louis, n° 28, fille de Michel Luneau, fabricant de cols militaires... » (Ibid.).
2. Archives de la mairie d'Amiens.
3. Dans l'acte de décès de son fils Apollinaire-Michel-Léon Cavillier, mort à l'âge de 19 ans.

Les successeurs des Cavillier à Amiens.

Les deux Cavillier, père et fils, qui ont pratiqué la fonte des cloches à Amiens de 1820 à 1867, ont eu pour successeurs trois générations de fondeurs, qui, tout en continuant les cloches, ont de plus en plus déployé leur activité dans le travail de la fonte du fer.

Ces trois générations sont représentées :

1° de 1868 à 1887, par l'ancien contre-maître, ensuite associé, du second des Cavillier d'Amiens : AMABLE LECULL, qui a pour associé son gendre JULES DAPERON, — d'où la raison sociale *A. Lecull et Daperon jeune* [1] ;

2° de 1887 à 1904, par le dit JULES DAPERON gendre de Lecull, — d'où la raison sociale *Daperon-Lecull* [2] ;

3° de juillet 1904 à fin octobre 1907, par MM. JULES et ALEXANDRE DAPERON, fils de Jules Daperon-Lecull, — d'où la raison sociale *Daperon frères, successeurs.*

LECULL (AMABLE-Victor, ou plus exactement « LECUL, *Aimable-Victor* »), — né à Amiens, le 12 novembre 1823 ; — fils d'Aimable-Victor Lecul, tisseur, et de Marie-Catherine Harlé ;

Époux de Marie-Madeleine-Germanie Henri ;

---

[1]. Une annonce, imprimée vraisemblablement en 1877 (et dont nous devons communication à l'obligeance de M. Georges Bollée), porte l'en-tête suivante : *Ancienne maison* CAVILLIER ET LECULL, *rue du Boucaque, 44, Amiens. Fonderie de cloches* A. LECULL ET DAPERON J^ne ».

[2]. Une lettre, écrite au mois de septembre 1902, que nous avons retrouvée, porte l'en-tête suivante (imprimée en lithographie en 1887 ou 1888) : « *Anciennes maisons* CAVILLIER-LECULL *et* LECULL ET DAPERON, *rue du Boucaque, 58, Amiens. Fonderie de cloches* DAPERON-LECULL ».

Mort à Amiens, le 24 septembre 1898, âgé de 75 ans[1] ;

Successivement apprenti, ouvrier et contremaître dans la maison Cavillier ; — puis associé de Cavillier-Luneau ; finalement son successeur à partir du début de l'année 1868 :

S'associe son gendre Jules Daperon, spécialement pour les travaux de fonte de fer ; — cette association, pendant laquelle la maison se développe considérablement[2], dure depuis 1868 jusqu'en 1887, époque où Lecull se retire des affaires.

Lecull a surtout été fondeur en fer, mais il s'est aussi occupé avec succès de la fonte des cloches[3] et il a été dans cette partie, le maître de son petit-fils Alexandre Daperon.

DAPERON (Jules), dit Daperon-Lecull. — né à Amiens, le 3 novembre 1834. — fils d'Alexandre Daperon, « chaudronnier »[4] ;

Marié, à Amiens, le 11 février 1862, avec Marie-Louise-Alphonsine Lecul, « fille d'Amable-Victor Lecul, fondeur, et de Marie-Madeleine-Germanie Henri[5] » ; — à cette date, il est mentionné, dans l'état-civil d'Amiens, comme exerçant, de même que son père, la profession de « poëlier »[6] ;

1. État-civil d'Amiens.
2. Ils occupaient de 150 à 180 ouvriers.
3. M. Alexandre Daperon possède toujours l'*empreinte* de la marque employée par Lecull pour la signature de ses cloches. La légende de cette marque (ovale, encadrée de feuillages) est ainsi conçue :
        Anc^{ne} M^{on} Cavillier & Lecull.
        Lecull & Daperon a Amiens
4. État-civil d'Amiens.
5. Ibid.
6. Le 1er août 1863, lors de la naissance de son fils aîné Jules, et le 31 août 1866, lors de la naissance de son fils cadet Alexandre, il

De 1868 à 1887, associé de son beau-père ; — en 1887, son successeur ; — de 1887 à 1904, seul directeur de la maison[1] : — en 1904, découragé par les grèves, quitte les affaires et cède sa fonderie à ses deux fils JULES et ALEXANDRE.

Jules Daperon père a été surtout fondeur en fer. Il ne s'est jamais occupé spécialement des cloches : toutes celles qui ont été fondues dans la maison depuis 1868 ont été tracées : de 1868 à 1887, par Lecull, et de 1887 à juin 1904, par son fils cadet Alexandre Daperon.

Les cloches de la maison DAPERON-LECULL ont obtenu, en 1894, une médaille d'argent à l'exposition universelle et coloniale de Lyon ; — en 1896, une autre médaille d'argent à l'exposition nationale et coloniale de Rouen, et en 1902, une médaille d'or à l'exposition internationale de Lille.

Les Fils de Jules Daperon, — associés, comme successeurs de leur père, du 1ᵉʳ juillet 1904 au 27 octobre 1907, sous la raison sociale : *Daperon frères, successeurs*, — sont 1° JULES, né à Amiens, le 1ᵉʳ août 1863 ; — 2° ALEXANDRE, né à Amiens, le 31 août 1866.

L'aîné Jules s'occupait spécialement de la partie commerciale. Le cadet Alexandre dirigeait spécialement les ateliers.

ALEXANDRE a été, à partir de 1882, l'élève de son grand-père Lecull, et ensuite son collaborateur,

---

est encore dit *poëlier* ou *marchand poëlier*, demeurant à Amiens, rue de Beauvais, n° 5. (État-civil d'Amiens).

1. Le *Recueil des Fournisseurs du Clergé*, année 1889, contient l'annonce suivante: « DAPERON-LECULL, 58, rue du Boucaque, Amiens. Fonderie « de cloches de toutes dimensions. Bourdons, carillons, sonnettes, timbres, « grelots, etc. Montage de tous systèmes se sonnant très facilement. »

en tout ce qui concerne la fonte des cloches. C'est lui qui a tracé toutes les cloches fondues dans la maison de 1887 à 1904, pendant la direction Jules Daperon père.

Sous la direction Daperon frères, la fonderie n'a produit que des ouvrages de fonte de fer, de cuivre jaune et de bronze d'art ou d'industrie.

Les dernières cloches, fournies par M. Alexandre Daperon, sont celles de Dernancourt (Somme) et de Tully (id.), que nous trouvons mentionnées, dans les archives de la maison, sous les dates de mars et juillet 1904.

CHAPITRE DEUXIÈME

LES GORLIER

FONDEURS DE CLOCHES

La famille Gorlier a fourni, en tout, de la fin du XVII° siècle au milieu du XIX°, neuf fondeurs de cloches, savoir :

1° Cinq Gorlier en ligne directe, domiciliés à Roisel : CHARLES, CHARLES-ÉTIENNE, PIERRE, FLORENTIN et CONSTANTIN, et deux gendres : GUFFROY et CARON, également domiciliés à Roisel, où ils ont continué l'industrie des Gorlier ;

2° Deux Gorlier, représentants d'une branche latérale, domiciliés à Frévent, l'un et l'autre prénommés FRANÇOIS ; le second, plus connu sous le nom de *Gorlier-Thélu*.

Les Gorlier de Roisel.

CHARLES, — né à Walincourt (Nord), en 1664 ou 1665 ; — fils de Nicolas Gorlier, receveur du

— 50 —

dit Walincourt, et de Jeanne-Marguerite Blutte [1] ;

Neveu du fondeur de cloches Philippe I Cavillier, créateur de la fonderie de Carrépuits et époux de Suzanne Gorlier ; — cousin germain du fondeur de cloches Nicolas II Cavillier, de Carrépuits ;

Élève de son oncle Philippe I Cavillier et collaborateur de son cousin germain Nicolas II Cavillier ;

Après un séjour d'une dizaine d'années à Carrépuits, marié à Roisel, le 17 septembre 1691, avec Toussaine Courtin [2] ; — le dit mariage, conclu à la suite de la fonte sur place, par Nicolas Cavillier et Charles Gorlier, de deux cloches pour l'église Saint-Martin du dit Roisel [3] ;

Domicilié à Roisel depuis son mariage jusqu'à sa mort ;

Père et maître du fondeur de cloches Charles-Étienne Gorlier, qui suit : — aïeul du fondeur de cloches Pierre Gorlier, de Roisel ; — bisaïeul des fondeurs de cloches Florentin Gorlier, de Roisel, et François Gorlier, de Frévent ; — trisaïeul des fondeurs de cloches Constantin Gorlier, de Roisel, et François Gorlier-Thélu, de Frévent ;

Marié en secondes noces, à Roisel, le 8 mai 1703, avec Marie Devrainne [4] ;

---

1. Philippe III Cavillier. *Généalogie*, pp. 26 et 28-29 ; — Jos. Berthelé, *Enquêtes campanaires*, p. 252. — Registre de Pierre Gorlier, pp. 201, 202 et 204.

2. Le 17 septembre 1691, mariage de « Charle Gourlier, de la paroisse de Saint-Nicolas de Carrépuis, et de Tousaine Courtin, de nostre paroisse » ; signatures du marié « Charle Gorlier » et de « N. Cavillier ». (Archiv. commun. de Roisel, GG. 1, p. 122).

3. Cf. le procès-verbal de bénédiction de ces deux cloches, en date du 5 juin 1691 : — Archiv. commun. de Roisel, GG. 1, pp. 119.

4. Archiv. commun. de Roisel, GG. 1, p. 249. — De ce second mariage naquit François, baptisé à Roisel le 12 septembre 1714

Mort à Roisel le 30 avril 1740, « âgé de 76 ans » ; — inhumé le lendemain 1ᵉʳ mai, dans l'église du dit lieu, « en présence de M. Pierre Gorlier, hurrier et chapellain de l'église collégiale de Saint-Quentin, et de Charles Gorlier, fondeur, demeurant dans cette ditte paroisse, ses enfans [1]. »

CHARLES-ÉTIENNE, dit *Charlot*, — né à Roisel, — baptisé au dit lieu le 9 mars 1698, — fils du fondeur de cloches Charles Gorlier, qui précède, et de Toussaine Courtin ;

Domicilié à Roisel ;

Marié en premières noces, à Roisel, le 16 avril 1720, avec Marie « Devraigne », aliàs « Devresne », qui mourut un peu moins d'un an après [2] ; — marié en secondes noces, également à Roisel, le 23 septembre 1721, avec Anne-Reine Gambier ;

Mort à Roisel, le 6 juillet 1754, « âgé d'environ 57 ans », et inhumé le lendemain, « dans le cimetière de cette paroisse, en présence de Pierre Gorlier, son fils » ;

Dit « fondeur de cloches » dans son acte de sépulture ; — dit simplement « fondeur » dans les actes paroissiaux de Roisel, les 12 août 1727 et 20 juin 1728 ;

Dans les mêmes actes paroissiaux on trouve sa signature sous les formes suivantes : — « C. Est: Gorlier » (16 avril 1720 et 2 avril 1721), — « C.

(ibid., p. 404, « qui est mort fondeur [en cuivre?] à Paris, le 15 avril 1782 » (Cf. le Registre de Pierre Gorlier, p. 204).

1. Archiv. commun. de Roisel, GG.
2. Elle mourut le 7 avril 1721, vraisemblablement à la suite de couches ; — cf. l'acte d'inhumation de sa fille, « morte [le 2 avril 1721], après être baptisé à la maison, et enterrée le lendemain ».

Ét. Gorlier » (7 avril et 23 septembre 1721), — « Gorlier, fondeur » (12 août 1727, 20 juin 1728 et 24 (?) mai 1729)[1].

PIERRE, — né et baptisé à Roisel le 1er avril 1730, — « fils de Charle-Étienne Gorlier le jeusne, et de Reine Gambier »[2];

En 1744, « quitta ses études pour aller rendre service à son père, qui étoit incommodé pour sa vie : ... alors il avoit quatorze ans » ; — « a appris la profession de fondeur avec son père, de sorte qu'à dix-huit ans il étoit bon ouvrier »[3];

Marié en premières noces, à Roisel, le 9 novembre 1756[4], avec Élisabeth Cadot, de la paroisse de Marquaix (près Roisel)[5], — laquelle mourut au dit Roisel le 19 juin 1773[6];

Marié en secondes noces, le 24 février 1775, avec Marie-Élizabeth Cardon, de la paroisse de Seraucourt-le-Grand (Aisne)[7], — laquelle mourut au dit Seraucourt, des suites d'un accident de voiture, le 23 août 1792[8];

Père de seize enfants, dont : Florentin, fondeur

---

1. Archiv. commun. de Roisel, GG. — Cf. sur Charles-Étienne, le registre de Pierre Gorlier, pp. 202 et 204-205.
2. Archiv. commun. de Roisel, GG.
3. Registre de Pierre Gorlier, p. 206.
4. Les anciens registres paroissiaux de Roisel mentionnent, comme présent à ce mariage, « Joseph Gorlier, chapelain de l'église royale et collégialle de Saint-Quentin », oncle du marié. — Ce *Joseph* Gorlier, qui en réalité s'appelait *Pierre*, a été biographié par son neveu : cf. le Registre de Pierre Gorlier, pp. 203-204.
5. Cf. le contrat de mariage de Pierre Gorlier et d'Élizabeth Cadot, aux Archives départementales de la Somme, B. 505.
6. Archiv. commun. de Roisel. — Reg. de Pierre Gorlier, pp. 206 et 207.
7. Reg. de Pierre Gorlier, p. 207.
8. Ibid., pp. 209 et 210.

de cloches à Roisel — et FRANÇOIS, fondeur de cloches à Frévent ;

Domicilié à Roisel jusqu'à la fin de 1783 ; — habite ensuite (1783-1785) à Busigny (Nord), puis à Catillon (même département) ; — en 1792, il se fixe à Seraucourt-le-Grand (Aisne) :

Pendant la Révolution, on le voit successivement : — maire de Seraucourt, — employé à la « cassation » des cloches, à Saint-Quentin et à Laon, — commis au bureau des contributions, au district de Saint-Quentin, — instituteur à Alincourt (Aisne), — commis au génie militaire, puis gardien aux constructions maritimes, au Hâvre (Seine-Inférieure)[1] ;

Revenu à Roisel en 1802 ou 1803, il reprend son métier de fondeur de cloches, malgré ses 73 ans[2], — et meurt au dit Roisel, le 31 décembre 1805, dans sa 76e année[3].

FLORENTIN, ou plus exactement « Florentin-Modeste », — né et baptisé à Roisel, le 10 septembre 1757, — « fils de PIERRE Gorlier, fondeur de cloches, et d'Élizabeth Cadot » ; — filleul du fondeur de cloches PIERRE-NICOLAS Cavillier ; — frère aîné du fondeur de cloches FRANÇOIS Gorlier, de Frévent ;

Époux d'Augustine-Joseph Cambier[4] ;

---

[1]. Ibid., pp. 88-89 et 103 à 108.
[2]. « ... [1803]. Je suis à Roisel depuis huit mois et demye. Me voilà âgé de 73 ans et 2 mois. J'ai fondu, le 17 juin 1803, la cloche d'Étave... » (Reg. de Pierre Gorlier, p. 111).
[3]. Le 1er janvier 1806, déclaration par « Florentin Gorlier, cultivateur », âgé de 48 ans, du décès de « Pierre Gorlier, âgé de 76 ans, ancien fondeur de cloches, demeurant à Roisel, veuf de feu Élizabeth Cardon », décédé hier 31 décembre, « en la maison de Florentin Gorlier, son fils susdit, sise au dit Roisel ». (État-civil de Roisel).
[4]. « Florentin Gorlier, premier enfant de Pierre et d'Élizabeth Cadot, s'est marié à Vendin, près Lille, en aoust 1784. Son fils

Dit, dans les registres paroissiaux et dans l'état-civil de Roisel : — en 1786 et 1788, « fondeur de cloches » ; — le 1ᵉʳ janvier 1806, « cultivateur » : — le 31 octobre 1808, « cultivateur et fondeur de cloches » : — le 25 mars 1809, « cultivateur et brasseur » ; — le 15 mai 1825, « brasseur et fondeur de cloches » :

Mort à Roisel, le 15 mai 1825 [1] :

Père du fondeur de cloches Constantin Gorlier et beau-père du fondeur de cloches Urbain Guffroy.

CONSTANTIN-Joseph, — « né à Vendin (département du Nord) », lisez : Vendin-le-Vieil (Pas-de-Calais), le 21 août 1784 : — fils du fondeur de cloches Florentin Gorlier et d'Augustine Cambier ;

Domicilié à Roisel :

Dit, dans l'état-civil de Roisel, le 27 novembre 1806, « cultivateur » ; — le 31 octobre 1808, « cultivateur et fondeur de cloches » : — le 5 novembre 1861, « rentier » ;

Beau-frère, par sa sœur Sabine, du fondeur de cloches Urbain Guffroy (de Roisel) :

Mort à Roisel le 5 novembre 1861, âgé de 78 ans [2].

Après la mort de Florentin Gorlier, l'industrie de la fonte des cloches est représentée à Roisel, pendant encore un quart de siècle ou environ (de 1825 à 1848), non seulement par Constantin Gorlier, mais encore par deux autres fondeurs se rattachant à la

---

Constantin est né le même mois, le 21 aoust 1784. Il vient de lui naître une fille, nommée Louise-Augustine Sabine, née le 25 avril et baptisée le 27 avril 1786 ». (Registre de Pierre Gorlier, p. 210).

1. Archiv. commun. de Roisel, série GG et état-civil.
2. État-civil de Vendin-le-Vieil et de Roisel.

famille Gorlier : — 1° Urbain Guffroy, gendre du dit Florentin Gorlier ; — 2° Victorice Caron, gendre du dit Urbain Guffroy.

Guffroy et Caron, de Roisel.

GUFFROY (URBAIN, ou plus exactement « Antoine-Urbain »), — né à Roisel, le 25 mai 1786, — non fils de fondeur de cloches [1] ;

Marié à Roisel, le 27 novembre 1806, avec Louise-Augustine-Sabine Gorlier, fille de « Florentin Gorlier, cultivateur, brasseur et fondeur de cloches » et d'Augustine Cambier :

Mort à Roisel, le 10 juillet 1832, âgé de 46 ans [2] :

Dit, dans l'état-civil de Roisel, le 27 novembre 1806, « tisseur » ; — le 22 février 1809, le 18 février 1829 et le 10 juillet 1832, « ménager » [3] ;

Apprit le métier de fondeur de cloches auprès de son beau-père Florentin Gorlier et fut son collaborateur, puis son successeur ;

Beau-père et maître de Victorice Caron, qui lui succéda comme fondeur.

CARON (Victorice), — né à Roisel, le 9 prairial an VII (28 mai 1799), — non fils de fondeur de cloches [4] ;

---

[1]. Il était fils d'Antoine Guffroy, « mulquinier », et d'Elizabeth Devraignes.
[2]. État-civil de Roisel.
[3]. On désigne, à Roisel, sous le nom de « ménager », un petit propriétaire terrien.
[4]. Il était fils de Louis-Joseph Caron, « mulquinier ».

Marié en premières noces à Roisel, le 18 février 1829, avec Marie-Joséphe-Alexandrine Guffroy, fille d'Antoine Urbain Guffroy, qui précède, et de Sabine-Louise-Augustine Gorlier; — marié en secondes noces, également à Roisel, en 1835, avec Marie-Sabine-Hippolyte Lesage ;

Mort à Roisel, le 31 juillet 1855, âgé de 56 ans ;

Dit, dans l'état-civil de Roisel, — le 18 février 1829, « tisseur en coton » ; — le 17 novembre 1831, « ménager » ; — les 18 février et 26 mai 1835, « fondeur de cloches », — et le 31 juillet 1855, « plafonneur »[1] ;

Apprit la fonte des cloches auprès de son beau-père Urbain Guffroy et après lui continua cette industrie à Roisel jusques vers 1848[2].

En 1851, Adolphe Cavillier (de Solente), qui exécutait, pour ses débuts, la sonnerie actuelle de l'église de Roisel, acheta, à cette occasion, à Victorice Caron, ses derniers « restants » de métal. Et la fonderie de cloches de Roisel, née vers 1692 avec le concours d'un Cavillier, se trouva ainsi disparaître, après 160 ans d'existence, avec le concours d'un autre Cavillier[3].

---

1. État-civil de Roisel.
2. Victorice Caron aurait encore fondu, pendant deux ans, après sa refonte de la moyenne cloche d'Hervilly (1846). Durant les huit dernières années de sa vie, l'état de sa santé ne lui permit plus les voyages et le travail de la fonderie. (Renseignements à nous fournis en 1895, par le fils de Victorice Caron).
3. Cf. Jos. Berthelé, *Enquêtes campanaires*, p. 255.

Les Gorlier, de Frévent.

FRANÇOIS, ou plus exactement « Pierre-François », — né et baptisé à Roisel, le 10 octobre 1760 ; — fils de « PIERRE Gorlier, fondeur de cloches », et d'Élisabeth Cadot[1] ; — frère cadet de FLORENTIN Gorlier, fondeur de cloches à Roisel ;

Époux de Marie-Anne Gay[2] ;

Domicilié à Frévent (Pas-de-Calais) dès avant la Révolution, ainsi qu'il résulte de textes en date des 16 septembre 1787[3] et 19 avril 1789[4] ; — paraît bien avoir résidé quelque temps à Lille (Nord), « au ci-devant couvent des Dominiquains », en 1792[5] ; — durant la suite de la période révolutionnaire, on le trouve mentionné comme « occupé au

---

[1]. Archiv. commun. de Roisel, GG. 3, fol. 7 v°.

[2]. Marie-Anne Gay, née à Bouret-sur-Canche (Pas-de-Calais), veuve de Pierre-François Gorlier et mère de François-Joseph-Édouard Gorlier, mourut à Frévent le 26 octobre 1843, âgée de 78 ans et demi.

[3]. Sus-Saint-Léger (Pas-de-Calais), le 16 septembre 1787 : « compte et décompte fait ce jourd'hui avec le s' François Gorlier, fondeur de cloche, natif de Roiselle, en Picardie, *demeurant actuellement au bourg de Frévent* » (Archiv. départ. Pas-de-Calais, série L, district de Saint-Pol, n° 79 ; — document communiqué par M. Roger Rodière).

[4]. Anvin (Pas-de-Calais) : marché passé le 19 avril 1789, avec « le sieur Gorlier, fondeur de cloches. *demeurant à Frévent* » (Ibid.).

[5]. Le 6 octobre 1793, « François Gorlier, fondeur de cloches au dit Frévent, rue de Cercamp, âgé de 33 ans », et Charles Servais, chaudronnier au dit Frévent, rue de Cercamp, âgé de 44 ans, déclarent le décès de « Aimé-Florentin-Eugène Gorlier, né à Lille le 16 décembre 1792, fils du dit François Gorlier et de Marie-Anne Gay ». Le dit Gorlier signe : « François Gorlier ». (Archiv. municip. de Frévent, état-civil, décès de 1792 à l'an VI). — Cf. l'état-civil de Lille, naissances de 1792. (Communication de M. E. Favier).

— 58 —

service de l'armée »[1] et plus tard qualifié simplement de « marchand »[2] ;

Aussitôt après la Révolution, il reprit son métier de fondeur de cloches, dans lequel il devait plus tard être secondé par son fils FRANÇOIS, qui lui succéda en 1820 ;

Parallèlement à la fonte des cloches, on le voit exercer, tout au moins vers la fin de sa carrière, le métier de « marchand brasseur »[3] ;

Mort à Frévent le 13 novembre 1820, âgé de 60 ans[4].

FRANÇOIS, ou plus exactement « François-Joseph-Édouard », — fils du fondeur de cloches Pierre-FRANÇOIS Gorlier, qui précède, et de Marie-Anne Gay : — né [à Frévent?] le 4 décembre 1790 ;

Marié à Frévent, le 12 mars 1817, avec Marie-Anne-Joseph-Élisabeth Thélu[5], d'où son nom de GORLIER-THÉLU ;

1. Le 29 messidor an II (17 juillet 1794), déclaration de la naissance — « en l'absence de François Gorlier, demeurant ordinairement dans la dite municipalité [de Frévent], occupé au service de l'armée », — de Caroline, fille de « Marie-Anne Gai, épouse en légitime mariage du dit François Gorlier ». (Archiv. municip. de Frévent, état-civil, naissances de 1792 à l'an VI).
2. Le 12 germinal an V (1ᵉʳ avril 1797), « le citoyen Pierre-François Gorlier, marchand, domicilié en la commune de Frévent, rue de Cercamp », déclare la naissance de son fils Florentin-Louis-Joseph. (Ibid.).
3. Cf. ci-dessous son acte de décès et l'acte de mariage de son fils (1817).
4. Le 13 novembre 1820, décès à Frévent, — « dans sa maison, sise à Frévent, rue de Cercamp », — de « Pierre-François Gorlier, marchand brasseur et fondeur de cloches, âgé de soixante ans, né à Roiselle, département de la Somme, marié à Marie-Anne Gay, âgée de cinquante-cinq ans, fils des feus Pierre-Gorlier et Élizabeth Cadot. » — La déclaration du décès est faite par son fils « François Gorlier, fondeur de cloches, âgé de 29 ans ». (État-civil de Frévent).
5. Le 12 mars 1817, mariage de « François-Joseph-Édouard Gorlier, fondeur de cloches, âgé de 26 ans et demi, demeurant au dit Frévent,

Paraît bien avoir pratiqué la fonte des cloches jusqu'aux environs de 1855[1] ; — n'a pas eu de successeur ;

Fut maire de la ville de Frévent ;

Mort au dit Frévent, le 27 novembre 1871, âgé de 81 ans[2].

Sa fonderie de cloches était située à la sortie de la ville de Frévent, à l'extrémité de la rue de Doullens, à main droite au coin de la rue haute de Thibouville[3].

---

y né le 4 décembre 1790, fils majeur de Pierre-François Gorlier, marchand brasseur, âgé de 56 ans, et de Marie-Anne-Joseph Gay, âgée de 50 ans, demeurans au dit Frévent », avec « Marie-Anne-Joseph-Élisabeth Thélu propriétaire, âgée de 21 ans, demeurant à Ligny-sur-Canche et née à Conchy-sur-Canche le 27 brumaire l'an IV de la République » (État-civil de Frévent).

1. D'après des souvenirs recueillis à Frévent en 1906.

2. « François-Joseph-Édouard Gorlier, âgé de 81 ans, propriétaire, né et domicilié à Frévent, ancien maire de la ville de Frévent, veuf de Marie-Anne-Joseph-Élizabeth Thélu, fils de feu Pierre-François Gorlier et de feue Marie-Anne-Joseph Gay, est décédé en sa demeure sise en cette ville, rue d'Hesdin, n° 34, hier 27 novembre à 7 heures du soir ». (État-civil de Frévent, décès, 1871, n° 114).

3. Cette fonderie a été totalement démolie. Le terrain dans lequel elle était construite est aujourd'hui une pâture.

DEUXIÈME PARTIE

ARCHIVES DES FONDEURS

XVIIe - XXe Siècles

CHAPITRE PREMIER

LES ARCHIVES DES CAVILLIER

Les Archives des Cavillier, fondeurs de cloches, qui se sont conservées à notre connaissance, constituent trois fonds distincts, d'ancienneté et d'ampleur très inégales.

Le premier, de beaucoup le plus important, est à Carrépuits, chez M. Xavier Cavillier. Il comprend l'ensemble des cahiers, registres et papiers professionnels de la branche directe [1].

Le second, moins considérable, composé de l'ensemble des registres de la branche latérale de Carrépuits-Solente, est à Solente, entre les mains de Mademoiselle Cavillier, fille et héritière du fondeur de cloches Adolphe Cavillier, décédé en 1898.

Le troisième fonds consiste dans le registre de cloches des Apollinaire Cavillier père et fils, d'Amiens. Ce registre, continué par Lecull et les Daperon, successeurs de Cavillier-Luneau, est au-

---

[1]. Nous avons signalé, dès 1890, l'importance des archives de famille de M. Xavier Cavillier. — Cf. *Annales de la Société hist. et archéol. de Château-Thierry*, 1890, pp. 168-169. — *Carnet de voyage d'un Antiquaire poitevin*, p. 264.

jourd'hui entre les mains des petits-fils de Lecull, MM. Daperon frères, anciens fondeurs à Amiens [1].

Le fonds de Carrépuits.

A. — Registre des fontes de Nicolas II Cavillier, de 1681 à 1705, — continué par Philippe II Cavillier, de 1705 à 1718. — Manuscrit original, sans titre. Papier, 231 pages [2], in-16 carré (195 mill. de haut, sur 150 mill. de large) ; recouvert en parchemin.

B. — Fontes de cloches diverses ayant donné lieu à des procédures, de 1713 à 1717. — Manuscrit sans titre, de la main de Philippe II Cavillier. Papier, 10 feuillets in-16 carré.

C. — Fontes de cloches, par Philippe II Cavillier, en 1718, 1719 et 1720. — Manuscrit sans titre et non paginé. Papier, 16 feuillets [3], in-16 carré (195 mill. de haut, sur 155 mill. de large) [4].

D. — *Mémorial des affaires de Philipe Cavillier, fondeur à Carepuis, pour l'année mil sept cens vingt-un*,

---

[1]. Nous devons mentionner également la section *Picardie* des « archives campanaires » faisant partie de la bibliothèque de l'auteur du présent travail. Cette section comprend, d'une part, des copies partielles des registres et cahiers de Carrépuits, de Solente et d'Amiens ; — d'autre part, un certain nombre de pièces originales : marchés, inscriptions, etc., dons de feu Adolphe Cavillier (de Solente), de M. Xavier Cavillier (de Carrépuits), de M. Alexandre Daperon (d'Amiens) et des héritiers de Victorice Caron (de Roisel).
[2]. Manquent les pages 1 à 10.
[3]. Y compris ceux servant de couverture.
[4]. En partie rongé par les souris.

aliàs *Mémorial des ouvrages faites par Cavillier, de Carepuis, fondeur, pour l'an 1721,* [continué en 1722 et 1723]. — Manuscrit avec double titre. Papier, 45 pages, in-16 carré (195 mill. de haut. sur 155 mill. de large).

E. — *Registre à moi Philippe Cavillier, fondeur à Carrepuis pour l'an 1723,* [continué en 1724, 1725, 1726 et 1727]. — Manuscrit avec titre. Papier, 72 pages, in-16 carré (195 mill. de haut. sur 155 mill. de large).

F. — *Registre pour 1727.* — Papier. 18 pages, in-16 carré (195 mill. sur 155 mill.).

G. — *Journal concernant les affaires pour fontes de cloches à Philippe Cavillier de Carrepuis, commançant en l'année 1728,* [continué jusques 1744]. — Papier, 192 pages, in-4° (29 cent. sur 18 cent. 1/2); couvert de parchemin.

H. — *Journal concernant les fontes de cloches des matières fournies et autres affaires convenables à la profession de Philippe Cavillier, de Carrepuis, fondeur, 1744 et suivantes* [jusques 1753; continué de 1774 à 1839]. — Papier, 145 pages, in-4° (30 cent. sur 18).

I. — *Registre ou Mémoire à Philippe Cavillier le jeune, fondeur demeurant à Carrépuis en l'année 1742,* [continué jusques 1761]. — Papier. 292 pages, in-4° (30 cent. sur 18 cent. 1/2), recouvert de parchemin.

J. — *Registre ou Mémoire appartenant à Philippe Cavillier, fondeur à Carrepuis près Roye, à commencer* en *l'année 1762* [continué jusque 1773]. — Papier, 286 pages [1], in-4° (30 cent. sur 18 cent. 1/2), couvert de parchemin.

K. — *Registre ou Mémoire, qui est à Philippe Cavillier, fondeur à Carrepuis, lequel est à commencer en mil sept cent soixante quatorze,* [continué jusque 1824, par Nicolas III et Nicolas IV Cavillier]. — Papier, 445 pages, in-4° (33 cent. sur 22 cent.); plus, cinq pages de table [2].

L. — *Registre ou Mémoire qui est à Nicolas Cavillier, fondeur de cloches à Carrépuis, lequel est à commencer en mil huit cent vingt cinq* ; — autre titre sur le plat : *Registre de 1825*. — Registre in-fol., papier, 297 pages ; plus, 7 pages pour la « table des articles ».

Cloches fondues de 1825 à 1856 [3].

Ce registre est, en réalité, le dernier de la série des *mémoriaux* des anciens Cavillier, mémoriaux écrits au jour le jour et contenant les tracés, les conditions des marchés, les poids, les paiements. etc. — Amédée Cavillier n'a pas tenu de registre. — Le registre de M. Xavier Cavillier est d'un caractère très différent.

M. — *Mémoire des ouvrages en fonte de cloches, faites pour le compte de Mr Villet, m(archan)d d'orne-*

---

1. A partir des pages 254 et 255, la pagination, par suite d'une erreur d'une centaine, devient 354, 355, 356, etc.
2. La fin de la table (lettres M et suivantes) a disparu.
3. Les tracés de cloches contenus dans ce registre ont été transcrits, par M. Xavier Cavillier, sur un registre spécial que nous indiquons plus loin (art. R.).

mens d'église à Péronne, à commencer l'an 1825, [terminé en 1843]. — Manuscrit de la main de Nicolas IV Cavillier. — Papier, 33 pages, in-4° (30 cent. sur 19 cent. 1/2).

N. — *Registre ou Mémoire des ouvrages faits* (sic) *de société avec Victor* [1], *à commencer au mois de janvier l'an 1835*, [finissant en l'année 1853]. — Manuscrit de la main de Nicolas IV Cavillier. — Papier, in-4° (30 cent. 1/2 sur 18 cent. 1/2) ; pages écrites : 39 à 53 et 269-270.

O. — *Journal ou Mémoire de dépense servant à moy Ph. Cavillier, lequel est pour servir aux règlements à faire pour notre profession de fondeur, à commancer en septembre 1765 et continuer jusqu'à la fin, lequel est la suite du précédent dont le commencement étoit du 10ᵐᵉ may 1760* [2]. *Pour l'an 1765 et suivants.* — Papier, 80 pages, in-4° (29 cent. sur 20 c.) [3].

P. — *Journal ou Mémoire de dépenses, pour servir à moy Philippe Cavillier lequel est pour indiquer aux règlements à faire pour notre profession de fondeurs de cloches, qui est pour commancer au mois d'avril l'an 1772 et à continuer jusqu'au finito de ce cayet, lequel est la suite du précédant, dont le commencement étoit du mois de septembre 1765...* — Papier, 108 pages, in-4° (31 cent. 1/2 sur 19 cent.).

---

[1]. Victor Cavillier, frère d'Amédée.
[2]. Ce registre de dépenses de 1760 à 1765 n'existe plus.
[3]. Dans notre copie partielle des journaux de dépenses de Philippe III Cavillier (reg. in-4° oblong, 285 feuillets), le journal O occupe les feuillets 1 à 87 ; le journal P, les feuillets 88 à 183, et le journal Q, les feuillets 184 à 285.

Q. — *Journal ou Mémoire de dépenses pour servir à moy Philippe Cavillier, fondeur, à commancer en juin 1777, lequel est la suite du précédent, dont le commencement étoit en avril 1772...* — Papier, 91 pages, in-4° (33 cent. sur 21 cent.),

R. — [*Registre de Xavier Cavillier*], — papier, in-fol., 402 pages écrites antérieurement au 15 septembre 1908 [1] : — sans titre ; — entièrement de la main de M. Xavier Cavillier : — contenant, d'abord (pp. 1 à 178), des tracés de cloches fondues de 1825 à 1856 par Nicolas IV Cavillier ; les dits tracés, transcrits d'après le « Registre de 1825 » ; — ensuite (pp. 180 à 402), des tracés de cloches fondues par Amédée Cavillier, par Xavier Cavillier, etc. jusques 1907 inclusivement ; les dits tracés (plus ou moins accompagnés de détails historiques complémentaires), transcrits d'après les notes laissées par Amédée, d'après les notes personnelles de Xavier Cavillier, et quelquefois aussi d'après les registres des Cavillier de Solente.

AA. — *L'Art des Fondeurs de cloches, par Cavillier, fondeur, ætatis suæ 29 ans, 1705.* — Manuscrit original de Philippe II Cavillier, avec nombreux dessins de la main de l'auteur. — Papier, 125 feuillets [2], in-16 carré (20 cent. de haut sur 14 cent. de large).

---

1. Continué depuis par M. X. Cavillier.
2. Les feuillets numérotés vont de 1 à 30, de 33 à 36 et de 37 à 108.
— En tête du manuscrit se trouvent quatre feuillets non numérotés ;
— les feuillets primitifs 31 et 32 ont disparu et ont été remplacés par cinq autres (fol. 31* à 35*) ; — un feuillet supplémentaire a été intercalé entre les fol. 36 et 37 (fol. 36 bis) ; les neuf derniers feuillets ne portent pas de numérotation.

Ce manuscrit, dont M. Xavier Cavillier est entré en possession en 1905 et qui provient vraisemblablement de la succession des Cavillier de la branche latérale de Carrépuits et Aumale, n'a pas encore été signalé.

Il nous fournit la première rédaction (ou tout au moins la plus ancienne rédaction connue) du traité de technique campanaire, dont les rédactions ultérieures ont reçu les titres de *Pyrotechnie*, en 1726, et d'*Œuvre campanale*, en 1732 et 1740 [1].

BB. — *Remarques à faire sur la dissertation du s^r Pluche, dans son* Spectacle de la Nature, *entretien vingt-unième, où il parle de cloches en termes sans connoissance. En voicy la réfutation, par expérience et par preuves, de Cavillier, fondeur de Carrepuis, près de Roye en Picardie*. — Manuscrit original du milieu du xviiie siècle (entre 1748 et 1753), tout entier de la main de Philippe II Cavillier. — Papier, 6 feuillets (non paginés), in-16 carré (195 mill. sur 145), sans couverture.

CC. — [*Dictionnaire de l'Argot des anciens fondeurs de cloches*]. — Manuscrit original, sans titre ni signature, entièrement de la main de Nicolas III Cavillier. — Papier, 24 pages, in-16 carré (215 mill. sur 165).

Il y a longtemps que nous avons signalé [2] l'intérêt tout particulier de ce manuscrit pour l'histoire générale de l'industrie campanaire en France : il

---

[1]. Voir ci-dessus p. 23, notes 1 à 5.
[2]. Cf. Jos. Berthelé, dans les *Annales de la Société hist. et archéol. de Château-Thierry*, année 1890, p. 169 ; — *Carnet de voyage d'un Antiquaire poitevin*, p. 264.

permet de reconstituer dans son ensemble un argot professionnel, vraisemblablement d'origine lorraine, tombé totalement en désuétude, depuis pas mal de temps déjà, et dont les derniers fondeurs ambulants du Bassigny connaissaient à peine quelques mots.

DD. — *Cahier qui contient plusieurs profils de cloche, auxquels on peut avoir toute confiance pour en faire de bonne, ayant été imité par nous Ph. et N° Cavillier en différents endrois, ainsi qu'il est dit à chacun des dits profils, avec les observations nécessaires, etc.* — Papier. in-fol. (36 cent, 1/2 sur 24 cent.), 10 feuillets (non foliotés).

AAA. — *Mémorial ou Registre à Nicolas Cavillier, fondeur de cloche, demeurant à Carrepuis, conscernant les affaires tant du contract de mariage que des contracts d'acquisicions et héritt[ag]e que promesses, obligations, quitances, baille et autres choses particullier à commencer le ...[1] avril mil six cent soixante quatorze juscaprésent qui este lan 1691 et en outre continuer dans le dit registre jusca sa fin, tant pour moy Nicolas Cavillier que Suszanne Vuarnier, ma femme...* — Papier, 135 pages, in-18 (163 mill. de haut sur 92 mill. de large), couvert en parchemin.

BBB. — GÉNÉALOGIE DE LA FAMILLE CAVILLIER. — Manuscrit portant comme premier faux-titre : *Registre à moy Philippe Cavillier, commancé en l'année 1764* ; — comme second faux-titre : *Registre à moy Philippe Cavillier, fondeur à Carrepuis*. — et comme

---

1. Laissé en blanc.

titre : *Registre à moy Philippe Cavillier, fondeur de cloche, demeurant à Carrepuis, en lequel est contenue partie des affaires de famille, contracts, partages, généalogie de la famille, bail passée, quittance donnée et autres choses particulier, commençant icy à écrire le premier janvier mil sept cens soixante quatre et suivant. 1764. Et pour faciliter le lecteur et mieu trouver les articles, j'ai joint à la fin du dit registre une table par lettre alphabétique.* — Papier, 184 pages, in-16 (178 mill. de haut sur 140 à 145 mill. de large) : couvert en parchemin.

Ce manuscrit, rédigé par Philippe III Cavillier (1764 et années suivantes), a été continué par ses descendants de la branche directe jusqu'à nos jours. Il comprend :

1° *Généalogie de la famille des Cavillier, présentement fondeurs de cloches demeurants à Carrepuis, près Roye en Picardie, dont le commencement est de l'année 1548...* : — branche directe (pp. 3 à 18) : — branches latérales, familles des femmes (pp. 19 à 47 et 49 à 59) ;

2° *Liste des contrats de mariage, de 1674 à 1747* (pp. 65 à 67) ; — 3° Habitations (pp. 71-72) : — 4° « Copie du registre de feu mon père » : contrats d'acquisition, description des propriétés, etc. (pp. 73 à 137) ; — 5° *Curiosités différentes et indifférentes* (pp. 141-142) : — 6° *Table des articles contenus en ce registre* (pp. 157 à 173) ; — 7° *Curiosité indifférente* (pp. 177 à 183).

Nous sommes en présence ici, à proprement parler, du *livre de raison* de la famille Cavillier.

« Un livre de raison (dit Charles de Ribbe) se

divisait d'ordinaire en deux parties principales. — Dans la première, on marquait l'origine et l'histoire de la famille, sa généalogie, ses alliances : on consacrait quelques pages aux parents et à la parenté ; puis on inscrivait la date de son mariage, les naissances des enfants, les décès, etc. — La deuxième était réservée aux affaires, à la gestion des biens, aux créances et aux dettes, aux inventaires de meubles... L'origine, l'état et la nature des propriétés y étaient indiqués ; les titres, contrats, actes d'acquisition ou d'échange, baux à ferme, y étaient analysés d'une manière succincte. Le père y donnait les explications qu'il jugeait utiles, et il y notait pour l'instruction de ses successeurs, ce qu'il avait fait dans l'intérêt du patrimoine, le montant de ses épargnes, le relevé des dépenses occasionnées par des constructions ou des réparations... » [1].

Ce plan, que Ch. de Ribbe a rencontré dans nombre de livres de familles de l'ancienne France, est exactement celui qui a été suivi par Philippe III Cavillier.

Le registre s'ouvre par la généalogie de la famille, depuis son origine connue. Pour la période ancienne, Philippe III Cavillier a eu recours aux cahiers de baptêmes, mariages et sépultures de Carrépuits et autres paroisses, et à ses archives de famille : à leur défaut, il consulte les inscriptions des vieilles cloches et rapporte les traditions. Pour la période contemporaine de l'époque où il écrit, il raconte *de visu et de auditu*, laissant à l'occasion

---

1. *Les Familles et la Société en France avant la Révolution*, 4ᵉ édit., tome Iᵉʳ, pp. 3-4.

en blanc le nom, la date ou le détail qui échappe à sa mémoire.

Il est visible qu'il écrit exclusivement pour les siens, et aucunement pour le public. Tout membre de la famille l'intéresse, fût-il gueux ou vicieux. A part quelques parents, avec qui les relations avaient cessé d'être cordiales et sur lesquels il passe d'une façon plus que rapide. — il promène « le lecteur » chez tous les oncles, tantes, cousins, arrière-cousins, etc., dont il a connaissance. — La filiation le préoccupe davantage que la biographie, et ce n'est pas sans étonnement qu'on le voit laisser entièrement dans l'ombre les études techniques rédigées par son père : *la Pyrotechnie* et *l'Œuvre campanale*.

Son œuvre n'est d'ailleurs pas un monument de vanité. Il ne cherche pas à grandir ses ancêtres. C'est une curiosité affectueuse qui dirige sa plume. Il écrit avec la plus grande simplicité. Son récit ne manque cependant pas, à l'occasion, d'un certain piquant.

Les parties de la *Généalogie* qui présentent le plus d'intérêt sont : 1° la filiation de la branche directe, depuis Roger Cavillier jusqu'à nos jours ; 2° la filiation des branches latérales. En revanche, l'histoire des arts industriels n'a guère à profiter des notices sur les familles ayant fourni les diverses filles qui furent épousées par les Cavillier ; — exception doit être faite cependant pour la famille Gorlier, qui, de la fin du XVII° siècle à la première moitié du XIX° siècle, a donné toute une série de fondeurs de cloches, dont le premier était le neveu de Philippe I Cavillier.

La *généalogie* terminée, Philippe III Cavillier

commence la revue des contrats de mariage et des contrats d'acquisition, — les analyses de ces derniers étant en partie reproduites d'un registre de Philippe II. Puis vient la description des propriétés, avec plans à l'appui. Et de çi de là, des notes sur l'habitation et ses dépendances, spécialement sur la maison construite en 1738, la même où demeure encore aujourd'hui M. Xavier Cavillier, et sur le « fourny », datant de 1756, qui est encore aujourd'hui la fonderie. — Une horloge, toujours existante, a son histoire détaillée. — La table alphabétique des articles renferme des notes supplémentaires. Elle est suivie, sous le titre *Curiosité indifférente*, d'une sorte de chronique relatant de menus événements locaux, dont quelques-uns véritablement intéressants.

Entre chacune des divisions de son *registre*, Philippe III Cavillier avait pris soin de laisser des feuillets en blanc, destinés à recevoir les *additions*. Luimême en a écrit un certain nombre. Les autres sont de la main de ses descendants, qui ont noté là l'étatcivil des nouvelles générations de la branche directe, quelques rares détails sur les branches latérales et divers évènements concernant la famille ou se référant à l'histoire de Carrépuits.

Malgré son ampleur généalogique, le livre de raison, commencé par Philippe III Cavillier ne donne cependant pas d'une façon absolument complète l'histoire des Cavillier, antérieurement à la Révolution. Mais c'est surtout pour la période moderne qu'il devient nettement insuffisant. On sent que la famille a perdu sa cohésion primitive, que les rameaux tendent de plus en plus à se détacher du tronc. C'est toujours le journal sommaire de la branche directe ; ce n'est plus le tableau d'ensemble de la famille.

Le fonds de Solente.

1. — Registre de FLORENTIN Cavillier : *Registre ou Mémoire des fontes de cloche, à Florentin Cavillier, commençant en l'année 1753.* — Manuscrit in-4° (0.30 cent. ✕ 0.187 mill.), papier, 183 + 18 + 22 pages [1].

Ce registre, qui complète ceux de Philippe III Cavillier conservés à Carrépuits, comprend spécialement : 1° des notices sur les cloches fondues en société par Philippe III et Florentin, tant à l'atelier de Carrépuits que sur place en campagne, de 1753 à 1768 (pp. 1 à 182) [2] :

On y trouve en outre : — 2° une rédaction nouvelle [3], par Louis-Florentin Cavillier, des tracés d'une partie des cloches fondues par Philippe III et Florentin (pp. 1 à 16) : — 3° des notes informes sur les cloches fondues par Louis-Florentin, de 1780 à 1782 (pp. 1 à 9) ; — 4° le marché des cloches de

---

[1]. Cf. notre copie (partielle) : *Association Philippe et Florentin Cavillier de 1753 à 1768, registre de Florentin Cavillier, continué de 1780 à 1782 par Louis-Florentin Cavillier, avec additions de Louis-Charles Cavillier*, etc. (registre in-4° oblong, 200 feuillets).

[2]. Les articles de notre inventaire de l'œuvre des Cavillier, concernant les cloches fondues de 1753 à 1768 par Philippe III et Florentin, ont été rédigés de préférence d'après le registre de Florentin.

[3]. En tête de cette rédaction nouvelle, Louis-Florentin a consigné ce détail que le registre « a été mis entre les mains de Philippe » Cavillier, aussitôt que Florentin Cavillier, son frère, a été décédé » (1779), et que « le dit Ph. Cavillier a eux la complaisance de le rendre » au mois de février 1780, tout gâtez, brouillez [à] chaque page, » tour qui n'est pas à faire ». — Tous les chiffres des tracés de la partie écrite par Florentin, ont, en effet, été surchargés.

Guillaucourt (Somme), en 1783 (p. 10) ; — 5° des notes de Florentin Cavillier sur des marbréaux fournis en 1753 et 1754 (p. 11) : — 6" une table des matières (pp. 1 à 19) ; — 7" des additions variées, de la main de Louis-Charles Cavillier, etc. (*passim*).

2. — Registre de LOUIS-FLORENTIN Cavillier : — *Registre des fontes des cloches, à commencer en l'année 1802, fondue[s] par Florentin Cavillier*[1]*, fondeur des cloches, demeurant à Carrépuis, près de Roye en Picardie, département de la Somme*[2] ; — *registre recommencé par Louis-Charles et Florentin Cavillier de Larouzée*[3]*, fondeur de cloches à Carrépuis, en l'année 1810*[4]*.* — Manuscrit in-4° de 180 pages.
Cloches de 1802 à 1823.

3. — Registre de LOUIS-CHARLES Cavillier.
Cloches fondues de 1816 à 1856.
A la page 340 : « Commencement des façons et fournitures faites par ADOLPHE Cavillier, fondeur à Solente[5] ; le 1ᵉʳ avril 1851 ».

4. — Cahier complémentaire de LOUIS-CHARLES Cavillier : — *Mémoire du montant des sommes qui me sont dûe dans les paroisses que j'ai fondu à mon conte particulier.* — Manuscrit in-4°, non paginé (91 feuillets).
Cloches fondues de 1816 à 1836.

---

1. Louis-Florentin, dit Tintin.
2. Titre de la page 1.
3. Cf. ci-dessus p. 40.
4. Faux-titre de date postérieure.
5. Après la mort de son père Louis-Charles.

5. — Registre d'ADOLPHE Cavillier : — *Registe* (sic) *et continuation des fontes de cloches faites par Adolphe Cavillier à Solente en 1857, commencement, et suite de cette année.* — Manuscrit grand in-8° carré de 203 pages ; plus, 4 pages de tables.

Cloches fondues de 1857 à 1890.

Le Registre d'Amiens.

Le registre, aujourd'hui appartenant à MM. Daperon frères, — qui nous renseigne sur l'œuvre campanaire des Apollinaire Cavillier père et fils, établis à Amiens de 1820 (ou environ) à 1867 (ou environ), — est un in-4° de 180 pages (+ 12 pages de table), intitulé : *Registre à moi Apollinaire Cavillier, concernant la fonte de cloche, à commencé de l'année 1820 et autre précédente.*

Il est écrit, jusqu'en 1857, de la main d'Apollinaire Cavillier père (pp. 1 à 79), — et de 1862 à 1867, de la main de Cavillier-Luneau (pp. 78 à 91). — Durant le premier semestre de l'année 1868, l'écriture est de M. Jules Daperon, avec annotations complémentaires de M. Lecull (pp. 91 à 94). — De juin 1868 à [mai ?] 1878, c'est M. Lecull exclusivement qui tient la plume (pp. 94 à 168).

Nous avons affaire ici à un carnet de notes, plutôt qu'à un *mémorial* méthodique et complet. De ce chef, les renseignements qu'il nous sera possible de donner sur les cloches des Cavillier d'Amiens, affecteront un caractère moins précis et moins abondant, que ceux puisés dans les registres de Carrépuits et de Solente.

En outre de ce registre, concernant les cloches fondues des alentours de 1820 jusqu'en 1878, — nous avons pu consulter chez MM. Daperon frères, à qui nous sommes heureux d'exprimer ici notre reconnaissance : — un second registre [1] (intitulé : *Cloches* [2]), commençant au 2 mars 1868 ; — un troisième registre (sans titre) commençant au 20 juillet 1878 [3] ; — divers papiers, concernant les cloches sorties de la fonderie ; — enfin la série des « grands livres » de la maison. — Ces dernières sources d'information se rapportent exclusivement à l'histoire de la fonderie de cloches d'Amiens, *postérieurement aux Cavillier* [4].

1. Correspondance et informations.
2. En écriture gothique.
3. Page 27. Les pages 1 à 24 sont constituées par un cahier ancien, dont la moitié est remplie de tracés de cloches.
4. Les notes recueillies par nous dans les divers registres et papiers que M. Jules Daperon et MM. Daperon fils ont bien voulu nous autoriser à dépouiller, — ont été reliées en un volume, intitulé : *Archives campanaires de Picardie, Amiens, 1820-1904* (in-4° de 237 feuillets). Ce volume se trouve contenir l'ensemble des éléments de l'histoire de cette fonderie de cloches d'Amiens, durant les trois quarts de siècle qu'elle a existé.

CHAPITRE DEUXIÈME

LES ARCHIVES DES GORLIER

Notre principale source d'informations en ce qui concerne les Gorlier, a été le *Registre*, écrit par le fondeur Pierre Gorlier, dans le dernier quart du XVIII siècle[1], et appartenant aujourd'hui à Madame Franqueville (née Gorlier), de Roisel.

Ce précieux document, que Madame Franqueville a bien voulu nous communiquer[2] et nous autoriser à copier, en vue de sa publication, — est un petit in-4° carré de 210 pages[3], avec dessins dans le texte et hors texte, — intitulé : *Registre de Fondeur de cloche et de canon*[4]. — Il comprend :

1° les Instructions de Pierre Gorlier à ses fils, sur le tracé, le moulage, la fonte et le montage des cloches (pp. 1 à 39 et 91 à 103) ;

2° le Catalogue des cloches fondues par les Gorlier, de 1693 à 1791 (pp. 67 à 71, 40 à 67 et 72 à 87) ;

---

[1]. Sauf une addition de Pierre Gorlier, sur les cloches fondues par lui en 1803 (p. 111), et des notes de comptabilité ménagère, écrites par un de ses descendants, de 1821 à 1824 (pp. 113 à 120).
[2]. En 1895.
[3]. De 24 cent. et 1/2 de haut, sur 18 cent. de large.
[4]. Il n'est aucunement question, dans ce registre, de la fonte des canons.

3° l'autobiographie de Pierre Gorlier pendant la Révolution (pp. 84-85, 87 à 89 et 105 à 109) [1];

4° le catalogue des cloches fondues par Pierre Gorlier en 1803 (p. 111);

5° un « Apperçu du produit annuel des biens du Clergé, situés en Cambrésis, avec un plan de distribution par lequel on peut améliorer le sort des cultivateurs, fournir une substance honnête à tous les individus du clergé séculier et régulier et aux communautés religieuses des deux sexes, sans en supprimer aucune, ainsi qu'à l'entretien des bâtiments, ornements, etc., et autres choses nécessaires au culte divin, et soulager les pauvres de cette province plus qu'ils ne le furent jamais » (pp. 159 à 172) [2];

6° un « Traité du Blason en bref » (pp. 180 à 185);

7° des notions de chronologie (pp. 186 à 194);

8° la Généalogie de la famille Gorlier, du XVIe siècle à la fin du XVIIIe (pp. 200 à 210) [3].

---

1. Cette autobiographie est faite de plusieurs fragments, assez mal raccordés, dont le dernier fut écrit au Hâvre, le 26 floréal an IV.
2. Cet « aperçu », — qui est peut-être une élucubration de Pierre Gorlier, à l'époque où, instituteur à Alincourt, il s'amusait, « après la classe, à composer des discours républicains », — qui pourrait tout aussi bien n'être que la copie d'une brochure de l'époque (nous laissons aux bibliographes du Cambrésis le soin de résoudre ce petit problème), — a été écrit à la suite du « décret de l'Assemblée nationale, qui met les biens du Clergé à la disposition de la Nation » et de « celui qui supprime la dîme ».
3. Cette généalogie semble bien avoir été écrite par Pierre Gorlier, à Busigny, entre le 30 avril et le 15 juin 1785, à l'exception des 27 ou 28 dernières lignes (p. 209), qui sont postérieures au 23 août 1792. — A la suite (p. 210), se trouvent trois notes, écrites, la première, peu après le 27 avril 1786; la seconde, en 1791 ou 1792, et la troisième, postérieurement au 23 août 1792 et antérieurement (selon toute vraisemblance) à l'achèvement de la page 209.

TROISIÈME PARTIE

HISTORIQUE DES CLOCHES
XVIIᵉ - XVIIIᵉ Siècles

I

DÉPARTEMENT DE LA SOMME

ARRONDISSEMENT D'AMIENS

AMIENS

Beffroi communal. — *1748.* — Philippe II Cavillier, de Carrépuits, et ses fils Philippe III et Florentin : — refonte de « la cloche du Beffroy », qui avait été détruite dans l'incendie du 16 avril 1742.

Le 29 avril 1748, délibération des maire et échevins, contenant marché avec « les sieurs Philippe et Florentin Cavillier, maîtres fondeurs » : — il sera fourni aux fondeurs 25.000 livres de métal, poids de marc ; — la cloche devra peser « au moins de vingt à vingt-un mil » ; elle aura 7 pieds 4 pouces de diamètre ; les fondeurs la garantiront un an et un jour ; prix convenu : 2.500 livres.

La dite cloche, fondue à Amiens, le 2 août 1748, « après treize heures de feu au fourneau » ; — poids 22.000 livres environ ; — montée le 29 mars 1752 ; — toujours existante.

Difficultés entre la municipalité et les fondeurs, pour la réception. — Nomination d'experts, fondeurs et charpentiers[1]. — « La cloche dont est question, toute bonne et solide qu'elle paroisse, présente néantmoins un deffaut essentiel, en ce qu'elle incline plus d'un côté que de l'autre » : — il est finalement reconnu que cette disposition provient de « plusieurs défectuosités à la charpente » et que « la cloche, dont il s'agit, est très solide, durable, sans deffaut, harmonieuse et dans le meilleur état de réception ». — Le 1ᵉʳ septembre 1757, ordonnance de l'Intendant de Picardie, constatant que « la cloche a été bien et duement exécutée », déclarant « qu'elle sera et demeurera tenue pour reçue », et prescrivant le paiement de la somme qui reste due aux fondeurs.

Archiv. Cavillier, Carrépuits : — reg. II, pp. 15 à 17 et 17 bis-18 bis; — papiers divers, dossier *Amiens*; — Philippe II Cavillier, *Remarques sur... Pluche*, p. 9 [2].
Jos. Berthelé, *Anciennes Cloches municipales de Bordeaux, d'Orléans et d'Amiens*, dans le *Bulletin mensuel de l'Académie des Sciences et Lettres de Montpellier*, n° 7.

1. Le 26 juillet 1757, « Pierre Gorlier, fondeur, demeurant à Roisel, près Péronne », donne procuration à Philippe III Cavillier, pour « recevoir la somme qui sera fixée par Monseigneur l'Intendant, tant pour visite de la grosse cloche du Bœffroy de cette ville d'Amiens, voyage, que procès-verbal, par moy fait et délivré, en conséquence de ce qui a été ordonné par mon dit seigneur l'Intendant ». — Le 28 octobre de la même année, le dit « Gorlier, fondeur », donne quittance à Philippe et Florentin Cavillier, de « la somme de 60 livres, et ce à la décharge de la ville d'Amiens et des dits Cavilliers, pour voyage de visite, expertage et raport, que j'ay fait, de la grosse cloche du Beffroy d'icelle ville d'Amiens, par ordonnance de Monseigneur l'Intendant. »
2. Cf. également les Archives de la ville d'Amiens, art. DD. 16. — Georges Durand, *Ville d'Amiens, Inventaire sommaire des Archives communales antérieures à 1790*, tome V, pp. 323 à 325.

juillet 1909, pp. 38 à 46 ; — tirage à part : *Opuscules campanaires*, quatrième fascicule, pp. 48 à 56 [1].

1752. — Philippe II, Philippe III et Florentin Cavillier, père et fils : — les deux marbréaux [2] de la grosse cloche du Beffroi, — fondus à Carrépuits le 17 mai, — livrés le 27 du même mois, — pesant 292 livres 1/4 (poids de 15 onces).

Archiv. Cavillier, Carrépuits : I, p. 64.

1755. — « Deux cloches, pour le Beffroy de la Ville, et deux timbres, pesant les quatre [ensemble aux] environs de 3.500 [livres] ; fondues à Carrépuis », par les frères Philippe III et Florentin Cavillier, — « sçavoir deux cloches pour sonner dans le Beffroy, là où est posée la grosse cloche, et deux autres cloches ou timbres, pour sonner les quarts à l'orloge de ce beffroy, lesquels timbres doivent être posés à la lanterne ou loge du guetteur ».

Le 12 juillet, les fondeurs passent marché avec la municipalité : — « nous sommes obligés à tout fournir (écrit Florentin Cavillier), prendre le métal au poids et rendre les cloches, timbres et marbréaux au même poids de la halle de ladite ville, comme aussy d'en faire faire les voitures : pour être fondues à Carrépuis pour la fin d'aoust » : — « de plus, nous sommes obligés de fournir deux batants et deux cuirs pour les deux cloches, et refondre le gros lingot de métal ou restant de la grosse cloche.

---

[1]. On y trouvera publiées *in-extenso* : 1° la délibération municipale, contenant marché, du 29 avril 1748 ; — 2° l'ordonnance de l'Intendant, portant réception de la cloche, du 1ᵉʳ septembre 1757.

[2]. Coussinets (en bronze).

pour rendre le métail plus fin qu'il n'est : » — « il nous sera payé la somme de 60 livres d'argent, pour l'affinage du métail ; les batans nous seront payés à 15 sols la livre de fer pesant : pour les deux cuirs, il nous sera payé 18 livres d'argent » : — « et pour les voitures, pesages des matières, comme pour nos fournitures et façon, il nous sera payé cinq sols par chacune livre de métail façonné » ; — « la Ville nous tiendra compte de cinq livres de déchet par cent, de ce que les cloches et timbres se trouveront peser ; et l'augmentation, s'il s'en trouve, au prix de 28 sols la livre, poids d'Amiens » : — enfin il était accordé aux fondeurs « de diminuer 80 livres de métail de l'ancien, à cause des scories » ; — « tout ce que dessus est expliqué sur l'écrit, signé du maire et des échevins, visé de M. l'Intendant d'Amiens ».

Ledit jour 12 juillet, livraison du métal par la Ville aux fondeurs : — « il a été pesé, au poids de la halle [d'Amiens], les lingots restant de la fonte de la grosse cloche, et déduction faite des crasses, il s'en est trouvé la quantité de 3.133 livres, audit poids d'Amiens ».

Notes des cloches et des timbres : — « les deux cloches en ton plein entre elles », — « la grosse des deux, aussy en ton plein à l'octave superius de la grosse-grosse cloche », — « et les deux timbres, aussy en ton plein [entre eux], et en sixte et en quinte à l'octave superius de la [dite] grosse cloche » : — « ouvrage qui n'est pas aisé » (ajoute Philippe III Cavillier) ; « pas moins, nous y sommes tombés juste ».

Le 23 septembre, livraison par les fondeurs : —

« et le 23me septembre 1755, nous avons rendu les cloches, timbres, marbréaux, batans, cuirs, à ladite halle, pour y être pesés : dont la grosse pèse 1.370 livres, la petite pèse 997 livres, le gros timbre pèse 497 livres et le petit timbre pèse 367 livres, et les quatre marbréaux pèsent 77 livres ; ce qui forme en total de métal neuf 3.308 livres, que nous avons rendu » : — « par conséquent, il y a 175 livres d'augmentation » sur le poids du métal fourni par la Ville ; — « le déchet de 5 livres du cent fait la quantité de 165 livres de métal, qui joint avec l'augmentation, fait celle de 340 livres de métal, que la Ville nous doit ; à raison de 28 sols la livre, fait la somme de 476 livres d'argent » : — « plus, pour la façon, à raison de cinq sols par livre [de métal], fait la somme de 827 livres » : — « plus, pour la fonte ou affinage, 60 livres ; pour les deux batans, pesant 84 livres 1/2, à raison de 15 sols la livre, fait la somme de 63 livres 7 sols 6 deniers ; et pour les deux cuirs et boucles, celle de 18 livres » : — « toutes ces sommes ensemble forment celle de 1.444 liv. 7 s. 6 d., que la Ville d'Amiens nous doit payer à nous deux mon frère, sans préjudice à ce qu'il nous est [encore] dû pour la fonte de la grosse cloche ».

Le 27 octobre 1756, les fondeurs reçoivent de M. Le Marchand, trésorier de la Ville d'Amiens, « la somme de 1.437 liv. 15 s., pour rester quittes de cette fonte » ; — « cet argent a été partagé entre nous deux mon frère », — « sans préjudice à la grosse ».

<small>Archiv. Cavillier, Carrépuits : — papiers divers, dossier *Amiens* ; — reg. I, pp. 169 à 172.
Reg. Florentin Cavillier, Solente, ms. orig., pp. 37-38.</small>

Cf. Jos. Berthelé, *Anciennes Cloches municipales de Bordeaux, d'Orléans et d'Amiens*, dans le *Bulletin mensuel de l'Académie des Sciences et Lettres de Montpellier*, n° 7, juillet 1909, pp. 46 à 48, et tirage à part : *Opuscules campanaires*, quatrième fascicule, pp. 56 à 58 [1].

Église cathédrale. — *1736*.

— Refonte des deux bourdons, par Philippe II Cavillier, de Carrépuits, et son fils Philippe III.

Marché passé par Philippe II, le 7 janvier : — notes : « *a mi la et b fa si bécart*, c'est-à-dire à plein ton, tel que *ré, ut* ».

Lesdits bourdons, fondus à Amiens le 5 juin ; — poids : 16.100 livres environ : — cloches « très belles, sans deffaults et fort bonnes » : — dont la plus grosse (4.500 kilos. environ), encore existante.

Le 19 juin 1736, certificat de satisfaction délivré par le Chapitre cathédral d'Amiens à Philippe Cavillier, qui « a fondu les deux grosses cloches de notre église » : — « il a rendu les dittes cloches belles et dans le ton concordant, selon l'avis des connoisseurs qui ont été appellés pour en juger » : — « nous sommes très contens de la fidélité avec laquelle il a consommé son ouvrage ».

Archiv. Cavillier, Carrépuits : — reg. G, pp. 95-96 ; — papiers divers, dossier *Amiens* [2].

Église Saint-Firmin-le-Confesseur. — *1734*.

— Refonte de la neuvième cloche du carillon, par Philippe II et Colin Cavillier, de Carrépuits. — Fon-

---

1. On y trouvera, publié *in extenso*, le marché du 12 juillet 1735.
2. Cf. notamment Georges Durand, *Monographie de la Cathédrale d'Amiens*, pp. 597 et 601-602.

due [à Carrépuits?] avant le 5 novembre : — cloche tournée : — poids : 194 livres.

Archiv Cavillier, Carrépuits : G, p. 70.

1773. — Refonte des quatre grosses cloches, à Carrépuits, par l'association Philippe III, Nicolas III et Louis-Florentin Cavillier.

« Le 14me juillet 1773 (écrit Philippe), j'ai passé écrit de marché avec Monsieur Brandicourt, curé de la paroisse,... authorisé des sieurs sindic et marguilliers de cette paroisse à cet effet,... pour fondre les quatre grosses cloches de leur église à Carrépuis,... pour faire un accord de *fa, mi, ré, ut*, qui s'accordera avec les autres plus petites, restantes au clocher[1] » ; — « je suis obligé à les prendre au portail de la ditte église, les faire charger sur les voitures, faire conduire audit Carrépuis, là où elles seront pesées ; tout fournir les matériaux :... et après la fonte, je suis obligé de les rendre au portail de la ditte église » ; — « et par devers Mons' Brandicourt, curé, de les faire décharger des voitures pour, à ses frais, être remises dans l'église » : — prix convenu : 700 livres : — cinq pour cent de déchet : — le métal, à 26 sous la livre de 16 onces.

Le 13 octobre, « les quatre anciennes cloches de cette paroisse ont été pesées à notre balance, en présence de Mons' Brandicourt, curé, et de M' Hacot,

---

1. « Le dit sieur Cavillier s'engage et s'oblige de rendre les dites quatre grosses cloches belles, bonnes, harmonieuses et parfaitement d'accord entre elles et avec la plus grosse des petites qui sont dans le clocher, de sorte qu'il se trouvera une octave parfaite de la plus grosse du clocher à la plus petite, sans cependant rien diminuer du diamètre de la plus grosse, qui est actuellement cassée. » (Marché du 14 juillet 1773).

sindic et marguillier de cette paroisse » : — la grosse s'est trouvée peser 2.450 livres ; la seconde grosse ou le *ré*, 2.021 livres ; la troisième ou le *mi*. 1.600 livres ; la petite ou le *fa*, 988 livres ; plus, « une paire de marbréaux de la grosse, de 14 livres » ; total : 7.073 livres de métal, à 16 onces.

Poids des quatre cloches nouvelles, pesées à Carrépuits le 16 octobre « en présence desdits sieurs curé et marguillier » : — la grosse « ou l'*ut* actuelle », 2.438 livres ; la seconde grosse, 1.775 livres ; la troisième, 1.258 livres ; la petite, 1.031 livres ; plus, une paire de marbréaux neufs, de 24 livres : — total : 6.526 livres ; — « les neuves pèsent la quantité de 547 livres de moins que les dittes anciennes ».

« Cette sonnerie est parfaitement bien d'accord. Ces quatre cloches, bien fondues, sont très belles, et sans aucun deffaut. Elles sont aussi très bonnes en harmonie. Enfin, c'est un chef-d'œuvre, quoyque le métal n'ait aucune qualité de bonté ».

« Le 8me novembre 1773, après assemblée tenue au presbitère de Saint-Firmin, là où étoient plusieurs organistes et musiciens, a enfin été reconnu que leur sonnerie étoit digne d'être reçeue. Pourquoy, il m'a été délivré une acte de réception, signé de part et d'autre ». — « Et au même instant, j'ai donné un reçu à Mr Hacot, sindic de la fabrique, portant la somme de 255 livres : ce fut pour le montant de 204 livres de métal, qui nous est resté en mains de cette fonte, c'est-à-dire que, le déchet de cinq pour cent déduit, les cloches neuves furent encore diminuées de 204 livres en sus, lequel métal j'ai retenu pour nous, au prix de 25 sols la livre de 16 onces ; laquelle somme de 255 livres, tenue pour somme payée, est en déduction du prix de 700 livres convenu pour la refonte de cette sonnerie, et par ce moyen, il ne nous reste dû, à cette paroisse, que la somme de 445 livres, payable au 8me novembre de l'année 1775 ». — Quittance finale, le 15 mars 1776.

« Leur ancien battant a été revendu pour servir à la grosse cloche de Corbie : il a été payé 50 livres, qui ont été partagées entre nous trois ».

10 mars 1776. Certificat de satisfaction (sur parchemin) délivré aux fondeurs Philippe III et Nicolas III Cavillier, par le curé et le syndic.

<blockquote>Archiv. Cavillier, Carrépuits : — reg. J, pp. 245 à 248 ; — papiers divers, dossier *Amiens :* — journal P, pp. 26, 28, 29 et 32 ; copie Berthelé, fol. 107, 108, 109 et 113-114.</blockquote>

Église Saint-Firmin-le-Martyr. — *1736.* — Refonte

de la grosse cloche, par Philippe II Cavillier, de Carrépuits, et son fils Philippe III. — Ladite cloche, livrée « le 6 juin » [ou plutôt le 6 septembre ???] ; — poids : 559 livres, soit « 46 livres plus que l'ancienne ».

Philippe II Cavillier écrit au sujet de cette refonte : « J'ai révoqué un marché pour la fonte générale de toutes les cloches de Saint-Firmin-le-Martir, dit en Castillon, d'Amiens, pour 500 livres, pour éviter un procès, quoyque j'avois un bon écrit passé par délibération authentique, et pour acheter la paix, et me suis soumis de volonté de ne refondre que la grosse cassée et la rendre d'accord, sujette à visite et en la halle, moïennant la somme de 110 livres et le métal à 30 sols la livre, payable comptant. Le marché est du 25 juillet [*sic*] 1736 ;

pour être fondue à Carrépuis pour le 15 septembre prochain... J'ai livré la cloche le 6 juin [sic] 1736, pesant 46 livres plus que l'ancienne... : tout réglé par Philippe[1] : ainsi quitte et amis ; du ... septembre 1736 ».

Archiv. Cavillier, Carrépuits : G, p. 99.

Église Saint-Germain. — *1763*. — Le 18 juillet, Philippe III Cavillier « achète aux sieurs prieur-curé et marguilliers de la paroisse de Saint-Germain d'Amiens deux cloches appartenantes à leur église, lesquelles étoient du poids de 1.060 livres, en vieille marchandise, poids de la halle de cette ville » ; il les paie « au prix de 22 sols la livre, faisant la somme de 1.166 livres » : — « plus, quatre marbréaux de potin, pesant 14 livres, qui, au prix de 14 sols la livre, fait la somme de 9 livres 16 sols » ; — « plus, deux battants, pesant ensemble la quantité de 37 livres, au prix de 3 sols la livre » ; — plus, « 63 livres d'autres ferrailles, au prix de 2 sols 6 deniers la livre ».

Archiv. Cavillier, Carrépuits : — reg. J, p. 8 ; — papiers divers, dossier *Amiens*.

Église Saint-Jacques. — *1733*. — Philippe II et Colin Cavillier, de Carrépuits : — marché passé, le 20 avril, « pour faire seulement trois cloches d'accord » ; puis, « ordre d'en faire une quatrième » : — lesdites quatre cloches, fondues à Amiens le 26 juin, et reçues le 1er juillet.

Archiv. Cavillier, Carrépuits : G, p. 75.

1. Philippe III Cavillier.

1763. — Philippe III et Florentin Cavillier : — refonte, à Carrépuits, de la petite cloche des messes, « qui s'est cassée en tombant dessus la grosse » ; — « même façon que les quatre grosses » ; — « la faire en octave de la grosse, juste, c'est-à-dire pour servir de huitième ».

« Le 17me avril 1763 (écrit Florentin Cavillier), mon frère a fait marché avec M^{rs} le curé, marguilliers et habitants de la paroisse de Saint-Jacques d'Amiens, pour fondre la petite cloche des messes. Nous sommes obligés à la prendre à la halle et la remettre à ladite halle : tout fournir, même le déchet, et la rendre à l'octave de la grosse. Et ce, moyennant la somme de 30 livres du cent pesant. Le métail, au prix de 28 sols la livre de poids de 15 onces ».

« Le 18me avril 1763, l'ancienne petite cloche nous a été livrée au poids de la halle, par Mr Laurent, marguillier. Elle étoit du poids de 435 livres ».

Fondue vraisemblablement le 1er ou le 2 juillet, en même temps que les trois cloches d'Onvillers (Somme).

« Et le 14me juillet 1763, la cloche neuve a été pesée à ladite halle. Elle pèse présentement 423 livres, étant diminuée de 12 livres de métail. De plus, a été pesé quatre marbréaux neufs, pesant ensemble la quantité de 48 livres... »

« Le 6me aoust 1763, mon frère a donné un reçu à Mr Laurent, marguillier en charge, pour la somme de 197 livres 12 sols, pour être quitte. Cet argent a servi à payer les cloches achetées à Saint-Germain à Amiens ».

<small>Archiv. Cavillier, Carrépuits : — reg. J. pp. 27-28. — Reg. Florentin Cavillier. Solente, ms. orig., p. 116 ; copie Berthelé, fol. 147-148.</small>

Église Saint-Maurice. — *1760.* — Philippe III et Florentin Cavillier, fondeurs à Carrépuits. — Le 26 mai, Florentin « passe marché avec les sieurs curé, marguillier et habitans de la paroisse de Saint-Maurice-lès-Amiens, pour de deux cloches [qu'ils avoient] en faire quatre en accord de *fa, mi, ré, ut*: fournir environ de 500 livres de métal, moutons, ferrures à écroux, battants, cuirets, voitures, enfin les rendre prêtes à mettre dans le clocher » ; — « nous ne sommes pas obligés à les mettre dans le clocher ; ils sont obligés de rendre les anciennes à la halle d'Amiens et y reprendre les neuves, ainsi que les autres ustencilles ».

Le 18 août, « les deux anciennes cloches de Saint-Maurice-lès-Amiens, [avec leurs] moutons, battants, ferrures et cuirets, nous ont été rendues à Carrépuis, » après avoir été pesées « au poids de M'' Fertel, marchand à Amiens ; dont la totalité de leur ancien métal étoit de 600 livres juste, poids de 16 onces ».

Le 23 août, « les quatre cloches nouvelles, avec huit marbréaux, moutons, battants, ferrures, cuirets, ont été livrées audit Amiens, aux sieurs curé et marguillier. Ayant pesé les dittes cloches et marbréaux à la balance de M'' Fertel, la grosse s'est trouvée peser la quantité de 373 livres ; la seconde grosse, celle de 270 1/2 ; la seconde petite, celle de 203 1/2, et la petite, celle de 166 1/2, et les huit marbréaux, celle de 40 1/2 ; ce qui produit, en métail neuf, la quantité de 1.054 livres, aussi poids de 16 onces ».

Quittance finale des fondeurs, le 18 mars 1769.

<small>Archiv. Cavillier, Carrépuits : reg. I, pp. 245 à 247. — Reg. Florentin Cavillier, Solente, ms. orig., pp. 78-79 ; copie Berthelé, fol. 105 à 108.</small>

Église Saint-Michel. — *1777.* — Refonte de la petite cloche, à Carrépuits, par l'association Philippe III, Nicolas III et Louis-Florentin Cavillier. — Les deux autres cloches de la sonnerie « sont deux patraques gothiques ».

Marché passé par ledit Philippe Cavillier, le 9 septembre, « avec M⁽ʳ⁾ de Sachy de Carouge, marguillier sortant de charge,... comme en étant chargé par procuration pendant son année d'exercice. »

L'ancienne cloche, livrée au dit fondeur et pesée à la halle d'Amiens, le 10 septembre, était du poids de 166 livres [1]. — Poids de la cloche nouvelle fondue, pesée, également à la halle d'Amiens, le 11 décembre : 174 livres et 1/2 [2]. — « Cette cloche neuve est d'accord en plein ton avec la seconde, et elle est assez bonne. Le métal en est bon ».

Archiv. Cavillier, Carrépuits : — reg. K, p. 42 ; — journal Q, p. 10 ; copie Berthelé, fol. 195.

1787. — Philippe III et Nicolas III Cavillier, père et fils : — « les quatre cloches, fondues à Carrépuits », (en remplacement de trois, plus petites).

Marché passé le 4 mai, par ledit Philippe Cavillier, « avec Monsieur Duminy, curé de Saint-Michel de la ville d'Amiens, pour leur fondre quatre cloches, du poids d'environ 1.400 et accordantes sur les tons de *fa, mi, ré, ut* » ; — prix convenu : « 25 livres du cent, poids de la halle de cette ville, et l'augmentation à 28 sous la livre de ce même poids de 15 onces » ;

---

[1]. « Amiens, Saint-Michel : petite cloche ; pèse 153 livres à 16 onces. »

[2]. « La balance nous a donné 11 livres de métal à *baffier* ». — *Baffier*, terme de l'argot des anciens fondeurs de cloches, signifiant *gagner* (cf. le glossaire de Nicolas III, art. 208 et 497).

plus, pour les quatre moutons en bois d'orme et leurs accessoires, 70 livres ; les ferrures, avec vis et écroux, à 9 sous la livre, aussi poids de 15 onces ; et pour les cuirs, 10 livres.

« L'accord [de ces quatre cloches] n'étant pas venu juste, nous avons été obligés de tourner le *fa* et le *ré* ».

« Et le 16 août de la susditte année, les quatre nouvelles cloches, marbréaux et autres objets par nous livrés, furent rendus à Amiens, à la halle ; et les ayant fait peser, la grosse actuelle s'est trouvée du poids de 505 livres 1/2 ; la seconde, de 367 ; la troisième, de 261 ; la quatrième, de 225 1/2, et les huit marbréaux, 36 ; total : 1395 livres ». — « Et le lendemain, les trois anciennes ayant été repesées à ladite halle, et les six marbréaux, elles se sont trouvées du poids de 774 livres au total » ; — « il se trouve une augmentation de 621 livres de métal ».

Archiv. Cavillier, Carrépuits : K, pp. 205-206.

Église Saint-Pierre. — *1706 (?)* — Refonte d'une cloche, pesant 500 livres environ, par Philippe II Cavillier de Carrépuis. — « La cloche, fondue le 8 juillet ».

Archiv. Cavillier, Carrépuits : A, p. 134.

Église Saint-Remy. — *1754-1755.* — Refonte des quatre cloches, pesant ensemble « environ dix milles ; fondues à Carrépuits », par les frères Philippe III et Florentin Cavillier.

Marché écrit passé le 20 novembre 1754, par les dits Philippe et Florentin « avec les sieurs marguillier en charge, curé et anciens marguilliers de la paroisse Saint Remy de la ville d'Amiens » ; les fondeurs sont « obligés à toutes les fournitures, même les prendre à la halle d'Amiens et les y rendre, pour y être pesées, sauf toutefois, par les sieurs curé et marguillier, de fournir les anciennes à la halle et y reprendre les nouvelles fondues » ; — prix convenu : 750 livres ; — de plus, la paroisse devra « tenir compte [aux fondeurs] de cinq livres de métail de déchet, par chaque cent de ce que les nouvelles cloches se trouveront peser » : — « le prix du métail, qui se trouvera employé à la ditte fonte, tant en déchet qu'en augmentation, à raison de 30 s. la livre de 16 onces, ou 28 s., poids de 15 onces » ; — « la ditte fabrique est obligée, [en outre], de fournir les quatre anneaux qu'il faudra dans les cloches neuves ».

« Le 25ᵉ avril 1755, nous avons fondu les quatre cloches, ayant fait une belle réussite ».

Le 17 du dit mois d'avril, les anciennes cloches avaient été pesées à Amiens, « dont la grosse pesoit 3.504 livres, poids de 16 onces, et la seconde grosse étoit du poids de 2.564 livres ; la troisième étoit du poids de 1.634 livres, et la petite, 1.293 livres ; plus, le métail acheté par la fabrique à la veuve Josse : 1.455 livres. La quantité totale [d'ancien métal] étoit de 10.457 livres, poids de 16 onces ».

« Et le 15ᵐᵉ may 1755, les quatre cloches nouvelles fondues ont été rendues au dit Amiens et pesées avec les balances de la Ville, dont la grosse pèse présentement [la quantité de] 3.688 livres ; la seconde grosse, celle de 2.684 livres ; la troisième, celle de 1.936 livres ; la quatrième ou petite, celle de 1.618 l. : ce qui forme en total celle de 9.926 livres de

16 onces ». — « Le déchet, [s'élevant à la quantité] de 523 livres de métail, déduit de 10.457 livres, nous nous sommes trouvés redevables de 8 livres de métail, dont nous avons tenu compte, au prix de 28 sols la livre ».

« Et comme la dite paroisse a trouvé les cloches très belles et bien d'accord au gré de toute la ville, on nous a fait une gratification de 58 livres d'argent ». — Le 17 mai 1755, les fondeurs donnent quittance finale à la fabrique de Saint-Remy.

2 septembre et 27 octobre 1756. Certificats de satisfaction (le premier, sur papier, et le second, sur parchemin), délivrés aux fondeurs par le curé et les marguilliers.

Archiv. Cavillier, Carrépuits : — reg. I, pp. 155 à 157; — papiers divers, dossier *Amiens*.
Reg. Florentin Cavillier, Solente, ms. orig., pp. 31-32 ; copie Berthelé, fol. 40 à 43.

Église Saint-Sulpice. — *1762.* — Refonte des quatre cloches à Carrépuits, par les frères Philippe III et Florentin Cavillier.

Le 23 juillet, Philippe III « a passé marché avec les sieurs curé, marguilliers en charge et ancien, de la paroisse de Saint-Sulpice d'Amiens, pour fondre les quatre cloches à Carrépuis », — « lesquelles seront du ton *fa, mi, ré, ut* » ; — les fondeurs sont « obligés à les prendre dans le clocher et les y rendre, la corde à la main ; fournir toutes choses, moutons neufs, battants, ferrures à écroux, cordes et cuirets, même les voitures ; les prendre au poids de la halle d'Amiens et les rendre au même poids » ; — prix convenu : 650 livres ; plus, « s'il se trouve augmentation ou diminution de métail, il en sera fait raison au prix de 28 sols la livre, poids de la halle ».

« Le 20ᵉ aoust 1762, les anciennes cloches ont été pesées au poids de la halle, dont la grosse étoit du poids de 669 livres, la seconde 479 livres, la troisième 387 livres, la petite 335 livres, et deux marbréaux, avec une clochette à viatique, de 16 livres ; la quantité totale étoit de 1.886 livres, sur quoy il a été déduit 18 livres pour l'entrefer : il reste en compte celle de 1.867 livres 1/2 ».

« Et le 4ᵉ septembre 1762, les cloches nouvelles fondues ont été livrées et pesées au poids de la dite halle [d'Amiens], dont la grosse pèse présentement celle de 746 livres, la seconde [ou le *ré*] 539 livres, la troisième [ou le *mi*] 392 livres et la petite 322 livres, et la clochette avec les deux marbréaux 16 livres 1/2 ; ce qui forme en total 2.015 livres 1/2 ;... il y a 147 livres de métail en augmentation sur le poids des nouvelles cloches ».

« Cette sonnerie est d'assez bon métail, bien fondue, bonne ; mais le son est un peu maigre ».

Archiv. Cavillier, Carrépuits : — reg. J, pp. 21-22 ; — papiers divers, dossier *Amiens*. — Reg. Florentin Cavillier, Solente, ms. orig., pp. 111-112 ; copie Berthelé, fol. 138 à 140.

Abbaye de Saint-Jean. — *1757*. — Refonte de « la seconde grosse cloche », pesant environ 450 l. ; — fondeurs : les frères Philippe III et Florentin Cavillier ; — lieu de la fonte : Carrépuits.

Le 25 juillet, Philippe III passe marché avec le prieur, « moyennant la somme de 30 livres du cent pesant » : plus, le métal au prix de 28 sols la livre de 16 onces.

« Le 8 aoust 1757, l'ancienne cloche a été pesée à notre balance ; elle pesoit 448 livres, poids de 16 onces ». — « Nous avons repesé la neuve ; elle étoit diminuée d'une livre ».

« A la balance de la halle d'Amiens, cette ancienne cloche étoit du poids de 454 livres, et la neuve fut repesée avec la même balance et poids, étant augmentée de 22 livres de métal, ce qui fait un bénéfice de la halle, ainsy il est salutaire d'y peser ».

Le 12 septembre 1757, quittance finale délivrée par Philippe III Cavillier au père procureur, pour la somme de 173 livres.

    Archiv. Cavillier, Carrépuits : I, p. 180. — Reg. Florentin Cavillier, Solente, ms. orig., p. 4 : copie Berthelé, fol. 4-5.

Abbaye de Saint-Martin-aux-Jémeaux. — *1757.*

— Fonte de quatre petites cloches, par les frères Philippe III et Florentin Cavillier, de Carrépuits.

Le 26 juillet, Philippe III « a passé écrit avec Monsieur Enguehard, prieur de l'abbaye de Saint-Martin-aux-Jémeaux d'Amiens, pour lui fondre quatre cloches neuves à Carrépuis, en accord de *fa, mi, ré, ut,* aux conditions suivantes : nous sommes obligés de livrer tout le métal nécessaire pour la ditte fonte, même 8 marbréaux, pesant le tout ensemble la quantité de 1.160 livres au plus, poids de 16 onces ; lequel métal, en cloches et marbréaux, nous sera payé à raison de 33 sols la livre, tout rendu à Amiens [1] » ; — de plus, « nous sommes

---

1. « Sçavoir onze cent soixante livres au plus de métal, à 28 sols la livre du poids d'Amiens, toutes fondues » ; plus, « pour façon, pesage

obligés de livrer quatre moutons neufs tout équipés, quatre battans neufs, toutes les ferrures des moutons à écrous et vis, les quatre cuirets et boucles ; dont il nous sera payé : premier, pour les quatre moutons, la somme de 70 livres; pour les quatre battants, celle de 12 sols de la livre pesant : pour toutes les autres ferrures, celle de 90 livres, et pour les quatre cuirets, celle de 10 livres ».

« Le 3ᵉ aoust 1757, nous avons fondu les quatre cloches et marbréaux » ; — « et ont été livrées à Amiens, le 8 octobre 1757, étant pesées à la halle ; dont la grosse pèse la quantité de 396 livres, la seconde 291 livres, la troisième 222 livres, la quatrième ou petite 178 livres, et les huit marbréaux 42 livres 11 onces ».

Archiv. Cavillier, Carrépuits : — reg. I, pp. 203 à 205 ;
— papiers divers, dossier *Amiens*.
Reg. Florentin Cavillier, Solente, ms. orig., pp. 53-54 ;
copie Berthelé, fol. 73 à 75.

Capucins. — *1749*. — Philippe II Cavillier et ses fils Philippe III et Florentin : — un timbre neuf, pesant 64 livres, en remplacement d'un ancien de 32 livres ; — livré le 24 août.

Archiv. Cavillier, Carrépuits : H, p. 31.

Carmes Déchaussés. — *1766*. — Refonte des deux cloches, à Carrépuits, par les frères Philippe III et Florentin Cavillier.

Le 20 février, Florentin passe marché avec « Fr. Anselme de Sainte-Thérèse, sous-prieur et

en la halle d'Amiens et voiture pour rendre les dittes cloches dans l'abbaye, à raison de cinq sols la livre ». (Marché du 26 juillet 1757).

vicaire des Carmes Déchaussés de la communauté d'Amiens » : — « faire la fonte... des deux cloches de la ditte communauté ;... les mettre en ton plein l'une avec l'autre :... les mettre en état de sonner... [et d'être mis en place] pour Pasques prochain, sous peine de trente livres par forme de dommage et intérêt [1] » : — « et au cas qu'elles ne se trouvent pas d'accord ensemble », les dits fondeurs seront tenus « d'en faire une nouvelle fonte », à leurs frais et dépens [2] ; — les fondeurs sont obligés à toutes les fournitures, « mettre deux moutons neufs et ferrés à écroux ;... sauf les descendre et remonter au clocher, qui n'est point à notre charge » : — prix convenu : « dix-sept pistoles [3] », autrement dit « 170 livres. pour tout » : — « le métail [de] plus ou moins de poids, est au prix de 28 sols la livre ».

« Le 20ᵉ mars 1766, Nicolas [Cavillier, fils de Philippe], a été à Amiens, pour avoir les deux anciennes cloches des Révérends Pères Carmes ». — « Elles ont été pesées à la halle de cette ville, devant et après la fonte. Les deux nouvelles sont diminuées de 12 livres de métail, qui a été réglé au prix de 28 sols la livre, ainsi qu'il étoit dit : il y a *chanuté* [4] ».

« Et les ayant pesées à notre balance, la grosse [ancienne] étoit du poids de 402 livres et la petite [ancienne] étoit de 293 livres. Et les deux neuves pèsent présentement la quantité de, sçavoir : la grosse 381 livres, et la petite, 279 livres. »

1. Voir ci-dessous AMIENS, *Hôtel-Dieu*, marché du 3 janvier 1766.
2. Marché du 20 février 1766.
3. *Ibid.*
4. Terme d'argot, dérivé de *chanu*, bon (cf. le glossaire de Nicolas III, art. 51 et 121), et correspondant vraisemblablement à notre mot *boni*.

Ces deux cloches des Carmes Déchaussés d'Amiens paraissent bien avoir été coulées entre le 20 et le 25 mars, en même temps que la grosse et la cinquième du petit clocher de la cathédrale de Noyon et la grosse de l'Hôtel-Dieu d'Amiens.

Elles furent livrées à Amiens par Florentin Cavillier, en même temps que la grosse de l'Hôtel-Dieu de la dite ville. — « La quittance est du 29ᵉ mars 1766 ».

> Archiv. Cavillier, Carrépuits : — reg. J, pp. 79-80 : — papiers divers, dossier *Amiens* ; — journal O, copie Berthelé, fol. 9.
> Reg. Florentin Cavillier, Solente, ms. orig., p. 147 ; copie Berthelé, fol. 184-185.

Cordeliers. — *1747.* — Refonte des deux grosses cloches, par Philippe II Cavillier et ses fils Philippe III et Florentin.

Marché passé le 26 mai. — Les dites cloches, fondues à Carrépuits ; — livrées le 14 juillet ; — poids des deux : 700 livres environ ; — notes : *ut* et *ré*.

> Archiv. Cavillier, Carrépuits : H, p. 11.

Dominicains ou Jacobins. — *1773.* — Association Philippe III, Nicolas III et Louis-Florentin Cavillier, de Carrépuits : — « les deux grosses cloches, pesant environs de 2.200 livres, fondues à Carrépuis. »

Marché passé par le dit Philippe III, avec les sous-prieur et procureur du dit couvent, le 22 mars : — « refondre les deux cloches de leur église à Carrépuis ; ... les prendre à la halle [d'Amiens], au poids du dit Amiens, et y remettre les deux cloches nouvellement fondues pour y être repesées, observant les règles de cette halle, c'est-à-dire qu'il me sera livré 105 livres pour un cent, et ce tant montera la totalité de leur métail »; — « M^rs les religieux doivent me faire compte d'une livre de métail par chaque cent, pour survenir au déchet de la fonte, dont le prix du métail employé me sera payé à raison de 28 sols la livre de 15 onces »: — 280 livres, « tant pour matériaux, battants, voitures que façons »; — garantie : un an.

« Le 12me may 1773, les deux anciennes cloches des Religieux Dominiquains d'Amiens ont été pesées à la halle de cette ville. Elles se sont trouvées du poids de 2.193 livres 1/2, les quatre pour cent diminués. Et à notre poids, elles pesoient 2.163 livres ; et après être refondues, elle pèsent [1] sçavoir la grosse 1.267 [livres], et la petite pèse 930 livres, à 16 onces. »

Les dites cloches, fondues avant le 7 juillet.

« Et le 13me juillet, ditte année 1773, les deux cloches neuves ont été rendues à l'hôtel de ville du dit Amiens, pour y être pesées; dont la grosse se trouve présentement du poids de 1.355 livres, et la petite, de celui de 986 livres ; ce qui fait un total de 2.341 livres ; et soubstraction faite de l'ancien métail, la règle de la halle suivie, il se trouve une augmentation de 147 livres de métail, qui, avec 23 livres 1/2 de mis en sus pour supplément de déchet, la quantité totale de ce qu'ils nous doivent de métail, tout compris, est de 171 livres, qui, au prix de 28 sols la livre, fait la somme de 239 livres 8 sols..... qui, étant joint avec le prix convenu de

---

1. Au poids des fondeurs, à Carrépuits.

280 livres, la somme totale de ce qui nous est dû, est de celle de 519 livres 8 sols. »

Bénédiction des dites cloches, vers le 10 août.

<blockquote>Archiv. Cavillier, Carrépuits : — reg. J, pp. 229-230 ; — journal P, pp. 19, 23, 25, 26 et 28 ; copie Berthelé, fol. 101, 104, 106, 107 et 108-109.</blockquote>

Capucines de Sainte-Claire. — *1749.* — Philippe II Cavillier et ses fils Philippe III et Florentin : — un timbre neuf, pesant 81 livres, en remplacement d'un ancien ; — livré le 24 août.

<blockquote>Archiv. Cavillier, Carrépuits : H, p. 31.</blockquote>

Carmélites. — *1770.* — Philippe III Cavillier, en société avec son neveu Louis-Florentin : — refonte de « la grosse cloche des Dames Carmélites, laquelle étoit cassée. »

Prix demandé par le dit Philippe Cavillier, en novembre 1769 : « 30 livres du cent pesant. »

« Cette cloche pesoit, à la halle d'Amiens, la quantité de 240 livres, selon la lettre d'avis, et à notre poids, elle pesoit 235. »

« Fondue [à Carrépuits] le 18^{mr} jour de may 1770 ; — la dite cloche « pèse présentement à notre poids la quantité de 239 livres, étant augmentée de 4 livres de métail ; et à la halle d'Amiens, elle pèse présentement la quantité de 255 livres ; mais nous n'avons compté que cinq livres de métail en augmentation. »

« Ces dames sont contentes de cette cloche. »

<blockquote>Archiv. Cavillier, Carrépuits : J, p. 98.</blockquote>

Religieuses de la Providence. — *1775.* — Philippe III, Nicolas III et Louis-Florentin Cavillier, de

Carrépuits. — « Mons' Houssé, horloger, rue des Cordelliers, à Amiens : ... un timbre en calotte, à nous appartenant, lequel est du poids de 60 livres, à 16 onces, et livré par le dit Houssé aux Dames Religieuses de la Providence, à Amiens, l'an 1775. »

« Ce timbre a été fait pour Mons' Gorin de Tronville, bourgeois au dit Amiens. Et comme ce dit timbre ne s'est point trouvé absolument bon, il fut rebuté du dit M' Gorin et déposé chez le dit Houssée, lequel a trouvé occasion de le placer aux dittes Dames Religieuses [et le] leur a vendu 40 sols la livre, poids d'Amiens ; » — « ce dit timbre pèse 63 livres, à 15 onces ; ce qui s'est monté à la somme de 126 livres, que le dit Houssé a touché des dittes religieuses. » — « Et le 29me aoust, ditte année 1775, je me suis rendu chez le dit Houssée et lui ai passé ce timbre à raison de 36 sols la livre de 16 onces, ce qui s'est monté à la somme de 108 livres ; au moyen de quoy, le dit Houssée a 18 livres pour lui, tant pour ses peines que par reconnoissance, tant de ce timbre que de ceux de Mons' Gorin. Enfin ! »

« Le métail de ce timbre (ajoute Philippe Cavillier) est à nous deux Tintin : [le dit Tintin] pour un tiers, contre moy deux ; ... à raison de 28 sols, non façonné, fait la somme de 84 livres, pour le prix du métail seulement ; et pour la façon, celle de 24 livres » ; — « desquelles sommes, il m'en appartient celle de 64 livres, à raison que j'y suis pour 40 livres de métail et le tiers de la façon : Tintin touchera la somme de 36 livres, à raison qu'il y est pour 20 livres de métail et son tiers de la façon, qui est de 8 livres ; et Nicolas ne touchera que la somme de 8 livres, pour son tiers de la façon seulement, à raison qu'il n'a ici livré aucun métail. »

La dite somme de 108 livres, versée par Houssée à Philippe Cavillier, en quatre paiements : le dit jour 29 août 1775, le 16 mars et le 1ᵉʳ mai 1776, et le 10 septembre 1777.

Archiv. Cavillier, Carrépuits : K, p. 18.

Visitandines. — *1772.* — Refonte de la cloche, à Carrépuits, par Philippe III, Nicolas III et Louis-Florentin Cavillier.

« Le 20ᵐᵉ septembre 1772 (écrit Philippe Cavillier), j'ai fait marché avec dame Madeleine-Thérèse Belguise, supérieure du monastère de la Visitation de Sainte-Marie de la ville d'Amiens, pour fondre leur cloche à Carrépuis » : — « je suis obligé à tout » ; — « le port de l'ancienne sera à la charge de cette communauté, pour la peser à la halle de cette ville [d'Amiens] et la conduire à Carrépuis; et par moi, de la rendre à la ditte communauté » ; — prix convenu : « 30 livres du cent pesant, ce qui fait 6 sols la livre » : — « le plus ou le moins de métail est à 28 sols la livre, poids de la ditte halle. »

« Cette cloche neuve pèse 206 [livres], à 16 onces. et à la halle d'Amiens, elle est du poids de 219 livres 1/2 ». — « La cloche vieille, repesée à la ditte halle, pèse 215 livres, et à notre poids, [elle] pesoit 213 livres. »

La dite cloche, fondue le 12 novembre.

« Le 22 novembre 1772, j'ai livré cette cloche » : — « j'ai, le même jour, reçu des dames de ce monastère la somme de 72 livres, pour demeurer quitte avec elles ; de cette somme, il en appartient celle de 6 livres à Cadet Nancel, de Solente, pour ses voitures ; le restant a été mis dans la boîte de notre communauté, pour satisfaire et payer notre bois, charbons et autres deptes, communes d'entre nous trois ; par conséquent, chacun [des trois associés] est censé avoir eu son tiers en plein. »

« Cette cloche est bien fondue, le métal en est bon, et elle porte pour diamètre un pied huit pouces et deux lignes, juste. »

<blockquote>
Archiv. Cavillier, Carrépuits : — reg. J, p. 220 ; — papiers divers, dossier Amiens ; — journal P, p. 14 ; copie Berthelé, fol. 97 et 98.
</blockquote>

Évêché. — *1765.* — Philippe III et Florentin Cavillier, fondeurs à Carrépuits : — une clochette pour le réfectoire.

« Le 18 septembre 1765, Monsieur Caron, chanoine de la cathédrale et secrétaire de Monsr l'Évêque, m'a mis en main la quantité de 15 livres et demie de métail, pour faire une clochette de réfectoire pour l'Évêché. Et le 12° novembre, ditte année, j'ai envoyé cette clochette au dit Monsieur Caron, laquelle est du poids de 14 livres 1/2, poids de 16 onces ; par conséquent, nous devons une livre de métail, de 26 sols, et il nous est due la façon de cette clochette, qui est de 12 livres, le métail défalqué ».

<blockquote>
Archiv. Cavillier, Carrépuits : J, p. 54.
</blockquote>

Hôtel-Dieu. — *1754.* — Une clochette, entreprise par Evrard, marchand chaudronnier à Amiens. — fondue à Carrépuits, par Philippe III [et Florentin] Cavillier, — livrée le 5 mai, — pesant 28 livres.

<blockquote>
Archiv. Cavillier, Carrépuits : I, p. 122.
</blockquote>

1766. — Refonte de la grosse cloche à Carrépuits, par les frères Philippe III et Florentin Cavillier.

Marché passé le 3 janvier, par Florentin, avec « dame Marie-Thérèse Pontreué, mère en charge » du dit hôtel-Dieu [1] : — les fondeurs sont « obligés à toutes les fournitures, voitures et déchet » ; — « elle sera pesée à la halle d'Amiens avant et après la fonte » ; — « s'il se trouve de l'augmentation ou diminution, le métail sera au prix de 28 sols la livre », — « payable aussitôt la cloche au clocher et reçue ».

« Le 20me février 1766, l'ancienne cloche de l'Hôtel-Dieu d'Amiens et deux marbréaux ont été pesés à la halle, dont la cloche étoit de 501 livres et les marbréaux 9 livres ; le total étoit de 510 livres à 16 onces ; et au poids d'Amiens, le total étoit de 536 livres ».

« Et le 28me mars 1766, la cloche nouvelle fondue a été rendue à la halle, étant présentement du poids de 528 livres, et les deux marbréaux, de 12 livres 3/4 ; et à notre balance, la cloche neuve pèse 497 livres : il y a *chanuté* [2] à la halle ».

« Cette cloche est bien fondue... Le métail de la neuve est bon, mais aux anciennes, mauvais. Cette cloche est bien d'accord et bonne ».

> Archiv. Cavillier, Carrépuits : — reg. J, pp. 77-78 ; — papiers divers, dossier *Amiens*.
> Reg. Florentin Cavillier, Solente, ms. orig., p. 143 ; copie Berthelé, fol. 182-183.

[1]. « La mettre en ton plein avec la seconde cloche, qui est au clocher, et en faire la fonte et la mettre en état d'être mise en place pour Pasques prochain, sous peine de trente livres, par forme de dommage et intérest » ; — « et au cas qu'elle ne se trouveroit pas d'accord avec la seconde cloche », le fondeur « sera tenu d'en faire une nouvelle fonte à ses frais et despens ». (Marché du 3 janvier 1766).

[2]. *Chanuté*, terme de l'argot des anciens fondeurs de cloches, signifiant *boni* (voir ci-dessus p. 102).

Teintureries et manufactures diverses[1]. — *1762-1763*. — Philippe III et Florentin Cavillier, fondeurs de cloches à Carrépuits : — une chaudière d'étain, « pour la teinturerie de Madame Lefort », — « fondue à Carrépuis l'an 1763 ».

Marché écrit passé, le 5 décembre 1762, par Philippe Cavillier, « avec Mrs Dupont et compagnie, tous deux locataires de la teinturerie de Madame Lefort » ; — prix convenu : « 340 livres, payables aussitôt la dite chaudière livrée ».

« Le 4me mars 1763, il nous a été livré, à la halle d'Amiens, une ancienne chaudière, qui étoit du poids de 2.281 livres 1/2, poids de la halle : plus, a encore été livré deux lingots d'étaim de Cornoail, pesant ensemble la quantité de 687 livres 1/2, les cinq pour cent déduits ; ce qui formoit un total de 2.969 livres d'étaim à mettre en fonte. »

« Et le 19me mars suivant, la chaudière neuve a été pesée à la ditte halle d'Amiens ; dont elle est présentement du poids de 1.872 livres, et les saumons d'étaim restant, de celui de 1.072 livres 1/2 » ; — « le déchet se trouve monter à la quantité de 24 livres 1/2 au par-dessus des cinq pour cent ; cela [fait] presque à six livres du cent[2] ».

Le lendemain 20 mars, Nicolas [Cavillier, fils de Philippe III], donne quittance de la somme de

---

1. Nous ajoutons aux notes concernant les cloches fondues pour Amiens, quelques extraits des archives des Cavillier, susceptibles de fournir des informations utiles sur les métiers annexes de la fonte des cloches, sur la fonte du cuivre jaune, de l'étain et du fer, sur les prix de la main d'œuvre et des métaux, etc.

2. « Fondue trop chaude. Si au cas on auroit encore de pareille pièce à faire,... prendre bien garde de ne la point fondre chaude, la chaleur de l'étain étant dommageable et .... [causant] un grand déchet ». (Philippe Cavillier).

340 livres, « n'ayant pas pris garde au grand déchet de l'étain ».

Archiv. Cavillier, Carrépuits, reg. J, pp. 25-26. — Reg. Florentin Cavillier, Solente, ms. orig., p. 115 ; copie Berthelé, fol. 145-146.

1765. — Philippe III et Florentin Cavillier, frères, fondeurs de cloches à Carrépuits. — « Le 20me juin 1765 (écrit Philippe Cavillier). Madame de Wailly m'a remis 33 livres de cuivre potin, pour fondre quatre marbréaux à tenon percé, servant à son atelier » ; — « le prix de la façon est de 10 sols à la livre ».

Archiv. Cavillier, Carrépuits : J, p. 364.

1765 (suite). — « Le 31me juillet 1765, nous avons envoyé à Mr Cateigne, maître de la manufacture d'étoffe fleurie, demeurant au bas de la rue Saint-Firmin-le-Confesseur, à Amiens, un écrou de cuivre métail, lequel est du poids de 42 livres, poids de 16 onces » ; — les fondeurs avaient « reçu de lui... 23 livres de cuivre ».

Prix demandés par Philippe Cavillier : — 1° pour le métal refondu : « 20 sols de la livre, pour la façon », soit 23 livres, d'une part ; — 2° pour le métal ouvré, fourni par les fondeurs : « 40 sols aussi de la livre », soit pour « 19 livres de poids », 38 livres, d'autre part ; — somme totale payée pour le dit écrou : 61 livres ; plus, deux livres pour le port.

Archiv. Cavillier, Carrépuits : J, p. 365.

1766. — Le 20 février, Philippe III Cavillier (en société avec son frère Florentin) est « convenu de prix avec Mr Avenaux, marchand tinturier à Amiens, pour lui fondre une chaudière d'étaim, moyennant la somme de 340 livres ». — « Cette chaudière, en terre, étoit du poids de 435 livres, non compris l'embouchure du moule ; et en étaim, elle est du poids de 2.526 livres, tout poids de 16 onces : étant bien fondue, et belle, et bien unie : le bourgeois en est content ». — « Le 3 may 1766, nous a été livrée l'ancienne chaudière pesant 2.159 livres ; autre étaim en vaisselles, 586 livres 1/2... » — Paiement total, le 10 mai 1766. — « Tout réglé, nous avons en chanuté [1] 74 livres d'étermon [2]. »

Archiv. Cavillier. Carrépuits : — reg. J. p. 60 ; — journal O, copie Berthelé, fol. 9, 12, 13 et 14.

1766 (suite). — « Le 12ᵐᵉ mars 1766, nous avons envoyé deux écroux à Mʳ Cateigne, pesant ensemble la quantité de 87 livres, poids de 16 onces ; en lesquels deux écroux, il s'est trouvé 50 livres de notre cuivre, qui a été employé ; dont je lui ai passé à 20 sols la livre, ainsi qu'il nous a coûté ; plus, pour le prix de la façon, je me suis restreint à 12 sols de la livre de poids ;... Mʳ Cateigne [nous] ayant livré des ciselures et limailles de cuivre, pour aider à faire ces deux écroux, lesquelles ont été consommées, passé de moitié, par le déchet de cette fonte » ; — port de ces deux écrous : 50 sous.

« Et le 7ᵐᵉ avril, ditte année 1766, nous avons envoyé un troisième écrou au dit Mʳ Cateigne, lequel est du poids de 43 livres ; y ayant livré 24 livres de notre métail, qui, au prix de 24 sols 6 deniers la

[1]. Terme d'argot, correspondant vraisemblablement à notre mot *boni*.
[2]. Autre terme d'argot, signifiant *étain* (cf. le glossaire de Nicolas III Cavillier, art. 16, 150 et 171).

livre, ainsy qu'il nous a coûté, fait la somme de 29 livres 8 sols ; et pour la façon à 12 sols de la livre, fait la somme de 25 livres 16 sols ; qui étant joint avec le prix du métail, fait en total celle de 55 livres 4 sols pour cet écrou ».

Archiv. Cavillier, Carrépuits : J, p. 367.

1766 (suite). — Le 22 octobre, Philippe III. Cavillier envoie à Madame de Wailly, à Amiens, « une paire de grenouilles,... du poids de 8 livres 1/4. »

« Comme la dite dame nous a envoyé 7 livres et 1/2 de matières en deux anciennes grenouilles,... elle ne nous doit que 3/4 de cuivre, qui, à raison de 24 sols la livre, fait la somme de 18 sols ; de plus, la façon. de 12 sols à la livre, fait celle de 4 livres 19 sols ; les deux jointes ensemble forment celle de 5 livres 17 sols, qu'elle nous doit à nous deux Florentin. »

Archiv. Cavillier, Carrépuits : J, p. 370.

1769. — « Monsieur de Wailly, calandreur à Amiens, paroisse Saint-Firmin-en-Catillon. » — « Le 5me mars 1769, nous a été livré par Mr Mailliart, son beau-fils et orfèvre à Roye, une ancienne crapaudine, pesant 24 livres, poids de 16 onces. Et le même jour, nous avons fondu cette ditte crapaudine, laquelle est présentement du poids de 31 livres. Ainsy, il nous est dû 7 livres de métail potineux ; à raison de 26 sols la livre, fait la somme de 9 livres 2 sols ; plus, pour la façon, 12 livres ; la somme totale est de 21 livres 2 sols. »

Archiv. Cavillier, Carrépuits : J, p. 376.

1769 (suite). — « Madame de Wailly, tinturière. rue des Majots, paroisse Saint-Leu, à Amiens. » — « Le 17me mars 1769, le fils de Madame de Wailly s'est rendu à Carrépuis, nous ayant livré deux anciennes grenouilles de cuivre potin, lesquelles étoient du poids de 8 livres un quart. Et le même jour, nous en avons fondu quatre neuves, sçavoir deux grosses et deux petites ; les quatre ensemble sont du poids de 27 livres 1/2, poids de 16 onces. Et déduction faite des anciennes, reste à 19 livres 3/4 de matière en augmentation, qui à raison de 26 sols la livre, fait la somme de 25 livres 13 sols 6 deniers : plus, pour la façon, qui est de douze sols la livre, fait la somme de 16 livres 10 sols » : total : 42 livres 10 sous 6 deniers.

« Le 10 avril 1769, le fils de Madame de Wailly, demeurant chez sa mère à Amiens, nous a envoyé quatre anciennes grenouilles, dont deux grosses et deux petites : les quatre ensemble étoient du poids de 24 livres, poids de 16 onces ; lesquelles, selon sa lettre d'avis, étoient pour en faire trois paires de petites. » — Le 14 avril, Philippe III et Florentin Cavillier expédient « les trois paires de grenouilles nouvelles fondues », pesant ensemble 25 livres, soit « une livre de matière d'augmentation,... 26 sols » ; plus, la façon, à 12 sous la livre.

Autres grenouilles refondues en juillet et en octobre ; — la livre de potin, à 26 sous.

Archiv. Cavillier, Carrépuits : J, p. 377.

1770. — « Madame de Wailly, d'Amiens *(suite).* — Elle envoie « trois anciennes grenouilles,..... deux autres vieilles grenouilles » et « deux vieux marbréaux » à Philippe III et Louis-Florentin Cavillier, et ceux-ci lui fondent « deux marbréaux et deux grenouilles. »

<small>Archiv. Cavillier, Carrépuits : J. p. 378.</small>

1773. — Philippe III, Nicolas III et Louis Florentin Cavillier, de Carrépuits, fournissent à « Monsieur de Wailly, marchand tinturier et friseur d'étoffe, demeurant rue Desmajot, paroisse Saint-Leu, à Amiens » :

« Une grenouille de potin, pesant 7 livres 1/2 » ; — plus, « quatre marbréaux » [également de potin], pesant ensemble 24 livres 1/2 ; — en remplacement de « cinq vieilles [grenouilles], pesantes ensemble 19 livres à 16 onces » ; — prix de la façon : « 12 sols de la livre » ; — prix du métal d'augmentation : « 13 livres de potin,... au prix de 24 sols la livre, fait la somme de 15 livres 12 sols » ;

Plus, « quatre grenouilles de fer fondu, pesantes ensemble la quantité de 23 livres, pourquoy je lui ai demandé six francs, à bon marché faire... »

« Le 23 avril,... Mr de Wailly nous a renvoyé un marbréau et quatre grenouilles ;... c'est pour lui refaire encore trois paires de grenouilles... »

<small>Archiv. Cavillier, Carrépuits : J, p. 360.</small>

1774, — Philippe III, Nicolas III et Louis-Florentin Cavillier : — une « chaudière d'étaim, pour Mr Dupont, marchand tinturier, [demeurant rue des Poirés], à Amiens, — [laquelle] pèse environ de 2.500 livres ; fondue à Carrépuis. » (Refonte.) — « L'ancienne chaudière, faite par nous en 1762, ne pesoit que 1.755 livres, le tuyau compris » ; —

« cette nouvelle chaudière a été fondue encore trop chaude : ... pour bien fondre ces sortes de pièces, l'étaim ne doit seulement que roussir le papier blanc ; encore le roux ne doit être que pâle, car plus chaud, cela est domageable. »

» En may 1774 (écrit Philippe Cavillier), moi et Nicolas sommes convenus verbalement avec Monsieur Dupont..... pour refondre sa chaudière d'étaim, qui étoit défectueuse » ; — « le prix [convenu] entre nous étoit de 340 livres, pour façon et main-d'œuvre comme pour les matéréaux qui étoient à notre charge » ; — « la voiture de l'ancien étaim, d'Amiens à Carrépuis, étoit à la charge du dit Monsr Dupont, et la voiture de la chaudière neuve étoit à nos charges ; mais il faut se parer de cette voiture, à raison qu'il faut un charriot pour la pouvoir contenir, ce qui devient plus coûteux et embarrassant, à raison des voituriers qui n'ont point de charriot en ce pays-ci. »

« Le 5me septembre 1774, l'ancien étaim de Mr Dupont a été pesé, en notre balance et ce en sa présence : il y avoit de son ancienne chaudière, la quantité de 1.707 livres ; de plus, en trois lingots, venant de Madame Lefort et au compte de Mr Dupont : 276 livres. »

« Fondue le 6me septembre suivant. »

« Et le 10me du dit septembre, nous avons pesé la chaudière nouvelle, en l'absence du dit Mr Dupont : nous l'avons trouvée du poids de 2.370 livres, et le tuyau, du poids de 70 livres ; ce qui a formé un total de 2.440 livres, même poids de 16 onces. Et par conséquent cette chaudière neuve est augmentée de 457 livres d'étaim, que nous avons livrée. De plus,

Monsr Dupont nous doit faire compte du déchet de la fonte à raison de cinq livres d'étaim par chaque cent de ce que pèse la chaudière nouvelle fondue... » — « Six cents livres d'étaim..... achetées à Paris [1], [par les fondeurs], pour cause de cette chaudière. »

Philippe Cavillier ajoute : « Faites attention que le prix de 340 livres, pour faire et fondre cette ou de pareille pièce, est d'un quart trop bas, à raison qu'une cloche de 6 à 7 milles seroit moins embarassante à faire que ces chaudières. Heureusement que le *déchom* de *l'étermon* nous a un peu favorisés en *chanuté*. [2] »

Archiv. Cavillier, Carrépuits : reg. K, pp. 13-14 ; — journal P, copie Berthelé, fol. 137 à 145.

COMMUNE D'AMIENS.

RENANCOURT. — *1775.* — Refonte de la cloche, à Carrépuits, par l'association Philippe III, Nicolas III et Louis-Florentin Cavillier. — « La cloche est seule et pèse environ de 160 livres ».

« En février 1775. Monsieur Decq, curé de Renancourt, près Amiens. [Nous] nous sommes parlé par lettre, et [il] nous a donné ordre de refondre la petite cloche de son église, qui étoit cassée, laquelle étoit du poids de 57 livres, poids de marc. Il a aussi demandé de la faire de 140 livres au moins de poids » : — « le métail augmenté, à 30 sols la livre de 16 onces, ou à 28 sols, le poids de la ville

---

[1]. Chez « Monsieur Coqueret, marchand, demeurant rue de la Barillerie.... »

[2]. Heureusement que le *déchet* (??) de l'étain nous a un peu favorisé en *boni* (??)

d'Amiens : et pour la façon, le prix est de 6 sols à la livre, qui fait 30 livres du cent pesant : le transport à fraix communs. »

« Cette cloche fut fondue le 3me may 1775, et l'ayant pesée à notre balance, elle se trouve du poids de 159 livres : par conséquent, il y a une augmentation de 102 livres de métail [1] ».

« Cette petite cloche est très bien fondue ; le métail, pur, mais point assez *étaimé* ; cependant elle est assez bonne » : — elle « porte pour diamètre 1 pied 6 pouces 4 lignes ».

Archiv. Cavillier, Carrépuits : reg. K, p. 23 ; — cf. le journal P, pp. 72 et 76 ; copie Berthelé, fol. 151 et 154.

SAINT-ACHEUL. — ABBAYE. — *1757*. — Refonte des quatre cloches, par les frères Philippe III et Florentin Cavillier.

Le 27 juillet, Philippe III « a passé écrit avec Mr François-Pierre Dupuy, chanoine régulier et prieur de l'abbaye de Saint-Acheul-lès-Amiens, pour fondre quatre cloches à Carrépuits, en accord de *fa, mi, ré, ut*, aux conditions suivantes, sçavoir que, dans cette abbaye, il y avoit quatre anciennes cloches non d'accord, pesant en tout environ 2.100 livres de métail ; nous sommes obligés de les rendre du poids de 3.360 livres au plus, poids de 16 onces, et faire huit marbréaux, de 70 livres ou environ : le métail, au prix de 32 sols la livre façonné, c'est-à-dire que je devons prendre l'ancien

---

[1]. « Le 14° aoust, j'ai payé la somme de 4 livres 10 sols au s^t Picard, de Solente, et ce pour avoir conduit la petite cloche de Renancourt à Amiens (avec son mouton et ferrure, il y avoit environ 200 livres de poids), et pour la voiture d'une autre ancienne cloche, à nous envoyée par M. Guignard, vicaire de la paroisse de Saint-Jacques dudit Amiens (cette cloche pesoit 235 livres)... » (Journal P.).

métail à 28 sols,... [et que] le neuf [nous sera payé] à 32 sols, rendu à Amiens » : — de plus, « nous sommes obligés de livrer quatre moutons neufs tout équipés. pour la somme de 140 livres :... quatre battans neufs au prix de 12 s. la livre ;... [et] toutes les ferrures des moutons. comme boîtes, tourillons, tout à écrous et vis, pour le prix de 220 livres, y compris les quatre cuirets ».

« Le 28me septembre 1757, les anciennes cloches de Saint-Acheul ont été pesées, dont l'ancienne grosse étoil du poids de 1.201 livres. et les trois petites 920 livres, ce qui forme en total la quantité de 2.121 livres d'ancien métail, poids de 16 onces ».

« Et le 20me du mois d'octobre 1757, les cloches nouvelles fondues, ainsi que huit marbréaux, ont été livrées au dit Saint-Acheul, dont la grosse pèse présentement 1.192 livres. poids de 16 onces » ; la seconde grosse pèse 871 livres: la troisième, 661. et la petite, 543, et les huit marbréaux. 74, « ce qui forme en total de métail neuf, la quantité de 3.341 livres ».

23 janvier 1759. Certificat de satisfaction délivré aux fondeurs, par le prieur Dupuy : — « les sieurs Philippe et Florentin Cavillier ont fondu, en octobre 1757, quatre cloches pour notre église abbatiale, du poids de trois à trois mille cinq cens livres, desquelles j'ay été et suis très content. tant pour l'accord de *fa, mi, ré, ut*, que pour la bonté et beauté de l'ouvrage, tant des dites cloches que des moutons et ferrures ».

Archiv. Cavillier, Carrépuits : reg. I, pp. 207 à 209 ; — papiers divers, dossier *Amiens*.
Reg. Florentin Cavillier, Solente, ms. orig., pp. 55-56 ; copie Berthelé, fol. 75 à 77.

Canton d'Amiens (sud-est).

CAGNY. — *1771*. — Refonte des deux cloches à Carrépuits, par l'association Philippe III, Nicolas III et Louis-Florentin Cavillier.

Marché passé par le dit Philippe, le 7 avril ; — — « je suis obligé... de les prendre à la halle d'Amiens, comme d'y remettre les cloches après être fondues, pour en connaître les poids » ; — prix convenu pour la refonte : 120 livres, payables par la fabrique ; — le métal, à raison de 28 sous la livre, poids d'Amiens.

« Le 8me mai 1771, les deux anciennes cloches du dit Cagny, avec une mauvaise clochette à viatique, ont été pesées à la halle d'Amiens ; le tout ensemble étoit du poids de 524 livres ». — « Et le 28me du dit mai, les deux cloches nouvelles fondues ont été remises à la halle, au poids d'Amiens, par nous, et ayant été aussi pesées, la grosse se trouve présentement du poids de 354 livres, et la petite de celui de 269 livres 1/2 : ce qui forme en total la quantité de 623 livres 1/2, poids d'Amiens » ; — « il se trouve une augmentation de 99 livres 1/2 ».

« Les deux anciennes cloches de Cagny pesoient à notre poids : la grosse, 288 livres 1/2 ; la petite, 224 livres, avec une ancienne clochette : total : 512 livres 1/2 » : — « la grosse neuve pèse 331, et la petite, 253 ; total : 584 livres : augmentation : 71 livres 1/2 à 16 onces ».

Archiv. Cavillier, Carrépuits : — reg. J, pp. 185-186 ; — journal O, p. 58 ; *copie Berthelé, fol. 67.*

Canton d'Amiens (nord-ouest).

DREUIL-LÈS-AMIENS. — *1754*. — La grosse et la moyenne cloche, fondues à Carrépuits par Philippe III et Florentin Cavillier.

Le 8 juin, Florentin « fait marché au village de Dreuil, [près Amiens], pour refondre leur grosse cloche et en fournir une plus grosse » ; — les fondeurs sont obligés à fournir tous les matériaux, « même la voiture d'Amiens à Carrépuits, tant de l'ancienne que des nouvelles » ; — « elles seront pesées à la halle d'Amiens » ; — prix convenu : « 200 livres pour la façon et voiture » ; — « le métail de la neuve nous sera payé à 28 sols la livre de 15 onces ».

« Le 23me juillet 1754, l'ancienne cloche de Dreuil nous a été livrée à la halle d'Amiens, et pesée en même temps : elle étoit du poids de 318 livres et demy, à 15 onces ». — « Et le 13me septembre 1754, les deux nouvelles cloches et marbréaux ont été livrées au sieur curé de Dreuil, à la halle du dit Amiens, et pesées par la dame Vauquit, peseuse. La grosse pèse présentement la quantité de 480 livres ; la seconde, 362 livres, et les deux marbréaux neufs, celle de 14 livres 1/2, ce qui fait, en total, de métail neuf, la quantité de 856 livres 1/2 ». — Quittance finale, le 20 janvier 1761.

Archiv. Cavillier, Carrépuits : I, pp. 145-146. — Reg. Florentin Cavillier, Solente, ms. orig., pp. 25-26 ; copie Berthelé, fol. 32 à 34.

Canton de Boves.

BOVES. — Église paroissiale Notre-Dame. — *1784.* — Refonte de « la seconde des trois cloches », à Carrépuits, par Philippe III et Nicolas III Cavillier, père et fils.

Marché passé par le dit Philippe Cavillier, le 29 juillet : — « fondre la moyenne cloche de l'église de la dite paroisse de Notre-Dame du dit Boves, qui se trouve être cassée depuis environ deux ans » ; — « la rendre... concordante avec la grosse et la petite en ton plein » ; — « laquelle cloche sera fondue et rendue pour la fin du mois d'octobre prochain » : — prix convenu : « 20 livres du cent du pesant de la cloche, pour la façonner et remplir les frais du métal qu'il survient par la fonte » ; — le métal en plus ou en moins, à 30 sous la livre, poids de marc ; — le tout, payable des deniers de la fabrique.

L'ancienne cloche « livrée à notre atelier à Carrépuits, par M. Jean-Baptiste Breuil, dit Saint-Amant, marguillier en charge », le 2 octobre, pesait 941 livres, poids de marc.

Poids de la cloche nouvelle fondue, « livrée et pesée en présence du s. de Breuil », le 20 novembre : 945 livres ; — augmentation : 4 livres de métal. — « L'accord est un *sol, fa, mi* : les deux grosses sont à demi-ton. »

Archiv. Cavillier, Carrépuits : — papiers divers, dossier *Boves* ; — reg. K, p. 175.

Église paroissiale Saint-Nicolas. — *1771-1772.* — Refonte de la grosse cloche à Carrépuits, par l'association Philippe III, Nicolas III et Louis-Florentin Cavillier.

Marché passé par le dit Philippe, le 6 octobre 1771; — prix convenu : 120 livres ; — les transports de la cloche, à la charge de la paroisse.

Poids de l'ancienne cloche, « pesée par Mathieu Clavier, peseur de Roye », en novembre 1771 : 776 livres. — Poids de la nouvelle cloche, pesée par le même Clavier, en janvier 1772 : 718 livres ; « il y a diminution de 58 livres de métal » ; — « elle est un tant soit peu hautine en ton, avec la seconde. »

« Le 12me may 1772, j'ai donné quittance finale à Mr Francière, marguillier en charge de l'église de Saint-Nicolas de Boves, pour la somme de 93 livres ; et comme cette depte étoit à partager par tiers, j'ai mis cette somme dans la bourse commune, pour payer les dépenses à faire pour notre société. »

Archiv. Cavillier, Carrépuits : — reg. J, pp. 207-208 ; — journal O, pp. 68, 69 et 77 ; copie Berthelé, fol. 77, 78 et 86.

1786. — Refonte de « la petite des trois cloches », à Carrépuits, par Philippe III et Nicolas III Cavillier, père et fils.

Marché passé par le dit Philippe Cavillier, le dimanche 30 avril, « en l'assemblée des marguilliers [tant anciens qu'en charge],... à l'issue de la messe paroissiale » : — « la refondre pour la Saint-Jean prochain et la rendre bien sonnante et accordante avec les autres » : — prix convenu : « la somme de 80 livres, compris le métal que mettra le dit Cavilier pour le déchet de la fonte, et dans le cas où le dit Cavilier manqueroit la première fonte, le déchet de la seconde fonte sera à ses dépens ; pour ce qui concerne le déchet cy-dessus dit, pour la première fonte, luy sera tenu compte à raison de cinq pour cent, et pour en connoître, la dite cloche sera pesée et avant et après la fonte » ; — le métal d'augmentation ou de diminution, à 30 sous la livre, poids de marc.

Le 18 mai, « la dite cloche cassée fut rendue à Carrépuis par un habitant du dit Boves, et... pesée en sa présence. » Elle pesait 384 livres à 16 onces.

« Et le 4 octobre, la neuve a été repesée. aussi en présence du même voiturier, et elle pèse présentement la quantité de 386 livres, étant augmentée de deux livres. »

Archiv. Cavillier, Carrépuis : — papiers divers, dossier *Boves* ; — reg. K, p. 176.

TRONVILLE, commune de BLANGY-TRONVILLE [??]. — *1775*. — Philippe III Cavillier, fondeur à Carrépuits, en société avec son fils Nicolas III et son neveu Louis-Florentin : — « Amiens. Mr Gorin de Tronville : [deux] timbres, fondus en 1775. »

« Marché fait par lettres, en septembre 1774, et ce entre [les Cavillier et] Mr Houssée. horloger à Amiens, demeurant rue des Cordelliers, pour fondre deux timbres pour Monsieur Gorin de Tronville » ; — « le gros doit porter 16 pouces de diamètre, et le petit, 10 pouces » ; — « le prix convenu, pour les rendre au dit Amiens, est de 40 sols à la livre, tant pour métail que le reste. »

« Nous avons fondu ces timbres en calotte, mais ils étoient trop minces du haut et n'ont rien valu » [1].

---

1. Voir ci-dessus *Amiens*, Religieuses de la Providence, p. 105.

« Ils furent refondus »[1] : — « le gros pèse la quantité de 84 livres, et le petit, 24 livres 1/2, poids de 16 onces » ; — « Cadet Nancel les a conduits au dit Amiens, le 10me may 1775, avec une lettre d'avis, au s^r Houssez, horloger » ; — « le total de ces deux timbres est du poids de 108 livres et 1/2 [2], qui, au prix de 40 sols, fait la somme de 217 livres, qui nous est due pour ces timbres. »

« Le 28me aoust 1775, j'ai donné quittance à Monsr Gorin, portant la somme de 210 livres pour tout. Il m'a retenu 7 livres, à raison que je n'avois point d'écrit de marché..... Le bourgeois est content. C'est tout. »

« Ces deux timbres sont assez bons en harmonie, le son étant naturel et point bizarre. Ils sont très bien fondus. Le métail n'a point beaucoup de qualité..... Il n'y a point d'anses, étant percés par la culace. »

Archiv. Cavillier, Carrépuits : reg. K, p. 20 : — cf. le journal P, p. 72 ; copie Berthelé, fol. 151.

CACHY. — *1769*. — Refonte des trois cloches, à Carrépuits, par Philippe III et Florentin Cavillier, frères.

Marché passé par Philippe, le 6 août[3].

1 Vraisemblablement le 3 mai.

2. Parmi divers « articles », appartenant (en ce qui concerne le métal) à Philippe Cavillier pour les deux tiers et à Louis-Florentin pour un tiers, le journal de dépenses mentionne « les deux timbres en calotte de M. Gorin, pesant 76 livres environ » (Journal P, copie Berthelé, fol. 155). — Nous serions porté à croire que ce poids de 76 livres est celui des deux timbres fondus tout d'abord, qui « étoient trop minces du haut et n'ont rien valu », et dont le plus gros, pesant 60 livres, fut revendu aux Religieuses de la Providence d'Amiens.

3. « Nous soussignés curé, marguillier en charge et anciens marguilliers de la paroisse de Notre-Dame de Cachy, diocèse et élection

Poids des trois anciennes, livrées aux fondeurs le 27 août : 431, 312 et 228 livres. — Poids des trois cloches neuves, pesées le 16 septembre : la grosse, 473 livres ; la seconde, 347 livres et la petite, 261 livres ; — « elles sont bien fondues, belles et en bon métal ».

> Archiv. Cavillier, Carrépuits : — reg. J, pp. 155-156 ; — papiers divers, dossier *Cachy ;* — journal O, pp. 41 et 42 ; copie Berthelé, fol. 47 et 48.

COTTENCHY. — *1743.* — Refonte de la grosse cloche, par les Philippe Cavillier, père et fils. — Marché passé par Philippe II, le 24 février. — La dite cloche, fondue à Carrépuits ; — livrée le 21 avril ; — poids : 1.278 livres.

> Archiv. Cavillier, Carrépuits : G, p. 161.

1782. — « Contenchy, près Amiens » : — « les deux petites des trois cloches », — « fondues à Carrépuis », par Philippe III et Nicolas III Cavillier, — « pesantes environ 1.300 livres les deux » (deux refontes).

Marché conclu le 16 décembre 1781, par le dit Philippe Cavillier ; — « refondre chez nous à Carrépuis les deux petites cloches du dit Cottenchi, dont la seconde, cassée, et la petite, trop basse en ton ;... les faire accordantes à la grosse restante au clocher, sur les tons de *la, sol, fa* », — la dite grosse, fondue en 1743 par Philippe II Cavillier.

> d'Amiens, convoqués au prosne de la messe paroissiale du dit lieu et deument assemblés à la fin de la messe, en datte du six août 1769, au son de la cloche, à l'effet de délibérer sur la nécessité de refondre les trois cloches, dont la grosse cassée et les deux autres sans accord ;... pour ce qui concerne l'accord, elles seront sur les tons *la, sol, fa,* majeur ».

« Et le 2me août 1782, les deux anciennes cloches du dit Cottenchy furent livrées, à la halle d'Amiens, par les curé et habitans ; et ayant été pesées par le s^r Bellegueuille, peseur, la seconde s'est trouvée du poids de 765 livres, et la petite, de 567 livres ; ce qui a formé un total de 1.332 livres, et comme il a été défalqué 13 livres d'entrefer, c'est ce qui a produit 1.319 livres de métal net ».

« Et le 17me octobre suivant, Me Picart, de Solente, a rendu les deux nouvelles cloches à la ditte halle. Et ayant été repesées par le dit Bellegueulle, la seconde se trouve actuellement du poids de 847 livres, et la petite, 622, ce qui produit 1.469 de métal rendu. Et soubstraction faite, il se trouve une augmentation de 150 de métal, qui, à 28 sols la livre, forment une somme de 210 livres, qui jointe avec le prix convenu de 190 livres [pour la façon], forment un total de 400 livres, qui nous est dû par cette fabrique ».

Nicolas Cavillier ajoute : — « Ces deux cloches sont du poids de. sçavoir la seconde ancienne, 750 livres à 16 onces, et la petite; aussi à 16 onces, 356 livres; total : 1.306 livres » ; — « et les nouvelles pèsent : la seconde, 795 livres, et la petite, 585 livres ; total : 1380 livres; augmentation, 74 livres » ; — « mais il n'est rien à compter sur ces dernières pesées du poids de 16 onces, attendu que l'écrit de marché désigne le règlement sur le poids de la halle d'Amiens, qui donne un bénéfice de 76 livres, ainsi qu'il paroit par les pesées ».

Dernier paiement, le 22 juin 1789 ; — « il les a fallu faire assigner, et le sieur curé a contesté le paiement, par mauvaise volonté ou par ignorance ;

mais après plusieurs plaidoyers, ils furent enfin condamnés » : — « quitte, malgré le sieur curé ».

Archiv. Cavillier, Carrépuits : K, pp. 143-144.

GENTELLES. — *1767.* — Refonte de la grosse cloche à Carrépuits, par les frères Philippe III et Florentin Cavillier.

Le 22 février, marché passé par Florentin.

Le 28 avril, livraison aux fondeurs, par « François Hugot, laboureur, député de la paroisse », de l'ancienne cloche, pesant 509 livres, poids de 16 onces.

« Et le 30me du dit avril, la cloche nouvelle fondue a été pesée en présence du dit Hugot : elle pèse présentement 544 livres 1/2, étant augmentée de 35 livres 1/2 ». — « Elle est trop haute en ton ».

Archiv. Cavillier Carrépuits : — reg. J, pp. 111-112 ;
— papiers divers, dossier *Gentelles.*
Reg. Florentin Cavillier, Solente, ms. orig., p. 169 ; copie Berthelé, fol. 212.

GUYENCOURT. — « Guiencourt, près Ailly-sur-Noye ». — *1772.* — Association Philippe III, Nicolas III et Louis-Florentin Cavillier, de Carrépuits. — « Le 16me février 1772, Nicolas a passé écrit de marché avec les sieurs curé, marguilliers en charge et anciens, de la paroisse Saint-Firmin de Guiencourt, pour fondre la petite cloche de leur sonnerie à Carrépuis ».

« Le 7me avril 1772, l'ancienne petite cloche de Guyencourt a été livrée à Carrépuis par Pierre Lamar, voiturier et habitant du dit Guiencourt, et l'ayant pesée en sa présence, elle s'est trouvée être du poids de 655 livres ».

« Et le dixième du dit avril, la cloche nouvelle

fondue a été aussi pesée, en présence du dit Lamar ; dont elle se trouve présentement être du poids de 687 livres » ; — « il se trouve une augmentation de 32 livres de métal, poids de 16 onces ».

Somme totale, due aux fondeurs par la fabrique : 180 livres, « à trois, sçavoir à moy la somme de 74 liv. 18 s. 8 d.; à Tintin, il lui appartient celle 59 liv. 9 s. et 4 d., et à Nicolas, il lui appartient la somme de 45 livres 10 s., à raison qu'il n'a rien au métal, sinon que je lui passe le sou pour livre du métal livré » : — « dessus la somme de 180 livres portée pour le total, il en faut soustraire celle de 24 livres, qui ont été payées au voiturier ; par conséquent, il ne nous est resté que celle de 156 livres ; c'est ce qui fait qu'il ne me reste dû que la somme de 66 liv. 18 s. 8 d.: à Tintin, ne lui reste dû que celle de 51 liv. 9 s. 4 d., et à Nicolas, ne lui reste dû que celle de 37 liv. 10 s. »

Le 31 octobre 1773, Nicolas III Cavillier donne « quittance finale à Monsieur le curé, et ce au nom de la fabrique du dit Guiencourt » ; — « tout est fini à cette paroisse, étant demeuré quitte et bons amis ».

Archiv. Cavillier, Carrépuits : J, pp. 211-212.

HAILLES. — « Haille, près Moreuille ». — *1790.* — Refonte des deux cloches, à Carrépuits, par Philippe III et Nicolas III Cavillier.

Marché passé le 28 février.

Le 16 mai, « les deux anciennes cloches d'Haille furent rendues à Carrépuis, et quatre anciens marbréaux, par le sieur Jean Platel, marguillier en charge » ; — la grosse pesait 552 livres : la petite, 407, et les quatre marbréaux, 20 : total : 979 livres.

« Et le 18ᵐᵉ suivant, les deux cloches nouvelles fondues, et les quatre marbréaux furent de nouveau pesées, avec les mêmes poids et balance, en présence du dit Platel ; et la grosse se trouve actuellement du poids du 568 livres ; la petite, 424, et les quatre marbréaux, 23 : total : 1.015 livres » ; — soit une augmentation de 36 livres de métal.

« Et comme je suis obligé de faire une clochette à viatique, ils sont aussi obligés à payer 6 livres au garçon [1] ».

Archiv. Cavillier, Carrépuits : K, pp. 237-238.

REMIENCOURT. — « Remiencourt, près Amiens ». — *1781*. — Refonte de « la grosse des deux cloches, à Carrépuis », par Philippe III et Nicolas III Cavillier.

Marché conclu le 18 mars. — « Et le 3ᵐᵉ juillet de la susdite année, l'ancienne cloche fut pesée à Amiens, et suivant le billet du sieur Bellegeule, elle étoit de 382 livres, poids de la halle, et à notre poids. 378 livres. »

La dite cloche, fondue le 9 octobre.

« Et le 26ᵐᵉ octobre suivant, la dite cloche fut rendue par Mʳ Picart, de Solente, à la ditte halle à Amiens, où elle s'est trouvée peser la quantité de 393 livres, et à notre poids, 370 livres ». — « Et par conséquent, il se trouve 23 livres de boni au poids de cette halle, vu qu'à notre poids elle est diminuée de huit livres, et au poids de la halle, augmentée de onze ».

Le 19 octobre 1782, Philippe III Cavillier donne « un reçu à Monsʳ de Fortemanoir, seigneur, por-

---

[1]. Nicolas IV Cavillier, alors âgé de 20 ans.

tant la somme de 54 livres 5 sols, savoir celle de 48 liv. 5 s., pour son tiers de la somme montante pour la fonte de cette cloche, et celle de 6 livres pour avoir appliqué ses armes dessus » ; — le même jour, autre quittance au syndic, pour fin de compte.

« Cette ditte cloche, quoique très mince, est cependant assez bonne, n'ayant pas le son défourni. Elle n'est qu'à deux tiers de ton avec la petite ». — « Ils sont contents ».

Archiv. Cavillier, Carrépuits : — reg. K. p. 135 ; — journal Q, p. 57 ; copie Berthelé, fol. 254.

Canton de Conty.

ORESMAUX. — *1779*. — Philippe III et Nicolas III Cavillier, père et fils, fondeurs à Carrépuits. — « Paroisse d'Orémeaux : les trois cloches, [lesquelles] pèsent environ de 3.750 livres, ayant été fondues à Carrépuis » (trois refontes avec augmentation).

« Écrit de marché pour la refonte des trois cloches, en datte du 3me septembre 1779 », passé avec le dit Philippe Cavillier, par les « curé et marguillier en charge de la paroisse d'Oresmaux, en vertu du pouvoir,.. [à eux] donné par acte signé des anciens marguilliers et principaux habitans du dit Oresmaux, en datte du 22 août de la présente année » ; — « la grosse portera, pour diamètre, trois pieds cinq pouces de Roy, et les deux autres, à proportion, selon les règles de l'art » ; — « d'accord sur les tons de *la, sol, fa* » ; — prix convenu pour « façon [et] livraison des matériaux : la somme de 28 pistoles, payables

— 132 —

dans un seul payement, qui sera trois mois après les cloches posées dans le clocher »; — le métal d'augmentation, « à raison de 30 sols la livre de 16 onces, lequel métail doit être bon, loyal et marchand, c'est-à-dire fait de cuivre de Rozette et d'étain d'Angleterre ».

Les trois anciennes cloches, livrées aux fondeurs le 30 novembre, « par M' Jacques Bouilfroy, sindic, et habitans députez à cette cause » pesaient : la grosse, 1.109 livres; la seconde, 811 livres, et la petite. 543 livres; total : 2.463 livres, poids de 16 onces.

« Le 30me novembre 1779, nous avons fait la fonte des cloches d'Orémaux, Cuizy-en-Almont et Canectancourt [1], en laquelle nous y avons mis les quantités de métal suivantes, sçavoir : grosse, seconde et petite du dit Orémaux, poids 2.463 livres; de Cuizy, seconde et petite, poids 1.431 livres, et de Canectancourt, le poids des trois 971 livres à Noïon : plus, du nôtre, la quantité étoit de 2.231 livres, le tout à 16 onces. Ces quantités nous ont produit un total de 7.096 livres, fondu à notre grand four. Et après notre fonte finie, en a été retiré les quantités suivantes, sçavoir : en restant de fonte, celle de 784 livres,... les trois d'Orémaux pèsent présentement 3.740 livres; les deux de Cuizy pèsent 1.363 livres, et celles de Canectancourt sont du poids de 1.050 livres. Et toutes ces nouvelles pesées produisent un total de 6.937 livres. Et soubstraction

---

1. « Le 31° octobre, j'ai payé la somme de 3 livres au sieur Bazanerie, de Roye, et ce pour le prix de 500 briques crues, qu'il nous a livrées pour faire les moules des cloches d'Orémaux et ceux de Cuizy et Canectancourt ». (Journal Q.).

faite, il se trouve un déchet de 159 livres [1], sans compter les anneaux neufs. »

Le 2 décembre, les trois cloches nouvelles fondues sont pesées, en présence du syndic Jacques Bouilfroy, qui avait déjà assisté au pèsement des trois anciennes : — « la grosse se trouve être présentement du poids de 1.673 livres ; la seconde est de celui de 1.203 livres, et la petite de celui de 864 livres » : total : « 3.740 livres de métal mis en ces trois cloches » ; — « le déchet de cette quantité, à raison de cinq pour cent, se monte à celle de 187 livres, qui étant joint avec le poids des trois cloches, fait un total de 3.927 livres ; de laquelle quantité, il convient d'en soustraire celle de 2.463 livres d'ancien métal, et conséquemment il se trouve une augmentation de 1.464 livres de métal à nous faire compte,... à raison de 30 sols la livre. »

« Cette sonnerie est bien fondue. Le métal en est bon..... [Elles sont] belles et bien d'accord et solides. »

Le 10 octobre 1780, Philippe III Cavillier expédie « une paire de marbréaux,... pour servir, à la place d'un double, qui étoit cassé, entre les deux grosses cloches du dit Orémaux. »

<blockquote>
Archiv. Cavillier. Carrépuits : — reg. K, pp. 103-104 ; — papiers divers, dossier <i>Oresmaux</i> ; — journal Q, pp. 37, 39, 40 et 51 : copie Berthelé, fol. 229, 231, 232 et 246.
</blockquote>

[1]. Soit un déchet de près de 2 1/4 pour cent.

CANTON DE CORBIE.

CORBIE. — ABBAYE. — *1765.* — Philippe III et Florentin Cavillier, fondeurs à Carrépuits : — la cloche du réfectoire (neuve, en remplacement d'une ancienne).

Marché passé par le dit Philippe Cavillier en février. — La dite cloche, fondue à Carrépuits ; — pesant 83 livres 1/2 ; — livrée le 17 mai.

Archiv. Cavillier, Carrépuits : J, p. 48.

1770. — Aux « environs du 14ᵐᵉ may 1769 », Philippe III Cavillier convient de prix avec le prieur de l'abbaye, pour la refonte de « la petite cloche des quatre du petit clocher » ; — lieu de la fonte : Carrépuits.

L'ancienne cloche, « pesante à notre poids la quantité de 150 livres ». — « Fondue le 17 mai 1770 » ; — « elle pèse présentement la quantité de 143 livres, [étant] diminuée de 7 livres ».

Paiement : deux tiers à Philippe III Cavillier, et un tiers « à la famille de feu Florentin. »

Archiv. Cavillier, Carrépuits : J, p. 100.

1774. — Refonte, à Carrépuits. — par l'association Philippe III, Nicolas III et Louis-Florentin Cavillier, — de la plus grosse des quatre cloches composant la grosse sonnerie de la dite abbaye [1] : — « l'ancienne étoit gothique :... date : *1562*... [et] avoit été faite par Jean Jacques [2]. »

---

[1]. « La grosse cloche pèse environ de 4.200 livres ». — « La grosse cloche de leur sonnerie ».

[2]. F. de Guilhermy a publié, dans ses *Inscriptions de l'ancien diocèse*

Le 5 septembre, le dit Philippe Cavillier passe marché avec Dom Reynaud, grand prieur de l'abbaye, et Dom Mathieu, procureur, pour le prix de 5oo livres : — « je suis obligé à être présent à la descente et remontée de cette cloche ; y adjuster le mouton, qui me sera livré par les dits religieux, ainsi que les autres pièces de bois, comme épées, étriers et demie-roue » ; — « les dits religieux me doivent faire faire les voitures de cette cloche, tant avant qu'après la fonte, comme de me livrer 8oo livres de métal, [tant] pour seureté de la fonte que pour remplacer le déchet, que j'ai fixé à raison de 5 livres de métal du cent pesant ;..... le restant de la fonte leur sera remis, comme à eux appartenant » : — « en plus, ils sont obligés de me procurer tous les ouvriers nécessaires pour manœuvrer les fardeaux, tant avant qu'après la fonte, comme de livrer les cordages et autres ustanciles à ce nécessaires. »

« Le 4me novembre 1774, l'ancienne cloche de l'abbaye a été démembrée, en présence de Dom Mathieu, sélérier de la ditte abbaye, et l'ayant pesée en détail, en sa présence, elle s'est trouvée du poids de 4.112 livres, poids de 16 onces ; de plus, nous a été livré, en sus de cette cloche, la quantité de 773 livres de métal, pour remplacer le déchet et pour satisfaire à l'assurance. » — « La fonte fut faite le même jour, et après la ditte fonte faite, qui ne dura que quatre heures et demy, le métal res-

---

de Paris, une cloche de l'église de Saint-Cloud, fondue en 1582 par « Mr Nicolas Delaistre et Mr Jehan Jacques » (tome III, p. 162). — On a signalé également, dans diverses localités de l'Oise, des cloches fondues par les Jacques au xvie siècle.

tant a été repesé : il s'en est trouvé 530 livres de reste, le dit métail n'ayant point presque fourny d'escorie ; ce qui fait que cette cloche est au moins augmentée de 130 livres de métail. »

« Elle fut mise au clocher le 19ᵐᵉ novembre suivant. » — « Cette cloche est [bien fondue, très belle, meilleure que n'étoit l'ancienne, et] très bien d'accord, en ton plein, avec la seconde suivante. Chacun en est pleinement content. Et le prix convenu sera partagé entre nous trois par partie égale. »

« Le 7ᵐᵉ juillet 1777, j'ai réglé avec Dom Mathieu, et pour nous satisfaire, il m'a cédé 240 livres de métail, au prix de 24 sols la livre. Il m'en a été encore livré le restant de la fonte de cette grosse cloche. Ainsi nous n'avons reçu aucun argent, mais bien du métail. » — « Et le métal ne nous fut délivré que le .. octobre 1777 ; ç'a été Antoine d'Amy, domestique à Tintin, qui l'a été chercher. »

« Ils m'ont donné un beau certificat. Ils sont pleinement contents, et [nous] sommes très bien en cette maison. » — Le dit certificat de satisfaction (sur parchemin), délivré aux fondeurs le 6 juillet 1777.

Archiv. Cavillier, Carrépuits : — reg. K, pp. 11-12 ; — papiers divers, dossier *Corbie* ; — journal P. pp. 56, 57 et 64 ; copie Berthelé, fol. 141, 142-143 et 145.

1775. — Refonte du *mi* de la petite sonnerie, par l'association Philippe III, Nicolas III et Louis-Florentin Cavillier, de Carrépuits.

« Le 14 et suivant d'octobre 1775 (écrit le dit Philippe Cavillier), je me suis rendu à l'abbaye de Corbie, afin de savoir si nous ferions la refonte de trois cloches pour l'Hôtel-Dieu du dit Corbie, comme [de] celle qui étoit cassée à la petite sonnerie de la ditte abbaye [1]. Et après nos entretiens avec Dom Mathieu, sellérier, il fut arrêté que nous en ferions la fonte à Carrépuis :... le prix arrêté entre nous fut de 200 livres, tant pour fondre la petite seconde de l'abbaye, que pour en faire trois pour la ditte Hôtel-Dieu » ; — « pour ce qui concerne le métail, il nous sera livré par la ditte abbaye, pour l'augmentation et déchet de cinq pour cent pesant. »

« Le 9me novembre 1775, le métal de l'abbaye a été pesé, en présence de Dom Mathieu ; dont le gros saumont étoit du poids de 530 livres ; la petite de l'abbaye pesoit 228 livres à 16 onces ; la grosse de l'Hôtel-Dieu pesoit 125 livres ; la petite pesoit 86 livres ; quelqu'autres clochettes qu'ils avoient, pesoient 69 livres, et quatre anciens marbréaux de 10 livres : ce qui formoit un total de 1.048 livres, tout poids de 16 onces. »

« Et le 20me du dit novembre 1775, les cloches nouvelles fondues furent aussi pesées ; dont celle de l'abbaye pèse présentement la quantité de 196 livres ; la grosse de l'Hôtel-Dieu pèse 190 livres ; la seconde pèse 137 ; la petite pèse 98 livres, et les six marbréaux pèsent 17 livres ; ce qui fait un total de 638 livres. » — « Le déchet de cette quantité, à raison de cinq livres pour cent pesant, se monte à 32 livres » de métal.

---

[1]. Les 14 et 15 octobre (écrit d'autre part Philippe Cavillier), « j'ai fait le voyage de Corbie pour ravoir notre corde et autres équipages de molinets et outils, et pour avoir la cloche cassée de l'abbaye, ainsi que celles de l'Hôtel-Dieu du dit Corbie... » (Journal P, p. 79 ; copie Berthelé, fol. 157).

Réfection de « l'ancien battant de leur grosse cloche, trop petit et mal fait, lequel étoit du poids de 74 livres; » — poids du nouveau battant : 110 livres.

Sommes diverses dues aux fondeurs par l'abbaye de Corbie : — « pour la fonte de la grosse cloche », 500 livres ; — « pour la fonte de la petite moyenne de petit clocher de l'abbaye, comme pour celles de l'Hôtel-Dieu », 200 livres ; — pour le battant de la grosse cloche de l'abbaye, 50 livres : — « pour trois cents pesant de poids en fer de fonte [1] », à 3 sous la livre : 45 livres : — « pour cinq clochettes, qui sont du poids de 8 livres », à 42 sous : 16 liv. 16 s. : — « pour quatre grelots pour servir à l'élévation de la messe », 1 liv. 12 s. : — « pour la façon de trois paires de marbréaux pour l'Hôtel-Dieu », 6 l. 16 s. : — « pour la gravure des armes de la maison, pour appliquer sur la grosse cloche », 6 liv. ; — « pour quinze jours que Nicolas [2] a resté à la ditte abbaye, Dom Mathieu lui a passé 24 livres » ; — total : 850 liv. 4 s. ; — « et pour nos maréchaux, qui ont forgé et façonné les ferrures de la grosse cloche, qui sont du poids de 147 livres », à 8 sous de la livre : 58 liv. 16 s. ; — « dernier total : ... 909 livres juste. » — « Et si Madame la Supérieure de l'Hôtel-Dieu est pour payer la façon de sa sonnerie, pesant 442 livres au total, le prix seroit de 156 livres 16 sols. »

« Le 7me juillet 1777, j'ai réglé tout ce que dessus avec Dom Mathieu, procureur de l'abbaye. Il ne m'a point donné d'argent, mais en place il me doit

1. Vraisemblablement des poids d'horloge.
2. Nicolas III Cavillier.

livrer 239 livres 1/2 de métail, à 16 onces, pour la somme de 287 livres 10 sols, à quoy s'est monté la depte de l'abbaye... » — « Plus, du même jour 7ᵐᵉ juillet, j'ai donné quittance finale à Madame la Supérieure de l'Hôtel-Dieu, portant la somme de 156 livres 16 sols. Cet argent reçu a été remis et partagé à chacun de nous trois, selon sa part. »

« Le ... octobre 1777, Dom Mathieu nous a remis les 240 livres pesant de métal, qui ont été mis en communauté. »

Archiv. Cavillier, Carrépuits : K, pp. 37-38.

1783-1784. — Refonte à Carrépuits, par Philippe III et Nicolas III Cavillier, père et fils, de « la petite ou quatrième des grosses cloches [1] de ... l'abbaye royale de Saint-Pierre de Corbie. »

Marché passé par le dit Philippe Cavillier, avec Dom Mathieu, procureur de la dite abbaye, le 22 mai *1783* ; — prix convenu : 200 livres ; — le fondeur devra « ne briser et rompre la ditte cloche, après qu'elle sera transportée au dit Carépuit, qu'en présence d'un préposé de notre ditte abbaye, qui en fera la pesée, ainsi que du supplément de métail que notre ditte abbaye fournira, tant pour le déchet que pour l'assurance : lequel préposé assistera à la fonte de la ditte cloche [et] constatera le déchet du métail et le poids du résidu » : — « s'oblige le dit Dom Mathieu de faire transporter au dit Carépuit la ditte cloche en son entier ; de la faire reconduire du dit Carépuit en la ditte abbaye, et de fournir au dit Cavillier les ouvriers nécessaires pour charger et

---

[1]. Aliàs « le la ou petite des grosses ».

décharger au dit Corbie la ditte cloche, tant avant qu'après la fonte ; de l'aider des machines et bois qui pourront se trouver dans la ditte abbaye ; de fournir au dit Cavillier une voiture pour conduire en icelle ses équipages nécessaires et les reconduire chez luy ; de transporter aussy au dit Carrépuit le métal nécessaire pour le déchet et l'assurance de la ditte cloche. »

Le 27 mai suivant, « la dite ancienne cloche cassée fut rendue à Carrépuis, par un voiturier, domestique de la maison, et l'ayant pesée en sa présence, elle s'est trouvée du poids de 1.926 livres à 16 onces » ; — « de plus, il nous a aussi été livré et fourni la quantité de 192 livres de métal en sus, pour le fraix de la fonte » : total : 2.118 livres.

« Et le 21 avril *1784*, nous avons pesé la cloche nouvelle fondue, avec nos mêmes poids et balance, et nous l'avons trouvée du poids de 1.851 livres, aussi à 16 onces » ; — « il se trouve une diminution sur le poids de cette cloche, de 75 livres de métal ».

« En outre, nous avons aussi fondu, pour la dite abbaye, par ordre de Dom Mathieu, sept tuyaux[1] en fer, pour un poêle, lesquels sont du poids de 197 l. au total ; et le prix de ces tuyaux est de quatre sous la livre ».

Archiv. Cavillier, Carrépuits : — papiers divers, dossier *Corbie* ; — reg. K, pp. 155-156.

ÉGLISE PAROISSIALE SAINT-ÉLOY. — *1767*. — Refonte de la seconde cloche à Carrépuits, par les frères Philippe III et Florentin Cavillier.

Le 6 février, marché passé par Florentin.

---

1. Ms. : *thuiaux*.

Le 28 avril, livraison aux fondeurs, à Carrépuits, de l'ancienne cloche, pesant 318 livres, poids de 16 onces. — Le 30 avril, pèsement et livraison par les fondeurs de la nouvelle cloche pesant 292 livres, « diminuée de 26 livres de métail ». — « Cette cloche est bien d'accord ».

Le 5 juin, bénédiction de la dite cloche [1], et paiement total par « Mr Lebrun, trésorier de l'église de Saint-Éloy ».

<blockquote>Archiv. Cavillier, Carrépuits : J, p. 108. — Reg. Florentin Cavillier, Solente, ms. orig., p. 164 ; copie Berthelé, fol. 205.</blockquote>

Hôtel-Dieu. — *1775*. — Philippe III, Nicolas III et Louis-Florentin Cavillier : — « les trois petites cloches, [lesquelles] pèsent environ de 425 livres, fondues à Carrépuis », en même temps que le *mi* de la petite sonnerie de l'abbaye.

Poids des deux anciennes cloches de l'Hôtel-Dieu [2], livrées aux fondeurs le 9 novembre : la grosse, 125 livres et la petite, 86 livres. — Poids des 3 cloches nouvelles fondues, pesées le 20 du dit novembre : la grosse, 190 livres ; la seconde, 137 livres ; la petite, 98 livres : les six marbreaux, 17 livres.

« Elles sont assez belles et bien fondues. Le métail n'est ni bon, ni mauvais. Cependant le son en est assez gentil ».

<blockquote>Archiv. Cavillier, Carrépuits : K, pp. 37-38.</blockquote>

---

1. « Le 5ᵉ juin 1767 (écrit Philippe Cavillier), j'ai été à la bénédiction de cette cloche, dont j'ai tiré six livres, par plusieurs demandes. Ce fut Dom Berquin qui me les donna. »

2. « Grossir celles de l'Hôtel-Dieu,... en faire un accord de trois, à raison qu'il n'y en avoit que deux ci-devant ». (Conventions faites vers le 15 octobre 1775, avec Dom Mathieu, célérier de l'abbaye).

BAIZIEUX. — « Bezieux, près Albert ». — *1791.*
— Refonte des quatre cloches, à Carrépuits, par Philippe III et Nicolas III Cavillier, père et fils.

« Le lundi 15 aoust 1791, en conséquence de l'acte de délibération prise le même jour par la commune de Bezieux, réunie à l'assemblée extraordinaire, nous Étienne Degond, marguillier en service, Mabille, curé, Jean-Baptiste Guion, procureur de la commune [et] Emmanuel Lecavelé, tous quatre fondés de procuration et de pouvoir pour la refonte de quatre cloches existantes au clocher de Bezieux, sommes convenus avec Nicolas Cavillier, fondeur, demeurant à Carrépuis, que nous conduirons chez lui les susdittes cloches, après cependant les avoir fait peser à la halle d'Amiens, en la présence du dit Cavillier, qui s'oblige de s'y trouver au jour indiqué ; s'obligeant, le dit fondeur, de nous les rendre bien sonnantes et accordantes entre elles sur les tons de *fa, mi, ré, ut*; s'obligeant, en outre, le dit fondeur, de présider à la montée des dittes cloches » ; — « les fabriciens de Bezieux fourniront le métaille nécessaire pour les frais de fonte, ainsi que pour l'assurance, et augmentation, si le cas y écheyoit » ; — prix convenu pour la refonte des dites cloches : 320 livres, « en trois paiements égaux, dont le premier se fera le 1er janvier 1792 ; le second, le 24 juin de la même année, et le troisième, le 1er janvier 1793 » ; — le fondeur s'oblige « de faire cette refonte pour le 15 d'octobre prochain, au plus tard » : — durée de la garantie : « seize mois, à compter du jour de la livraison ».

« Et le 22 octobre suivant, les quatre cloches anciennes du dit Bézieux furent conduites à Amiens

— 143 —

par les dits habitans, pour être pesées à la halle de cette ville : et la grosse étoit du poids de 1.537 livres ; la seconde grosse. 1.194 : la troisième ou seconde petite, 854. et la petite, 589 : total : 4.174 livres ». — « Et d'après cette pesée, les dits habitans les ont rendues à Carrépuis ;... et comme ils n'avoient aucun métal pour le déchet et autres choses nécessaires, telles qu'augmentation et assurance, nous en avons livré et mis en cette fonte la quantité de 796 livres, poids de marc. Et après la fonte faite, il en fut retiré 261 livres, le tout pesé en présence de deux commissaires et députés à ce sujet : ce qui prouve une quantité de 535 livres de métal employé tant en déchet qu'augmentation ».

Archiv. Cavillier, Carrépuits : — papiers divers, dossier *Baisieux ;* — reg. K. pp. 255-256.

BONNAY. — *1765.* — Philippe III et Florentin Cavillier, de Carrépuits : — trois cloches (deux refontes et une nouvelle), pour « la paroisse Saint-Vast de Bonnai [1] ».

Marché écrit, passé par Florentin, le 10 mars ; — les fondeurs sont « obligés à tout ; les prendre dans le clocher et les y remettre ; livrer 400 livres de métal en augmentation, trois moutons neufs, battants, ferrures à écroux, fondre les marbréaux, c'est-à-dire [les trois cloches] tout équipées ; et ce moyennant la somme de 350 livres pour les fournitures et façon ; et le métail employé sera payé à raison de 30 sols la livre, poids de 16 onces ».

« Le 30me juin 1765, les deux anciennes cloches de Bonnay nous ont été livrées à Carrépuis par le maître

[1]. Aliàs « Bonnay, près Corbie ».

d'écolle, et pesées en sa présence, elles étoient du poids, sçavoir la grosse 306 livres, et la petite 235 livres 1/2, et les quatre anciens marbréaux 15 livres, ce qui forme en total 556 livres 1/2, poids de 16 onces ».

« Et le 30me aoust 1765, nous avons pesé les cloches nouvelles fondues.... La grosse pèse présentement 411 livres, la seconde 306 livres 1/2 et la petite 218 livres, et les six marbréaux 29 livres 1/2, ce qui forme en total.... 965 livres 1/2 de métal, poids de 16 onces ».

Quittances données en 1765 et 1766, par Nicolas [Cavillier, fils de Philippe] ; — argent « partagé entre nous deux mon frère ».

Archiv. Cavillier, Carrépuits : reg. J, pp. 63-64.
Reg. Florentin Cavillier, Solente, ms. orig., pp. 135-136 ; copie Berthelé, fol. 173 à 175.

BRESLE. — *1702.* — « Brelle » : refonte des deux cloches, par les Cavillier, de Carrépuits (Nicolas II, en société avec ses fils Philippe II et Jean).

Marché passé le 5 juillet. — « Fondu au dit Brelle, le 25 de juillet. »

Archiv. Cavillier, Carrépuits : A. p. 113.

1768. — Philippe III et Florentin Cavillier : — « les trois cloches, fondues à Carrépuis », pesant ensemble « 1.180 livres » environ (deux refontes et une nouvelle).

« Le 19me juin 1768 (écrit Florentin Cavillier), j'ay fait marché [1] avec les sieurs curés, marguilliers et

---

1. « A l'Assemblée convoquée et tenue à l'issue de la messe paroissiale ». (Marché du dit jour 19 juin 1768).

habitants de la paroisse [de Saint-Léger] de Bresle, près Albert, pour de deux cloches [1] en faire trois [2], en y joindant 500 livres de métail », — prix convenu : 350 livres et le métal à 30 sous la livre de 16 onces ; — les « cordes et voitures », de même que « la descente du clocher et les remettre en place, sont à la charge des habitants. »

Le 1ᵉʳ août, livraison aux fondeurs, par le curé Drocourt, des deux anciennes cloches, pesant la grosse 362 livres et la petite 253 livres ; plus, les quatre anciens marbréaux, 21 livres ; total : 636 livres d'ancien métal.

Le 2 août, les cloches nouvelles fondues sont pesées en présence du dit curé Drocourt ; la grosse pèse 508 livres, la seconde 347 livres 1/2 et la petite 286 livres, plus, les six marbréaux, 31 livres ; total : 1.199 livres 1/2, soit une augmentation de 563 livres 1/2 de métal.

« La sonnerie est bien belle » (écrit Florentin). — « Cette sonnerie (écrit d'autre part Philippe) est bien gentille, bien fondue et assez d'accord. »

Archiv. Cavillier, Carrépuits : — reg. J, pp. 137-138 ; — papiers divers, dossier Bresle ; — journal O, p. 34 ; copie Berthelé, fol. 39.

Reg. Florentin Cavillier, Solente, ms. orig., p. 182 ; copie Berthelé, fol. 226 à 228.

DAOURS. — *1705*. — Philippe II Cavillier, de Carrépuits, [avec la coopération de son frère Jean] :

---

[1]. « Les deux anciennes cloches et les marbriaux seront pesés... on les suppose du poids de sept cens livres. » (*Ibid*).

[2]. « Fondre trois cloches pour la fabrique du dit Bresle, du poids d'environ douze cent, poids de 16 onces,... accordantes sur les tons *la sol, fa* ».

— « accord conclu. le 13 septembre. [à Dours, proche de Corbie], pour fondre [sur place ?] deux cloches, pesant 3.000 livres » ; — « je dois tout fournir, même le déchet » ; — prix convenu : 300 livres ; — « le métail employé me sera payé à vingt sols [la livre], poids d'Amiens, et les cloches y seront pesées, et le poids payé par l'église, et la voiture » ; — « ils doivent aller chercher notre métail à Moreuil » [1].

« Les cloches, fondues le 10ᵉ novembre » ; — « pesées à Amiens, elles se sont trouvées plus pesantes de 103 livres. »

« Jean Picard, marguillier, a baillé 7 livres 14 sols à Jean Cavillier, pour les épingles ». — « Nous avons dépensé, chez Madame Davène, cabaretière au dit Dours, 21 livres. »

Archiv. Cavillier. Carrépuits : A. pp. 128 et 133.

1753. — Refonte de la petite cloche, par l'association Philippe II Cavillier et ses fils Philippe III et Florentin.

Marché passé par Philippe III et Florentin, le 30 avril. — La dite cloche, fondue à Carrépuits entre le 25 et le 28 juin ; — livrée le 28 juin ; — poids : 1.161 livres 1/2.

Archiv. Cavillier, Carrépuits : H. p. 73, et I. pp. 119-120.

1767. — Refonte de la grosse cloche à Carrépuits, par les frères Philippe III et Florentin Cavillier.

Le 7 décembre 1766, Florentin passe marché avec les « curé, marguilliers en charge et anciens de la

1. Somme, arr. de Montdidier.

paroisse de Dours, diocèse et généralité d'Amiens. pour... refondre la grosse cloche du dit Dours, qui se trouve cassée depuis six semaines ;..... la rendre d'accord avec la petite cloche, qui reste au clocher, en ton plein, et de même poids qu'elle est actuellement. »

Le 28 avril 1767, livraison aux fondeurs, par le marguillier, de l'ancienne cloche pesant 1.543 livres 1/2, poids de 16 onces. — Le 30 du dit avril, pésement et livraison par les fondeurs, de la cloche nouvelle fondue, pesant 1.568 livres, « étant augmentée de 24 livres 1/2 de métail. »

Archiv. Cavillier, Carrépuits : — reg. J, pp. 103-104 ;
— papiers divers, dossier *Daours* : — journal O, pp. 18 et 20 ; copie Berthelé, fol. 22 et 25.
Reg. Florentin Cavillier, Solente, ms. orig. p. 162 ; copie Berthelé, fol. 204-205.

1788. — « Dours, près Corbie ». — « La petite des trois cloches, livrée à neuf et fondue à Carrépuis », par Philippe III et Nicolas III Cavillier.

Marché conclu le 30 mars « avec M⁺ Debonnaire, curé du dit lieu, ainsi qu'avec les marguilliers et principaux habitans » : — « leur fondre et livrer une troisième cloche à neuf, du poids d'environ 800, accordante avec leur petite actuelle » ; — prix convenu : le métal, à 30 sous la livre, poids de marc ; plus, pour fonte et façon, la somme de 160 livres.

« Et le 12 juillet de la susdite année 1788, la cloche nouvelle fondue a été pesée et livrée au dit M⁺ Debonnaire et M⁺ Laplanche, voiturier et habitant du dit Dours : et ayant été pesée en leur présence, elle s'est trouvée du poids de 839 livres, poids de marc » ; — prix de la dite cloche : 1.418 livres 10 sous.

« En outre, nous avons aussi fondu, pour les dites trois cloches, six marbréaux, qui sont du poids de 45 livres, et comme les quatre anciens étoient du poids de 46 livres. les neufs pèsent une livre de moins » : — « la façon due est de 22 livres 10 sous ; déduit 30 sous pour la livre de moins pesant, c'est ce qui forme la somme de 21 livres. » — « Dernier total : 1.439 livres 10 sous », dus par la fabrique.

Acomptes divers, versés régulièrement chaque année aux fondeurs, de 1788 à 1793. — « Et la somme qui restoit due, étoit de 279 livres 10 sous. Mais le trouble est survenu : le diable a chassé les saints du paradis et enlevé les cloches des églises, pris et volé les biens des fabriques. Cette ditte somme a cependant été payée et acquittée par le département d'Amiens, et elle fut reçue au mois de septembre 1795, après bien des démarches et peines : ayant été obligés d'envoyer toutes les pièces, mémoires et écrits, au Bureau Général à Paris. Mais enfin le tout a été payé, en bon argent de papier. »

Archiv. Cavillier. Carrépuits: K, pp. 215-216.

LE HAMEL. — *1732*. — « Hamel, près de Corbie » : — refonte de deux cloches, « pour accorder à la grosse » : — fondeurs : Philippe II et Colin Cavillier, de Carrépuits, avec la coopération de Philippe III Cavillier.

Marché passé par le dit Philippe III. — Les deux cloches, fondues à Carrépuits le 18 décembre, et livrées le lendemain ; — poids : 500 et 376 livres.

Archiv. Cavillier. Carrépuits : G, p. 71.

1784. — Philippe III et Nicolas III Cavillier, père et fils : — « les trois cloches, fondues à Carrépuis,... pesant au total environ de 3.200 livres » (trois refontes avec augmentation).

Le 4 mai, le dit Philippe Cavillier « a passé écrit de marché avec les seigneurs, curé et fabriciers de la paroisse Saint-Médard de Hamel » : — « refondre leurs trois cloches à Carrépuis, lesquelles étoient du poids de 1.400 livres environ ;... rendre les dites trois cloches solides, bien accordantes sur les tons de *la, sol, fa ;...* livrer la quantité de 1.700 livres de métal en augmentation » : — prix convenu : 3,400 livres, payables « des deniers communaux ou vente des usages appartenant à cette paroisse. »

Les trois anciennes cloches furent livrées aux fondeurs à Carrépuis, le 2 juillet, « par M' François Warnier, marguillier en charge et député de la commune pour cet effet ; et les ayant pesées en sa présence ce dit jour, la grosse s'est trouvée du poids de 680 livres ; la seconde, 407 : la petite, 297 : et les six marbréaux, 43 livres ; total ; 1.427 livres. »

« Et le 7 suivant, les trois cloches nouvelles, et les six marbréaux, furent aussi pesées, en présence du dit Warnier et de M' Jean Loir, sindic, et elles se trouvent actuellement de, sçavoir la grosse, 1.408 livres ; la seconde, 1.009 : la petite, 731, et les six marbréaux, 56 livres : total ; 3.204 livres » : — « il se trouve une augmentation de métal de 1777 livres. »

Archiv. Cavillier, Carrépuits : K, pp. 163-164.

BOUZANCOURT, commune du Hamel. — *1787*. — « Bouzencourt, près Hamel : les deux cloches, fondues à Carrépuis », par Philippe III et Nicolas III Cavillier (une refonte, et une nouvelle, plus grosse); — « pesant environ 500 livres, les deux. »

Marché conclu le 17 septembre 1786 : — « leur refondre une cloche qu'ils avoient cassée, et en augmenter une seconde du poids d'environ 300, pour être les deux ensemble du poids de 500. »

L'ancienne cloche, « livrée à Carrépuis par Mr Brachet, marguillier, » le 25 juin 1787, pesait 224 livres.
— Poids des deux cloches nouvelles, pesées le 5 juillet suivant : la grosse, 303 livres ; la petite, 219 livres : plus, les marbréaux, 13 livres : total ; 535 livres ; — soit, « une augmentation de métal de 311 livres. »

Archiv. Cavillier, Carrépuits : K, p. 203.

HEILLY. — *1779-1780*. — Philippe III et Nicolas III Cavillier, père et fils, fondeurs à Carrépuits : — une sonnerie de trois cloches (refonte de deux et addition de métal) : — « des deux ancieunes cloches, en faire trois, qui seront du poids de 4.500 livres. »

« Le 13me avril 1779 (écrit le dit Philippe Cavillier), j'ai passé écrit de marché avec les sieurs marguilliers, en charge et anciens, de l'œuvre et fabrique de Saint-Pierre d'Heilly [1], et fondés de pouvoir des principaux habitans, corps et communauté de la ditte paroisse, diocèse d'Amiens, élection de Doullens, et ce pour fondre trois cloches neuves, pour emplacer en leur clocher et église nouvelle :... faire un accord de *la. sol. fa* ;... les rendre fondues pour le 20me juillet de l'année 1779... » — « Et comme il

---

[1]. Aliàs « paroisse de Heilly, près Corbie. »

n'a point été donné ni inscriptions, ni ordre, ces dittes cloches ne furent point fondues en cette ditte année. »

Et le 5ᵐᵉ septembre 1779, il fut conclu et arrêté, entre les fabriciers et habitans du dit Heilly, qu'il seroit fait une sonnerie, laquelle péscroit environ de 5.000 livres... » — « Ils m'ont envoyé un second acte, tout signé d'eux autres, avec les inscriptions et cachet de Mgr de Choiseul, qui est leur seigneur. » — « Ce second arrêté fut mis au néant, et les premières conditions furent suivies. »

« Le 12ᵐᵉ de septembre 1780, les anciennes cloches et métal de la paroisse du dit Heilly nous a été livré à Carrépuis, par Mʳ Jean-Baptiste Baudeloque, marguillier en charge, et par Jean-Baptiste Dervillez, fermier et habitant du dit Heilly; et ayant pesé le tout en leur présence, il s'en est trouvé la quantité de 4.235 livres en total, poids de 16 onces. »

« Le 13ᵐᵉ septembre 1780, nous avons fait la fonte des trois cloches de Heilly seules, en laquelle nous avons mis la quantité de métal suivant, sçavoir d'ancien métal du dit Heilly, en deux grosses cloches cassées en pièces, une autre petite et cinq marbréaux : le tout ensemble étoit du poids de 4.235 livres, à 16 onces : et du nôtre, tant en lingots, rozette et étain, 997 livres. Le total de notre fonte étoit de 5.212 livres. Et après la fonte, a été retiré les quantités suivantes. sçavoir : la grosse cloche, qui est du poids de 1.937 livres ; la seconde, de celui de 1.423 ; la petite, de celui de 989, et en saumons ou lingots restant, 700 juste ; ce qui fait un total de métal [de] 5.049 livres. Et soubstraction faite, il se trouve que le déchet est de 163 livres de métal perdu : c'est à

3 livres 2 onces, non compris les anneaux neufs. »

Le 14 septembre, pèsement des dites cloches neuves, en présence des dits Baudeloque et Dervillez ; — plus, six marbreaux ; plus, « une clochette pour avertir à l'horloge, pesant 1 livre 3/4 » ; — total : 4.412 livres 1/4 de métal.

« Ces trois cloches sont très bien fondues,... bien bonnes et belles, sans aucun défaut. L'accord des deux grosses est *sol fa* plein. Le métal est assez passable en qualité, et n'est point malfaisant. Enfin, c'est un bon travail et solide. » — « Elles ont belle grâce. »

Archiv. Cavillier, Carrépuits : — reg. K, pp. 113-114 ; — journal Q, pp. 32, 46 et 55 ; copie Berthelé, fol. 224, 241 et 253.

LAHOUSSOIE. — *1791.* — « La Houssoye, près Corbie : les deux cloches, fondues à Carrépuis » par Philippe III et Nicolas III Cavillier (une refonte et une nouvelle).

« L'an 1790, le 12ᵐᵉ jour de décembre (écrit le dit Nicolas Cavillier), j'ai fait écrit de marché avec M' Sellier, curé de la Houssoye, ainsi qu'avec les marguillier et conseil général de la commune du dit lieu, pour refondre une cloche qu'ils avoient et en livrer une seconde, du poids d'environ 500 livres les deux ;... les rendre accordantes en ton plein ;... et ce, moyennant le prix et somme de 20 livres du cent, le déchet y compris, et le métal livré en augmentation sera payé à 30 sous la livre, poids de 16 onces ; le tout, des deniers de la fabrique. »

L'ancienne cloche, « rendue à Carrépuis et pesée en présence du conducteur » le 23 mai 1791, était du poids de 172 livres à 16 onces. — Poids des deux nouvelles, pesées et livrées le 15 juillet suivant : la grosse, 198 livres, et la petite 151 livres ; — « et comme ils n'avoient pas de marbréaux, nous en avons livré deux paires, des n°⁵ 2 et 3, du poids de 13 livres 1/2 au total. »

« Le 19 décembre 1791, Philippe [1] a reçu de M⁰ Houbart, procureur à Amiens, la somme de 200 livres à compte, provenant de celle paroisse de la Houssoye, dont la quittance est au s⁰ Bochet, marguillier. » — Le 5 avril 1793, paiement de 50 livres, par le marguillier. — « Et la somme restante, étant de 110 livres 3 sous 6 deniers, a été payée par le Département d'Amiens, au mois de septembre 1795. »

Archiv. Cavillier, Carrépuits : K, p. 200.

LA MOTTE-EN-SANTERRE. — *1701*. — Refonte de la moyenne cloche, par les Cavillier, de Carrépuits (Nicolas II et son fils Philippe II), en société avec Charles Gorlier, de Roisel [2].

Marché verbal par Nicolas Cavillier le 22 juillet.

Fondue à Harbonnières (Somme) le 14 septembre ; — « après la livraison, elle pèse moins, de 22 livres de métal. »

Archiv. Cavillier, Carrépuits : A, p. 107.

1742. — Refonte des trois cloches, par les Philippe Cavillier, père et fils, de Carrépuits.

---

[1]. Il ne s'agit pas ici de Philippe III Cavillier, père de Nicolas III, mais bien de « Philippe, second fils de Nicolas » et frère de Nicolas IV et d'Apollinaire ; le dit Philippe, « établi à Amiens, marchand clinqualier, en 1790 ». (*Généalogie*, p. 15).
[2]. « Charles Gorlier en a un tiers ».

Marché passé par Philippe III et son frère Florentin, vers le 2 février. — Les dites cloches, fondues à Carrépuits, le 12 ou le 13 juin : — livrées le 14 du dit mois ; — poids : 466, 657 et 856 livres.

Archiv. Cavillier, Carrépuits : G, pp. 152-153.

VAIRE-SOUS-CORBIE. — *1768*. — Refonte de la petite cloche à Carrépuits, par les frères Philippe III et Florentin Cavillier.

Le 19 juillet, marché passé par Florentin : — prix convenu : 60 livres, « payables des deniers de la fabrique, aussitôt la cloche fondue » ; — le métal, à 30 sous la livre de 16 onces.

Le 1er août. « l'ancienne cloche de Vaire a été pesée à Carrépuis, en présence de Pierre Sagnier, voiturier, et de François Landa, habitant. Elle étoit du poids de 176 livres 1/2, poids de 16 onces. »

« Et le 2e aoust 1768, la cloche nouvelle fondue a été pesée en présence des susnommés... Elle pèse présentement 182 livres 1/2, étant augmentée de six livres de métail, qui fait la somme de 9 livres d'argent. » — « Cette cloche est très bonne,... belle, bien fondue, et à 3/4 1/2 pour l'accord. »

« Et le même jour, mon frère [Philippe] a donné quittance au dit Sagnier, pour la somme de 69 livres, pour être quitte » ; — « partagé entre nous deux mon frère. »

Archiv. Cavillier, Carrépuits : J, p. 116.
Reg. Florentin Cavillier, Solente, ms. orig., p. 171 ;
copie Berthelé, fol. 214-215.

1771. — « Vert, près Corbie. » — Le 16 novembre, Philippe III Cavillier livre « quatre marbréaux neufs pour servir aux deux cloches de Vert » ; — « il n'y avoit point d'anciens marbréaux de métail à ces cloches, mais c'étoit du fer. »

Archiv. Cavillier, Carrépuits : J, p. 358.

1780. — « Vaire, près Corbie. » — Philippe III et Nicolas III Cavillier, père et fils ; — « les deux cloches neuves, [lesquelles] pèsent environ de 1,050 livres :... fondues à Carrépuis en may. »

Marché passé par le dit Nicolas Cavillier, le 12 avril : — « refondre les deux cloches de leur église à Carrépuis, et des deux anciennes cloches qu'ils ont, en faire la petite, et en livrer la grosse à neuf. »

Les deux anciennes cloches, livrées aux fondeurs le 15 avril, pesaient : la grosse, 268 livres, et la petite, 182 livres 1/2 ; total : 450 livres 1/2, à 16 onces ; — plus, quatre petits marbréaux, pesant ensemble 17 livres ; « ce dernier total étoit de 467 livres et 1/2. »

« La fonte n'en fut faite que le 23me may suivant », avec les trois cloches de Morcourt.

Poids des deux cloches nouvelles fondues, pesées le 31 du dit mai : la grosse, 587 livres, et la petite, 425 livres ; plus, quatre marbréaux, 27 livres : total : 1,039 livres, à 16 onces ; — « il se trouve une augmentation de 572 livres. »

Archiv. Cavillier. Carrépuits : — reg. K, p. 115 ; — journal Q, p. 55 ; copie Berthelé, fol. 251.

VAUX-SOUS-CORBIE. — *1771.* — « Les trois cloches, pesant environ de 2.000 [livres], fondues à Carrépuis », par l'association Philippe III, Nicolas III et Louis-Florentin Cavillier.

« Le 14me septembre 1770 (écrit le dit Philippe), j'ai fait écrit de marché... pour. de deux anciennes cloches gothiques et cassées [1]. en faire trois d'accord. et y joindre environ de 1.200 livres de métal en sus, et ce pour faire une sonnerie qui doit être du poids de deux milles au moins [2];... et ce, moiennant le prix et somme [3] de 450 livres, pour fonte. déchet, moutons et ferrures » ; — « l'écrit de marché porte la somme de 550 livres : mais il ne doit m'être payé que celle de 450 livres, à raison que j'ai une décharge à Monsr Leully. curé, pour la somme de cent livres, en déduction des 550 » ; — le métal, à 30 sous la livre, poids de 16 onces ; — « il faut observer que je ne suis point tenu à la charpente du beffroy, ni à descendre, ni remonter les cloches, ni à voiture, marbréaux, battants. cuirets ni cordes. mais bien le dit Desvignes, [marguillier], qui doit me livrer à Carrépuis les anciennes cloches et ferrures. »

« Le 14me octobre 1771, le sieur Sébastien Devigne, marguillier en charge, [et] Monsr Leully. curé, étant rendus à Carrépuis, les deux anciennes cloches de leur église, ainsi que quatre anciens marbréaux, furent pesées par Mathieu Clavier. peseur juré de la ville de Roye ; dont la grosse étoit du poids de 598 livres 1/2 : la petite étoit de celui de 396 li-

---

1. « Les deux anciennes cloches. en caractères gothiques, sont très irrégulières, tant dans leur diamètre que par leur épaisseur, et sont cassées par vétusté ». (Devis-marché. en date 14 septembre 1770, dressé par Philippe Cavillier. et signé par lui et par le marguillier en charge Sébastien Devigne).
2. « En accord de *la sol fa.* » (*Ibid*).
3. « Les derniers pris sur la vente des prés des communes à usage de tourbage. » (*Ibid*).

vres 1/2. et les quatre marbréaux, de celui de 14 livres : ce qui formoit, en total, la quantité de 1.009 livres, poids de marc. »

« Et le 25me du dit octobre, les trois cloches nouvelles fondues, ainsi que six marbréaux neufs, furent aussi pesées par le dit Clavier, et ce en présence du dit Devigne, dont la grosse pèse présentement la quantité de 830 livres ; la seconde pèse celle de 601 livres ; la troisième pèse celle de 447 livres 1/2, et les marbréaux pèsent ensemble 46 livres ; ce qui fait un total de 1.923 livres 1/2. »

« Cette sonnerie est bien fondue : le métail est bon ; et très bien d'accord : le son en est très harmonieux, mais un peu maigre.... Cette sonnerie passe pour belle dans le pays. »

21 avril 1772. Délibération des habitants assemblés « à l'issue des vêpres paroissiales », la dite délibération contenant réception de la sonnerie et certificat de satisfaction.

<small>Archiv. Cavillier, Carrépuits : — reg. J. pp. 197 à 199 et p. 214 : — papiers divers, dossier *Vaux-sous-Corbie* ; — journal O, pp. 54, 66, 67, 68 et 69 ; copie Berthelé, fol. 63, 76, 77, 78 et 79.</small>

VECQUEMONT. — *1787*. — « Vecquemont [1], près Corbie : les trois cloches, fondues à Carrépuis », par Philippe III et Nicolas III Cavillier (deux refontes avec augmentation, et une nouvelle).

Marché passé par le dit Philippe Cavillier, le 1er avril ; — « de deux cloches qu'ils avoient, en faire trois, accordantes sur les tons de *la, sol, fa*, et du poids d'environ 1.400 au total. »

<small>1. Aliàs « Vesquemont ».</small>

Les deux anciennes cloches, livrées aux fondeurs à Carrépuits le 25 juin, pesaient : la grosse, 378 livres ; la petite, 295 livres ; plus, les marbréaux et clochettes, 17 livres ; total : 690 livres.

Poids des trois cloches nouvelles pesées le surlendemain 27 juin : la grosse, 635 livres ; la seconde 448 ; la petite, 333, et les marbréaux et clochettes, 33 : total : 1.449 livres : — soit « une augmentation de 759 livres. » — Arrêté de compte, « avec Mᵣ Derbesse, curé, et habitans », le 11 juillet 1787.

Archiv. Cavillier, Carrépuits : K, pp. 201-202.

ABANCOURT, commune de WARFUSÉE-ABANCOURT. — « Abbancourt, près La Motte-en-Santerre. » — *1772.* — Philippe III, Nicolas III et Louis-Florentin Cavillier, de Carrépuits : — une « cloche [d'occasion], livrée en 1772, pesant 150 livres. »

« Le 29ᵐᵉ novembre 1772 (écrit Philippe III Cavillier), j'ai vendu et livré l'ancienne petite cloche de Croutoy [1], pesant 150 livres à 16 onces, au nommé Jean-Baptiste Marccelle [2], garçon majeur, demeurant à Abancourt. Le dit a acquis cette cloche pour donner et servir à leur nouvelle église... Cette ditte cloche est bien bonne et solide » : — « le prix du métail a été payé comptant, moïennant le prix de 30 sols la livre de 16 onces ;... il a la façon pour rien. »

« Je lui ai aussi livré une clochette de procession, pesant 3 livres, et une autre pour l'Elévation, pesant 3/4... »

« Plus nous lui avons livré le mouton tout ajusté,

---

1. *Croutoy*, Oise, arr. de Compiègne, canton d'Attichy.
2. Peut-être faut-il lire plutôt *Marcuille*.

qu'il a payé la somme de 4 francs, et une paire de marbréaux en fer de fonte, pesant 8 livres, pour laquelle il a payé 40 sols. »

<small>Archiv. Cavillier, Carrépuits : — reg. J. p. 208 ; — journal O, copie Berthelé, fol. 98-99.</small>

WARLOY-BAILLON. — *1791.* — « Warloy, près Albert : les trois cloches, fondues à Carrépuis », par les Cavillier de la branche aînée : — « pesant environ de 3.200 livres » (trois refontes).

Marché passé le 10 avril, par Nicolas III Cavillier, « avec les maire, officiers municipaux et conseil général de la commune de Varloy-Baillon, pour refondre leurs trois cloches,... dont la grosse étoit cassée ;... rendre les dites cloches... accordantes sur les tons de *la, sol, fa.* »

Les trois anciennes cloches du dit Warloy, rendues à Carrépuits le 6 juillet, pesaient : la grosse, 1.462 livres ; la seconde, 1.062, et la petite, 748 ; total : 3.272 livres.

Poids des trois cloches nouvelles fondues, pesées le surlendemain 8 juillet : la grosse, 1.431 livres ; la seconde, 1.042, et la petite, 760 ; total : 3.233 livres ; — soit « une diminution de 39 livres de métal. »

Acomptes divers, versés aux fondeurs en 1792, 1793 et 1794. — Il leur restait dû une somme de 253 livres, « laquelle n'a pas été payée par cette paroisse, mais par les administrateurs du Département d'Amiens. Et ce païement fut fait au mois de septembre de l'année 1795, après bien des peines et des démarches, occasionnées par le dérangement et le trouble dans le gouvernement. Néanmoins nous en sommes réglés et paiés en argent de papier ou assignats. »

Archiv. Cavillier, Carrépuits : K, pp. 251-252.

Canton de Molliens-Vidame.

BOUGAINVILLE. — *1736*. — Refonte d'une cloche par Philippe II Cavillier [et son fils Philippe III].

La dite cloche, fondue à Carrépuits entre le 14 juin et le 25 juillet (sans doute le 12 juillet) ; — poids : 1.136 livres.

Archiv. Cavillier, Carrépuits : G, p. 96.

Canton d'Oisemont.

CANNESSIÈRES. — *1764*. — « Cannessière, près d'Oisemont : petite cloche. » — Refonte de « leur cloche, qui étoit cassée » ; — fondeurs : Philippe III et Florentin Cavillier, de Carrépuits ; — lieu de la fonte : « Mareuil, près Abbeville » (canton d'Abbeville-sud).

Marché passé par Philippe Cavillier le 8 octobre ; — prix convenu : 36 livres, et le métal à 28 sous la livre.

Poids de l'ancienne cloche (pesée à Oisemont) : 128 livres, avec les deux marbréaux. — Coulée, le 20 octobre. — « Le 27 octobre, nous avons livré la cloche neuve à Mʳ Bigorne, vicaire, et l'ayant fait peser à Oisemont, elle s'est trouvée augmentée de

11 livres de métail : elle pèse, avec les marbréaux, 139 livres. »

« Le métail, à 28 sols, fait 14 livres 17 sols, et la façon, de 36 livres : le total est de 50 livres 17 sols. qne j'ay reçu de M' Bigorne, vicaire, ce fut le 27me octobre 1764. Cet argent a servi à payer nos dépenses de Mareuil. »

Archiv. Cavillier, Carrépuits : reg. J, p. 40.
Reg. Florentin Cavillier, Solente, ms. orig., p. 85 ; copie Berthelé, fol. 116.

Canton de Picquigny.

BETTENCOURT-SAINT-OUEN. — *1762.* — Refonte de la grosse cloche de « Bettancourt-Saint-Ouin », par les frères Philippe III et Florentin Cavillier, assistés de Nicolas, fils de Philippe III ; — lieu de la fonte : Ailly-le-Haut-Clocher.

« Le 12me septembre 1762 (écrit Florentin), moy et Nicolas avons convenu de prix avec les sieurs curé, marguilliers et habitans de Bettencourt, pour fondre leur grosse cloche à Ailly ; ils doivent entrer en dépense pour leur part, proportion gardée par le poids, avec celle d'Ailly, c'est-à-dire qu'ils doivent tout fournir, et ce moyennant la somme de 50 livres, pour nos façon et main-d'œuvre, payable aussitôt la cloche reçue. »

« Le 8me octobre (écrit d'autre part Philippe Cavillier), cette cloche a été fondue avec celle d'Ailly, et livrée le 11me du dit mois. » — Elle « pèse environ de 400 livres. » — « Cette cloche est bien fondue, tirant un peu sur le haut. » — « Le 11ᵐᵉ du dit mois [d'octobre 1762], nous avons été à cette paroisse. Nous n'avons trouvé ni curé, ni marguillier, et nous avons passé outre. Ils doivent 50 livres à nous deux mon frère. » — « Nous n'avons point d'écrit de marché. »

Le 7 août 1763, Philippe III Cavillier « a donné un reçu à Jean-Baptiste Guilbeau, ancien marguillier, pour la somme de 50 livres, pour être quitte. Cet argent a servi à payer le métail acheté à Saint-Germain d'Amiens. »

<small>Archiv. Cavillier, Carrépuits : reg. J, p. 24.
Reg. Florentin Cavillier, Solente, ms. orig., p. 112 ; copie Berthelé, fol. 140-141.</small>

FRÉCHENCOURT. — *1764.* — Refonte de la petite cloche, à Carrépuits, par Philippe III et Florentin Cavillier.

Marché passé par Florentin, le 17 juin, avec les « curé, syndic, marguillier en exercice et anciens marguilliers de la paroisse de Saint-Gilles de Fréchencourt, diocèse d'Amiens » : — « fondre la petite cloche du clocher de l'église paroissialle ;... la rendre en ton plein avec la seconde cloche » : — prix convenu : 120 livres.

« Le 22ᵐᵉ aoust 1764, l'ancienne cloche nous a été livrée à Carrépuits, par Mʳ Firmin, lieutenant, et par Pierre Cagé, laboureur au dit Fréchencourt ; l'ayant pesée en leur présence, elle étoit du poids de 516 livres, poids de 16 onces. » — « Et le 24ᵐᵉ du dit aoust, la cloche nouvelle fondue a été repesée et livrée du poids de 502 livres 1/2 ; ainsi elle est diminuée de 13 livres 1/2 de métail. » —

« Elle est très bien d'accord et meilleure que les autres. »

> Archiv. Cavillier, Carrépuits : — reg. J, pp. 39-40 ; — papiers divers, dossier *Fréchencourt*.
> Reg. Florentin Cavillier, Solente, ms. orig., p. 85 ; copie Berthelé, fol. 115-116.

ARRONDISSEMENT D'ABBEVILLE

ABBEVILLE

Eglise Sainte-Catherine. — *1760.* — Refonte sur place, par les frères Philippe III et Florentin Cavillier, de Carrépuits, des deux grosses cloches, pesant environ 5.000 livres.

« Le 20me avril 1760 (écrit Florentin), moy et mon frère ont passé marché avec le receveur, marguillier et principaux paroissiens de Sainte-Catherine d'Abbeville, pour fondre les deux grosses cloches de leur paroisse au dit lieu, et les marbréaux nécessaires. Ils sont obligés à toutes les fournitures généralement, et nous payer 280 livres pour nos façons et main-d'œuvre, en deux termes égaux, le premier aussitôt les cloches reçues, et le restant un an après. »

« Le 22me may de la dite année, nous avons fait la fonte de ces deux cloches, avec une belle réussite. » — « Les jours suivants, nous avons fondu les marbréaux, attendu qu'ils sont de potain ; après quoy, nous avons ciselé la quatrième cloche, pour la faire baisser d'un tiers de ton. »

« Le 30me may, mon frère a donné un reçu à compte à Mr Maillard, receveur en charge, pour la somme de 150 livres. Cet argent a servi à payer nos dépenses, dette et voyage et port d'outils. » — « Le 30me may 1761, mon frère a donné quittance finale à Mr Mailliart, pour la somme de 145 livres, ayant rendu l'écrit [du marché]. Cet argent a servi à payer nos dépenses [de la fonte sur place] de Saint-Gilles du dit Abbeville. »

Archiv. Cavillier, Carrépuits : I. pp. 243-244. — Reg. Florentin Cavillier, Solente, ms. orig., p. 76 ; copie Berthelé, fol. 103-104.

L'une des deux cloches, fondues en 1760 par les Cavillier, — celle donnant la note *mi* et pesant environ 3.000 livres, — a été transportée à Saint-Riquier, où elle existe encore.

L'abbé Hénocque, *Histoire de l'abbaye et de la ville de Saint-Riquier*, tome II. dans les *Mémoires de la Société des Antiquaires de Picardie, Documents inédits*, tome X (1883). p. 376.

Église Saint-Gilles. — *1761*. — Philippe III et Florentin Cavillier, de Carrépuits : — « les dix cloches, pesant environ de 15.000 livres, fondues au dit Abbeville. »

Le 18 janvier, marché passé par les fondeurs « avec les s^rs curé, marguilliers et notables habitants de la paroisse de Saint-Gille en Abbeville pour refondre les dix cloches de leur église au dit Abbeville, sur l'accord de *mi, ré, ut, si, la, sol, fa, mi, ré, ut*, et de bonne harmonie, sujet à visite, dont la grosse pèsera environ de 4.000 livres, et les autres en suivant, pour que les dix cloches pèsent 15.000 livres » : — « ils sont obligés à tout livrer, les ustancilles, matériaux, métal à l'atelier et reprendre les cloches dans la fosse, lever nos chappes, et deux maneuvres pendant le travail, couvrir notre ouvrage et nous donner une place convenable » ; — « et ce moiennant le prix et somme de 1.000 livres pour nos façons et main-d'œuvre, dont 400 livres seront payées des deniers de la fabrique huit jours après les cloches reçues, 300 livres trois mois après et les autres 300 livres trois mois après le deuxième payement, c'est-à-dire six mois après les cloches reçues et acceptées. »

« Le 4me juillet 1761, nous avons fondu les quatre premières cloches, ayant fait une réussite complète » ; — « ensuite nous avons continué les six autres, et le jeudy 6me aoust de la dite année 1761, nous avons fait notre dernière fonte, ayant très bien réussy » ; — « le lundy suivant [10 août], la bénédiction s'en est faite » ; — « et le mardi et mercredi suivant, nous avons fondu six paires de marbréaux pour les cloches neuves, lesquels sont du poids de 155 livres ; ils ont livré le charbon et le métal, et la façon seulement nous est due (si ils veulent exiger quelque chose pour la fourniture des deux petites cloches que nous avons fondues avec leurs six dernières [1], il faut leur faire payer la façon des dits marbréaux...) »

« Et le vendredi 14me aoust, nous avons parti pour notre retour à Carrépuis, sans avoir fait aucun

1. Pour la Chapelle d'Abbeville et pour l'église de... (??).

règlement, attendu qu'ils avoient 14 à 15 cens livres de métail à vendre, dont je leur ai offert 20 sols de la livre. poids de cette ville, les quatre pour cent et la livre d'entrefer…. Après plusieurs lettres écrites tant de ma part que de celle de Mr de Vismes, marguillier de la fabrique Saint-Gilles d'Abbeville, pour le métail restant de la fonte des dix cloches qui étoit à vendre, nous nous sommes enfin rendus nous deux Florentin au dit Abbeville, le 21me octobre 1761, et après plusieurs débats, nous sommes convenus ensemble de prendre leur métail au prix de 22 sols la livre, poids de 16 onces. déduction faite des crasses ou scories, qui se trouvoit dessus les lingots » : — « et le 22me octobre de la ditte année, ce métail a été conduit à l'hôtel de ville pour y être pesé, dont il s'en est trouvé. tant en cloche qu'en lingot, la quantité de 1278 livres ; ..... la somme totale étoit de 1481 livres 9 s. 3 d. : de cette somme il nous étoit dû à nous deux Florentin celle de 1.000 livres pour la fonte des cloches ; ainsi a esté celle de 426 livres 2 sols, que nous avons payée comptant, dont nous avons un règlement signé, qui nous sert de reçu et de quittance. et nous qui avons signé aussi pour servir de décharge à l'église » ; — « ainsi cette affaire est réglée. de part et d'autre, sauf la réception des cloches, qui n'est pas encore finie. attendu que nous nous sommes obligés à refondre les deux plus petites. comme étant trop basses en ton » : — « c'est ce qui a été fait tout de suite. »

Archiv. Cavillier. Carrépuits : I. pp. 255 à 257. — L'article manque dans le registre de Florentin par suite d'une déchirure du ms.

28 octobre 1764. Certificat de satisfaction (sur parchemin) délivré aux frères Cavillier, par les « curé, receveurs et marguilliers de l'église paroissiale de Saint-Gilles d'Abbeville, en vertu de la délibération du 21 de ce mois » : — « les sieurs Cavilliers frères.... ont fondu, pour la ditte église, dix cloches en carillon, du poids d'environ 16.000 livres pour le total, dont nous sommes parfaitement contens, tant pour la propreté et bonté des dites cloches, que pour le parfait accord qui règne entr'elles. »

Archiv. Cavillier, Carrépuits : papiers divers, dossier *Abbeville*.

De la sonnerie fondue sur place par les frères Cavillier pour l'église Saint-Gilles, il subsiste encore, dans cette église, deux petites cloches, donnant les notes *ré* et *mi*, mesurant 0,688 et 0,650 de diamètre et pesant 180 et 150 kilos environ.

Communication de M. Georges Bollée.

Église de la Chapelle. — « La Chapelle, près Abbeville ». — *1761*. — Philippe III et Florentin Cavillier : — refonte de la neuvième cloche du carillon.

Marché passé par les dits fondeurs, avec le curé et les marguilliers de la paroisse, le dimanche 12 juillet.

Fondue à Abbeville. avec celles de l'église Saint-Gilles ; — coulée le jeudi 6 août.

« L'ancienne étoit du poids de 260 livres 1/2, pesée à la Ville. Et après la fonte, la cloche neuve a été pesée à la même balance, étant augmentée de 4 livres de métail », soit 264 livres 1/2 ; — « cette cloche est très bien d'accord et meilleure que les autres. »

Le jeudi 13 août, règlement de compte, et « quittance finale.... pour la somme de 95 livres 12 sols ;.... cet argent a servi à payer nos dépenses de Saint-Gilles. »

<blockquote>Archiv. Cavillier, Carrépuits : I, p. 242. — Reg. Florentin Cavillier, Solente, ms. orig., p. 30 ; copie Berthelé, fol. 39-40.</blockquote>

Mortier d'Apothicaire. — *1761*. — Philippe III et Florentin Cavillier : — « le 12 aoust 1761 (écrit Florentin), nous avons convenu de prix avec M. Duflos, maître apoticaire à Abbeville, pour lui fondre un mortier, ce moyennant la somme de 45 livres » ; — « ayant ramené ce mortier à Carrépuis pour le fondre, et pesé à notre balance, il étoit du poids de 139 livres, poids de 16 onces » ; — « et un petit pilon de potin, pesant 13 onces » ; — « et le 9me novembre 1761, nous lui avons renvoyé un mortier neuf, de meilleur métal, ... du poids de 110 livres, et un petit pilon de cuivre,... du poids d'une livre et demie ; par conséquent, nous lui sommes devables de 28 livres 5 onces de métal, qui est à déduire du prix convenu. »

<blockquote>Archiv. Cavillier, Carrépuits : I, p. 178. — Reg. Florentin Cavillier, Solente, ms. orig., p. 26 ; copie Berthelé, fol. 35.</blockquote>

Canton d'Abbeville (nord).

VAUCHELLES-LÈS-QUESNOY. — « Vauchelle, près Abbeville ». — *1764*. — Refonte des deux

— 169 —

cloches, par Philippe III et Florentin Cavillier ; — lieu de la fonte : Mareuil (canton d'Abbeville-sud).

« Le 23me septembre 1764 (écrit Florentin), mon frère a passé écrit avec les sieurs curé, marguilliers et habitants de Vauchelle, pour fondre les deux cloches à Mareuil, près Abbeville. Ils sont obligés à toutes les fournitures, et doivent payer leur part des dépenses, à proportion du poids de leurs cloches, à la fabrique de Mareuil. Et ce, moyennant la somme de 100 livres, pour nos façon et main-d'œuvre, payable des deniers de la fabrique, moitié aussitôt les cloches fondues et le restant au bout de l'année de garantie. »

« Les deux anciennes cloches étoient du poids de 951 livres, et les deux neuves pèsent 857 livres 1/2 : elles sont diminuées de 93 livres 1/2, attendu que le clocher est trop petit ». — Coulée des dites cloches, le 20 octobre. — « Ces deux cloches sont bonnes et très bien fondues. »

Archiv. Cavillier, Carrépuits : reg. J, pp. 47-48. — Reg. Florentin Cavillier, Solente, ms. orig., p. 127 ; copie Berthelé, fol. 163-164.

CANTON D'ABBEVILLE (SUD).

EAUCOURT-SUR-SOMME. — *1787* (?). — François Gorlier, de Roisel, finalement fixé à Frévent. — Avant d'aller (vers le mois de mai 1787) fondre sur place, avec son frère Florentin, « à Mamès, près Saint-Omer, et au Viel-Hesdin ». le dit « François avoit fondu avant à Eaucourt, près Abbeville. »

Registre de Pierre Gorlier.

MAREUIL-CAUBERT. — « Mareuil, près Abbeville ». — *1764*. — « Les quatre cloches, pesant environ de 3.300 livres, fondues au dit Mareuil », par Philippe III et Florentin Cavillier, de Carrépuits.

« Le 24me juin 1764 (écrit Florentin), mon frère a passé écrit avec les sieurs curé, marguilliers et habitans de Mareuil, près Abbeville, pour fondre quatre cloches en accord de *fa, mi, ré, ul* et faire huit marbréaux, en leur paroisse. Ils sont obligés à toutes les fournitures propres et nécessaires, et même un manœuvre le long du travail. Et ce moyennant la somme de 250 livres, payable des deniers de la fabrique, en deux termes, sçavoir la moitié aussitôt les cloches fondues et l'autre au bout de l'année de garantie. »

« Le 20me octobre 1764, nous avons fondu les cloches du dit Mareuil et [cinq autres] », savoir deux pour Vauchelles-lès-Quesnoy, deux pour Hocquincourt et une pour Cannessières (Somme). — « Cette sonnerie [de Mareuil] est belle et bien fondue. »

Archiv. Cavillier, Carrépuits : reg. J, pp. 45-46. — Reg. Florentin Cavillier, Solente, ms. orig., p. 125 ; copie Berthelé, fol. 159 à 161.

Canton d'Ailly-le-Haut-Clocher.

AILLY-LE-HAUT-CLOCHER, « près Abbeville ». *1762*. — Refonte sur place, par les frères Philippe III et Florentin Cavillier, de « la petite des trois cloches, [laquelle] pèse environ de 1.400 livres » : — les dits fondeurs, assistés de Nicolas, fils de Philippe III Cavillier.

« Le 26me septembre 1762 (écrit Florentin), mon

frère a passé écrit avec les sieurs curé, marguillier et principaux de la paroisse Notre-Dame d'Ailly-le-Haut-Clocher, pour fondre leur petite cloche » : — les paroissiens « sont obligés à tout livrer les matériaux, même le métail » ; — « et ce, moyennant la somme de 160 livres pour nos façon et main-d'œuvre[1], laquelle somme nous sera payée des deniers de la fabrique, aussitôt la cloche reçue. »

« Nous avons fondu le 8 octobre 1762. » — « Cette cloche est à 3/4 de ton avec la seconde ; étant belle et bien fondue. Bon travail. »

« Et le 13 octobre (continue Florentin Cavillier), mon frère a donné un reçu à compte à André Dorion, marguillier en charge, pour la somme de 81 livres. Cet argent a servi à payer nos dépenses dans le cabaret. »

« Le 4me mars 1763, nous avons livré une plaque de bois d'orme, portant 7 1/2 d'épaisseur, 20 pouces de large et 4 pieds de longueur, pour faire un mouton à la cloche que nous avons fondue. Et étant à Amiens, nous avons reçu une lettre de M. le vicaire d'Ailly d'y aller pour ajuster le dit mouton sur la cloche. Nous y avons été nous deux Nicolas. Et j'ay été à Abbeville pour faire ajuster le battant. »

Le 7 août 1763, « Nicolas a donné un reçu à André Dorion, ancien marguillier, pour la somme de 79 livres à compte. Cet argent a servi à payer le métail acheté à Saint-Germain d'Amiens. »

Archiv. Cavillier. Carrépuits : reg: J, p. 23. — Reg. Florentin Cavillier. Solente, ms. orig., p. 113 : copie Berthelé, fol. 141-142.

---

[1]. « Et 12 livres à mon fils Nicolas, pour ses dons de gants » (ajoute Philippe III Cavillier).

FRANCIÈRES. — *1770*. — Philippe III Cavillier, de Carrépuits, et son neveu Louis-Florentin : — « les trois cloches, fondues au dit lieu, pesant environ de 1.400 livres. »

« Le 17me avril 1770 (écrit Philippe), j'ai passé écrit de marché avec les sieurs curé, marguillier et habitans de Saint-Martin de Francière, près Abbeville, pour de deux cloches qu'ils avoient, en faire trois d'accord, en y joingnant le métail nécessaire ; c'est pour fondre sur le lieu ; ils sont obligés à me livrer toutes choses, même les ustanciles propres et nécessaires pour cette fonte ; et ce, moïennant le prix et somme de 140 livres, payables par la fabrique en deux termes égaux, sçavoir le premier de 70 livres aussitôt les cloches fondues, et la somme restante au bout de l'année de garantie. »

« Moy et le fils de feu mon frère partîmes de Carrépuis pour Francière, le 7me juin 1770, et la fonte de ces trois cloches fut faite le 3me juillet suivant ». — « Ces cloches sont belles, bonnes et très bien d'accord en *la, sol, fa.* juste ; bon métail. Cette paroisse est contente de nous. »

Le 4 juillet, les fondeurs reçoivent de la fabrique un premier paiement de 70 livres ; « ils nous ont donné 6 livres en sus pour gratification » : — « cet argent n'a servi qu'à payer nos dépenses faites chez M. François Jumelle, cabaretier au dit lieu » : — « il nous est dû de restant la somme de 70 livres, dont... [il] en appartient le tiers au fils de Florentin, et à moy, les deux autres tiers. »

Le 12 juillet 1771, Philippe Cavillier donne quittance finale à Nicolas Gautier, marguillier, « pour la somme de 70 livres, [dont] Tintin a touché son tiers. et moy le reste » ; — « M. le curé m'a donné 18 livres de bénédiction, dont Tintin a sa part. »

<small>Archiv. Cavillier, Carrépuits : — reg. J, p. 171 ; — journal O, p. 49, etc. ; copie Berthelé, fol. 56-57 et 59.</small>

Canton d'Ault.

NIBAS. — *1748*. — Philippe II Cavillier et ses fils Philippe III et Florentin, fondeurs à Carrépuits, fondent sur place à Nibas ; — coulée, le 10 octobre.

<small>Archiv. Cavillier, Carrépuits : H, p. 18.</small>

Canton de Crécy-en-Ponthieu.

CRÉCY-EN-PONTHIEU. — *1757*. — Philippe III et Florentin Cavillier, fondeurs à Carrépuits : — refonte des « trois cloches, pesant environ de 4.000 livres ; fondues au dit Cressy. »

Le 4 mars, les dits fondeurs « ont passé écrit avec Messieurs les maire et échevins », — ceux-ci « étant obligés de fournir toutes choses propres et nécessaires pour faire la ditte fonte[1] » ; — prix convenu : 230 livres.

« Le jeudy 5me may, nous avons arrivé à Cressy, et nous avons fondu le 28, et le dimanche suivant,

---

<small>1. « Sera en outre fourni aux dits Cavillier les ustensiles et matériaux propres et nécessaires pour parvenir à la refonte des dites cloches. Leur sera indiqué une place propre pour y faire leurs moules et fourneau. Leur sera livré le métail nécessaire pour... [le] déchet ordinaire et assurance [de la fonte],... lequel métail sera choisi par les dits fondeurs, en leur payant les frais de voyages, s'il y échoit. La fouille des trous sera faite aux dépens des deniers de l'hôtel commun de ce bourg. » (Marché du 4 mars 1757).</small>

jour de la Pentecôtte, on a reçu les cloches, chacun étant content » : — « et le même jour, M. Garbados nous a donné [comme premier paiement] un mandat pour la somme de 115 livres, que nous avons reçues de M. J.-Baptiste Bouquet : cet argent a servi à payer nos dépenses et fraix. »

> Archiv. Cavillier, Carrépuits : — reg. I, p. 195 ; — papiers divers, dossier *Crécy-en-Ponthieu.*
> Reg. Florentin Cavillier, Solente, ms. orig., p. 47 ; copie Berthelé, fol. 65-66.

Canton d'Hallencourt.

FONTAINE-SUR-SOMME. — *1754.* — Une sonnerie de quatre cloches, dont trois refontes et une nouvelle (la grosse), par Philippe III et Florentin Cavillier, de Carrépuits. — Poids total de cette sonnerie : 5.500 ou 6.000 livres environ. — Lieu de la fonte : Fontaine-sur-Somme. — Coulée, « entre le dix et le onze juillet. »

« Le 2me jour de juin 1754, (écrit Florentin Cavillier), moy et mon frère ont passé écrit avec Monsieur Leprestre, prêtre-curé de Fontaine-sur-Somme, près Abbeville, pour fondre quatre cloches, en accord *fa, my, ré, ut,* dans la paroisse. Le dit sieur curé en fait toute la dépence, et donne la grosse, pesante environ 2.000 livres, poids de 16 onces : cette donation est très considérable ; faisant aussy refondre les trois autres, sans qu'il en coûte un denier à personne. Et nous a tout livré, mesme nous a donné sa table pendant le cours du travail. »

« Le prix convenu pour nos façons étoit de 200 livres; et après avoir fondu et l'avoir contenté, nous a donné 24 livres de récompense, au-dessus du prix convenu. »

« Le dit sieur curé nous a vendu le métail provenant du restant de la fonte des dites cloches, au prix de 24 sols la livre, poids de 16 onces ; lequel métail nous a été livré à Amiens, ayant été pesé à la halle de cette ville ; et réduit à 16 onces, il s'en est trouvé 602 livres en lingots ; plus, 54 livres de fin étain, au prix de 28 sols la livre ; de plus, 56 livres de morfie, compté deux livres pour une, ou autrement à 12 sols la livre.... »

Philippe III Cavillier appréciait ainsi cette sonnerie de Fontaine-sur-Somme : — « Ces quatre cloches ont été fondues au suprême degré de chaleur. Quoyque le métal ne soit pas du plus fin, cette sonnerie est sans nul deffault. Belles cloches, bonnes et un accord parfait. Cet ouvrage fait un chef-d'œuvre très solide pour la durée. »

Si les frères Cavillier étaient enchantés de leur œuvre et de l'hospitalier et généreux curé de Fontaine-sur-Somme, le dit curé n'était pas moins satisfait de ses fondeurs, ainsi qu'en témoignent, d'une part, le certificat très élogieux qu'il leur délivra le 13 juillet; d'autre part, le copieux et intéressant récit qu'il écrivit de cette fonte, récit qui a été signalé en 1891, par M. l'abbé A. Le Sueur.

Archiv. Cavillier, Carrépuits : — reg. I, pp. 143-144 ; papiers divers, dossier *Fontaine-sur-Somme*.

Reg. Florentin Cavillier, Solente, ms. orig., p. 23 ; copie Berthelé, fol. 29 à 31.

État de ce qui s'est passé à l'occasion des cloches de cette église, fondues le dix juillet 1754; par moy Charles Le

Prestre, qui en ai fait toute la dépense ; relation analysée par M. l'abbé A. Le Sueur, en appendice à sa notice historique : *Fontaine-sur-Somme*, dans les *Mémoires de la Société des Antiquaires de Picardie*, 4ᵉ série, tome I (1891), pp. 289 à 292 [1].

HOCQUINCOURT. — *1764*. — Refonte des deux cloches, par les frères Philippe III et Florentin Cavillier ; — lieu de la fonte : « Mareuil, près Abbeville. »

« Le 25ᵐᵉ septembre 1764 (écrit Florentin), j'ay passé écrit avec les seigneur, marguillier et habitants d'Oquincourt, pour fondre leurs deux cloches à Mareuil, et quatre marbréaux. Nous sommes obligés à tout, même le déchet ; les prendre et les rendre en poids à la balance de l'hôtel-de-ville d'Abbeville. Et ce moyennant la somme de 170 livres, payable des deniers de la fabrique, en deux termes égaux, dont la moitié aussitôt les cloches fondues et l'autre au bout de l'année de garantie. »

« Le 19ᵐᵉ octobre 1764, les deux anciennes cloches de Hoquincourt ont été pesées à Abbeville. Elles étoient de 465 livres 1/2... »

Coulée des dites cloches, le 20 octobre.

« Et le 25 du dit octobre, les deux cloches nouvelles fondues ont été aussi pesées avec la même balance, dont elles sont du poids de 579 livres ; par conséquent, elles sont augmentées de 113 livres 1/2 de métail. »

Le 28 octobre 1764, Florentin Cavillier « a délivré un reçu à compte à la fabrique, pour la somme de 132 livres, sur le métail employé en augmentation, lequel argent a servi à payer Mʳ Catillon, qui a fourny

---

1. Nous possédons, grâce à l'obligeance de M. l'abbé Le Sueur, une copie complète de ce document.

le métail ; dont nous devons encore au dit Catillon, marchand chaudronnier à Abbeville, pour cet article, la somme de 54 livres » ; Philippe Cavillier « a fait un billet pour la dite somme, payable en octobre 1765. »

Archiv. Cavillier, Carrépuits : reg. J, pp. 49-50. — Reg. Florentin Cavillier, Solente, ms. orig., p. 126 ; copie Berthelé, fol. 161-162.

Canton de Rue.

VALLOIRES (Abbaye de), commune d'Argoules, — « près Douriez [1] » — *1758*. — Philippe III et Florentin Cavillier, fondeurs de Carrépuits : — les trois timbres de l'horloge, fondus au dit Carrépuits.

Le 4 juin, Philippe « passe écrit avec le sieur Mauvoisin, horloger à Amiens [2], pour fondre trois timbres qu'il a entrepris pour l'abbaye de Valoire, lesquels doivent être du poids de 360 livres, poids de 16 onces [3] » ; — les fondeurs sont « obligés de les rendre à la halle d'Amiens » ; — prix convenu : « 36 sols la livre tout façonnée [4], dont le montant de la somme sera payé par les religieux. »

[1]. *Douriez*, Pas-de-Calais, arr. de Montreuil, cant. de Campagne-lès-Hesdin.

[2]. « Nicolas Monvoisin, orloger à Amiens », lequel signe : « Mauvoisin. » (Marché du 4 juin 1758).

[3]. « Livrer au dit sieur Monvoisin, en dedans la my-juillet prochain, trois timbres en forme de cloche racourcy, bon et armonieux, ensemble du poids de 360 livres environ, poids de 16 onces, lesquels seront en accord, sçavoir le gros fera l'*ut*, les deux autres *sixte* et *quinte*. » (*Ibid*).

[4]. « Moyennant le prix et somme de 40 sols la livre, rendu au poids de la halle d'Amiens. » (*Ibid*).

Le 22 août, Florentin « livre les trois timbres à la halle d'Amiens, lesquels étant pesés se sont trouvés du poids de 362 livres 1/2, poids de 16 onces. »

<small>Archiv. Cavillier, Carrépuits : — reg. I, p. 210 ; — papiers divers, dossier *Valloires*.
Reg. Florentin Cavillier, Solente, ms. orig., p. 32 ; copie Berthelé, fol. 43-44.</small>

QUEND [??]. — « Le Marquentairre ». — *1757*. — Une petite cloche, pesant 50 livres, fondue par Philippe III [et Florentin ?] Cavillier à Carrépuits, — livrée le 17 janvier 1757.

<small>Archiv. Cavillier, Carrépuits : I, p. 142.</small>

ARRONDISSEMENT DE DOULLENS

Canton d'Acheux.

SENLIS. — *1732*. — Refonte de deux cloches, par Philippe II et Colin Cavillier, de Carrépuits.

Marché passé le 26 octobre. — Les dites cloches, fondues à Carrépuits le 18 décembre et livrées le même jour.

<small>Archiv. Cavillier, Carrépuits : G, pp. 69-70.</small>

Canton de Bernaville.

AUTHEUX. — « Les Auteux, près Doulens », aliàs « la paroisse Saint-Jean-Baptiste des Autheux, près Doulens ». — *1783*. — « Les trois cloches » (deux refontes et une troisième, nouvelle), — « fondues à Carrépuis ». par Philippe III et Nicolas III Cavillier.

Marché passé par le dit Philippe Cavillier, le 4 mai, « avec les sieurs curé, seigneur et habitans du dit lieu » ; — « de deux cloches qu'ils avoient, leur en faire trois, accordantes sur les tons de *la, sol, fa* » ; — « prendre les anciennes cloches à la halle d'Amiens, où elles doivent être livrées par les habitans, et y rendre les nouvelles fondues. »

« Le 4me août 1783, Me Picart, voiturier à Solente, nous a ramené les deux anciennes cloches de cette paroisse des Autheux, lesquelles étoient du poids de, sçavoir la grosse, de celui de 659 livres 1/2, et la petite, de 457 livres 1/2 : total : 1117 livres. »

« Et le 27me août suivant, les trois cloches nouvelles furent rendues à Amiens par le sieur Dodé, et la grosse s'est trouvée être de 650 livres ; la seconde, 461, et la petite, [avec ses marbréaux], 346 ; ce qui produit un total de 1457 livres » ; — « en sus, il faut y joindre la quantité de 58 livres pour *lappaye* de balance et règle de la halle ; et ces deux quantités ont formé un dernier total de 1515 livres ; et cette dite quantité de 1515 livres est celle sur laquelle il faut compter pour le règlement à faire » ; — augmentation de métal : 398 livres.

Archiv. Cavillier. Carrépuits : K. pp. 149-150.

BEAUMETZ. — « Beaumets, près Domart-en-Ponthieu ». — *1750*. — Refonte, sur place, par l'association Philippe II, Philippe III et Florentin

Cavillier, père et fils, des deux cloches pesant ensemble 2100 livres.

Marché passé par Philippe III et Florentin le 19 juillet [1]. — Les dites deux cloches, fondues à Beaumetz le 13 août, en même temps que deux autres pour Fransu (Somme).

Archiv. Cavillier, Carrépuits : — reg. I, p. 79 : — papiers divers, dossier *Beaumetz*.

Canton de Domart-en-Ponthieu.

DOMART-EN-PONTHIEU. — *1757*. — Fonte sur place, par les frères Philippe III et Florentin Cavillier, de quatre cloches, pesant ensemble « environ 7.500 livres. »

Le 18 septembre, Florentin « passe marché avec les sieurs curé, marguillier, maire et échevins du bourg de Domart-lès-Ponthieu, pour fondre les trois cloches du dit lieu et en ajouter une quatrième neuve, pour faire un accord de *fa, my, ré, ut* » : — la fonte aura lieu « dans la paroisse ; ils sont obligés à tout fournir les matériaux propres et nécessaires, même de fournir des manœuvres autant que nous en aurons besoin » ; — prix convenu : « la somme de 350 livres pour nos façons et mains-d'œuvre ».

Le 9 novembre, Philippe III Cavillier « a livré, à la halle d'Amiens, les sieurs curé et marguillier présents, et au même instant pesé, la quantité de

---

[1]. « Fondre les deux cloches de la fabrique dudit Beaumets ;... les rendre de mêmes poids qu'elles ont ou environ ;... les mettre d'accord sur les tons *sol, fa* ;... la dite fonte [doit] être faite dans la dite paroisse ».

1989 livres 3/4 de métail, poids de 16 onces ». — « Le mardy 16° novembre 1757, nous avons fait la fonte des quatre cloches ». — « Le dimanche 20 du dit mois, le métail restant de la fonte a été pesé à la balance du sieur Gosselin, marguillier: il s'en est trouvé la quantité de 389 livres 3/4, qui déduit de la quantité livrée de 1989 livres 3/4, reste à celle de 1600 livres de métail, poids de 16 onces, qu'il nous est dû; à raison de 30 sols la livre, fait la somme de 2400 livres, qui joint avec la façon, la somme totale est de 2750 livres qu'il nous est dû ». Le dit jour 20 novembre 1757, « les sieurs curé et marguillier ont fait un arrêté de compte double, dessus les écrits de marché », et séance tenante « [nous] avons reçu [d'eux] la somme de 1000 livres à compte, lequel argent a servi à payer le métal acheté au sieur Dubisson, ferblantier à Amiens, et autres dépenses ». — Paiements divers faits aux fondeurs en 1759, 1760, 1761, 1762 et 1763; — paiement final, en septembre 1763.

26 novembre 1758. Certificat de satisfaction (sur parchemin), des plus élogieux, délivré aux fondeurs par les curé et marguilliers.

<small>Archiv. Cavillier, Carrépuits; — reg. 1, pp. 211 à 214; — papiers divers, dossier *Domart-en-Ponthieu*.
Reg. Florentin Cavillier, Solente, ms. orig., pp. 57-58; copie Berthelé, fol. 77 à 80.</small>

FRANSU. — « Franssu, près Domart-en-Ponthieu ». — *1750*. — Association Philippe II Cavillier et ses fils Philippe III et Florentin : — refonte des deux cloches, pesant ensemble 1600 livres environ.

Marché passé par Philippe III et Florentin, le

27 juillet [1]. — Les dites cloches, fondues à Beaumetz (Somme) le 13 août, et livrées le lendemain [2]. — Tons : *sol, fa.*

<small>Archiv. Cavillier, Carrépuits : — reg. I, p. 80 ; — papiers divers, dossier *Fransu*.</small>

PERNOIS. — Chateau. — *1772 et 1773.* — Philippe III, Nicolas III et Louis-Florentin Cavillier, fondeurs à Carrépuits. — « Évêché d'Amiens. Clochette du château de Pernoy, maison de campagne ».

Au mois de décembre 1772 [3]. Philippe III Cavillier expédie « à Monsieur Caron, chanoine de la cathédrale d'Amiens », — « comme l'ayant fondue par son ordre », — « une petite cloche neuve,... du poids de 16 livres et 1/2, à 16 onces,... moutonnée et ferrée, dont le prix total est de 34 livres 16 sols » ; — « laquelle clochette est pour servir à une maison de campagne à Monseigneur l'Évêque de cette ville ». — Payée en mars 1773 [4].

« Cette petite cloche a été trouvée trop foible, et le 30ᵐᵉ octobre 1773, nous en avons remis une autre neuve, laquelle est du poids de 30 livres à 16 onces » ; — « Monsieur Caron, chanoine, nous a remis cette première de 16 livres, avec une ancienne pesant

<small>1. Avec « Adrien-Jacques Wuigner, escuier, seigneur de Fransu, les marguilliers tant anciens qu'en charge et principaux habitans de la paroisse de Fransu ». — Le dit seigneur signe : « Vuignier de Franssu. »
2. « Les dits seigneur de Fransu, marguilliers et habitans, au nom de la dite fabrique, seront tenus de livrer les ustencilles et matériaux, propres et nécessaires pour parvenir à la dite fonte, qui doit être faite dans la paroisse de Beaumets, instamment après celle de Beaumets. » (Marché du 27 juillet 1750).
3. « Le 9ᵉ décembre 1772 » (Reg. J, p. 130). — « Le 27ᵉ décembre 1772 » (Reg. J, p. 193).
4. « Le 5ᵐᵉ mars » (p. 130). — « Le 7ᵐᵉ mars » (p. 193).</small>

8 livres 1/4 ; par conséquent, ne devoit que 5 livres et 1/4 de métal : pour quoy M' Caron m'a payé 16 livres 16 sols, pour toute chose ».

« Monsieur l'Évêque a retenu les deux clochettes ; et le 29me aoust 1775. Monsieur Caron, chanoine, m'a payé la somme de 33 livres, pour tout finir ».

« Cet article est réglé entre nous trois ».

Archiv. Cavillier, Carrépuits : J, pp. 130 et 193.

RIBEAUCOURT. — *1733*. — Refonte d'une cloche pesant 700 livres environ, par les Cavillier, de Carrépuits (Philippe II, Colin et Philippe III).

Marché passé par Philippe III. — La dite cloche, fondue, selon toute vraisemblance, à Méricourt-sur-Somme, le 1er août.

Archiv. Cavillier, Carrépuits : G, pp. 72-73.

ARRONDISSEMENT DE MONTDIDIER

MONTDIDIER

Église Saint-Martin. — *1706*. — Philippe II Cavillier, de Carrépuits, [avec la coopération de son frère Jean] : — trois cloches, pesant ensemble 1.000 livres environ (refonte sur place).

Prix convenu : « la somme de 60 livres et me tout fournir, même le déchet » ; — « je dois fournir le métal nécessaire, par poids de 16 onces, et le reste, je le reprendrai : ils doivent le venir chercher à Carépuy et ramener ce qui se trouvera moins de ce que je fournirai : ils me le doivent payer à vingt sols » : — durée de la garantie : « un an et jour. »

« Fourni 765 livres de métal à notre poids ; il a été repesé au grand : il y en avoit 679 livres 1/2. » — « Nous avons fondu le 13 novembre. » — « Ils nous ont rendu 386 livres » de métal ; « nous avons le nota de l'employé, qui porte 293 livres. » — Les 60 livres de façon furent payées aux fondeurs : 54 livres en argent « et 6 livres pour les mousses. »

Archiv. Cavillier, Carrépuits : A, p. 138.

Église Saint-Médard. — *1734*. — Refonte, par l'association Philippe II, Colin et Philippe III Cavillier, d'une cloche pesant 300 livres environ.

Marché passé par Philippe III. — Fondue le 4 septembre. — La dite cloche, « pour être mal accordante », fut refondue en 1735 par Philippe II Cavillier.

Archiv. Cavillier, Carrépuits : G, p. 85.

1735. — Philippe II Cavillier [et son fils Philippe III] : — refonte de la cloche livrée en 1734, pour ce qu'elle était « mal accordante. »

« La reffonte... fut du 1ᵉʳ juillet 1735 » : — « la dernière fondue fut livrée... le 9 octobre 1735 et pèse 70 livres plus que l'ancienne, à 14 onces. »

Archiv. Cavillier, Carrépuits : G, p. 85.

Prieuré des Bénédictins. — *1748*. — Refonte de la grosse cloche, par Philippe II Cavillier et ses fils Philippe III et Florentin.

Marché passé par Philippe II, le 17 août. — La

dite cloche, fondue à Carrépuits le 31 août et livrée le 2 septembre; poids : 462 livres environ.

Archiv. Cavillier, Carrépuits : H, pp. 17-18.

Ursulines. — *1753.* — Refonte de la cloche, à Carrépuits, par l'association Philippe II Cavillier et ses fils Philippe III et Florentin.
Marché passé par Philippe II, le 5 décembre 1752.
La dite cloche, livrée le 11 ou le 12 mars 1753 ;
— poids : 299 ou 300 livres.

Archiv. Cavillier, Carrépuits : H, p. 68 et I, p. 115.

1770. — Au mois d'avril, la fabrique de « Dompierre, près Mondidier [1] », fournit à Philippe III Cavillier de Carrépuits, — avec « leur métail incendié, [pour] en refondre trois cloches neuves », — « une petite cloche, achetée aux Ursulines de Mondidier, [pesant] 150 [livres]. »

Archiv. Cavillier, Carrépuits : J, p. 166.

. . . . . .[2] — *1743.* — Philippe II et Philippe III Cavillier, père et fils, de Carrépuits : — un timbre, pesant 335 livres 2 onces, « fourny le 4me aoust à Monsieur Mouret, officier du Roy. »

Archiv. Cavillier, Carrépuits : G, p. 165.

« Dans le campanile qui surmonte la coupole [de l'église Saint-Pierre], il y a une petite cloche qui porte la date de 1743 : elle pèse 167 k. 5, et sert de timbre à l'horloge. »

V^{er} de Beauvillé, Histoire de la ville de Montdidier
(Paris, typ. Firmin Didot, 1857), tome II, p. 14.

---

1. *Dompierre*, Oise, canton de Maignelay.
2. *Église Saint-Pierre* (??).

La cloche, mentionnée par De Beauvillé est incontestablement, — les identités de date et de poids le démontrent, — celle qui fut fournie, le 4 août 1743, par les Cavillier.

Reste à savoir si elle a toujours servi de timbre à l'église Saint-Pierre, — ou bien si elle a été utilisée pour l'horloge de Saint-Pierre, « fournie en 1846 par Renard, mécanicien à Ferrières », après avoir servi, un siècle durant ou moins, à quelque autre établissement public de Montdidier, — que nous ne pouvons essayer de préciser, — auquel elle aurait été primitivement affectée.

Horloge municipale. — *1747*. — Deux timbres, fondus par l'association Philippe II Cavillier et ses fils Philippe III et Florentin.

Marché passé par Philippe II, le 10 août. — Les dits timbres, livrés le 8 octobre ; — poids : 125 livres et 91 livres 1/2.

Archiv. Cavillier, Carrépuits : H, pp. 12-13.

Collège. — *1781*. — Philippe III et Nicolas III Cavillier, fondeurs à Carrépuits. — « Monsieur Moussette, procureur au dit Mondidier, nous a envoyé la petite cloche du Collège de Mondidier, laquelle étoit cassée, étant du poids de 16 livres, poids de marc. » — « Et le 25me août 1781, il en fut renvoyé une au dit M. Moussette, laquelle étoit de 27 livres 1/2, non compris le battant. »

Prix du métal d'augmentation : 30 sous la livre ; — « pour la fonte et façon : à 8 sous de la livre ; » — somme totale, « qui nous est due par la ville du dit Mondidier, pour cette ditte cloche : ... 28 l. 5 s. »

Archiv. Cavillier, Carrépuits : K, p. 130.

Hôpital de la Sainte-Trinité. — *1746*. — Trois timbres, pesant 160 livres environ, fondus par l'association Philippe II, Philippe III et Florentin Cavillier, père et fils, de Carrépuits. — Marché passé par Philippe II, le 1ᵉʳ avril. — Les dits timbres, livrés le 22 du même mois.

Archiv. Cavillier, Carrépuits : H, p. 10.

Hôtel-Dieu. — *1778*. — Refonte de la cloche[1] à Carrépuits, par l'association Philippe III, Nicolas III et Louis-Florentin Cavillier.

« Marché conclu avec Madame de Sallignac, supérieure de l'Hôtel-Dieu de Mondidier, pour refondre leur petite cloche cassée, laquelle étoit de 50 livres, et les marbréaux, de 5 livres : total : 55 livres. Ces dames la demandent au moins du double en poids. »

« Le jeudi 7ᵐᵉ may 1778, nous avons fait la fonte des cloches de Sinceny, Villers-sous-Coudun, le collège de Compiègne, et celle de l'Hôtel-Dieu de Mondidier ». — « laquelle est du poids de 117 livres 1/2, à 16 onces, et une paire de marbréaux, pesant 7 livres. »

« Le 20ᵐᵉ may, Nicolas [Cavillier] a été à Mondidier pour mettre la cloche des Dames de l'Hôtel-Dieu en place... »

Archiv. Cavillier. Carrépuits : — reg. K, p. 8 : — journal Q. pp. 16 et 18 : copie Berthelé, fol. 201 et 203-204.

1780. — Philippe III et Nicolas III Cavillier, père et fils, de Carrépuits : — une « cloche ou timbre

---

[1]. « Elle est seule ».

pour l'horloge » ; — « il est fait en cloche et porte, pour son diamètre, 9 pouces et 10 lignes. »

« Le 12me septembre 1780, nous avons fondu une petite cloche, pour servir de timbre d'horloge aux Dames de l'Hôtel-Dieu de Mondidier, et elle est du poids de 25 livres 1/4, à 16 onces » ; — « et le 22 du dit mois, elle fut livrée à un marchand de légumes du dit Mondidier, pour être remise à la dite communauté » ; — prix : « 36 sols la livre de 16 onces, tout façonné. »

Archiv. Cavillier, Carrépuits : K, p. 106.

Canton de Montdidier.

ANDECHY. — *1738*. — Refonte des trois cloches, par les Philippe Cavillier, père et fils, de Carrépuits.

Marché passé par Philippe II, le 15 mai. — Les dites cloches, fondues à Carrépuits entre le 13 et le 20 juin ; — poids total : 2361 livres.

Archiv. Cavillier, Carrépuits : G, pp. 114-115.

1773. — Refonte des trois cloches, à Carrépuits, par l'association Philippe III, Nicolas III et Louis-Florentin Cavillier.

Marché passé par le dit Philippe, le 7 novembre[1] ;

---

[1]. « Jean-Baptiste Fourdrinoy, marguillier en charge de la paroisse de Saint-Pierre d'Andechy, Pierre Cauvel, second marguillier, officier de justice, sindic, anciens marguilliers et autres principaux habitants de la ditte paroisse d'Andechy, assemblés au son de la cloche, issue de la messe paroissiale, le dimanche sept du présent mois de novembre, — Monsieur Lempereur, curé de la ditte paroisse, à ce présent, — en conséquence de la délibération arrêtée le dimanche précédent, concernant la refonte des trois cloches de la ditte paroisse, du trente-et-un octobre dernier ; d'une part : — et Mr Philippe

— « joindre à cette sonnerie environ de cinq cents de métail, en augmentation[1] au par-dessus du poids des anciennes cloches, que nous avions cy-devant fondues en l'année 1738 » ; — « 330 livres pour fourniture et façon » ; — le métal, à 28 sous la livre, poids de marc ; — « la somme à quoy le tout se trouvera monter, nous sera payé des deniers de la fabrique, et ce par délégations qui nous seront données, le tout à la garantie de l'église. »

« Le 13ᵐᵉ décembre 1773, les trois anciennes cloches de la paroisse d'Andechy, ainsi que les six marbréaux, nous ont été livrées à Carrépuis par Jean-Baptiste Fordinoy, premier marguillier ; Pierre Cauvel, marguillier en second, et par Pierre-Nicolas Jolié, sindic au dit lieu. Et les ayant pesées à notre balance, en leur présence, elles se sont trouvées peser, sçavoir la grosse, [la quantité] de 884 livres ; la seconde, de 661 livres ; la petite, de 477 livres, et les six marbréaux, de 67 livres ; ce qui formoit un total de 2089 livres de métail, pesées juste, le tout poids de seize onces » ; — « mais comme il a été convenu qu'il me seroit passé une livre de métail, par chaque cent pesant de leur ancienne matière, pour fraix et entrefer des dittes pesées ; ce qui s'est monté à la quantité de 21 livres en poids », il fut compté que le métal ancien livré aux fondeurs formait seulement un total de 2068 livres.

Le 18 décembre, les trois cloches nouvellement

Cavillier, fondeur de cloches, demeurant au village de Carrépuits-lès-Roye, appellé à la présente assemblée pour traiter avec luy de la refonte des dites cloches..... » (Marché du 7 novembre).

1. « Le poids d'icelles, pour la commodité des dits habitants, et relativement à la délibération du trente-et-un du mois dernier, sera augmenté de quatre à cinq cent livres. » (Ibid.)

fondues « ont aussi été pesées avec la même balance, et aussi en présence des susnommés : dont la grosse se trouve être présentement du poids de 1.147 livres »; la seconde, 846 livres ; la petite, 593 livres ; les six marbréaux, 55 livres ; total : 2.641 livres.

« Ces trois cloches sont très bien fondues. Le ton, de la grosse à la seconde, est un tant soit peu ferme ou fort. Elles sont assez belles. Le métal a très belle apparence, et cependant n'a point de qualité bienfaisante pour le fondeur : il incommode la santé. Cette sonnerie est bonne pour la campagne, c'est-à-dire pour des bourgeois de village. Le son est entre le fourni et le maigre. La grosse porte pour diamètre 3 pieds 8 lignes, juste. »

« Le 5me avril 1774, Nicolas, mon fils, s'est rendu au dit Andechy, et après assemblée tenue, il lui a été délivré un acte de réception de leur sonnerie. Et en ce même temps, lui ont délivré deux délégations, dont l'une, à prendre la somme de 300 livres sur Alexis Lefebvre, ancien marguillier, et l'autre, portant la somme de 100 livres, à prendre sur Claude Deboves, aussi ancien marguillier de l'église du dit Andechy. Le dit Lefebvre a payé comptant, et Claude Deboves a resté devable de sa ditte somme. »
— Dernier paiement, en novembre 1777.

Archiv. Cavillier, Carrépuits : — J, pp. 249 à 252 ; — papiers divers, dossier *Andechy*.

ASSAINVILLERS. — « Paroisse d'Assainvillers, près Mondidier. » — *1774*. — La seconde cloche, fondue par les fils de Nicolas (dit Colin) Cavillier, de Carrépuits : Pierre-Nicolas, Jean-Baptiste et Jean-Charles ; — la dite cloche, « gâtée », — refondue en 1779 à Carrépuits, par les Cavillier de la branche aînée.

<small>Archiv. Cavillier, Carrépuits : K, p. 93.</small>

1779. — Refonte, à Carrépuits, par Philippe III et Nicolas III Cavillier, de la seconde cloche, « qui avoit été gâtée par les Colins, il y a cinq ans. »

Marché passé par le dit Philippe Cavillier, le 11 juillet. — Poids de l'ancienne cloche, livrée aux fondeurs à Carrépuits et pesée le 23 septembre : 323 livres, à 16 onces. — La dite cloche, fondue le 30 septembre. — Poids de la cloche neuve, pesée le 20 octobre suivant : 353 livres, soit une augmentation de 30 livres de métal ; — « elle est bien fondue, belle, bonne, et de bon métal, quoique les Colignottes [?] avoient gâté celui de l'ancienne. »

<small>Archiv. Cavillier, Carrépuits : reg. K, pp. 93-94 ; — journal Q, p. 51 ; copie Berthelé, fol. 247.</small>

AYENCOURT. — *1717.* — Refonte [d'une cloche] par Philippe II Cavillier, de Carrépuits, en société avec le lorrain [Charles] Procureur.

Lieu de la fonte : vraisemblablement Méry (Oise)[1]. — « Nous devons 19 livres de métal à Ayencourt, poids de 14 onces. »

<small>Archiv. Cavillier, Carrépuits : A, p. 212.</small>

1752. — « Ayancourt-Monchel. » — Association Philippe II Cavillier et ses fils Philippe III et Florentin : — la grosse des deux cloches (refonte et augmen-

---

[1]. Voir par ailleurs les articles *Méry* (Oise, arr. de Clermont, cant. de Maignelay) et *Mortemer* (Oise, arr. de Compiègne, cant. de Ressons-sur-Matz).

tation) : — « de la petite cassée, en faire une plus grosse, accordante à celle qui reste au clocher. »

Marché passé par Philippe III, le 30 janvier. — La dite cloche, fondue à Carrépuits le 17 mai ; — poids : 613 livres 1/2.

Archiv. Cavillier, Carrépuits : H, pp. 62-63, et I, pp. 99-100.

LE MONCHEL, commune d'AYENCOURT. — *1717*. — Fonte pour cette localité, par le lorrain [Charles] Procureur, en société avec Philippe II Cavillier, de Carrépuits. — Lieu de la fonte : vraisemblablement Méry (Oise).

Philippe II Cavillier écrit au sujet de cette fonte : « Tout est réglé au Monchel, Procureur ayant receu 47 livres ; il a rendu l'écrit et quittance du 21 octobre 1717 ; j'en ai eu ma part ».

Archiv. Cavillier, Carrépuits : A, p. 212.

BECQUIGNY. — *1723*. — Trois cloches, pesant ensemble 1.800 livres environ, refondues au dit Becquigny [en juin?], par Philippe II et Colin Cavillier, en société avec Charles Gorlier.

Archiv. Cavillier, Carrépuits : E, pp. 5-6 ; cf. p. 7.

1772. — Refonte de la grosse cloche, à Carrépuits, par l'association Philippe III, Nicolas III et Louis-Florentin Cavillier.

Marché passé par Nicolas, le 28 mai ; — prix convenu : 85 livres ; — cinq livres par cent, pour le déchet ; — le métal de plus ou de moins, à 28 sous la livre de 16 onces : — « la voiture étant à la charge de la fabrique ».

La dite cloche, fondue le 12 novembre.

L'ancienne cloche cassée, livrée aux fondeurs à Carrépuits le 28 septembre, « par Mons' Mailliard, père de Mons' le curé », pesait 638 livres à 16 onces. — « Et le 15ᵐᵉ novembre 1772, la cloche nouvelle fondue a été aussi pesée en présence du dit Mons' Mailliard père ; elle se trouve présentement du poids de 664 livres : par conséquent, il y a une augmentation de 26 livres de métal : qui, étant joint avec 32 livres pour le déchet, forme en total la quantité de 58 livres ; qui, à raison de 28 sols la livre, fait la somme de 81 livres 4 sols ; qui, joint avec le prix convenu, fait en total la somme de 166 livres 4 sols, que la fabrique du dit Becquigny nous doit ».

Archiv. Cavillier, Carrépuits : — reg. J, pp. 221-222 ; — papiers divers, dossier *Becquigny* : — journal P, p. 14 ; copie Berthelé, fol. 98.

BOUILLANCOURT. — *1708-1709*. — Philippe II Cavillier, de Carrépuits, « fait marché, [le dimanche 14 octobre 1708], à Bouillancourt, pour fondre [sur place] les deux cloches de l'église du dit lieu » ; — « je dois tout fournir, sauf le bois nécessaire, qui me sera livré par Mᵉ la comtesse de Gouffier » ; — « moyennant le prix et somme de 90 livres ; ... si je les augmente, le métal me sera payé à 20 sols la livre ; ... ce sera la paroisse qui me payera ».

« Fondu le 19 décembre 1709 ». — « Il est entré dans les deux cloches 70 livres 1/2 [de métal d'augmentation] ; j'ai un certificat du peseur, portant cette quantité ».

« J'ai arrêté avec le briquetier de Mondidier 110 sols pour 1050 briques, et Lion, de la dite paroisse [de Bouillancourt] les a voiturées ; nous lui devons 100 sols ». — « Les marbréaux étoient de pottin ; j'en prends deux livres pour une de métail ». — « Nous avons fait ramener tous nos ustencilles [à Carrépuits] et Jean a baillié quittance à Charles Borgne, marguillier... » — « Nous avons compté avec le dit Borgne : il est chargé de payer pour nous, sçavoir 12 livres 17 sols à Louis Leroy, cabaretier au dit lieu ; plus, 100 sols à Lion, pour des voitures, et 110 sols pour des briques crues à Mondidier... »

Poids des deux cloches ensemble : 800 livres.

Archiv. Cavillier, Carrépuits : A, p. 148.

BOUSSICOURT. — *1740*. — Refonte de la petite cloche, à Carrépuits, par les Philippe Cavillier, père et fils.

Marché passé par Philippe II, le 3 janvier. — La dite cloche, livrée le 11 juin : — poids : 436 livres.

Archiv. Cavillier, Carrépuits : G, p. 125.

1771. — « Les trois cloches, pesant environ de 1.200 livres, fondues à Carrépuis », par l'association Philippe III, Nicolas III et Louis-Florentin Cavillier.

Marché passé par Philippe, le 20 mai : — « de deux cloches qu'ils avoient, en fondre trois ; ... faire la sonnerie 200 livres ou environ plus pesante ».

Les deux anciennes cloches, livrées aux fondeurs à Carrépuits le 14 octobre, pesaient : la grosse, 526 livres, et la petite, 412 livres. — Poids des trois nouvelles, pesées le 17 du dit octobre : la grosse, 531 livres ; la seconde, 385 livres et 1/2 ; la petite, 277 livres 1/2.

Réparation des deux anciens battants : 8 francs ;
— fourniture d'un battant neuf : 7 francs : « le dit battant neuf est par moitié entre moy et Tintin, comme venant de Saint-Quentin-Cappelle de Péronne ».

« Récapitulation de compte : il me faut, pour ma part du métail que j'ai livré, les deux tiers ; le tiers du déchet, le tiers de la façon, la moitié des moutons et la moitié du battant ; somme totale : 375 livres 10 sols... A Tintin, il lui faut, en total, tant pour métail livré, déchet, façon, moutons et battant, la somme de 247 livres 16 sols 4 deniers. Et à Nicolas, il lui appartient la somme de 121 livres 3 sols 4 deniers, tant pour le sou pour livre [que je lui passe] sur le métal [vendu], que pour le déchet et façon. Et à nos maréchaux, 8 livres pour prix des deux battants racommodés. Enfin la fabrique de Boussicourt doit encore trois cuirets de 6 livres, et en total 758 livres 10 sols. (Les cuirets sont à nous deux Tintin par moitié). »

<small>Archiv. Cavillier, Carrépuits : — reg. J. pp. 195-196 ; — papiers divers, dossier *Boussicourt;* — journal O. pp. 61, 66, 67 et 68 ; copie Berthelé, fol. 71, 76, 77 et 78.</small>

BUS. — *1731.* — Refonte, par Philippe II et Colin Cavillier, de Carrépuits, de la petite cloche, pesant 300 livres environ.

Marché passé par Colin le 8 avril. — La dite cloche, fondue avant le 17 juillet.

<small>Archiv. Cavillier, Carrépuits : G, p. 57.</small>

1756. — Refonte de la seconde cloche, à Carrépuits, par les frères Philippe III et Florentin Cavillier.

Marché passé par le dit Philippe III, « avec les vicaire desservant, marguillier et principaux habitans », le 7 novembre ; — les fondeurs sont « obligés à toutes les fournitures, même la voiture et déchet, et ce moyennant la somme de 75 livres » ; — « le métail, en augmentation ou diminution, sera à 30 sols la livre de 16 onces ».

« Le 30ᵉ décembre 1756, l'ancienne cloche de Bus a été pesée à notre balance, en présence de Pierre Maupin, marguillier, et Charles Le Roy, clerc ; cette cloche pesoit 413 livres, poids de 16 onces ». — [Le lendemain], « la nouvelle cloche a été pesée avec les mêmes poids, en présence des susnommés : elle pèse présentement la quantité de 405 livres 1/2, étant diminuée de 7 livres 1/2. »

Archiv. Cavillier, Carrépuits : I, pp. 189-190. — Reg. Florentin Cavillier, Solente, ms. orig., p. 44 ; copie Berthelé, fol. 62-63.

CANTIGNY. — *1713*. — Trois cloches, par les frères Cavillier (Philippe II et Jean) de Carrépuits : — refonte de deux et addition de métal pour obtenir la troisième.

« Conclusion de marché à Cantigny [par Philippe II Cavillier], le jeudi 15 juin, pour fondre trois cloches » ; — « pour être fondues à Carépuis ». — « Nous nous sommes rencontrés à deux fondeurs, savoir Jean De Nainville, fondeur à Beauvais, et moy Philippe Cavillier, de Carépuis » ; — « j'ai promis dix livres à De Nainville, de Beauvais, à la charge qu'il ne me fera point de tort dans ce lieu ». — « Monsʳ de Fervillé, seigneur au dit lieu, m'a apporté un marché écrit de sa main et

signé du curé et habitans du dit lieu, lui se disant
seigneur du dit Cantigny et premier paroissien, où
ils s'obligent de bailler 150 livres, savoir 100 livres
pour les façons et fournitures, et 50 livres pour le
prix de 50 livres de métal : et de deux [cloches] en
faire trois, du poids environ de 600 livres ».

Les dites trois cloches furent « fondues le onze
d'août » ; — « pezées à la halle de Roye, en présence
de la femme de Jean Le Blanc, pezeuse : ... [on
constata qu'elles étaient] augmentées de 49 livres 1/2,
de manière qu'il n'y a que 10 sols de déduction à
faire des 150 livres » convenues pour le paiement.

Cette fonte de cloches donna lieu à des procédures,
qui durèrent jusqu'en 1729, et que Philippe II
Cavillier a minutieusement consignées. — « Nous
fûmes assignés par Mr de Grivenne, le 18 de septembre 1713, pour avoir mis les qualitez de M. de
Fervillé à la grosse cloche » : — « le procès a été
jugé à notre faveur au baillage de Roie, mais le seigneur de Grivenne en a apellé à Paris » : — « le
procès de Paris fut renvoyé au Présidial d'Amiens... »

<small>Archiv. Cavillier, Carrépuits : — A. pp. 170, 188-189
et 206 ; — B. fol. 2 r° à 3 v°.</small>

1786. — Jean-Baptiste et Charles Cavillier frères,
fondeurs de Carrépuits (branche d'Aumale) : — une
cloche, pesant environ 200 kilos : — ayant servi
jusqu'en 1908 pour la sonnerie paroissiale : — affectée en 1908 à la sonnerie des quarts de la nouvelle
horloge.

<small>Communication de M. Xavier Cavillier.</small>

LE CARDONNOIS. — *1704.* — Le 13 juillet,
Nicolas II Cavillier, de Carrépuits, avait « fait mar-

— 198 —

ché au Cardonnoy pour fondre la petite cloche, ...
et la fondre à Oelle [1], voiturée par les habitans » ;
— « pas d'escrit ». — « Annullé »

Archiv. Cavillier, Carrépuits : A, p. 129.

DAVENESCOURT. — *1712.* — Quatre cloches, fondues sur place, par Philippe II et Jean Cavillier, de Carrépuits, en société avec le fondeur Denainville, de Beauvais ; — les dites quatre cloches pesant ensemble 7.000 livres environ.

« Accord fait avec Messieurs les curé, marguillier et paroissiens de Davenécourt, moyennant 25 pistoles, dont nous en avons mis une à boire » ; — « nous sommes associés (écrit Philippe Cavillier) *nous deux De Nainville, de Beauvais, chacun de la moitié* » : — les parroissiens « sont obligés à tout fournir,.... et au regard du métal, ils ont le choix d'en chercher où bon leur semble. »

« Fondues le 23 novembre 1712 ». — « Nous avons reçu 200 livres du marguillier, dont il a quittance, signée de moi et De Nainville, qui a receu la moitié ». — « J'avons fait une obligation à notre hôte, portant 74 livres de dépenses, signée de nous deux De Nainville ». — « Reste 25 livres, que l'église nous doit à nous deux Jean [Cavillier], ayant terminé à l'amiable avec le dit De Nainville *tout par tiers* ». — « Le dit De Nainville doit sa part des maneuvres. »

Archiv. Cavillier, Carrépuits : A, p. 159.

1713. — Un carillon de huit petites cloches, fondues par les frères Cavillier (Philippe II et

1. *Welles-Pérennes*, Oise.

Jean), — pesant ensemble 431 livres, — livrées le 29 avril.

<small>Archiv. Cavillier, Carrépuits : A, p. 160.</small>

1733. — Refonte de la grosse et de la petite des quatre cloches, par Philippe II et Colin Cavillier, de Carrépuits ; — poids de la grosse : 2.800 livres environ.

Marché passé par Philippe le 15 mars. — Les dites cloches, fondues à Carrépuits « le 27 [avril] et livrées le 1ᵉʳ may. »

<small>Archiv. Cavillier, Carrépuits : G, p. 74.</small>

1758. — Refonte, à Carrépuits, de « la seconde grosse cloche ou le *ré* de leur sonnerie », par les frères Philippe III et Florentin Cavillier.

Le 19 mars. marché passé par Philippe « avec Mʳ de Lamyre, seigneur, curé, marguillier et principaux habitans. »

« Le 11ᵐᵉ may 1758, l'ancienne cloche nous a été livrée à Carrépuis, par Mʳ Jean Masson, marguillier en charge, et pesée en sa présence à notre balance : elle étoit du poids de 1788 livres ; plus, a été pesé deux marbréaux doubles, du poids de 40 livres 3/4 ». — « Et le 15ᵐᵉ may 1758. la cloche nouvelle fondue a été pesée en la présence du dit Maçon, marguillier ; elle pèse présentement 1.861 livres, et les deux marbréaux doubles [sont] du poids de 52 livres. »

<small>Archiv. Cavillier, Carrépuits : I, pp. 219-220. — Reg. Florentin, Solente, ms. orig., p. 61 ; copie Berthelé, fol. 83-84.</small>

ÉTELFAY. — *1730.* — Philippe II et Colin Cavillier, de Carrépuits : — trois cloches, pesant ensemble

3.848 livres, — livrées le 15 décembre. — Le marché en avait été passé par Philippe Cavillier le 30 octobre.

Archiv. Cavillier, Carrépuits: G, pp. 53-54.

FAVEROLLES. — *1713-1714*. — Refonte de la petite cloche, par Philippe II Cavillier, de Carrépuits.

Marché passé par le dit Philippe Cavillier, le dimanche 26 novembre 1713, « moyennant 125 livres, sur quoy il y a 100 sols à boire pour le jour de la fonte », — « pour être fondue à Carépuis » ; — « le métal, à 22 sols la livre, poids de Roye, ou 25, le grand poids. »

« Fondu le 24 janvier 1714 et livré le 25 » ; — « la cloche pèse 7 livres plus que la vieille, et sur les [six] marbréaux, il y a dix livres d'augmentation ». — Poids de la dite cloche, [avant ou après sa refonte] : 423 livres.

Archiv. Cavillier, Carrépuits : A, p. 173.

1715. — Refonte des deux petites cloches « pour raccorder à la grosse » : — « pesant 950 livres, les deux petites ». — Fondeur : Philippe II Cavillier, de Carrépuits.

Marché passé par lui le 24 mars, « moyennant treize pistoles et demie » : — le dit fondeur, devant « tout fournir, même une clochette de trois livres » : — « le métal, à 20 sols, parce que j'en dois tirer hors des vieilles. »

« Le paiement n'est pas expliqué sur l'état de marché ; mais c'est mon intention d'être payé comptant, et ç'a été même proposé en faisant la conclusion ». — « J'ai reçu de M' Cochepin, curé, la somme de 60 livres ». — « Ils doivent 67 livres de métal ». — « J'ai baillié quittance sur le dos de leur marché, pour 120 livres, le dimanche 12 mai au dit an ». — Paiement final, le 10 septembre 1715 : — « quitte et bons amis. »

Archiv. Cavillier, Carrépuits : A. p. 193.

FESCAMPS. — *1770*. — Refonte de la petite cloche, à Carrépuits, par Philippe III Cavillier, en société avec son neveu Louis-Florentin.

Marché passé par Philippe le 15 juillet.

« L'ancienne petite, qui venoit de Sébastien Maréchal, étoit un peu hautine en ton ». — La dite ancienne cloche, livrée aux fondeurs à Carrépuits le 19 juillet, pesait 410 livres.

Poids de la neuve, [fondue dans la première huitaine de septembre ?], pesée le 10 octobre : 423 livres.

Archiv. Cavillier, Carrépuits : — reg. J, pp. 173-174 ; — journal O, p. 54 ; copie Berthelé, fol. 62.

FIGNIÈRES. — *1749*. — Refonte des trois cloches, par l'association Philippe II Cavillier et ses fils Philippe III et Florentin.

Marché passé par Philippe II, le 3 février. — Les dites cloches, fondues à Carrépuits le 7 mai, et livrées le 19 du même mois ; — poids : 2.122, 1.570 et 1.144 livres.

Archiv. Cavillier, Carrépuits : H. p. 22-23.

GRATIBUS. — *1705*. — Le 1ᵉʳ juin, Nicolas II Cavillier, fondeur à Carrépuits, « fait marché au village de Gratibu, pour fondre [sur place] la moyenne cloche,... moyennant la somme de 130 livres.... et la rendre fondue au dernier du dit juin » : — « moyennant la ditte somme de 130 livres, je dois fournir le déchet de quatre livres au cent, et le reste des fournitures sera fourni par la fabrique. » Nicolas Cavillier ajoute : « la fosse a estée commencée, et non achevée, n'ayant point moyen. »

Cette cloche de Gratibus paraît bien être la dernière qu'ait entreprise Nicolas II Cavillier. Nous avons dit plus haut qu'il mourut le 17 du dit mois de juin 1705[1].

« La cloche [fut] fondue le 22 juillet » (écrit Philippe II Cavillier) ; — « elle pèse 92 livres 1/2 de plus » : — « joint avec 130 livres pour la façon, fait en total 172 livres 10 sols. » — « Il a été vendu pour 31 livres d'arbres à notre hôte, et 8 livres que je lui ai baillées, fait 39 livres ; nos dépenses étant payées, il nous doit 12 livres ;... notre hôte a diminué 40 sols, pour du vin bu à l'état de marché des arbres ». — Assignations à la paroisse pour obtenir paiement.

  Archiv. Cavillier, Carrépuits : A, p. 132 ; cf. pp. 126 et 130.

1724. — Refonte de la moyenne cloche, pesant 1.500 livres environ, par Philippe II et Colin Cavillier.

« Fondue [à Carrépuits] le 4 octobre » ; — les fondeurs ont « livré 205 livres (moins un quart) de métail, entré dans la cloche. »

  Archiv. Cavillier, Carrépuits : E, p. 33, et G, pp. 25 à 27.

---

1. Voir ci-dessus p. 20.

GRIVILLERS. — *1683*. — Nicolas II Cavillier, fondeur à Carrépuits, « faict marché avec Monsieur Senault, marchand à Soissons, pour faire la cloche de Grivillé, moyennant 18 deniers pour livre de façon. »

La dite cloche, fondue le 16 septembre.

« Le dict Senault m'a envoyé 606 livres de métal, et je luy ay rendu 682 livres, poids de Roye, en la maison de Martin Cens, chaudronnier à Roye, qui font ensemble, les dictes 682 livres, 606 livres [selon] le grand poids de Paris ; il y a en cloche 510 livres et en lingots 172 livres. »

Archiv. Cavillier, Carrépuits : A, p. 14.

1735. — Philippe II Cavillier, de Carrépuits, et son fils Philippe III : — refonte de la petite cloche et fourniture d'une troisième, en accord avec la grosse.

Marché passé par Philippe II le 9 juin. — Les dites cloches neuves, livrées le 1ᵉʳ juillet.

Archiv. Cavillier, Carrépuits : G, pp. 88-89.

1736. — Refonte de la grosse cloche, par Philippe II Cavillier et son fils Philippe III.

Marché passé par Philippe III. — La dite cloche, fondue à Carrépuits, [vraisemblablement en octobre] : — poids : 455 livres 1/2.

Archiv. Cavillier, Carrépuits : G, p. 102.

GUERBIGNY. — *1776*. — Association Philippe III, Nicolas III et Louis-Florentin Cavillier, de Carrépuits : — refonte des trois cloches et livraison d'une petite (nouvelle), à l'octave de la grosse : les dites quatre cloches, pesant ensemble un peu plus de 6.800 livres [1].

Marché passé par Philippe, le 24 juin : — « fondre les trois cloches de la ditte église [2], et y en ajouter une quatrième, du poids de 350 livres, poids de marc [3], et ce dans le courant du mois de septembre prochain. »

Les trois anciennes cloches [4], livrées aux fondeurs à Carrépuits, par Veret, notaire à Guerbigny, Jean Dumontier, marguillier en charge, et Brunel, vicaire, le 24 octobre, et pesées le dit jour : — « la grosse étoit du poids de 2.318 livres ; la seconde, de celui de 1.640 livres, et la petite, de celui de 1.197 livres » ; plus, « 36 livres restant de la fonte des marbréaux » ; total : 5.191 livres poids de marc.

Poids des quatre cloches nouvelles, pesées le 5 novembre, « avec les mêmes poids et balances, en présence des mêmes personnes et de Jean Dumontier, marguillier » : — « la grosse pèse présentement la quantité de 2.863 ; la seconde, celle de 2.075 ; et la troisième [5], celle de 1.505 livres ; et la petite ou quatrième [6], 367 livres : et une paire de marbréaux de 7 livres ; ce qui forme un total de 6.817 livres. »

Arrêté de compte, le premier décembre.

---

1. « Les trois cloches, fondues à Carrépuis l'an 1776, avec une petite à l'octave de la grosse ; pesantes ensemble 7.000 livres ou environ ».
2. « Faire la grosse de 3.000 livres en poids, et les deux autres, proportionnées à la ditte grosse, selon les règles de l'art ».
3. « En faire une petite quatrième par augmentation, laquelle sera à l'octave de la grosse ».
4. « Le 21° octobre, nous avons parti, avec nos cordages et autres équipages, pour aller descendre les cloches de Guerbigny ».
5. Aliàs « la petite des trois grosses ».
6. Aliàs « le petit *dindin* ».

« Cette sonnerie est belle, bien fondue et d'un bon accord. Le métal est présentement assez bon. »

<small>Archiv. Cavillier, Carrépuits : — papiers divers, dossier *Guerbigny* ; — reg. K, pp. 47-48 ; — journal P, pp. 88, 89, 96 et 99 ; copie Berthelé, fol. 161, 162, 169, 171 et 174.</small>

LA BOISSIÈRE. — *1758*. — Philippe III et Florentin Cavillier, fondeurs à Carrépuits : — trois cloches, pesant 355, 257 et 191 livres (refontes).

Marché écrit passé par Florentin le 24 septembre. — Le 22 octobre, livraison des anciennes cloches aux fondeurs à Carrépuits. — Le 17 novembre, pèsement et livraison, par les fondeurs, des trois cloches neuves.

<small>Archiv. Cavillier, Carrépuits : I, p. 229-230.</small>

LIGNIÈRES-LÈS-ROYE. — *1711*. — Philippe II Cavillier, de Carrépuits, « accorde le marché à Lignères, le dimanche 17me mai 1711 », pour la refonte de deux cloches, « pesant 13 cents les deux », — « moyennant la somme de 80 livres, payable huit jours après la fonte » ; — « l'église fournira le déchet de cinq par cent ; l'augmentation sera payée, à raison de 20 sols par livre, au Noël prochain » ; — « ils sont obligés de les mener et reconduire de Carépuis à Lignères ; elles me seront fournies au poids de la halle de Roye et par moi rendues à pareil poids. »

« Fondues le 10 juin et pesées le unze » ; — « les vieilles pèsent 1.403 livres et les neuves 1.551 livres ; l'augmentation est de 148 livres » ; — « les certificats du peseur, signés de plusieurs habitans, qui étoient présents. » — « 62 livres pour le déchet. »

Jean Cavillier reçoit les paiements et donne les quittances, comme son frère aîné. Après sa mort, sa veuve reçoit sa part : « baillié la moitié à Marguerite Richard. »

Archiv. Cavillier, Carrépuits : A, p. 154-155.

1760. — Philippe III et Florentin Cavillier, fondeurs à Carrépuits. — Le 13 avril, Florentin « passe écrit avec les sieurs curé, marguillier et habitants de la paroisse Saint-Médard de Lignère, pour de deux cloches qu'ils ont, en faire trois » : — « nous sommes obligés à prendre les anciennes dans le clocher et y remettre les trois neuves, livrer trois moutons équipés, les ferrures à écroux, battant neuf à la petite, matériaux, et le métail nécessaire pour faire la troisième et pour le déchet » ; — prix convenus : « le métail, employé tant en augmentation qu'en déchet, nous sera payé au prix de 28 sols la livre de 16 onces,.... et pour la façon des dittes cloches, la somme de 340 livres ; le métail employé sera payé comptant, et la façon et les matériaux au bout de l'année de garantie » ; — « il nous sera tenu compte de 5 livres de métail de déchet de chaque cent de ce que les nouvelles cloches se trouveront peser après la fonte » ; — « les voitures, cordes et cuirets, étant à la charge de la fabrique », — « et les anciens ustancilles nous appartiendront. »

« Le 13me juin 1760, les deux anciennes cloches nous ont été livrées à Carrépuis, par Mr Héluin, curé, et par Jacques Soulliart, marguillier. Elles ont été pesées à notre balance, étant du poids sçavoir la grosse de 773 livres, et la petite 554 livres, poids de 16 onces. »

« Et le 19ᵐᵉ jour du même mois, les cloches nouvelles fondues. marbréaux, moutons, ferrures, battant, ont été livrés au dit Soulliart, marguillier, et au sʳ Villemont, clerc. Elles ont été pesées avec les mêmes poids et balance, en leur présence : la grosse pèse présentement 858 livres, la seconde 628 livres 1/2 et la petite 467 livres 1/2, et les deux marbréaux 18 livres 1/4. »

« Le 21ᵐᵉ juin 1760, après avoir mis les cloches au clocher et tout bien en règle, nous avons, nous deux mon frère, donné un reçu au sieur Vincent Cardon, laboureur et marguillier, pour la somme de 600 livres à compte : elle a été partagée entre nous aussitôt. »
— Quittance finale des fondeurs, le 8 novembre 1763.

Archiv. Cavillier. Carrépuits : I, pp. 239 à 241. — Reg. Florentin Cavillier, Solente, ms. orig., pp. 74-75 : copie Berthelé, fol. 100 à 102.

MARESTMONTIERS. — *1720*. — Fonte pour « Maremontier », par Philippe II Cavillier. de Carrépuits, en société avec son cousin Nicolas Cavillier (dit Colin).

Marché passé par le dit Philippe Cavilllier, « le jour de la Pentecoste 29 may. » — Lieu de la fonte : Carrépuits. — Coulée et livraison, vraisemblablement le 16 et le 17 juillet. — Ph. Cavillier ajoute : « j'ai reçu 12 livres pour mes blasons. »

Archiv. Cavillier, Carrépuits : C, pp. 25-26.

1783. — Refonte, à Carrépuits, de « la grosse cloche [1] de l'église du dit Maresmontier [2] ». par

---
1. Aliàs « la grosse des deux cloches ».
2. Aliàs « Maremontier ».

Philippe III et Nicolas III Cavillier, père et fils.

Marché passé par le dit Philippe Cavillier, le dimanche 8 juin ; — « la rendre... d'accord avec la petitte cloche restant au clocher » : — « refondre les quatre fontaines des deux cloches, qui se trouvent usées » ; — prix convenu : 100 livres, payables « des deniers de la fabrique. »

Poids de l'ancienne cloche, livrée aux fondeurs à Carrépuits, le 28 septembre : 439 livres. — Poids de la cloche nouvelle fondue, pesée le 12 novembre : 455 livres.

Poids des anciens marbréaux : 22 livres. — Poids des nouveaux marbréaux : 26 livres. — « Il se trouve une augmentation de 20 livres de métal ».

Première quittance, délivrée au curé de Marestmontier, le 11 mars 1785, « portant la somme de 63 livres à compte : cet argent provenoit des libéralités de Mr de Cambray, seigneur de Villers-aux-Érables, qui en a été le parain. »

Archiv. Cavillier, Carrépuits : — reg. K, p. 157 : — papiers divers, dossier *Marestmontiers*.

MARQUIVILLERS. — *1777*. — Philippe III, Nicolas III et Louis-Florentin Cavillier : — « les trois cloches, pesant environ de 2.000, fondues à Carrépuis » (trois refontes, avec augmentation).

Le dimanche 9 mars, « Jean-Charles Delacorne, marguillier en charge de l'église et fabrique de Saint-Aubin de Marquiviller, en vertu du pouvoir ...[à lui] donné par l'assemblée de ce jour », passe marché avec le dit Philippe Cavillier, lequel s'oblige « à fondre les trois cloches de la ditte église, ensemble les marbréaux ; comme de fournir et livrer la quanlité de 630 à 50 livres de bon métaille, pour servir d'augmentation et répartir sur les dittes trois cloches à refondre, au prix de 28 sols la livre, et sur laquelle fourniture de métaille sera tenu compte du déchet de la fonte, à raison de cinq livres par cent pesant ; ... les rendre bien d'accord entre elles sur les tons de *la, sol, fa* » ; — « fournir, en outre, les moutons de bois d'orme bien sec, et garnis de leur ferrure à vis et écrous, leurs épées, étriers et demies-roues... » ; — prix convenu : « la somme de 220 livres, pour façon et fondre des dites trois cloches, et celle de 100 livres, pour façon et fourniture des dits moutons, ferrures d'iceux, ... battants et cuirets, et marbréaux » : — le dit marché, passé « en présence de Monsieur de Rossainville, seigneur du dit lieu [1], du sieur curé », etc.

Poids des trois anciennes cloches, livrées aux fondeurs à Carrépuits par le dit Jean-Charles Delacorne, le 26 mai : — la grosse, 468 livres ; la seconde, 342 ; la petite, 235, et les six marbréaux, 27 livres : total : 1.072 livres.

Les dites cloches, fondues le 27 mai.

Les cloches nouvelles fondues, pesées le 31 mai, « en présence de MM. Bosquillon, curé, et Rozainville, seigneur du dit lieu », sont du poids : la grosse, 900 livres juste ; la seconde, 650 ; la petite, 479, et les six marbréaux, 37 ; total : 2.066 livres.

<small>Archiv. Cavillier, Carrépuits : — papiers divers, dossier *Marquivillers* ; — reg. K, pp. 57-58 ; — journal P. p. 104, et journal Q. p. 4 ; copie Berthelé, fol. 180 et 188.</small>

---

[1]. Il signe : « Aubert de Rosainville ».

MESNIL-SAINT-GEORGES. — *1729-1730*. — Le 17 juin 1729, Philippe II Cavillier « fait accord pour fondre la grosse cloche », pesant 600 livres environ, « composition en 14 3/4, façon lorraine » : — en société avec Colin Cavillier.

« La cloche fut livrée le 28 février 1730, ayant resté juste au poids » ; — par suite, « il n'y a que la façon à payer », soit 110 livres.

Cette cloche paraît bien avoir été fondue, à Carrépuits, en même temps que celle de Dompierre (Oise), dont le marché fut passé également le 17 juin et dont la livraison eut lieu également le 28 février.

Archiv. Cavillier, Carrépuits : G, p. 37.

1762. — Refonte de la petite cloche, à Carrépuits, par les frères Philippe III et Florentin Cavillier.

Marché passé par Philippe, le 12 avril : — « fondre la petite cloche de cette ditte paroisse, qui se trouve cassée ; ... la rendre d'accord avec la grosse en ton plein et de bonne harmonie ; sujette à visite aux dépens du tort » ; — « prix convenu : 90 livres, « payables des deniers de la fabrique, en trois termes égaux. »

« Le 5me juillet 1762, l'ancienne petite cloche du Ménil-Saint-Georges a été pesée à notre balance, en présence de M. Mallet, curé : elle étoit du poids de 423 livres, poids de 16 onces.

Le lendemain, « la cloche nouvelle fondue fut pesée en présence du dit s^r curé : elle pèse présentement 411 livres ; par conséquent, elle est diminuée de 12 livres de métal ». — « Métail très bon. La cloche est belle et bien fondue. »

Somme due par la fabrique : 72 livres ; — quittance finale, le 26 juin 1765.

> Archiv. Cavillier, Carrépuits : — reg. J, p. 7 ; — papiers divers, dossier *Le Mesnil-Saint-Georges*. — Reg. Florentin Cavillier, Solente, ms. orig., p. 104 ; copie Berthelé, fol. 127-128.

1766. — Refonte de la grosse cloche, par les frères Philippe III et Florentin Cavillier : — « composition de même que la petite, que nous avons fondue en l'année 1762. »

Le 24 juin, Philippe passe marché « avec Mons' Mallet, curé du Ménil-Saint-George, et M' Augustin-Léger Hainselin, marguillier en charge de cette paroisse, pour fondre la grosse cloche à Carrépuis[1] » : — les fondeurs sont « obligés à la prendre en poids et la rendre de même ; fournir tout, même le déchet ; et ce moyennant le prix et somme de 108 livres, payables des deniers de la fabrique, ainsi que le métal d'augmentation, s'il s'en trouve, qui sera tenu compte à raison de 30 sols la livre, poids de 16 onces. »

« Le mardy 8ᵐᵉ juillet 1766, l'ancienne cloche du Ménil-Saint-George nous a été livrée à Carrépuis, par M' Hainselin, marguillier. Et l'ayant pesée en sa présence, cette cloche étoit du poids de 454 livres, poids de 16 onces. »

« Et le jeudi suivant [10 juillet], la cloche nouvelle fondue a été repesée en présence du dit Hainselin ;

---

[1]. « Fondre, faire et façonner le grosse cloche de cette ditte paroisse du Ménil-Saint-George, qui se trouve cassée depuis quelque temps, étant du poids de cinq cents cinquante ou environ ;... la rendre d'accord avec la petite, qui reste au clocher, en ton plein... » (Marché du 24 juin 1766).

dont elle pèse présentement la quantité de 555 livres » : « par conséquent, elle est augmentée de 101 livres de métal ». — « Cette cloche est bien fondue, et bien d'accord. Bon métal. »

<blockquote>
Archiv. Cavillier, Carrépuits : — reg. J, pp. 85-86 ; — papiers divers, dossier Le Mesnil-Saint-Georges.

Reg. Florentin Cavillier, Solente, ms. orig., pp. 151-152 ; copie Berthelé, fol. 190-191.
</blockquote>

ONVILLERS. — *1763*. — Philippe III et Florentin Cavillier, fondeurs à Carrépuits. — Le 22 mai [1], Philippe III « a passé écrit avec les sieurs curé, marguillier et habitants de la paroisse [de Saint-Maclou] d'Onviller, [près Boulogne] [2], pour fondre trois cloches à Carrépuits, avec deux qu'ils avoient [3] » ; — les fondeurs sont « obligés à les prendre dans le clocher et les y remettre, avec les marbréaux, moutons, battants, ferrures à écroux et cuirets, sauf les cordes et voitures et charpente du clocher, qui ne sont pas à ... [leur] charge » ; — prix convenu : 320 livres, « payables par la fabrique en trois termes égaux, sçavoir un tiers au jour de la Pentecôtte 1764, et les deux autres à pareil jour les deux années suivantes » ; — le métal, à 30 sous la livre de 16 onces.

« Le 1ᵉʳ juillet 1763, les deux anciennes cloches du dit Onviller nous ont été livrées à Carrépuis, par Mʳ Pierre Minart, lieutenant du dit lieu et député de la paroisse pour être présent au poids ; les dites cloches ayant été pesées en sa présence, la grosse

---

1. « Jour de la Pentecôte ». — les habitants étant « assemblés à l'issue de la messe paroissiale ».
2. *Boulogne-la-Grasse*, Oise.
3. « Qu'elles soient concordantes et accordantes en harmonie du ton de *la, sol, fa*, et d'un son naturel. » (Marché du 22 mai).

étoit [du poids] de 537 livres, et la petite, de 414 livres, poids de 16 onces » ; — « il n'y avoit point d'anciens marbréaux. »

« Et le lendemain 2ᵐᵉ du dit juillet, les cloches nouvelles fondues, et six marbréaux neufs, ont été pesées, avec les mêmes poids et balance, en présence du dit Minart » : — « la grosse pèse 445 livres, la seconde, 330 livres et la petite, 236 livres 1/2 » ; plus, les six marbréaux, 30 livres : total : 1041 livres 1/2 de métal, « de laquelle quantité il faut soustraire 951 livres d'ancien : il se trouve 90 livres 1/2 de métal d'augmentation. »

« Plus, une clochette échangée, de 13 sols. »

Archiv. Cavillier, Carrépuits : — reg. J, pp. 29-30 ; — papiers divers, dossier *Ouvillers*.

Reg. Florentin Cavillier, Solente, ms. orig., p. 114 ; copie Berthelé, fol. 143-144.

PIENNES. — *1730*. — Le 28 mai, Philippe II Cavillier « conclud le marché à Piennes, ... pour fondre trois cloches ; ... pour être fondues à Carrépuits ; ... les augmenter jusqu'à 150 livres » ; — la dite refonte, en société avec Colin Cavillier.

« Fondues le 28 juin ». — « Les anciennes pesoient 1.210 livres, et les nouvelles pèsent 1.267 livres, et 27 livres de marbréaux » : — 65 livres de déchet.

« Garantie de la seconde cloche, venant à casser par la fracture de la montée. »

Archiv. Cavillier, Carrépuits : G, p. 46.

REMAUGIES. — *1720*. — Fonte sur place, ou peut-être seulement projet de fonte sur place, par Philippe III Cavillier, de Carrépuits :

« J'ai fait marché à Remaugie le 14 janvier 1720

(écrit-il) ; je suis obligé à tout fournir, sauf le bois et anneaux, pour fondre au dit lieu, moyennant 650 livres ; et le métal employé sera payé à 23 sols, poids de 14 onces : payables 100 livres comptant, et le reste en cinq ans, par l'église : il y a un état de marché, non signé, entre les mains de M^r le curé. »

Archiv. Cavillier, Carrépuits : C, p. 25.

ROLLOT. — *1749*. — Refonte de la grosse cloche, [à Carrépuits], par l'association Philippe II Cavillier et ses fils Philippe III et Florentin.

Marché passé par Florentin le 7 avril. — La dite cloche, fondue le 17 juin : — poids : 249 livres.

Archiv. Cavillier, Carrépuits : H, p. 27.

1778. — Philippe III Cavillier, en société avec son fils Nicolas III et son neveu Louis-Florentin : — refonte, à Carrépuis de « la grosse cloche de la chapelle de Saint-Nicolas de Roollot. »

« Marché conclu par Nicolas ». — « Nous n'avons point de double de l'écrit du marché, mais il est écrit sur le registre de leur église, en datte du 19me juillet 1778. »

« L'ancienne ne pesoit que 250 livres 1/2 ». — La dite cloche, fondue le 17 décembre. — Poids de la neuve : 268 livres 1/2, soit 18 livres plus que l'ancienne.

« En plus, nous avons encore fait trois paires de marbréaux pour servir aux cloches de La Villette, leur église paroissiale [1]. »

Archiv. Cavillier, Carrépuits : — reg. K, p. 74 ; —

---

1. « Nous avons fondu six marbréaux.... pour Roollot, dit l'église de la Villette. » (Journal Q).

journal Q, pp. 21 et 25 (cf. p. 19); copie Berthelé, fol. 208 et 215 (cf. fol. 205).

Canton d'Ailly-sur-Noye.

AILLY-SUR-NOYE. — *1772.* — Refonte des trois cloches [1] à Carrépuits, par l'association Philippe III, Nicolas III et Louis-Florentin Cavillier.

Marché passé par le dit Philippe, le 21 juillet 1771 ; — prix convenu : 300 livres ; — le déchet compté à cinq pour cent.

« Le 7me avril 1772, les trois anciennes cloches d'Ailly nous ont été livrées à Carrépuis par Jean-Baptiste Deflandre et Jean-Antoine Lambert, tous deux garçons, étant députez de la paroisse pour être présents à la pesée des cloches avant et après la fonte. Le poids des dittes anciennes cloches étoit de, sçavoir la grosse, de 2.075 livres ; la seconde, de 1.436 livres, et la petite, de 1.064 livres ; ce qui a formé un total de 4.575 livres de métal, poids de 16 onces. »

« Et le 9me avril suivant, les trois cloches nouvelles fondues se trouvent présentement peser, sçavoir la grosse, ... 2.106 livres 1/2 » : la seconde, 1.493 livres, et la petite, 1.104 livres : total : 4.703 livres 1/2 : — « il se trouve une augmentation de 128 livres 1/2 de métal. »

« Cette sonnerie, bien fondue, est très belle, très bien d'accord, et aussi bien bonne pour l'harmonie. Enfin, belle sonnerie. »

[1]. « Fondre les cloches du dit Ailly, qui se trouvent défectueuses, et les rendre bonnes et harmonieuses, et d'accord sur les tons de *la, sol, fa.* » (Marché du 21 juillet 1771).

« Le 14me avril, Nicolas a parti de Carrépuis pour aller à Ailly-sur-Noye, pour donner ses avis pour pendre les cloches. »

<small>Archiv. Cavillier, Carrépuits : — reg. J, pp. 209-210 et 226 ; — papiers divers, dossier *Ailly-sur-Noye* ; — journal O, pp. 64, 69 et 79 ; copie Berthelé, fol. 74, 78 et 86-87 ; — journal P, p. 2 ; copie Berthelé, fol. 89.</small>

AUBVILLERS. — *1713*. — Philippe II Cavillier, de Carrépuits, avait « fait marché à Obvillé, le 16 juin 1713, pour fondre la moyenne cloche, ... pour fondre dans leur lieu... ». — Elle fut « fondue par des Lorrains. »

<small>Archiv. Cavillier, Carrépuits : A, p. 169.</small>

CASTEL. — *1789*. — Philippe III et Nicolas III Cavillier, père et fils, fondeurs à Carrépuits. — « Castel, près Moreuil : les deux cloches fondues à Carrépuis, ... pesant ensemble environ 1.000 livres » (deux refontes avec augmentation).

Marché « clos et conclud » le 25 janvier.

« Et le 5me juin de la dite année, les deux anciennes cloches du dit Castel nous furent livrées à Carrépuis ». — « Elles ont été pesées à Moreuil, chez M. Caboche, marchand au dit lieu : il s'est trouvé la quantité de 803 livres et 1/2 de métal, tant aux dites cloches que marbréaux (selon la lettre de M. Canet, curé) ». — « Et à notre poids, la grosse étoit de 419 livres, et la petite, 345 livres : ce qui forme un total de 760 livres. Et les marbréaux [étant du poids] de 25 livres, le dernier montant étoit de 789. Et il y a une différence de 14 livres et 1/2 du poids de Moreuil avec le nôtre, et ce dit poids est léger. »

« Et après la fonte, les dittes cloches furent repesées chez nous, et la grosse pèse présentement la quantité de 588 livres et 1/2 ; la petite, 434 ». — « Et les dittes cloches repesées à Moreuil, chez le dit Caboche, il s'est trouvé un poids total de 1.038, étant plus pesantes de huit livres que chez nous ». — « Et soubstraction faite de l'ancienne quantité d'avec la nouvelle, il se trouve une augmentation sur icelles et [sur les] marbréaux, de 254 livres et 1/2. »

Archiv. Cavillier, Carrépuits : K, p. 223-224.

LE CHAUSSOY-ÉPAGNY. — *1775*. — Refonte de la grosse cloche, à Carrépuits, par Philippe III, Nicolas III et Louis-Florentin Cavillier.

Marché passé le 11 juin, par le dit Philippe Cavillier, « avec les sieurs curé, marguilliers et notables habitans de la paroisse de Saint-Denis de Chaussoy, Espagny et Haineville, qui sont trois hameaux pour la même église ; le dit écrit [de marché] étant signé de Mons' d'Épagny, seigneur du dit Chaussoy » ; — « fondre la grosse cloche de leur église, ... gâtée par Delarche, fondeur bousilleur, voleur. »

Poids de la dite ancienne cloche, livrée aux fondeurs et pesée le 13 juillet : 1.896 livres, à 16 onces. — Poids de la cloche nouvelle fondue, pesée le 15 du dit juillet : 2.154 livres.

« Cette cloche est très bien fondue. Le métal en est bon. Elle est belle, sans aucun défaut. L'harmonie se sent un tant soit peu du maigre ; mais très bonne pour des paysans. Elle est (selon que M. le curé me marque) très bien d'accord avec sa voisine. Ils sont contents ». — « Son ton de voix est un tiers plus bas que le ton de *mi*. »

>Archiv. Cavillier, Carrépuits : reg. K, pp. 29-30 ; — cf. le journal P, pp. 74 et 75 ; copie Berthelé, fol. 152 et 153.

ESCLAINVILLERS. — *1723*. — Refonte de la seconde cloche, pesant 200 livres environ ; — fondeurs : Philippe II et Colin Cavillier, de Carrépuits, en société avec Charles Gorlier.

Marché passé le 5 juillet : « ce marché n'est conclu que seulement de parole, avec Mr Debains, curé, moyennant 40 ou 45 livres, et 10 livres de métal pour le déchet ; il ne faut pas employer de métal [en augmentation], car c'est au dépens du sieur curé, qui veut ménager ses intérêts » — Dès avant la livraison, le 15 juillet, le curé Debains fait à Philippe Cavillier « une obligation portant 58 livres pour le tout ». — « La cloche livrée est revenue juste en poids [1]. »

>Archiv. Cavillier, Carrépuits : E, pp. 13-14.

FOLLEVILLE. — *1705*. — Philippe II Cavillier, de Carrépuits : — « accord fait avec les curé et habitans de Folville, [proche de Berteuil], pour fondre la petite cloche » ; — « je dois fournir toutes choses, même le déchet » ; — prix convenu : 40 livres ; — « pour être fondue à Gratibus ; ils la doivent amener. »

« Fondue le 22 juillet » ; — la dite cloche, après

---

[1]. En outre de la refonte de la cloche, Philippe II Cavillier note la fourniture de deux clochettes, pesant 4 livres, en remplacement de deux vieilles cassées pesant 4 livres 1/2.

sa refonte « pèse 10 livres 1/2 moins, au petit poids. »

<small>Archiv. Cavillier, Carrépuits : A, p. 124.</small>

GRIVESNES. — *1705*. — Refonte de « une cloche, sans accord », par Philippe II [et Jean] Cavillier, de Carrépuits.

« Fondue le 2 septembre » ; — « 12 livres de métail d'augmentation. »

<small>Archiv. Cavillier, Carrépuits : A, p. 129.</small>

HALLIVILLERS. — *1741*. — Refonte de la seconde cloche, par les Philippe Cavillier père et fils.

Marché passé par Philippe III le 19 janvier. — La dite cloche, fondue à Carrépuits, [le 21 mars ?] ; — poids : 700 livres environ.

<small>Archiv. Cavillier, Carrépuits : G, p. 138.</small>

1743. — Refonte de la grosse cloche, par les Philippe Cavillier, père et fils.

Marché passé par Philippe III, le 20 janvier. — La dite cloche, fondue à Carrépuits ; — livrée le 15 mars ; — poids : 1.075 livres environ.

<small>Archiv. Cavillier, Carrépuits : G. p. 160.</small>

JUMEL. — « Jumelles, près Ailly-sur-Noye ». — *1785*. — Philippe III et Nicolas III Cavillier, père et fils, refondent, à Carrépuits, « les trois cloches de l'église de la paroisse [Notre-Dame] de Jumelles, dont deux se trouvent cassées. »

Marché passé par le dit Philippe Cavillier, le 9 janvier ; — notes : *la, sol, fa* : — « pour ce qui regarde le prix de la fonte et façon, a été convenu de lui faire compte de vingt livres du cent pesant, pour ses fournitures, façons et main-d'œuvre, pour les cloches seulement ; le reste, comme fontaines et clochettes, seront gratuitement fondues » ; — « pour ce qui regarde les moutons, ferrures et batans des dites cloches neuves, le dit Cavillier se charge de faire faire le tout dans la dernière précision, et lui sera alloué le montant de la dépense, à l'exhibition des quittances qu'il tirera des particuliers qu'il aura employés à cette fin. »

Les trois cloches anciennes, « rendues à Carrépuis, par Mr Bazille, marguillier en charge », le 23 juillet, pesaient : la grosse, 218 livres ; la seconde, 139 livres 1/2, et la petite, 125 ; plus, six marbréaux de potin, 8 livres ; total : 490 livres et 1/2.

Poids des trois cloches nouvelles fondues, pesées le 6 août « en présence de Mr Triboult, fermier de la ferme Saint-Nicolas de Rigni, dépendence de Jumelle, et de Joseph Bazille, frère du sieur Bazille, marguillier » : la grosse, 316 livres ; la seconde, 228 ; la petite, 169, et les marbréaux, 16 1/2 ; total : 729 livres et 1/2 ; — soit une augmentation de métal de 239 livres.

Archiv. Cavillier, Carrépuits : — papiers divers, dossier *Jumel ;* — reg. K, pp. 181-182.

SAINT-NICOLAS-DE-RIGNY, commune de JUMEL. — *1785.* - Refonte de la petite cloche à Carrépuits, par Philippe III et Nicolas III Cavillier. — Le 28 août, Dom Mathieu, procureur de l'abbaye de Corbie, paie aux dits fondeurs « la somme de 12 livres pour la fonte de la petite cloche de la chapelle Saint-Nicolas de Rigny, dépendance de

Jumelle ; laquelle cloche pèse la quantité de 28 livres ; livrée à Mons' Triboult, fermier de la dite ferme et chapelle, lors de la fonte des trois cloches de Jumelle faite en l'année 1785. »

Archiv. Cavillier Carrépuits : K, p. 156.

QUIRY-LE-SEC. — *1781*. — Refonte de la petite cloche, à Carrépuits, par Louis-Florentin Cavillier. — Poids de l'ancienne : 615 livres, poids de 16 onces. — Poids de la nouvelle : 655 livres. — Augmentation : 40 livres de métal ; à 30 sous la livre, fait 60 livres en argent ; plus, prix convenu pour la façon : 100 livres ; total : 160 livres en argent.

Reg. Florentin Cavillier, Solente, ms. orig., 3ᵉ partie, p. 3-4 ; copie Berthelé. fol. 231-232.

ROUVREL. — *1705*. — Refonte de la « grosse cloche » par Philippe II Cavillier, de Carrépuits, [en société avec Jean Cavillier, son frère].

Marché passé par le dit Philippe. — « pour la fondre à Morizel[1] ». — « La cloche, fondue le 2 octobre » ; — elle « pèse 24 livres de plus. »

Archiv. Cavillier, Carrépuits : A, p. 131.

1750. — Association Philippe II Cavillier et ses fils Philippe III et Florentin : — refonte de la petite et de la grosse des trois cloches, « pour accorder à la moyenne, qui restera au clocher. »

Marché par Philippe II, le 14 octobre. — Les dites cloches, fondues à Carrépuits le 26 ou le 27 novembre ; — poids : 596 et 313 livres.

Archiv. Cavillier, Carrépuits : H. p. 46 et I, pp. 83-84.

1. *Morisel*, Somme, canton de Moreuil.

SAUVILLERS, commune de Sauvillers-Mongival.
— *1705*. — Philippe II Cavillier, de Carrépuits : — le 28 juin. « accord fait à Sauvillé pour fondre la grosse cloche, pesant cinq cents » ; — prix convenu : 58 livres : — « je dois tout fournir, même le déchet, à la réserve d'une demie-corde de gros bois » ; — « pour être fondue à Gratibus » ; — « si j'ai de leur métail, je le paierai à 20 sols, et s'il y en a plus que quinze livres du mien, je le perdrai » ; — « je dois tourner la seconde cloche, et les râclures m'appartiendront. »

« La cloche, fondue le 2 octobre » : — elle « pèse dix livres plus » que l'ancienne.

Archiv. Cavillier, Carrépuits : A. p. 124.

Canton de Moreuil.

ARVILLERS. — *1734*. — Association Philippe II, Colin et Philippe III Cavillier : — refonte de la seconde cloche, pesant 1.300 livres environ.

Marché passé par Philippe III le 24 octobre.

La dite cloche, fondue à Carrépuits le 3 décembre.

Archiv. Cavillier, Carrépuits : G. p. 86.

1765. — Refonte de la petite cloche, à Carrépuits, par les frères Philippe III et Florentin Cavillier.

Le 22 septembre, marché passé par Florentin ; — les fondeurs sont « obligés aux matériaux seulement,... [et à] la fondre séparément, et ce moyennant... la somme de 120 livres » ; plus, « cinq livres de métal de déchet, par chaque cent de ce que la cloche se trouvera peser » ; — le métal, à 30 sous la livre de 16 onces : — le tout « sera payé des deniers de la fabrique », dans le courant de l'année 1766.

« Le 22 septembre 1765, l'ancienne cloche cassée d'Arviller nous a été livrée à Carrépuis, par M' Pierre Heuduin et Bernard Hacq, tous deux habitants du dit Arviller. » Pesée en leur présence, elle était du poids de 959 livres, poids de 16 onces.

« Et le 18me novembre suivant, la cloche nouvelle fondue a été pesée en présence des susnommés. » Elle pèse présentement 966 livres, étant augmentée de 7 livres. — « Cette cloche est bonne, bien fondue et bien d'accord ; bon métal. »

La fabrique d'Arvillers doit, en tout, aux fondeurs, 202 livres 10 sous. — Le 21 novembre 1765, Florentin Cavillier donne, d'une part, « un reçu au sieur Bernard Boissart, marguillier, pour la somme de 102 livres » ; d'autre part, « quittance finale au sieur Pierre Heuduin, marguillier de la seconde fabrique, pour la somme de 100 livres 10 sols. » : — « par conséquent, cette fabrique a payé comptant : c'est ce qui est rare. »

<small>Archiv. Cavillier, Carrépuits : reg. J, pp. 69-70.
Reg. Florentin Cavillier, Solente, ms. orig., p. 140 ; copie Berthelé, fol. 178 à 180.</small>

AUBERCOURT. — *1771*. — Refonte de la grosse cloche, à Carrépuits, par Philippe III, Nicolas III et Louis-Florentin Cavillier.

Marché passé par le dit Philippe, le 9 juin. — L'ancienne cloche cassée, livrée aux fondeurs le 3 août, pesait 736 livres, poids de 16 onces. — Poids de la nouvelle, pesée le 31 août : 720 livres.

Les fondeurs fournissent en même temps une

clochette à viatique, pesant 2 livres 3/4, en échange d'une ancienne qui pesait une livre un quart de moins.

« Philippe Cavillier trouvant, avec tous les paroissiens d'Aubercourt, que la cloche qu'il a fondue.... n'est pas d'accord avec la moyenne cloche, et ne pouvant la refondre [de suite],... vu ses entreprises », les curé, syndic, marguillier en charge, anciens marguilliers et principaux habitants lui accordent « jusqu'au mois de janvier prochain pour la refondre.... » (s. d.).

<blockquote>Archiv. Cavillier, Carrépuits : — reg. J, pp. 189 à 190 ; — papiers divers, dossier Aubercourt : — journal O, p. 65 ; copie Berthelé, fol. 74.</blockquote>

1772. — Philippe III, Nicolas III et Louis-Florentin Cavillier, fondeurs à Carrépuits. — La grosse cloche, livrée par eux le 31 août 1771, se trouvant « être un huitième de ton trop basse, a été refondue le 12me novembre 1772 » ; — « cette nouvelle cloche pèse présentement la quantité de 741 livres » ; — « les habitans d'Aubercourt sont très contents de leur cloche neuve. »

<blockquote>Archiv. Cavillier, Carrépuits : — reg. J, p. 190 ; — journal P, p. 14 ; copie Berthelé, fol. 98.</blockquote>

1789. — « Aubercourt, près Demuin » : — « les trois cloches, fondues à Carrépuis », par Philippe III et Nicolas III Cavillier (trois refontes avec augmentation).

Marché passé le 3 mai : — « refondre leurs trois cloches ;... rendre la dite sonnerie accordante sur les tons de *la, sol, fa* ;.... mettre la grosse environ un mil de poids ».

Le 3 juin, « les trois anciennes cloches du dit Aubercourt furent acconduites à Carrépuis par Domice Sequeval, marguillier et sindic » : — la grosse pesait 740 livres : la seconde, 546, et la petite, 386 ; total : 1672 livres.

« Et le 22me suivant, les trois cloches nouvelles fondues ont été repesées en présence du maître d'école du dit Aubercourt ; et la grosse se trouve actuellement du poids de 999 livres ; la seconde, 710 livres, et la petite, 538 livres ; total : 2.247 livres. » — « Il se trouve que les dites cloches sont augmentées de 575 livres de métal. »

« Le 1er juillet 1789, nous avons été à Aubercourt pour mettre les cloches au clocher. »

Archiv. Cavillier, Carrépuits : K, pp. 225-226.

BEAUCOURT-EN-SANTERRE. — *1694.* — Association Nicolas II et Charles Cavillier frères, fondeurs à Carrépuits : — trois cloches (refontes) ; — fondues à Beaucourt le 8 juillet ; — poids de la grosse : 900 livres environ.

Le marché avait été passé le 1er mai : — « je dois fournir les menus matériaux (écrivait Nicolas Cavillier) ; les habitants fourniront terre, bois, charbon et briques ; moyennant la somme de 115 livres ; il sera payé nos dépenses de bouche et maneuvre » ; — plus, « quatre mabriaux, que je dois fondre des écumes, s'il s'en trouve assez, ou je livrerai le métail, et ils me payeront, poids royal de Roye, à vingt sols la livre, et le déchet, tant des cloches que mabriaux. » ; — « si je livre le métail pour les restants des cloches, je dois avoir un sol de la livre pour le prest, et le prendre chez moy à leurs despens et le ramener. »

Archiv. Cavillier, Carrépuits : A, pp. 74-75.

1730. — Refonte, à Carrépuits, par Philippe II et Colin Cavillier, de la grosse cloche, pesant 800 livres environ.

Marché passé par Philippe, le 30 août. — La dite cloche, fondue en novembre.

Archiv. Cavillier, Carrépuits : G, p. 51.

1772-1773 et 1776. — Association Philippe III, Nicolas III et Louis-Florentin Cavillier : — refonte, à Carrépuits, de la seconde cloche cassée de « la paroisse de Saint-Pierre de Beaucour en Sangterre. »

Marché passé par le dit Philippe, le 15 novembre 1772. — L'ancienne cloche, « livrée à Carrépuis, par Mr Grégoire Villemont, marguillier en charge et sindic de la ditte paroisse », le 5 mai 1773, pesait 563 livres, poids de 16 onces. — Fondue le 17 ou le 18 mai 1773 ? — « Cette cloche a pris fourniture, étant venue trop haute en ton, ce qui nous a obligés à la refondre pour la faire plus maigre. »

« Et le 8me de septembre 1776, la cloche nouvelle refondue a été pesée en présence du dit Villemont, étant présentement du poids de 591 livres » ; — « il se trouve une augmentation de 28 livres de métail. » — « Elle est présentement bien d'accord. »

Archiv. Cavillier, Carrépuits : — reg. J, pp. 227-228 ;
— journal P, p. 13, ; copie Berthelé, fol. 97.

1784. — « Paroisse Saint-Pierre de Beaucourt. » — Refonte de la grosse cloche, à Carrépuits, par Philippe III et Nicolas III Cavillier.

Marché passé par le dit Philippe Cavillier, le 13 juin. — L'ancienne cloche, livrée à Carrépuits le 13 juillet et « pesée en présence des conducteurs » était du poids de 770 livres, à 16 onces. — Poids de de la cloche nouvelle fondue, pesée le 21 septembre en présence du marguillier : 838 livres ; — augmentation de métal : 68 livres.

<small>Archiv. Cavillier, Carrépuits : K, pp. 167-168.</small>

BERTAUCOURT-LÈS-THENNES. — *1777*. — Trois cloches pour « Thennes-Bertocourt », fondues à Carrépuits par les Cavillier.

<small>Voir ci-dessous v° THENNES.</small>

BRACHES. — *1714*. — Refonte de la petite cloche, par Philipppe II Cavillier, de Carrépuits.

Marché passé le 8 mars. — Fondue le 6 avril ; — poids : 260 livres environ. — Le prix convenu était de 100 livres ; le fondeur en reçut seulement 85, « les 15 livres de reste ayant été diminuées, pour la quantité de quinze livres de métal, que la cloche pesoit moins que l'ancienne. »

<small>Archiv. Cavillier, Carrépuits : A, p. 176.</small>

CAYEUX-EN-SANTERRE. — *1698*. — Trois cloches (refontes ?), par l'association Nicolas II, Philippe II et Charles Cavillier, de Carrépuits.

Marché passé par Nicolas, le 31 mars. — Les dites cloches, fondues [à Cayeux] le 21 juin.

Règlement de compte, le 2 juillet : — « 337 livres de métal, à 18 sols la livre » ; — « 80 livres de façons et 12 livres de louage du métal » ; — somme totale due aux fondeurs : 395 livres 6 sous, — « sur quoy, il faut défalquer 66 sols pour les escumes. [représentant la quantité] de 4 livres de métal, à 16 sols la livre. »

Archiv. Cavillier, Carrépuits : A. pp. 98-99.

1730. — Refonte de la grosse cloche, par Philippe II et Colin Cavillier.

Marché passé le 1er avril. — « Fondue [à Carrépuits] et livrée à Mr François Bourgeois, lieutenant du dit lieu, le 28 juin 1730. »

« L'ancienne cloche fut pesée chez nous : elle pesoit 635 livres aux poids de Roye ; la nouvelle, étant reprise aux mêmes poids, pèse 756 livres 1/2, et partant est augmentée de 121 livres 1/2. »

Philippe Cavillier ajoute ce détail : « le 17 février 1734, baillé quittance ;.... la femme de Colin a eu sa part pour étrenne, le lendemain de ses noces. »

Archiv. Cavillier, Carrépuits : G. p. 48.

DEMUIN. — *1739*. — Refonte de la grosse cloche, par les Philippe Cavillier, père et fils, de Carrépuits.

Marché passé par Philippe II, le 15 février. — La dite cloche, livrée le 14 mars : — poids : 1.146 livres.

Archiv. Cavillier, Carrépuits : G, p. 120.

1751. — Association Philippe II Cavillier et ses fils Philippe III et Florentin : — trois cloches (refonte et transformation : « de la petite, en faire une grosse »).

Marché passé par Philippe II et Florentin, le 2 mai. — Les dites cloches fondues à Carrépuits,

— 229 —

entre le 6 et le 8 juillet; — poids : 1.462, 1.076 et 795 livres.

<blockquote>Archiv. Cavillier, Carrépuits : II. pp. 55-56, et I, pp. 93-94.</blockquote>

DOMART-SUR-LA-LUCE. — *1737*. — Philippe II et Philippe III Cavillier, père et fils, de Carrépuits : — un timbre d'horloge, fondu le 4 septembre, livré le 7 du même mois, pesant 130 livres.

<blockquote>Archiv. Cavillier, Carrépuits : G, p. 106.</blockquote>

1764-1765. — Refonte de la grosse cloche à Carrépuits, par les frères Philippe III et Florentin Cavillier.

Marché passé par Philippe, le 14 novembre 1764 ; — prix convenu : la « somme de 150 livres, payable avec autres [pour augmentation de métal], s'il y échet, par la fabrique, ... en deux termes égaux, sçavoir la moitié aussitôt la cloche replacée, et l'autre moitié, un an après » ; — « les dits habitans sont tenus de livrer un passage propre pour passer la cloche, et les bois nécessaires pour cette ouvrage. »

« Le 8me may 1765, l'ancienne cloche de Domart a été pesée à Carrépuis, en présence de maître Pierre Debauvais, marguillier en charge de l'église » ; elle « étoit du poids de 580 livres 1/2, poids de 16 onces. »

« Et le 9me du dit may, la cloche nouvelle fondue a été aussi pesée en présence du dit Bauvais » ; elle pèse présentement 612 livres, « par conséquent elle est augmentée de 31 livres 1/2 ». — « Cette cloche est un petit peu hautine en accord. »

<blockquote>Archiv. Cavillier, Carrépuits : reg. J, pp. 61-62 et 76. — Reg. Florentin Cavillier, Solente, ms. orig., p. 134 : copie Berthelé, fol. 171-172.</blockquote>

FRESNOY-EN-CHAUSSÉE. — *1728.* — Refonte de « la seconde des trois cloches », pesant environ 3oo livres ; — fondeurs : Philippe II et Colin Cavillier.

« Marché verbal », fait par le dit Philippe. — « Fondu le 4 mai » : — « la cloche neuve est augmentée de 15 livres, poids de Roye. »

Archiv. Cavillier, Carrépuits : G, p. 3.

1756. — Refonte de la seconde cloche, à Carrépuits, par les frères Philippe III et Florentin Cavillier.

Marché verbal, conclu par Philippe II : — marché écrit, passé par Philippe III, le 13 avril 1756.

Poids de l'ancienne cloche, livrée aux fondeurs le 24 avril : 324 livres, poids de 16 onces. — Poids de la nouvelle cloche, pesée et livrée le 29 mai : 319 livres 1/2.

Archiv. Cavillier, Carrépuits, I, pp. 157-158. — Reg. Florentin Cavillier, Solente, ms. orig., p. 10 ; copie Berthelé, fol. 13.

HANGARD. — *1786.* — Philippe III et Nicolas III Cavillier, père et fils, fondeurs à Carrépuits : — « Hangard, près Ourges : les quatre cloches, fondues à Carrépuis l'an 1786, étant au total du poids de 1.800 livres environ » (deux refontes avec augmentation et deux nouvelles).

Marché passé par le dit Nicolas Cavillier, le 20 août : — « leur fondre, à Carrépuis, quatre cloches du poids de 1.800 environ, d'accord entre elles sur les tons de *fa, mi, ré, ut* » ; — « le métal, à 3o sous la livre de 16 onces, tant pour le déchet, qui sera tenu compte à raison de cinq livres du cent du poids des nouvelles cloches, que pour l'augmentation qui sera environ d'un mil, attendu qu'il n'y en avoit que deux d'environ huit à neuf cent de poids. »

Les deux anciennes cloches, pesées le 7 novembre « en présence de Mʳ Collet, curé du dit lieu », étaient du poids : la grosse, de 499 livres ; la petite, de 394, et les quatre marbréaux, de 15 : total : 908 livres.

Poids des quatre cloches nouvelles, pesées le 16 novembre suivant : la grosse, 713 livres ; la seconde, 519 ; la troisième, 373 ; la petite, 305, et les huit marbréaux, 40 ; total : 1.950 livres : — soit une augmentation de 1.042 livres de métal.

Archiv. Cavillier, Carrépuits : K, pp. 195-196.

HANGEST-EN-SANTERRE. — *1723*. — Refonte par Philippe II et Colin Cavillier, en société avec Charles Gorlier.

Marché conclu le 17 mai « pour être fondue à Carépuis pour le 1ᵉʳ juillet prochain ». — Coulée, le 18 juin ; — règlement de compte, le lendemain. — Poids : 2.360 livres environ.

Archiv. Cavillier, Carrépuits : E, pp. 3-4.

1739. — Association Philippe II et Philippe III Cavillier, père et fils : — refonte de la seconde cloche.

Marché passé par Philippe II, le 21 septembre, — La dite cloche, fondue à Carrépuits ; — poids : 2.360 livres : — livrée le 21 octobre.

Archiv. Cavillier, Carrépuits : G, p. 123.

1757. — Refonte à Carrépuits, par Philippe III et Florentin Cavillier, de la grosse cloche de la paroisse Saint-Martin d'Hangest, pesant « environ de 3.000 livres ».

Le 20 mars, les dits fondeurs passent « écrit avec les sieurs curé, marguilliers et officiers de justice » : — « nous sommes obligés à tout fournir les matériaux, même fondre quatre marbréaux pour les deux plus grosses cloches, la garantir un an, et ce moyennant la somme de 225 livres pour nos fournitures et mains-d'œuvre » ; — « et pour ce qui regarde le métail, comme cette cloche est trop pesante pour la peser à notre balance, il sera pour nous livré le métail nécessaire pour remplacer le déchet et pour l'assurance de la cloche, et après la fonte, le métail restant sera pesé pour connaître ce qu'il y aura d'employé, dont il sera fait un état pour nous être payé par l'église à raison de 30 sols la livre, poids de 16 onces ».

« Le 1er avril 1757, l'ancienne cloche nous a été livrée à Carrépuis, par le sieur Antoine Caillieux, marguillier en charge de l'église ; elle étoit du poids de 2.964 livres, poids de 16 onces ; et quatre marbréaux, de 66 livres » ; — « et a été pesé, en sa présence, et livré par nous la quantité de 400 livres de métail, pour remplacer le déchet de cette fonte ; et après la fonte faite, le restant a été repesé : il s'en est trouvé la quantité de 267 livres : ainsy il a été employé celle de 133 livres de métail à la fonte de la cloche et marbréaux, que l'église nous doit, au prix de 30 sols la livre. »

La dite cloche, coulée le 21 avril.

  Archiv. Cavillier, Carrépuits : — I, pp. 191-192. — Reg. Florentin Cavillier, Solente, ms. orig., pp. 45-46 ; copie Berthelé, fol. 63 à 65.

1769-1771. — Philippe III et Florentin Cavillier, de Carrépuits : — « le moutonnage des quatre cloches, fait en 1771. »

Marché passé « en juin 1769 » : — « livrer les quatre moutons neufs, étriers, épées, demies-roues, et refondre un marbréau à la petite cloche ». — « Nous avons livré tout ce bois, et en 1770, M' J-Baptiste Drouart, de Gruny, a travaillé en conséquence. »

<small>Archiv. Cavillier, Carrépuits : reg. J, p. 232.</small>

MÉZIÈRES. — *1694.* — Association Nicolas II et Charles Cavillier frères, fondeurs à Carrépuits : — trois cloches (refontes).

Marché passé en juin par Charles Cavillier et son neveu Philippe II Cavillier. — Fondues le 31 juillet ; — poids de la grosse, 1.200 livres environ.

<small>Archiv. Cavillier, Carrépuits : A, p. 78.</small>

1749. — Refonte de la grosse cloche, par l'association Philippe II Cavillier et ses fils Philippe III et Florentin.

Marché passé le 14 avril. — La dite cloche, fondue à Carrépuits le 7 mai, et livrée le lendemain ; — poids : 1440 livres à 14 onces.

<small>Archiv. Cavillier, Carrépuits : H, p. 25.</small>

1771. — « Mézière en Sanqterre. » — Refonte de la seconde cloche à Carrépuits, par l'association Philippe III, Nicolas III et Louis-Florentin Cavillier.

Marché passé par Philippe le 3 mars.

L'ancienne cloche cassée, « rendue à Carrépuis par M' Jean-Baptiste Gossel, marguillier en charge », le 9 mars, pesait 854 livres, poids de 16 onces.

« Et le 21 may suivant, la cloche nouvelle fondue a été pesée en présence de M' Charles Demaucourt, habitant et voiturier de cette cloche en leur paroisse ; cette dite cloche se trouve présentement du poids de 912 livres ; par conséquent, elle est augmentée de 58 livres de métal ». — « Cette seconde cloche est d'accord en ton plein avec la grosse, mais en *fa mi* avec la petite, ce qui fait *fa, mi, ré*. Elle est belle et bonne cloche, bien fondue : étant d'un métal entre deux. »

> Archiv. Cavillier, Carrépuits : — reg. J. pp. 179-180 ; — journal O, p. 57 ; copie Berthelé, fol. 66.

MORISEL. — *1705.* — Nicolas II Cavillier, fondeur à Carrépuits : — « marché fait par Philippe Cavillier, à Morizel, faubourg de Moreuille, pour fondre [sur place] la petite cloche, moyennant la somme de 45 livres et le bois nécessaire » ; — « le reste fourni par nous dits Cavillier, sauf le déchet de 5 livres au cent. que l'église paiera à vingt sols la livre, et aussy le surplus du métal, à pareil prix ». — « Fondu le 28 de mai 1705. »

> Archiv. Cavillier, Carrépuits : A, p. 132 ; cf. pp. 125, 126 et 129.

LA NEUVILLE-SIRE-BERNARD. — *1789.* — Philippe III et Nicolas III Cavillier, père et fils : — « les trois cloches, fondues à Carrépuis, ... pesant au total environ 1.200 livres » (en remplacement de deux anciennes beaucoup plus petites).

Marché passé le 7 juin. — Poids des deux anciennes cloches, « rendues à Carrépuis par un habitant du dit Neuville » le 25 octobre : la grosse, 147 livres, et la petite, 109 ; total : 256 livres.

Poids des trois cloches nouvelles, « pesées en présence de M' Thory, curé de cette paroisse », le 6 novembre suivant : — la grosse, 540 livres ; la seconde, 395 ; la petite, 288, et les six marbréaux, 29 1/2 ; total : 1.252 livres 1/2. — « Il se trouve une augmentation de métal, sur les dites trois cloches, de 996 livres et 1/2, y compris les marbréaux ».

Archiv. Cavillier, Carrépuits : K, pp. 231-232.

PIERREPONT. — *1698*. — Refonte, sur place, des deux grosses cloches, par l'association Nicolas II, Philippe II et Charles Cavillier, de Carrépuits.

Marché passé par Nicolas, « le 24 aoust » : — « fondre les deux grosses cloches, sans estre obligé à la petitte troisiesme pour racorder, sinon les dittes deux grosses, et les augmenter plustôt que diminuer », — « moyennant la somme de 72 livres 10 sols pour les façons » ; — « et à l'égard des fournitures, moy Nicolas Cavillier je livre toutes choses, sauf le bois, les briques et la terre, que l'église fournira » : — pour « le métail qui conviendra estre nécessaire pour le déchet et restant, [il] est à la liberté des curé [et] marguillier de le prendre chez le marchand, ou si je le fournis, il me sera payé à 17 sols la livre, poids de la ville de Roye, en deux paiements, le premier au jour de Noël de l'année 1699, et l'autre moitié à pareil jour en l'année 1700 » ; — « l'escrit [de marché] fait double. »

« Nous avons livré à trois, sçavoir Nicolas, Philippe et Charles Cavillier, la quantité de 350 livres de métail, poids de la ville de Roye, au marguillier nommé Firmin Le Feuvre et Paul Gesson, habitant du dit Pierpont, le 14 aoust et an ».

« Fondu les dittes cloches le 19 aoust. »

« Il nous faut, à trois, 30 sols pour le vin de la fonte ; 30 sols pour le voyage du métail, et 40 sols pour les façons d'une clochette. » — « Il a esté rendu [aux fondeurs] la quantité de 158 livres [de métail] : reste à payer 192 [livres] ; fait en argent la somme de 163 livres 4 sols ; avec les façons, fait 235 livres 14 sols.... »

Archiv. Cavillier, Carrépuits : A, pp. 103-104.

1728. — Refonte à Carrépuits, par Philippe II et Colin Cavillier, de la grosse cloche, pesant 700 livres environ.

Marché fait par Colin, le 14 mars : — « le tout sera payé par les habitans solidairement. »

« Fondu le 15 juillet et livré le 16 » ; — « la neuve pèse 38 livres plus que l'ancienne ».

Archiv. Cavillier, Carrépuits : G, p. 9.

1759. — Le 8 avril, Florentin Cavillier « passe écrit avec les sieurs curé, marguillier, sindic et principaux habitans de Pierrepont, pour fondre leur petite cloche cassée à Carrépuis » ; — en société avec son frère Philippe III.

« Le 3me juillet, l'ancienne petite cloche de Pierrepont nous a été livrée à Carrépuis, par Pierre Chantrelle, marguillier en charge ; et l'ayant pesée, elle étoit du poids de 410 livres, poids de 16 onces ».

« Et le même jour nous leur avons livré une cloche neuve, qui est du poids de 391 livres : ainsy elle est diminuée de 19 livres. »

Archiv. Cavillier, Carrépuits: I, pp. 233-234. — Reg. Florentin Cavillier, Solente, ms. orig., p. 69 : copie Berthelé, fol. 94-95.

1775. — Refonte de « la grosse cloche », autrement dit « la première cloche, ... de la paroisse de Notre-Dame de Pierpont, diocèse d'Amiens » aliàs « Pierpont, près Mondidier » ; — raccord « avec la seconde, en ton plein » ; — fondeurs : Philippe III, Nicolas III et Louis-Florentin Cavillier ; — lieu de la fonte : Carrépuits.

Marché passé par Philippe Cavillier, « assemblée tenante », le 26 février ; — prix convenu : 140 livres ; — le métal, en plus ou en moins, à 30 sous la livre, poids de marc ; — « s'oblige en outre le dit Cavillier de présider, lorsque la ditte cloche sera mise au clocher. »

L'ancienne cloche, rendue à Carrépuits le 13 juillet, pesait 708 livres à 16 onces. — Poids de la nouvelle, pesée le 15 du dit juillet : « 750 livres juste » ; — « il y a une augmentation de 42 livres de métal ». — « Cette cloche est bien fondue, belle et bon métal ; ... elle est trop haute en ton. »

<small>Archiv. Cavillier, Carrépuits : — papiers divers, dossier *Pierrepont* ; — reg. K, pp. 27-28 : — journal P, p. 68 ; copie Berthelé, fol. 148.</small>

LE PLESSIER-ROZAINVILLERS. — *1715*. — Philippe II Cavillier, de Carrépuits, « fait accord au Plessier, le 2 juin 1715, pour fondre la grosse cloche », — « pesant 1.050 livres » ; — « pour être fondue chez nous » ; — « pour être fondue pour la Saint-Pierre. »

« Fondue le 2 et livrée le 3 juillet ». — « Ils doivent 140 livres de métal ». — Le marguillier, chargé de faire les paiements, « a retenu 15 sols pour payer Calin, cabaretier, qui étoit venu me chercher à Carépuis pour la bénédiction. »

Archiv. Cavillier, Carrépuits : A, p. 201.

1769. — « Les trois cloches, pesant environ de 2.500 livres, fondues à Carrépuis ».

Marché passé par Philippe III et Florentin Cavillier, le 3 septembre [1] ; — prix convenu : 550 livres ; — « le métail en augmentation ou en diminution, ... à raison de 30 sols la livre. »

Le 24 septembre, Michel Boissard, marguillier en charge, amène à la fonderie « leur ancien métal, ... dont 2.474 livres en cloches cassées, et 50 livres de marbréaux ; cy 2.524 livres en total. »

Le 21 décembre, « les trois cloches nouvellement fondues [2], et les six marbréaux, ont été pesées à notre balance en présence de Monsieur Wablé, natif du dit Plessier, étant chanoine de Saint-Florent de Roye ; dont la grosse pèse présentement la quantité 1.169 livres ; la seconde pèse celle de 844 livres ; la petite pèse celle de 597 livres, et les six marbréaux neufs pèsent celle de 45 livres ; ce qui forme en total la quantité de 2.655 livres de métal, remis à cette paroisse, tout poids de 16 onces » ; — « les cloches neuves pèsent 131 livres en augmentation de métal ». — « La dite paroisse nous a remis

---

1. Avec les « curé, marguillier en charge et anciens de la paroisse du Plusier de Saint-Martin du Plessiers-Rozainvillers, assemblés à la manière accoutumée » ; — « fondre les trois cloches du dit Plessiers-Rozain[villers], pesantes ensemble environ deux mil cinq cens ; ensemble, les six marbréaux »; — « rendre les dites cloches d'accord sur les tons *la, sol, fa* ».

2. Le journal de Philippe III Cavillier mentionne des dépenses, pour le moulage des cloches du Plessier-Rozainvilliers, en date des 23 novembre et 13 décembre 1769.

une clochette, pesant 29 livres 1/2, à déduire. »
« Le 19ᵐᵉ janvier 1770, après avoir mis les cloches de Plessier en place [1], a été fait un arrêté de compte, se montant à la somme de 702 livres 5 sols, sur quoy il m'a été donné 300 livres à compte... »

Archiv. Cavillier, Carrépuits : — reg. J, pp. 157-158 ; — papiers divers, dossier le Plessier-Rosainvillers ; — journal O, pp. 45 et 47 : copie Berthelé, fol. 52 et 53.

LE QUESNEL. — *1698*. — Refonte de trois cloches, sur place, par l'association Nicolas II, Philippe II et Charles Cavillier, de Carrépuits.

Marché passé par Nicolas, le 28 octobre. — Les dites cloches, fondues le 8 novembre.

Archiv. Cavillier, Carrépuits : A, pp. 104-105.

1735. — Le 31 juillet, Philippe II Cavillier passe marché pour la refonte de la seconde cloche, pesant 1.200 livres environ. — La dite cloche, fondue à Carrépuits le 12 septembre.

Archiv. Cavillier, Carrépuits : G, p. 91.

1777. — « Le Quesnel en Sangterre ». — Association Philippe III, Nicolas III et Louis-Florentin Cavillier, de Carrépuits : — une sonnerie de quatre cloches (trois refontes avec augmentations, et une quatrième, nouvelle) ; — « les quatre ensemble pèsent 4.991 livres. »

Marché passé, le 7 avril, par le dit Philippe Cavillier, « avec Mʳ Engramer, curé, et Charles Debains, marguillier en charge ; les dits curé et marguillier

---

[1]. « Le 17, 18 et 19ᵐᵉ janvier (écrit Philippe Cavillier), moy et le fils de Florentin ont été à Plessier-Rosainvillers, mettre les cloches au clocher ».

étant autorisés par les seigneur et anciens fabriciers de l'église de Quenel » ; — « fondre quatre cloches en accord de *fa, mi, ré, ut.* »

Poids des trois anciennes cloches, livrées aux fondeurs, à Carrépuits, le 14 juillet : la grosse, 1.636 livres ; la seconde, 1.187 livres, et la petite, 885 livres ; total 3.708 livres, poids de 16 onces.

Les dites cloches, fondues avec celles de Mortemer et de l'abbaye Saint-Vincent de Laon, [le 16 ou le 17 juillet ??].

Poids des quatre cloches nouvelles fondues, pesées le 26 juillet : la grosse, 1.877 livres ; la seconde grosse, 1.351 livres ; « la troisième ou le *mi*, ... 981 ; le *fa* ou quatrième, ... 782 » ; une paire de marbréaux pour la quatrième, 11 livres ; total 5.002 livres de métal.

« Cette sonnerie est bien fondue. L'accord est dox et agréable. La quarte est mineure. Elles sont bonnes et belles. Métal entre deux. La grosse porte, pour son ton de voix, celui de *fa* haut, c'est-à-dire qu'elle est un quart de ton plus élevé. »

Quittances diverses, délivrées par les fondeurs à « Monsieur Lefort, seigneur du dit Quesnel » ; — autres quittances, au curé, etc.

Archiv. Cavillier, Carrépuits : — reg. K, pp. 61-62 ; — journal P, p. 105, et journal Q, pp. 4 et 8 ; copie Berthelé, fol. 180, 189, 192 et 194.

1794. — Les Cavillier de la branche aînée de Carrépuits : — une « cloche, fondue en l'an second de la République ou 1794, pesant environ 3.200 livres » (refonte de deux anciennes).

« L'an deux de la République ou l'an 1794, le ...

jour du mois de mai (écrit Nicolas III Cavillier), je suis convenu avec les maire et officiers municipaux de la commune de Quesnel, pour leur fondre une cloche du poids d'environ 3.000 à 3.200 ;..... la ditte fonte doit se faire à notre atelier à Carrépuis :.... les dits maire et officiers municipaux se sont obligés de me livrer au dit Carrépuis le métal nécessaire, lequel est provenant de leurs deux grosses, par nous faites ci-devant, les deux autres ayant été transportées à la Nation » ; — « prélever le fraix de la fonte ou déchet sur la quantité qui nous sera livrée, à raison de 5 livres du cent du poids par eux fourni : et dans le cas où il se trouveroit de l'augmentation ou diminution d'après le dit déchet précompté, il sera tenu compte l'un vers l'autre au prix marchand, vu qu'il n'en est pas de fixe pour le présent. »

« Et le 16 juillet ou 28 messidor, l'ancien métal du Quesnel nous fut livré à Carrépuis par deux habitans à ce députés de la dite commune ; et après l'avoir pesé en leur présence, il s'en est trouvé la quantité de 3.191 livres » ; — déduction faite de cinq pour cent de déchet (soit 159 livres et 1/2), « reste à 3.031 livres et 1/2, que nous devons rendre par la cloche à fondre. »

« Et le 2 brumaire suivant, la ditte cloche fondue fut aussi pesée en présence des citoyens Thory, maire, et de Jean Thory, habitant du dit Quesnel, et elle est présentement du poids de 3.114 livres ; et par conséquent elle se trouve augmentée de 82 livres et 1/2 de métal. »

« Et en outre, nous avons aussi fondu les marbréaux ». — « En outre, nous avons fait le mouton de la ditte cloche, la plaque de bois ayant été livrée par cette commune, et nous n'avons livré que les étriers, épées et demies-roues. »

Somme totale, due aux fondeurs par la commune du Quesnel : 659 livres. — Dernier paiement, le 17 juin 1799 : « j'ai reçu la somme de cent livres en argent, au lieu de 209 livres en papier ou maudit assignat. »

Archiv. Cavillier. Carrépuits : K, pp. 263-264.

THENNES. — *1777*. — « Thennes, Bertocourt. » : — « les trois cloches, fondues à Carrépuis », par l'association Philippe III, Nicolas III et Louis-Florentin Cavillier ; — « étant du poids de 3.200 livres ou environ » les trois (deux refontes, avec augmentations, et une troisième, nouvelle).

Marché passé, le 6 juillet, par Philippe Cavillier, « avec les sieurs curé, marguilliers et habitants de la paroisse de Saint-Jean-Baptiste et Saint-Quentin de Thennes et Bertocourt » ; — « leur fondre trois cloches en accord de *la, sol, fa,* dont la grosse pèsera au moins quinze cents. »

Poids des deux anciennes cloches de Thennes, livrées aux fondeurs à Carrépuits le 24 octobre : la grosse, 787 livres, et la petite, 729 livres : total : 1516 livres, à 16 onces.

« La fonte des cloches de Thennes et Marquivillor.... fut faite le jeudy 13me novembre, et ce l'après-midy[1]. »

---

[1]. « *Paroisse de Thennes : fonte faite l'an 1777.* Le 13me novembre 1777, nous avons fait la fonte des trois cloches de Thennes-Bertocourt et la grosse de Marquivillers, en laquelle fonte il a été mis la quantité de 3.313 livres 3/4 de métal venant de notre magasin, dont du mien la quantité de 2.922 livres 3/4, non compris l'ancienne petite cloche

Poids des trois cloches nouvelles fondues, pesées le 17 novembre : la grosse, 1.493 livres ; la seconde, 1.052 livres ; la troisième ou petite, 770 livres ; plus, deux marbréaux pour la grosse, 10 livres 1/2 ; total : 3,325 livres.

Somme due aux fondeurs par « la fabrique du dit Thenne et Bertocourt » : 3.368 livres 16 sous et 6 deniers ; — plus, deux clochettes de procession, pesant 6 livres et 1/2.

Au mois de mai 1780, « M° Bartout, huissier à Roye, a donné assignation au sieur Leblanc, marguillier en charge, à fin de payement. » — Quittance finale, le 13 mars 1781.

Archiv. Cavillier, Carrépuits : — reg. K, pp. 63-64 ; — journal Q, pp. 5, 6 et 11 ; copie Berthelé, fol. 191, 193 et 196.

VILLERS-AUX-ÉRABLES. — *1705*. — Refonte d'une cloche, sur place, par Philippe II Cavillier, de Carrépuits, [en société avec son frère cadet Jean Cavillier].

« Fondue le 5 août. » — « Ils nous doivent 62 livres de métail ; joint avec 50 livres [de façons], fait en total 112 livres. » — « J'ai baillé 10 livres à notre hôtesse. »

Les paiements, en date du 22 novembre 1705 et 24 janvier 1706 : — « baillé à ma mère l'argent. »

Archiv. Cavillier, Carrépuits : A. p. 128.

1749. — Refonte de la seconde cloche, par l'association Philippe II Cavillier et ses fils Philippe III et Florentin.

de Marquivillers, pesant 346 livres, de mise aussi à la fonte..... »
(Journal Q).

Marché passé par Philippe II. — La dite cloche, fondue à Carrépuits le 7 mai, et livrée le même jour ; — poids : 514 livres 1/2 à 14 onces.

Archiv. Cavillier, Carrépuits : II, p. 26.

1784-1785. — Deux cloches, fondues à Carrépuits par Philippe III et Nicolas III Cavillier.

Le 9 novembre 1783, le dit Philippe Cavillier « conclut le marché avec Mr Fournet, curé de Villers-aux-Érables, ainsi qu'avec le seigneur et fabriciens du dit lieu, pour, de leur petite cloche, la transformer en une plus grosse que les deux supérieures actuelles ;... la rendre accordante en ton plein à la grosse, qui alors servira de seconde » ; — le métal d'augmentation, à 30 sous la livre ; — « pour la fonte, façon et déchet, le prix convenu a été de 20 livres de chaque cent du poids de la cloche neuve » ; — le tout, payable « des deniers de la fabrique. »

« L'ancienne petite cloche,... rendue à Carrépuis par le maître d'école », le 6 septembre 1784, pesait 308 livres, à 16 onces.

Poids de la cloche nouvelle fondue, pesée le 21 suivant : « en présence de Me Vallois, clerc » : 807 livres ; — augmentation : 499 livres.

« Et comme cette grosse et nouvelle cloche s'est trouvée trop haute en ton avec la seconde ou grosse cy-devant, il fut décidé par les habitans du dit Villers de refondre la dite seconde » ; — « et cette cloche ayant été pesée en présence de Me Vallois, clerc séculier au dit Villers, elle s'est trouvée être de 526 livres, poids de marc ; et ce fut le 15 mai 1785. »

Poids de la dite cloche nouvelle fondue, « **repesée**

aussi en présence du dit Vallois », le 4 juillet suivant : 559 livres ; — augmentation : 33 livres de métal.

Archiv. Cavillier, Carrépuits : K, pp. 159-160.

1791. — « Les trois cloches, refondues après l'incendie de l'église, à Carrépuis », par les Cavillier de la branche aînée ; — lesquelles « pèsent environ 1.800 livres, au total. »

Le 8 décembre 1790, écrit Nicolas III Cavillier, « nous avons fait écrit de marché avec la commune de Villers-aux-Érables, représentée par les maire et officiers municipaux, pour refondre à Carrépuis leurs trois cloches incendiées ou détruites par l'incendie de l'église du dit lieu, arrivé le 2 novembre 1788 ; nous sommes obligés de les rendre du poids d'environ 1.800 au total. »

« Et le 29 octobre 1791, les trois cloches nouvelles fondues furent pesées et livrées, en présence de Jean-Baptiste Duchaussoy, marguillier en charge de la fabrique du dit Villers ; et la grosse se trouve peser la quantité de 836 livres ; la seconde, 606, et la petite, 426 ; total : 1.868 livres. » — « Et sur ce total de 1868, il faut défalquer celle de 1.567 livres [de métal] retiré de l'incendie » ; — « et soubstraction faite de l'ancienne quantité avec la nouvelle, il se trouve une augmentation de 301 livres, qui, à 30 sous la livre, fait la somme de 451 livres 10 sous ; et pour la façon à raison de 18 livres le cent, pour les 1.868 livres, forme 336 livres ; total : 787 livres 10 sous. »

« Et comme nous avons refondu le métal au net, provenant du désastre, nous y avons consommé pour

30 livres de charbon ; et pour la façon de cette besogne, 30 livres ; c'est ce qui fait la somme de 60 livres, qui, jointe avec la première somme, fait un dernier total de 847 livres 10 sous », dû aux fondeurs par la fabrique de Villers-aux-Érables.

Acomptes divers, payés aux dits fondeurs en 1792, 1793 et 1794. — Il leur restait dû 347 livres 10 sous : — le 23 ventose de l'an III ou 13 de mars 1795, Philippe[1], étant à Amiens chez M' Bonvalet, a touché cette somme de 347 livres 10 s. au Département ou du receveur du District, à la décharge de cette commune de Villers ; mais cette somme lui ayant été payée en monnaie-papier ou assignats, il s'est trouvé au paquet dix livres de moins, ce qui est autant de perdu pour nous et grapillé par les buralistes républiquins. »

Archiv. Cavillier, Carrépuits : K, pp. 257-258.

WARSY. — *1775*. — Refonte de « la petite cloche de la chapelle de M' de Rune, seigneur » ; — fondeurs : les Cavillier, de Carrépuits (Philippe III, Nicolas III et Louis-Florentin) ; — lieu de la fonte : Carrépuits.

« Le 11ᵉ novembre 1774 (écrit le dit Philippe Cavillier), j'ai convenu verbalement de prix avec Mons' de Rune, seigneur de Warcy, pour refondre la petite cloche de son église, qu'estoit cassée » ; — « le prix est de 6 sols à la livre pour façon, et le métal à 30 sols la livre de 16 onces. »

« Son ancienne cloche fut envoyée chez nous, et l'ayant pesée à notre balance, elle étoit du poids de 55 livres 1/2. »

---

1. Fils cadet de Nicolas III Cavillier ; — établi quincaillier à Amiens en 1796.

« Et après la fonte, faite le 3ᵐᵉ may 1775, la cloche neuve a aussi été pesée à notre dite balance ; dont elle se trouve présentement être du poids de 70 livres ; par conséquent, il y a une augmentation de 14 livres et 1/2 de métal. »

« Le 10ᵐᵉ mars 1776, Mademoiselle Hennique, maîtresse du bureau de la poste aux lettres de Roye, m'a remis la somme de 49 livres 5 sols, comme les ayant reçu de Monsieur de Rune, seigneur de Warcy. »

Archiv. Cavillier, Carrépuits : K, p. 24.

WIENCOURT-L'ÉQUIPÉE. — *1730*. — Philippe II Cavillier « conclud le marché avec les curé et marguilliers de Viencourt, pour fondre la petite des trois cloches, à Carrépuits, où ils la doivent amener » ; — en société avec Colin Cavillier.

« Le 17 août, la cloche m'a été fournie par Nicolas de Sachy, marguillier, pesante 470 livres à notre poids. » — « La cloche neuve a été fournie au dit de Sachy, le 28 août, pesante 479 livres aux mêmes poids » ; — la dite cloche fut diminuée de six livres en la tournant. »

Archiv. Cavillier, Carrépuits : G, p. 38.

1740. — Refonte des trois cloches de « Viencourt » par l'association Philippe II et Philippe III Cavillier, père et fils, de Carrépuits.

Poids des trois cloches ensemble : 2.000 livres environ. — Marché passé par Philippe II le 24 juillet. — Livraison des cloches neuves, le 20 août.

Archiv. Cavillier, Carrépuits : G, p. 129.

Canton de Rosières.

ROSIÈRES. — *1691*. — Nicolas II Cavillier, fondeur à Carrépuits, « fait marché au village de Rouzier, le 10 juin en mil 691, pour fondre la moyenne cloche, moyennant le prix et somme de soixante-six livres » ; — il doit également « fondre six mabriaux » ; — « en fournissant par les curé [et] marguillier, le métail et déchet tant de la cloche que mabriaux, ... à raison de 18 sols la livre, poids de 16 onces. »

« La [vieille] cloche, pesée le 4 juillet ; elle est de la quantité de 915 livres et demie, poids royal de Roye, sur quoy il faut débattre 6 livres, qui fait, le tout réglé, la quantité de 909 livres et demie ». — « J'ay fondu le neuf de juillet l'an courant ». — « La dite cloche, repesée le 20 juillet ; elle s'est trouvée plus que la [vieille] cassée de 8 livres et demie ».

« Une livre pour mon fils [1]. »

Première quittance du fondeur, le dit jour 20 juillet ; — « j'ay un transport de 80 livres, fait du notaire de Rozier, à recepvoir ... au jour du 27 de juin en 1694. »

Archiv. Cavillier, Carrépuits : A, p. 50.

1702-1703. — Refonte de la grosse cloche par les Cavillier, de Carrépuits (Nicolas II, en société avec ses fils Philippe II et Jean).

Nicolas Cavillier écrit : « j'ai fait marché à Rozier-en-Santer, le 3 décembre 1702, pour fondre la

---

[1]. Gratification au jeune Philippe II Cavillier, alors dans sa période d'apprentissage.

grosse cloche à Carrépuis » ; — « si il gèle, que nous ne pouvions fondre, nous avons obtenu le temps propre » ; — le déchet : « 4 livres de métail par cent » ; — « il n'y a point d'escrit, sinon verbal » ; — prix convenu : « la somme de 76 livres, argent comptant » ; — si la cloche « pèse plus ou moins, il sera fait raison et justice l'un à l'autre sur le pied de marchand. »

« La cloche, fondue le 27 février et livrée le 9 mars 1703 ». — Poids de la dite cloche, avant la refonte : 1.274 livres ; — après la refonte : « 1.208 livres ou 1.188 livres. »

Somme versée par la paroisse : 30 livres, [le fondeur se trouvant payé, d'autre part, par le métal provenant de la diminution de poids de la cloche refondue].

Archiv. Cavillier, Carrépuits : A, p. 116.

1713. — Refonte, par les frères Cavillier (Philippe II et Jean), de « deux cloches accordantes à la grosse. »

Marché passé le 7 mai. — Les dites cloches, « fondues [à Carrépuits] le 20 juillet [et] augmentées de 123 livres 1/2 ». — « Pesant 1.400 livres, les deux petites. »

Archiv. Cavillier, Carrépuits : A, p. 168.

1731. — Association Philippe II et Colin Cavillier : — refonte de la grosse cloche.

Marché passé par Philippe, le 12 février. — La dite cloche, fondue à Carrépuits, le 27 avril ; — poids : 1.221 livres.

Archiv. Cavillier, Carrépuits : G, p. 55.

1740. — Association Philippe II et Philippe III Cavillier, père et fils, de Carrépuits : — refonte de trois cloches.

Marché passé le 14 août. — Les dites cloches, fondues le 22 septembre et livrées le 25 du même mois ; poids total : 2.825 livres.

Archiv. Cavillier, Carrépuits : G, p. 131.

1768. — Refonte de la seconde cloche, par les frères Philippe III et Florentin Cavillier, de Carrépuits.

Le 1ᵉʳ septembre, Florentin « fait marché avec Nicolas Bachelier, menusier, demeurant à Rozière et entrepreneur de bâtiment, lequel est chargé de procuration de la part de Mʳ Leroux, curé, et des marguilliers et habitants du dit Rozière, à l'effet de faire fondre la seconde cloche de leur paroisse à Carrépuis [1] » ; — prix convenu : 160 livres ; plus, le métal à 30 sous la livre de 16 onces ; — « laquelle somme nous sera payée par le dit Bachelier, en deux paiements, sçavoir la moitié aussitôt la cloche fondue, et l'autre au bout de l'année de garantie. »

Le 22 septembre, « l'ancienne cloche nous a été livrée à Carrépuis par Firmin Vieil et Louis Varlet, marguilliers en charge, et Nicolas Bachelier. Et l'ayant pesée, elle étoit du poids de 807 livres. »

---

1. « Nicolas Bachelier, entrepreneur de bâtimens, demeurant à Rozières, porteur de procuration unanime bien signée dans l'assemblée des fabriciens de l'église du dit Rozières, plusieurs fois dûment convoquée et enfin tenue dans le bureau ordinaire de la ditte église, après les vespres, le 28 aoust 1768, au sujet des cloches du dit Rozières, dont une, la moyenne, est cassée, et les autres, à rédifier ». (Marché du 1ᵉʳ septembre 1768).

« Et le même jour, après être fondue, elle a été repesée en leur présence. Elle pèse présentement la quantité de 782 livres, étant diminuée de 25 livres ».

« De plus, nous avons livré deux poulies de fer au sieur Bachelier, dont l'une est du prix de 3 livres, et l'autre, pesante dix livres, est de celui de 45 sols »; — il « nous doit payer la somme de 3 livres d'argent, lui en ayant donné une pour rien. »

Archiv. Cavillier, Carrépuits : — reg. J, pp. 139-140 ; — papiers divers, dossier *Rosières* ; — journal O, p. 35 ; copie Berthelé, fol. 39.
Reg. Florentin Cavillier, Solente, ms. orig., p. 165 ; copie Berthelé, fol. 205 à 207.

BAYONVILLERS. — *1729*. — Le 24 juin, Philippe II Cavillier « conclud le marché pour fondre les trois cloches, [pesant ensemble 5.200 livres], moyennant 200 livres comptant » ; — en société avec Colin Cavillier.

La dite refonte, faite sur place. « Fondu le 30 juillet[1] ». — Bénédiction, peut-être le 14 août.

Archiv. Cavillier, Carrépuits : G, p. 39.

BEAUFORT. — *1765*. — Refonte, avec augmentation, des trois cloches, par Philippe III et Florentin Cavillier, de Carrépuits.

Le 27 janvier, marché écrit passé par les dits « fondeurs avec les sieurs curé, seigneur étant marguillier, marguilliers anciens, sindic et principaux

---

[1]. « Le 14 août, receu de Monsieur Baillet, curé, 84 livres, et 6 livres de dons de bénédiction : le tout fait 90 livres, sur quoy j'ai paié 51 livres à notre hôte Éloy Cat, et 13 livres 6 sols à M' Soier, d'Harbonnières, pour du pain qu'il nous a livré, dont le dit Cat, de Bayonvillers, nous en doit quatre, à 14 s. la pièce ».

habitans de la paroisse » ; — « nous sommes obligés à tout fournir, même le déchet ; les prendre au clocher et les y remettre, garnies de moutons neufs, avec les ferrures à écroux ; refondre les marbréaux ; enfin, rendre le tout bien conditionné ; les augmenter de 200 livres de métal ou environ, le dit métal à 30 sols la livre de 16 onces ; et ce, moyennant le prix et somme de 340 livres pour nos fournitures de matériaux,... façon [et main d'œuvre] » ; le tout payable par la fabrique en cinq années.

« Le 30me juin 1765, les trois anciennes cloches nous ont été livrées à Carrépuis, et pesées en présence de Mr de Navier, seigneur du dit Beaufort ; dont la grosse étoit du poids de 661 livres » ; la seconde, 577 livres ; la petite, 350 livres 1/2, et les six marbréaux, 31 livres 1/2, « ce qui formoit en total.... 1620 livres. »

« Et le 6me juillet 1765, les trois cloches nouvelles fondues... ont été pesées en présence de Mr de Beaufort ; dont la grosse pèse présentement la quantité de 781 livres » ; la seconde, 556 livres ; la petite, 418 livres 1/2, et les six marbréaux, 37 livres 1/2 ; total : 1793 livres ; — « les cloches neuves sont augmentées de 173 livres de métal. »

« Les dites cloches furent bénites le 22 juillet 1765, et le 23me suivant, Monsieur de Navier, seigneur, a tenu assemblée, et en ce moment ont fait un acte de réception de notre ouvrage, laquelle acte a été écrite sur le registre de l'église du dit Beaufort, qui porte un arrêté de compte qui est de la somme de 606 livres 10 sols. » — De cette somme, il « a été payé comptant celle de 206 livres 10 sols, par le dit seigneur ».

— Le 20 juin 1768, Florentin Cavillier donne « un

reçu à compte au sieur Landa, dit Saint-Éloy, marguillier », de la somme de 200 livres.

<small>Archiv. Cavillier, Carrépuits : reg. J, pp. 65-66. — Reg. Florentin Cavillier, Solente, ms. orig., pp. 137-138 ; copie Berthelé, fol. 175 à 177.</small>

BOUCHOIR. — *1722*. — Le 19 avril, Philippe II Cavillier, de Carrépuits, « fait marché à Bouchoire pour fondre trois cloches » ; — il doit « fournir 1400 livres de métail, poids de 15 onces », qu'il « vend 39 sols la livre, et... [il] reprend le leur à 35 sols, qui pèse environ 950 livres » ; — en société avec Nicolas Cavillier (dit Colin).

Poids exact de la vieille cloche, livrée au fondeur le 1er mai : 1018 livres ; — « fondu et livré le 8 juin ; la grosse pèze 1088 livres 1/2, la seconde, 790 livres ; la petite, 581 livres 1/2 et les [quatre] marbréaux, 58 livres 1/2 ; le total porte 2518 livres 1/2 ; ce poids, réduit à 15 onces, ne produit plus que 2351 livres. »

<small>Archiv. Cavillier, Carrépuits : — D, pp. 21 et 31, — et G, pp. 19 à 21.</small>

1751. — Refonte de la grosse cloche, par l'association Philippe II Cavillier et ses fils Philippe III et Florentin. — La dite cloche, fondue à Carrépuits entre le 1er et le 19 avril ; — livrée le 19 avril ; — poids : 1018 livres.

<small>Archiv. Cavillier, Carrépuits : H, p. 52, et I, p. 89.</small>

CAIX. — *1725*. — Refonte sur place, de la grosse cloche, pesant 2600 livres environ ; — fondeurs : Philippe II et Colin Cavillier, de Carrépuits[1].

<small>1. « Nous deux Colin associez, savoir moi pour les deux tiers, et Colin pour le tiers ».</small>

Marché passé par Philippe, le 7 octobre. — « Le samedi 24 de novembre,..., [le dit Philippe a] fourni 108 livres de métail, à Jean Billet, marguillier, qui a entré dans la cloche. » — « Fondue le 25 novembre. »

Quittance donnée au dit marguillier, par Philippe Cavillier, le 3 décembre ; — le même jour, « nous avons signé une garantie pour les anses, sur le dos de l'état de marché. »

Parmi les dépenses de cette fonte sur place, figure « le loyer de notre maison, consistant à 30 sols » ; Colin paie « sa part de 60 sols, pour le loyer de la maison, que nous avons occupée, et autres dépenses avec le dit Billet, [marguillier], qui s'est chargé de donner les 30 sols à la maîtresse de la maison. »

Archiv. Cavillier, Carrépuits : E, pp. 47-48.

1736-1737. — Refonte de la grosse cloche, par Philippe II Cavillier et son fils Philippe III.

Marché passé par Philippe II, le 26 décembre 1736. — La dite cloche, fondue à Carrépuits le 18 février 1737.

Archiv. Cavillier, Carrépuits : G, p. 103.

CHILLY. — *1691*. — Refonte de la grosse cloche, par Nicolas II Cavillier, de Carrépuits :

« J'ay fait marché au village de Chilly, le 27 aoust 1691, pour fondre la grosse cloche, moyennant la somme de 48 livres, pour les façons et fournitures et les façons de deux marbriaux ;.... le déchet et augmentation me sera payé à raison de 18 sols pour livre et quatre livres pour chaque cent. »

« Le marché cy-dessus a esté annullé par le moyen

d'un autre escrit, que Jacques Pinchepré, marguillier, Louis Massias et Estienne Garin, se sont obligés pour toute la parroisse de payer la somme de 65 livres, ... dont je dois fournir tout, même le déchet ; le dit marché .... en bloc, fait le 29 octobre 1691[1] ». — Première quittance du fondeur, le 4 novembre.

Archiv. Cavillier, Carrépuits : A, p. 60.

1717. — Philippe II Cavillier, de Carrépuits, en société avec le lorrain [Charles] Procureur : — « marché commun pour fondre la petite cloche de Chilly, moyennant 45 livres et tout fournir. »

« Fondue le 26 octobre 1717 » ; — « la cloche augmentée de six livres ». — Premier paiement : « receu 21 livres ; Procureur en a eu la moitié. »

Archiv. Cavillier, Carrépuits : A, pp. 212 et 216.

1741. — Refonte de la seconde cloche, par les Philippe Cavillier, père et fils, de Carrépuits. — La dite cloche, livrée le 12 juin ; poids : 498 livres à 14 onces.

Archiv. Cavillier, Carrépuits : G, p. 143.

FOLIES. — *1764.* — Refonte des trois cloches, à Carrépuits, par Philippe III et Florentin Cavillier.

Le 20 mai, les dits fondeurs font marché « avec les sieurs curé, marguilliers et habitans de Follie[2] » ;

---

[1]. Vraisemblablement après la fonte. — Il serait possible que la cloche de Chilly ait été coulée avec les trois d'Ablaincourt.

[2]. « Curé, marguillier [en charge] et principaux habitans de la paroisse de Saint-Lucien de Follie, diocèse d'Amiens » ; — « fondre les trois cloches de la fabrique du dit Follies ;... les rendre d'accord sur les tons *la, sol, fa...* » (Marché du 20 mai 1764).

— ils sont « obligés à tout, les prendre au clocher et les y remettre, moutonnées en neuf, ferrées à écroux, battants neufs, sauf les cuirs et les cordes et les voitures », qui sont à la charge de la parroisse ; — « et ce moyennant la somme de 400 livres, pour ce que dessus » ; — « et pour ce qui concerne le métail, nous sommes convenus qu'il en sera employé environ de 600 livres en augmentation, lequel nous sera payé à raison de 30 sols la livre de 16 onces » ; — « le montant du tout nous sera payé par la fabrique, en cinq paiements, savoir 600 livres aussitôt les cloches au clocher ; le second, au jour de la Purification de l'année 1765, et les autres à pareil jour des années suivantes. »

« Le 22me aoust 1764, les trois anciennes cloches de Follie ont été pesées à notre balance, en présence de Mr Goret, de Roye, du marguillier, greffier et autres, dont la grosse étoit du poids de 737 livres, la seconde de 563 livres 1/2, la petite 417 livres 1/2 et les six marbréaux 42 livres ; ... total : 1760 livres. »

« Et le 25me du dit aoust, les cloches neuves ont été pesées en présence de Monsr Goret, dont la grosse pèse présentement 998 livres, la seconde 720 livres 1/2, la petite 535 livres, et les six marbréaux 56 livres, ce qui forme un total de métail neuf de 2309 livres 1/2 ; de laquelle quantité, il faut ôter 1760 ; par conséquent, il y a d'augmentation 549 livres 1/2 ». — « La somme totale est de 1224 livres 5 sols, que la fabrique de Follie nous doit à nous deux mon frère. »

« Le 7me septembre 1764, Nicolas [Cavillier] a donné un reçu à Pierre Caron, marguillier en charge, pour la somme de 500 livres à compte. Cet argent a servi à payer notre bois de l'année 1764, et le restant a été partagé entre nous deux mon frère. »

<blockquote>
Archiv. Cavillier, Carrépuits : — reg. J, pp. 37-38, 44 et 46 ; — papiers divers, dossier *Folies*.

Reg. Florentin Cavillier, Solente, ms. orig., pp. 121-122 ; copie Berthelé, fol. 155 à 157.
</blockquote>

FOUQUESCOURT. — *1699*. — Le 8 juin, marché passé, pour la refonte de la grosse cloche, par les Cavillier de Carrépuits (Nicolas II, Philippe II et Charles) ; — la dite cloche fondue à Carrépuits le 16 juillet. — « Il a esté donné à Jean Cavillier[1] 36 sols » de gratification.

<blockquote>Archiv. Cavillier, Carrépuits : A, p. 109.</blockquote>

1708. — Philippe II Cavillier, de Carrépuits ; — « marché fait le jour de l'Ascension 17 mai 1708, pour fondre trois cloches » [sur place, à « Fouquécourt »] ; — « je dois les faire pour la saint-Jean 24 juin » ; — prix convenu pour la façon : 60 livres, payables comptant ; — « ils doivent tout fournir, même le métal pour le restant ». — Poids de la plus grosse de ces trois cloches : 900 livres.

Pour arriver à se faire payer, Philippe Cavillier dut faire intervenir d'abord Cordier, huissier à Roye, ensuite Leprévôt, procureur à Roye.

<blockquote>Archiv. Cavillier, Carrépuits : A, p. 144.</blockquote>

1754. — Refonte des trois cloches, à Carrépuits, par les frères Philippe III et Florentin Cavillier ; — « le même trait que Fontaine[2] et Élincourt[3]. »

---

1. Frère de Philippe II Cavillier.
2. Fontaine-sur-Somme (Somme).
3. Élincourt-Sainte-Marguerite (Oise).

Le 9 juin, Philippe III passe marché avec les « curé, marguillier et habitants de Fouquescourt » ; — les fondeurs sont « obligés à tout, [même] les prendre dans le clocher et les y remettre, sauf le déchet, à raison de cinq livres par chaque cent de ce que les nouvelles se trouveront peser après la fonte » ; sauf aussi l'obligation, pour la fabrique, « de voiturer les cloches à Carrépuis. »

« Le 3me jour de septembre 1754, les trois anciennes cloches de Fouquescourt nous ont été livrées à Carrépuis et pesées en présence de Mr Jean-Baptiste Lemaire, fermier, et de Jean-Louis François, clerc ; la grosse étoit du poids de 792 livres, la seconde 496 livres, et la petite 387 livres, ce qui formoit en total d'ancien métail, la quantité de 1675 livres, poids de 16 onces. »

« Et le 6me du même mois, les cloches nouvelles fondues ont été repesées en présence de François Mouton, sindic, et de Jean-Louis François, clerc, dont la grosse se trouve présentement du poids de 812 livres, la seconde 589 livres et la petite 444 livres 1/2. Donc, il y a la quantité de 1845 livres 1/2 de métail neuf. Par ainsy les trois cloches sont augmentées de 170 livres 1/2 de métail » ; en y ajoutant, « pour le déchet, 92 livres 1/4, le tout joint ensemble monte en total à 262 livres 3/4 de métail, que la fabrique de Fouquescourt nous doit, à raison de 30 sols la livre.... »

Archiv. Cavillier, Carrépuits : I, pp. 147-148. — Reg. Florentin Cavillier, Solente, ms. orig., pp. 27-28 ; copie Berthelé, fol. 35 à 37.

1782. — « Fouquiécourt ». — Refonte de la

seconde cloche, par Philippe III et Nicolas III Cavillier, de Carrépuits.

Marché passé le 16 juin. — Poids de la cloche cassée, livrée aux fondeurs en juillet[1] : 586 livres, poids de marc. — « Fondue à Carrépuits le 7 octobre. » Poids de la dite cloche nouvellement fondue : 583 livres, « ayant une diminution de trois livres ».

<small>Archiv. Cavillier, Carrépuits : K, p. 145.</small>

1786. — Le 20 février, Philippe III et Nicolas III Cavillier livrent « à la dite paroisse de Fouquiécourt deux clochettes, l'une à viatique, et l'autre pour l'élévation. »

<small>Archiv. Cavillier, Carrépuits : K, p. 145.</small>

FRANSART. — *1717.* — Refonte de deux cloches, par Philippe II Cavillier, en société avec le lorrain [Charles] Procureur ; les dites cloches, « pesant 900 livres les deux. »

Philippe Cavillier écrit au sujet de cette fonte : — « J'ai conclud le marché de Franssart le six de juin 1717, pour fondre deux cloches : je suis obligé à généralement tout fournir, moyennant 120 livres ; pour être fondues à Carépuis, »

« Fondu le 21 septembre ». — « Nous devons 75 livres de métal, au poids de Roye ; il n'y en a nulle reconnaissance ». — « J'ai été à la bénédiction, où je n'ai rien eu ». — « Le seigneur du lieu m'a baillié 50 livres à compte et m'a fait écrire sur la quittance : à la charge que le reste seroit payé par la paroisse, ne prétendant pas que l'église en paiera

---

[1.] « Acconduite par le charron du dit lieu ».

quelque chose, et si cette somme restant n'est pas aquitée par les paroissiens, le gentilhomme prétend reprendre son argent ; [ce] fut le 21 novembre 1717 ».
— « Procureur en est de sa part et n'a rien eu. »

Archiv. Cavillier, Carrépuits : A, p. 215.

1737. — Les Philippe Cavillier, père et fils : — trois cloches (deux refontes et une nouvelle).

Marché passé le 13 octobre. — Les dites trois cloches, fondues à Carrépuits le 6 novembre, et livrées le même jour ; poids : 544, 394 et 338 livres.

Archiv. Cavillier, Carrépuits : G, pp. 109-110.

GUILLAUCOURT. — *1727*. — Philippe II Cavillier, de Carrépuits, « fait accord avec les sieurs curé, marguilliers et habitans d'*Enguillaucourt*, pour fondre une cloche pesante 350 livres, et fournir 200 livres de métail, pour en faire une petite » (nouvelle) ; — le dit accord stipule que les paroissiens « doivent payer une livre de cire » (en outre du prix convenu pour la façon et les fournitures).

Poids exact de l'ancienne cloche : 314 livres. — « La grosse neuve pèse 333 livres, et la petite [nouvelle], 251 livres » ; — les dites deux cloches, vraisemblablement fondues [à Carrépuits], en même temps que la seconde de Vauvillers et livrées en même temps que celle-ci, le 29 mars.

« Compte réglé le 15 avril ». Philippe Cavillier ajoute : « j'ai rendu les écrits, étant entièrement satisfait. »

Archiv. Cavillier, Carrépuits : E, pp. 57-58.

1735. — Refonte de la petite des trois cloches,

par Philippe II Cavillier et son fils Philippe III [1].

Marché passé par Philippe III. — La dite cloche, fondue à Carrépuits avant le 12 mars.

Archiv. Cavillier, Carrépuits : G, p. 87.

1736. — Philippe II Cavillier passe marché, le 20 mai, pour la fonte (refonte?) de la seconde cloche, — La dite cloche, fondue [à Carrépuits] le 12 juillet, et livrée le lendemain 13.

Archiv. Cavillier, Carrépuits : G, p. 87.

1743. — Refonte des trois cloches, à Carrépuits, par Philippe II et Philippe III Cavillier.

Marché passé par Philippe III le 13 janvier, « en l'assemblée tenue à l'issue des vespres ». — Les dites cloches, fondues à Carrépuits le 14 mars et livrées le lendemain ; — poids : 1.024, 752 et 556 livres ; — « tons : *la, sol, fa.* »

Archiv, Cavillier, Carrépuits : — reg. G, pp. 162-162 *bis;* — papiers divers, dossier *Guillaucourt.*

1783. — Refonte de trois cloches, à Carrépuits, par Louis-Florentin Cavillier. — Marché passé par le dit « Florentin Cavillier, marchand fondeur de cloches, demeurant à Carrépuis, près de Roye en Picardie », avec les « curé, marguilliers et principaux habitans de la paroisse Saint-Éloy de Guillaucourt, diocèse d'Amiens », le 13 janvier 1783, « en l'assemblée tenue à l'issue de vêpres, convoquée à cet effet. »

Reg. Florentin Cavillier, Solente, ms. orig., 3ᵉ partie, p. 10 ; copie Berthelé, fol. 233 à 235.

---

[1]. A partir de 1735, Nicolas Cavillier, dit Colin, cesse de travailler avec Philippe II et Philippe III Cavillier : — « séparation avec Colin, à Guillaucourt » (note Philippe II Cavillier).

HALLU. — *1685*. — Nicolas II Cavillier, fondeur à Carrépuits, « fait marché au village de Halu, le 25 de février 1685, pour fondre et livrer une cloche neuve, pour servir de troisième grosse, moyennant le prix et somme de 18 sous 3 liards la livre, poids de Paris » ; — « moyennant le dit prix, [le fondeur est] tenu de fournir un battant pour la cloche » ; — « il y a un escrit entre les mains de Mons' le curé » ; — de plus, le fondeur doit « façonner quatre mabriaux », dont les paroissiens paieront « le métal à pareil prix, ou ils livreront le métal pour les faire. »

« Fondu le 11 de may » ; — « pesé et livré le 14 du dit mois en la ville de Roye » ; — « elle s'est trouvée peser la quantité de 509 livres » ; plus, 28 livres pour les quatre marbréaux ; « le tout réduit au grand poids, font la quantité de 470 livres [de métal], et en argent, la somme de 440 livres 12 s. 6 deniers ». — Le fondeur fournit « encore deux mabriaux, pesant onze livres et quart », et reprit deux vieux mabriaux de pottin, pesant huit [livres], qui seront diminués sur les deux neufs. »

Nicolas II Cavillier mentionne, dans sa comptabilité, « *nos* dépenses de bouche, faites au dict Halu ». Ce détail nous paraît impliquer la présence et la collaboration de Charles Cavillier, frère du dit Nicolas.

Archiv. Cavillier, Carrépuits : A, pp. 33-34.

1703. — Le 6 mai, Nicolas II Cavillier, de Carrépuits, « fait marché au village de Halu pour fondre trois cloches » [sur place] ; — « l'église fournit toutes choses, et pour mes façons et peines, l'église me paiera la somme de 60 livres » ; — « les rendre fondues le 15 de juin prochain. »

« Fondu le 13 de juillet ». — Payé au cabaretier : 14 livres.

Archiv. Cavillier, Carrépuits : A, p. 129.

1711. — Refonte des trois cloches, par Philippe II Cavillier, de Carrépuits, [avec la coopération de son frère Jean].

Marché passé par le dit Philippe, le dimanche 1ᵉʳ mars. — Poids des dites trois cloches ensemble : 1100 livres environ. — « Fondues [à Carrépuits] le le 24 mars et livrées le 26 » ; — « il y a sept livres d'augmentation et 50 livres pour le déchet » ; plus, trois livres pour le déchet des restants. »

Archiv. Cavillier, Carrépuits : A, p. 154.

1719. — Refonte de la cloche pesant 600 livres environ, par Philippe II Cavillier, de Carrépuits.

Marché « verbal fait à Halu, au sortir des vespres, le premier avril, pour fondre la grosse cloche à Carrépuits ». — Fon[due le .....] juin et augmentée de 89 livres. »

Archiv. Cavillier, Carrépuits : C, p. 9.

1734. — Refonte de la grosse cloche, par Philippe II et Colin Cavillier. — Marché passé par Colin. — La dite cloche, fondue [à Carrépuits] le 3 septembre.

Archiv. Cavillier, Carrépuits : G, p. 62.

HARBONNIÈRES. — *1701.* — Refonte des trois cloches, sur place, par les Cavillier, de Carrépuits

(Nicolas II et son fils Philippe II), en société avec Charles Gorlier, de Roisel [1].

« Marché (écrit Nicolas Cavillier) fait au village et bourg de Harbonnier, avec Monsieur Bernard, marguillier, lieutenant et notaire, et le procureur d'office, le 20 de juillet 1701, pour fondre les trois cloches », — « moyennant la somme de 120 livres, à cause d'un rabais » ; — « il n'y a pas d'escrit » ; — l'église fournit toutes choses, même le métail et déchet » ; — « pour les rendre fondues au 22 aoust. »

« L'escrit fait le 7 [?] septembre », — « pour les rendre fondues le premier octobre » ; — « le dit marguillier fournit la moitié du métail, et moi dit N. Cavillier fournis l'autre moitié » ; — « je dois prendre le reste, à 17 sols la livre, au cas qu'il y en ait, de celui qui a [été] acheté à Amiens à 18 sols. »

« Charles Gorlier travaille pour son tiers. »

« J'ai pesé pour Harbonnier (continue Nicolas Cavillier) 231 livres de métail et d'estain, sçavoir 200 livres [de métail] et 31 d'estain fin. Le métail que j'ai fourni m'a esté rendu le jour de la fonte des dites cloches, qui est le 14 septembre. Il m'est dû 31 livres d'estain, à 24 sols la livre. »

« Le profit est à trois : Nicolas et Philippe Cavillier et Charles Gorlier, par tiers, pour les façons seulement ». — Le 14 septembre, « le cabaretier a reçeu de Monsr Bernard, marguillier en charge, la somme de 41 livres, pour nos dépenses de bouche pendant la fonte des cloches, qui sera diminué sur les façons. »

Archiv. Cavillier, Carrépuits : A, p. 119.

---

[1]. « 1701, ils ont fondu trois cloches à Harbonnierres. » (Registre de Pierre Gorlier).

1702. — Nicolas II Cavillier, de Carrépuits, reçoit « 425 livres de métail, pour faire une cloche de 350, poids d'Amiens, chez le maréchal, et fait marché avec M. de Feuquier et [Claude] Mouton, marguillier en charge, moyennant 50 livres pour les façons et fournitures, sans le déchet de 4 livres de métail pour cent » ; — « l'escrit est entre les mains de Monsieur Bernard. »

« Livré la dite cloche le 29 mars à la paroisse » ;

« J'ay rendu le même poids, et au par-dessus elle pèse 8 livres de métail, que le marguillier me doit, avec les déchets et façons. »

« J'ai acheté les escumes de Harbonnier [au marguillier], le 9 apvril 1702, moyennant 9 livres. »

Archiv. Cavillier, Carrépuits : A, pp. 119 et 125.

1729. — Refonte sur place, par Philippe II et Colin Cavillier, des trois cloches pesant ensemble 4.500 livres environ.

Marché passé [par Philippe] avec Mrs les curé, marguilliers et paroissiens, en date du 19 mars ».
— « Fondues le 11 juin. »

Archiv. Cavillier, Carrépuits : G, pp. 29-30.

1736. — Refonte de la grosse cloche, par Philippe II Cavillier, de Carrépuits, et son fils Philippe III.

Marché passé par Philippe III, le 4 mars. — La dite cloche, fondue à Carrépuits le 7 avril.

Archiv. Cavillier, Carrépuits : G, p. 94.

1789. — « Paroisse Saint-Martin de Harbonnière ». — Refonte de la seconde cloche, à Carrépuits, par Philippe III et Nicolas III Cavillier (raccord avec les deux autres).

Le 15 août, le dit Nicolas Caviller passe « écrit de marché, lequel est sur le registre de délibérations ». — L'ancienne cloche cassée, rendue à Carrépuits par le syndic et le marguillier, le 25 septembre, pesait 1.400 livres juste, poids de 16 onces. — Poids de la cloche nouvelle fondue, « repesée en présence des mêmes habitans », le 6 novembre : 1423 livres ; soit une augmentation de 23 livres ; — « cette cloche est bien d'accord et belle. »

Archiv. Cavillier, Carrépuits : K, p. 229.

LA CHAVATTE. — *1745*. — Association Philippe II Cavillier et ses fils Philippe III et Florentin : — deux cloches (une refonte et une nouvelle).

Marché passé par Philippe III, le 29 août. — Les dites cloches, fondues à Carrépuits le 16 septembre ; livrées le 19 du même mois ; — poids : 373 livres 3/4 et 292 livres 1/2.

Archiv. Cavillier, Carrépuits : H, pp. 7-8, et I, pp. 31-32.

1782. — Refonte de « la grosse des deux cloches », à Carrépuits, par Philippe III et Nicolas III Cavillier.

Marché passé par le dit Philippe Cavillier, le 1er septembre. — Poids de l'ancienne cloche, livrée aux fondeurs en novembre : 361 livres. — Poids de la cloche nouvelle fondue, pesée le 30 du même mois de novembre : 370 livres ; — « elle est augmentée de neuf livres. »

Archiv. Cavillier, Carrépuits : K, p. 146.

Chateau. — *1745*. — Association Philippe II Cavillier et ses fils Philippe III et Florentin : — une clochette, pesant 34 livres, livrée le 1ᵉʳ octobre.

Archiv. Cavillier, Carrépuits : I, p. 19.

MAUCOURT-EN-SANTERRE. — *1690*. — Nicolas II Cavillier, fondeur à Carrépuits, « fait accord et marché avec Monsieur le curé et habitants de Maucourt-en-Santaire, pour fondre la moyenne des trois cloches, moyennant la somme de 45 livres » ; — le fondeur fournit tous les matériaux, « sauf le déchet et l'augmentation, s'il s'en trouve », qui seront payés par les parroissiens « à raison de 18 sous la livre » ; — « l'escrit [du marché], fait double, le 18 de juin » ; — le fondeur « doit rendre [la dite cloche] fondue le 15 juillet. »

« Fondu le 13 du dit mois ». — « Repesée, elle s'est trouvée augmentée de 25 livres ». — Déchet : 24 livres ; total : 49 livres de métal à payer par la paroisse.

Nicolas Cavillier ajoute : « il a esté mécompté, au poids, de onze livres de métail, que le peseur a fait à mon préjudice, dont les paroissiens m'obligent, en me tenant compte de la dite quantité, de fondre six mabriaux, moyennant cent-dix sols. »

« Le tout est réglé, le 17 septembre de la dite année, et monte à la somme de 102 livres 15 sols. Je n'ay aucun compte par escrit, sinon pour témoins Pierre et Jean Lesage, estant présent au presbytère avec Monsʳ le curé. »

« 33 sols, pour le pesage de la dite cloche. »

Archiv. Cavillier, Carrépuits : A, pp. 55-56.

MÉHARICOURT. — *1691*. — Nicolas II Cavillier, fondeur à Carrépuits, « fait marché au village de Méharicourt, le premier apvril 1691, moyennant la somme de soixante livres, pour fondre la moyenne cloche » ; — il « fournit tous les matériaux nécessaires pour faire la ditte fonte, sauf le déchet » ; — « Mʳ le curé de la ditte parroisse a l'escrit [de marché] entre les mains. »

« Fondu le 12 may l'an courant. »

En outre des 60 livres pour la main d'œuvre et les fournitures, « il est deu [au fondeur] 53 livres et demie [de métail] ; sur quoy ils ont desfalqué le déchet de 200 cens[1], que j'ay mis pour les restants, qui fait 8 livres de métail ; partant reste à payer 45 livres et demie, à raison de 17 sols la livre » ; — « compté et réglé avec les curé et marguillier, tant pour les façons que métail, se montent à la somme de cent et une livres, que doibt l'église du dit Méharicourt. »

Archiv. Cavillier, Carrépuits : A, p. 58.

1692-1693. — Le 9 novembre 1692, Nicolas II Cavillier « fait marché avec les curé, marguillier et habitants de Méharicourt, pour fondre la grosse cloche » ; — le dit fondeur « doit tout fournir, sauf le déchet de quatre livres pour chaque cent » ; — prix convenu : « 60 livres pour les façons et fournitures » ; — « nous devons changer la moitié de leur cloche et leur livrer de nostre métail jusqu'à la quantité de cinq cents, en nous payant la somme de 20 livres pour le retour. »

1. Deux cents (200 livres) de métal.

« Fondu la ditte cloche le 13 febvrier » 1693. —
« Elle s'est trouvé peser moins deux livres » ; —
« elle se trouve de 1075 [livres]. »

Archiv. Cavillier, Carrépuits : A, p. 67.

PARVILLERS. — *1685*. — Nicolas II Cavillier, fondeur à Carrépuits, « fait marché au village de Parvillé, le 4 de juillet 1685, moyennant la somme de 75 livres, ... pour la fonte des deux petites cloches, pour raccorder sur la grosse » ; — « les marguilliers doivent tout fournir, comme le bois et charbon », et le fondeur « doit fournir le reste » ; — « l'état de marché a esté fait chez Louis Serissier, notaire à Roye [1] ; — le fondeur doit également « refondre les mabriaux, qui seront nécessaires pour les cloches. »

« Fondu le 2 d'aoust l'an comme dessus. »

Nicolas II Cavillier ajoute : « J'ay baillé quittance à Martin de la Rouzée, marguillier, pour la somme de 27 livres 12 sols, pour estre dégagé de *nos* dépenses de bouche chez Martin Ficheu, et pour *nos* manœuvres et autres fournitures, que le dit La Rouzée a répondu et payé pour *nous* ». Ce texte nous paraît bien indiquer que, dans la fonte sur place de Parvillers, Nicolas Cavillier eut pour collaborateur son frère Charles.

Archiv. Cavillier, Carrépuits : A, pp. 34 et 33 *bis*.

1749. — Refonte des trois cloches, par l'association Philippe II Cavillier et ses fils Philippe III et Florentin.

---

[1]. *Parvillers*, aujourd'hui commune du canton de Rosières, est un peu moins éloigné de Roye que de Rosières.

Marché passé par Florentin, le 23 février. — Les dites cloches, fondues à Carrépuits, entre le 27 mars et le 1ᵉʳ avril; pesées le 1ᵉʳ avril; — poids: 2026, 1477 et 1077 livres.

> Archiv. Cavillier, Carrépuits : H, pp. 20-21.

1766. — Refonte de la grosse cloche de « la paroisse Saint-Martin de Parvillers », à Carrépuits, par les frères Philippe III et Florentin Cavillier.

Le dimanche 3 août[1], marché écrit passé par Philippe III. — Le 20 octobre, livraison de l'ancienne cloche aux fondeurs. — « Pesée à notre balance, en présence de Mʳ Le Roy[2], maître d'école [et clerc séculier[3] de la paroisse], elle étoit du poids de 1901 livres, à 16 onces ». — Le 28 octobre, pèsement, « en présence du dit Le Roy », de la cloche nouvelle fondue : « elle est présentement de 1881 livres 1/2, étant diminuée de 19 livres 1/2 de métal. »

« Cette cloche (écrit Philippe Cavillier) est très bien d'accord, belle, bien fondue et très bonne, nous ayant changé 1200 livres de leur métal, et c'est ce qui l'a rendue meilleure que l'ancienne. »

> Archiv. Cavillier, Carrépuits : — reg. J, pp. 93-94 ; — papiers divers, dossier *Parvillers* ; — journal O, pp. 12 et 14 ; copie Berthelé, fol. 17 et 19.
>
> Reg. Florentin Cavillier, Solente, ms. orig., pp. 155-156 ; copie Berthelé, fol. 195 à 197.

---

1. « Le 20ᵐᵉ juillet (écrit Philippe Cavillier), j'ai été à Parvillers, pour faire accord de leur grosse cloche, là où j'ai dépensé la somme de 45 sols, avec M. Le Roy, en diner et boisson ». — Le fondeur régalait le sacristain !
2. Il signait : « Louis Le Roy ». (Marché du 3 août 1766).
3. « Mʳ Le Roy, clerc ». (Florentin Cavillier).

1768. — Philippe III et Florentin Cavillier : — « le 11 mars 1768, nous avons livré deux poids de fer pour l'horloge de Parvillers, dont l'un, pour la sonnerie, pèse 250 livres, et celui du mouvement pèse 162 livres ; en total 412 livres, qui, à raison de 2 sols 6 deniers la livre, ainsy que nous en sommes convenus, fait la somme de 51 livres 10 sols, que l'église de Parvillers nous doit à nous deux Florentin. »

Archiv. Cavillier, Carrépuits J, p. 94. — Cf. le registre de Florentin Cavillier, Solente, pp. 155-156 ; copie Berthelé, fol. 197.

PUNCHY. — *1684-1685*. — Nicolas II Cavillier, fondeur de Carrépuits, « fait marché au village de Punchy, le 8 décembre 1684, pour fondre une cloche neuve et pour servir de plus grosse, accordante à une petite, moyennant le prix et somme de 19 sols pour livre, poids de 16 onces » ; — conditions du paiement ; 100 livres, le jour de la livraison ; à Noël 1685, « il sera payé par l'église le prix de quinze septiers de bled, mesure de Lihon, avec vingt livres, que les paroissiens donneront l'espace de quatre ans, et tous les paiements seront continués de la dite église, par chacun an au Noël, jusqu'à l'entier paiement, ... [à raison] de 15 septiers de blé d'année en année. »

« Fondu le 11 de may 1685. » — « Livré la cloche le 14 de may l'an comme dessus. Elle s'est trouvée peser, au poids de Roye, la quantité de 613 livres » (poids de 14 onces), ce qui revient, « calculé au grand poids » (poids de 16 onces), à 536 livres et demie. Le fondeur note sur son registre : « J'ay l'escrit[1], fait par devant notaire à Roye, avec l'estat de marché[2] entre mes mains, pour me faire payer. J'ai reçu du marguillier 34 livres : la quittance au dos de l'escrit par devant notaire, du 14 de may. »

Ces paiements annuels en blé, ou pour être plus exact, au moyen de l'argent provenant de la vente d'une certaine quantité de blé, constituent une particularité intéressante de l'ancienne comptabilité campanaire. Ils fournissent en plus des détails utiles pour l'histoire économique. — Le « bled de la première année 1685 » fut « prizé à 30 sols le septier ». — « Pour l'année 1686, receu les 15 septiers de bled ; ...baillé quittance à Antoine Flamicourt, marguillier, ... pour la somme de 18 l. 8 s. 6 d., pour la vente du bled à raison de 24 s. le septier ». — « Pour l'année 1687, receu la somme de 15 l. 15 s., pour le bled vendu à 21 s. le septier ». — Pour l'année 1688, « quittance de la somme de 18 livres, pour la vente du bled à raison de 24 sols le septier ». — « Plus, receu, pour l'année 1690, [pour] les 15 septiers de la ditte église du dit Punchy, la somme de 20 l. 10 s. ; ... mon frère[3] a baillé quittance le 27 décembre 1690 ». — Le blé de 1691 est vendu 39 sous. Date de la dernière quittance : le 30 janvier 1698.

Archiv. Cavillier, Carrépuits : A, pp. 30 à 32.

1699. — Refonte de la grosse cloche cassée, par les Cavillier, de Carrépuits (Nicolas II, Philippe II et Charles).

1. L'écrit du compte établi au moment de la livraison de la cloche.
2. D'après le marché passé le 8 décembre 1684, « l'estat de marché » devait être « mis en mains [du fondeur] le jour de la livraison ».
3. Le fondeur Charles Cavillier.

Marché passé par Nicolas le 21 juin. — « La cloche fondue [à Carrépuits] et livrée le 2 aoust. »

<small>Archiv. Cavillier, Carrépuits : A, pp. 100-101.</small>

1733. — Refonte de la grosse cloche, par Philippe II et Colin Cavillier, de Carrépuits.

Marché passé le 21 septembre. — La dite cloche, livrée le 2 décembre, — pesant 562 livres 1/2.

<small>Archiv. Cavillier, Carrépuits : G, p. 56.</small>

QUESNOY-EN-SANTERRE. — *1696.* — Association Nicolas II, Philippe II et Charles Cavillier, fondeurs à Carrépuits : — trois cloches (une refonte et deux nouvelles).

Marché passé par Nicolas Cavillier, le 1er mai : — « fondre et livrer trois cloches neuves ; sur quoy ils en bailleront une vieille pour mettre dedans la ditte quantité, pesant quatre cents ou environ » ; — poids des trois cloches à fournir : « un mille ou environ » ; — prix convenus : le métal « pour faire le parachèvement », à 18 sous la livre, poids de 16 onces ; plus, « la somme de 60 livres pour les façons, et la somme de 15 livres pour les déchets de la dite vieille cloche » ; — « l'escrit [de marché], fait double ». — « Les dites cloches, fondues et livrées le 23 juin. »

<small>Archiv. Cavillier, Carrépuits : A, pp. 89-90.</small>

1749. — Refonte de la seconde cloche, par l'association Philippe II Cavillier et ses fils Philippe III et Florentin. — La dite cloche, vraisemblablement fondue à Carrépuits, le 7 mai ; — poids ; 431 livres 1/2.

<small>Archiv. Cavillier, Carrépuits : H, p. 26.</small>

1759. — Le 23 octobre, Philippe III Cavillier fait « accord avec la paroisse du Quesnoy », pour « fondre la petite cloche qui étoit cassée, de laquelle petite cloche en faire une pour servir de grosse aux deux qui sont restées au clocher [1] » ; — en société avec son frère Florentin.

Le dit jour 23 octobre, « l'ancienne cloche du Quesnoy nous a été livrée à Carrépuis, et a été pesée en présence de Mr Leclercq, curé, et du s^r Cleuet, laboureur : elle étoit du poids de 233 livres, poids de 16 onces. »

« Et le 26me jour du même mois, la cloche neuve a été pesée avec la même balance, en présence des susnommés. Elle pèse présentement 583 livres ; ainsi elle est augmentée de 350 livres de métail. »

Somme totale due aux fondeurs par la fabrique : 645 livres ; — quittance finale, le 27 novembre 1765.

> Archiv. Cavillier, Carrépuits : — reg. I, pp. 237-238 ; — papiers divers, dossier *Le Quesnoy-en-Santerre*.
> Reg. Florentin Cavillier, Solente, ms. orig., pp. 72-73 ; copie Berthelé, fol. 97 à 100.

[1]. « Nous soussignés Me François Leclercq, curé du Quesnoy-en-Sangters, Charle Cleuet, lieutenant de la seigneurie du Quesnoy, Florimond Debains, sindic de la paroisse, Claude Soyer, François Cleuet, marguillier rendant compte, Pierre Philippe, Pierre-Adrien Vielle, marguillier en charge, et autres, tous assemblés au son de cloche,..... désirants augmenter, fortifier, la sonnerie de nos cloches, en ajoutant quatre cent ou environ de métail, qui doit être fourni par le dit Cavilly, au poids actuel de la petite cloche de notre clocher, qui est cassé et à refondre, pour en avoir une grosse relativement aux autres restantes dans le clocher ; sommes convenu de payer le métail ajouté, au prix de 30 sols la livre, 16 onces pour la livre ; en outre, 40 écus pour la main-d'œuvre de fonte, lesquels payements se feront d'année en année, dans l'espace de quatre ans » ; — « le dit Cavilly... s'oblige de rendre la nouvelle cloche, accordante en harmonie avec la moyenne et grosse, qui restent dans le clocher, à la Toussaint de l'année 1759, sans se charger de mouton et autres choses pour la pente ». (Marché du 23 octobre 1759).

ROUVROY-EN-SANTERRE. — *1693*. — Nicolas II Cavillier, fondeur à Carrépuits, en société avec son frère Charles Cavillier et avec son cousin Charles Gorlier : — trois cloches.

Marché définitif, passé par Nicolas Cavillier le 24 juin.

« J'ay fait marché verbal (écrit en premier lieu Nicolas Cavillier), au village de Rouveroy, pour leur fondre : de la petite cloche en faire une plus grosse de deux, moyennant la somme de 50 livres, ou si la petitte demeure et qu'ils achètent du métail pour en faire une plus grosse pour servir de troisième, ils bailleront la somme de 60 livres » ; — « les curé [et] marguillier doivent tout fournir les choses nécessaires, même le déchet » ; — « les façons [payables] comptant et lors les cloches receues ». — On parait s'être arrêté tout d'abord à ceci, « sçavoir fondre la petitte cassée et une neuve plus grosse. »

Nicolas Cavillier écrit ensuite : « J'ay l'escrit, fait double, pour en faire trois, moyennant la somme de 60 livres, en datte du 24 juin 1693 » ; — « le marguillier me doibt le voyage de Noyon, pour choisir le métail. »

« Fondu [sur place] le trois aoust 1693. »

Le lendemain, Nicolas Cavillier donne quittance au marguillier de « la somme de 29 livres 11 sols pour nos despences et manœuvres ». — Le 10 décembre 1693, paiement final : « partagé à deux, Nicolas et Charles Cavillier ; on doit à Gorlier le tiers. »

Archiv. Cavillier, Carrépuits : A. p. 54.

1705 — Refonte de la moyenne cloche, par les

Cavillier, de Carrépuits (Nicolas II, en société avec ses fils Philippe II et Jean).

Marché passé par Philippe le 19 mars. — La dite cloche « fondue [à Carrépuits] le 7 avril et livrée le 8 ». — « Il y a trois livres et demie de soupiraux pour les gans. »

Archiv. Cavillier, Carrépuits : A, p. 131.

1720. — Refonte de la seconde cloche, par Philippe II Cavillier, en société avec son cousin Nicolas Cavillier, dit Colin[1].

Marché passé par Philippe le 18 août. — Lieu de la fonte : Carrépuits. — Poids de l'ancienne cloche : 740 livres 1/2. — « Fondue le 10 octobre ». — « La neuve repèze 845 livres 1/2, et partant [les paroissiens] redoivent 105 livres de métail » d'augmentation. — Garantie : un an.

Archiv. Cavillier, Carrépuits : C, p. 18.

1741. — Refonte de la seconde cloche, par les Philippe Cavillier, père et fils.

Marché passé le 7 mai. — La dite cloche, fondue à Carrépuits ; — livrée le 12 juin ; — poids : 800 livres environ (?).

Archiv. Cavillier, Carrépuits : G, p. 142.

1751. — Refonte de la grosse cloche, par l'association Philippe II Cavillier et ses fils Philippe III et Florentin.

Marché passé par Philippe II et Philippe III, le 16 mai. — La dite cloche, fondue à Carrépuits, entre le 1er et le 24 juillet ; — poids : 1.021 livres.

Archiv. Cavillier, Carrépuits : H, p. 57, et I, pp. 95-96.

---

[1]. « Il faut le tiers de la façon à Colin. »

VRELY. — *1712*. — Refonte d'une cloche, par les frères Cavillier (Philippe II et Jean), de Carrépuits ; — la dite cloche, pesant 900 livres environ.

« Accord conclu à Verlie le 21 février 1712 » ; — « ils seront obligés d'amener et ramener leur cloche à Carrépuits, où elle sera fondue. »

« Fondue le 26 avril » ; — « il y a augmentation de cent livres, qui seront payées à 20 sols la livre » ; — « porte en total 175, y compris 75 livres de façon. »

Archiv. Cavillier, Carrépuits : A, p. 160.

1734. — Refonte de la grosse cloche, par Philippe II et Colin Cavillier, de Carrépuits.

Marché passé au mois d'avril. — La dite cloche, fondue, selon toute vraisemblance, le 18 juin ; — poids : 890 livres, à 14 onces.

Archiv. Cavillier, Carrépuits : G, p. 82.

1751. — Refonte de la petite cloche de « Verly », par l'association Philippe II Cavillier et ses fils Philippe III et Florentin.

Marché passé par Philippe III, le 11 juillet. — La dite cloche, fondue à Carrépuits, le 6 ou le 7 septembre ; — pesée le 22 septembre ; — poids : 472 livres.

Archiv. Cavillier, Carrépuits : H, p. 65, et I, pp. 97-98.

1768. — Refonte des trois cloches de « la paroisse de Saint-Pierre de Vrely, diocèse d'Amiens » ; — fondeurs : Philippe III et Florentin Cavillier, frères ; — lieu de la fonte : Carrépuits.

Le 28 février, Florentin passe marché, « en l'assemblée convoquée au dit Vrely, à l'issue des vêpres » : — « fondre les trois cloches du dit Vrely, du poids environ 2.200 ;... les rendre d'accord, sur le ton de la clef *la, sol, fa* » ; — « descendre les cloches du clocher et les mettre en place, chargeant la ditte fabrique de l'ouverture du plancher ; le dit Cavillier s'oblige de faire mettre deux plateselles sur le beffroy de la petite cloche, pour la relever » ; — « les rendre fondues pour l'Ascension prochaine » ; — « prix convenu, pour les fournitures et main d'œuvre : 500 livres » ; — le métal d'augmentation ou de diminution, à 30 sous la livre, poids de marc ; — « les voitures et cordes [et passage du clocher] seront à la charge de la fabrique ».

Le 13 mai, livraison aux fondeurs, par le marguillier Pierre Ricbourg, des trois anciennes cloches, pesant la grosse 773 livres, la seconde 602 livres, et la petite, 469 livres ; plus, une paire de marbréaux, de 9 livres 1/2 ; total : 1.853 livres 1/2 d'ancien métal, poids de 16 onces.

Poids des trois cloches nouvelles fondues, pesées le 15 mai suivant, en présence du dit Ricbourg, marguillier : la grosse, 840 livres ; la seconde, 609 livres ; la petite, 452 livres ; plus, les deux marbréaux, 15 livres ; total : 1.916 livres. — « Elles ont assez belle grâce ; elles sont bonnes et bien d'accord ; elles sont bien fondues ; le métail n'a point absolument de bonne qualité ».

« Le 30 may, nous avons été à Vrely mettre les cloche en place » ; — le dit jour. premières quittances données par Philippe Cavillier : d'une part, à Jean Lemaire, ancien marguillier ; d'autre part, à Jean Villet, également ancien marguillier.

> Archiv. Cavillier, Carrépuits : — reg. J, pp. 131-132 ; papiers divers, dossier *Vrely* ; — journal O, p. 32 ; copie Berthelé, fol. 37-38.
> Reg. Florentin Cavillier, Solente, ms. orig., p. 176 ; copie Berthelé, fol. 221-222.

WARVILLERS. — *1714*. — Refonte de trois cloches, par Philippe II Cavillier, de Carrépuits.

Marché passé par le dit Philippe, le 1er juillet, moyennant 150 livres pour les façons, le fondeur étant « obligé à tout fournir, sauf le déchet » ; — les dites cloches, « pesant 950 livres, les trois » ; — « la grosse, pesant 400 livres. »

« Fondu le 8me août » [à Carrépuits] ; — « bonnes cloches ». — Tant pour « le déchet, de 5 livres au cent », que pour l'augmentation, les paroissiens « doivent [au fondeur] 425 livres [de métal], à 22 sols la livre ; porte en argent 467 livres 10 sols ; plus, 18 sols pour le surplus de six livres d'étain fin, à 25 sols, et 44 sols pour une clochette à main. »

Difficultés pour le paiement ; — procédures ; — « la quittance [finale] est du 23 février 1725, et sans préjudice aux frais, que je crois perdus entièrement, montant à 56 livres 15 sols, sans comprendre les vols des procureurs et sergeants » ; — « mauvais village » ; — « chicane endiablée. »

> Archiv. Cavillier, Carrépuits : A, pp. 180-181 et 189-190.

1751. —.Refonte de la grosse cloche, par l'association Philippe II Cavillier et ses fils Philippe III et Florentin.

Marché passé par Philippe III et Florentin, le 8 mars. — La dite cloche, fondue à Carrépuits, le 2 avril ; — livrée le 5 ; — bénite et mise au clocher le 22 du même mois ; — poids : 374 livres 1/2.

Archiv. Cavillier. Carrépuits : H, p. 54, et I, p. 74.

1780. — Association Philippe III et Nicolas III Cavillier, père et fils ; — « les trois cloches [de la paroisse Saint-Martin de Warvillers], fondues à Carrépuis,... pesant 1.200 livres environ » (trois refontes avec augmentation).

Marché passé le 8 octobre ; « — refondre leurs trois cloches, ... y mettre une augmentation pour les rendre à douze cent de poids. »

Les trois anciennes cloches, livrées aux fondeurs, à Carrépuits, le 2 décembre, pesaient : la grosse, 374 ; la seconde, 262 ; et la petite, 185 ; total : 821 livres, poids de 16 onces.

Poids des trois cloches nouvelles fondues, pesées le 20 du dit mois : la grosse, 543 ; la seconde, 402 ; et la petite, 280 ; total : 1.225 livres ; — « Il se trouve une augmentation de métal de 404 livres ». — « Ils sont très bien servis. »

« Les dittes cloches furent montées et placées le jour de saint Thomas 1780, qui est le 21 décembre. »

Somme totale, due par « la fabrique du dit Warvillé » : 926 livres, qui ne furent pas payées sans difficultés. — En mai 1781, Philippe Cavillier « les fait assigner, par M⁰ Bartout, huissier à Roye,... dont il a pour la somme de 4 livres 10 sols de frais d'assignation ». — Acomptes divers, payés en 1781, 1782 et 1783. — Le 5 juin 1784, Nicolas Cavillier envoie « tous les papiers à Mʳ Moussette, procureur à Mondidier, pour les faire condamner » ; — « c'est ce qui a été fait, avec signification de sentence, commande et itératif commandement » ; — « les frais se sont montés à la somme de 41 liv. 11 s. 3 d. ». — Quittances finales, le 8 mars 1785.

Archiv. Cavillier, Carrépuits : K, pp. 123-124.

Château. — *1781*. — Philippe III et Nicolas III Cavillier : — «.une petite cloche pour le château de Warvillé, laquelle est du poids de 20 livres et 1/2, à 16 onces », — en remplacement de « leur ancienne cassée, [qui] étoit du poids de 10 livres et 1/2 ».
Prix de la façon : « six sous de la livre » ; — prix du métal d'augmentation : 30 sous la livre.

Archiv. Cavillier, Carrépuits : K, p. 130.

Canton de Roye.

ROYE. — **Église collégiale Saint-Florent.** — *1621*. — Roger Cavillier, fondeur à Noyon : — « la petite cloche des messes ». — Cette cloche existait encore en 1764.

Philippe III Cavillier, *Généalogie*, p. 4. — Berthelé, *Enquêtes campanaires*, p. 228. — Berthelé, *Ephemeris campanographica*, tome I, fasc. 3, p. 242.

1719 ou 1720 (?). — Refonte du *la* du carillon, par Philippe II Cavillier, de Carrépuits. — Poids de l'ancienne cloche : 136 livres ; — poids de la nouvelle : 144 livres, à 14 onces.

Archiv. Cavillier, Carrépuits : C, p. 19.

1751. — Refonte de la grosse cloche du carillon, par l'association Philippe II Cavillier et ses fils Philippe III et Florentin.

Marché passé par Philippe II et Philippe III, le 1ᵉʳ mars. — La dite cloche, « fondue deux fois, dont le trait ne valoit rien, à cause de sa maigreur, qui rendoit le son baroc et désagréable à entendre » : — la première fois, fondue entre le 31 mars et le 14 avril ; livrée le 16 avril ; pesant 601 livres ; — la seconde fois, livrée le 10 septembre et mise au clocher le lendemain ; pesant 599 livres.

Archiv. Cavillier, Carrépuits : H, p. 54, et I, pp. 91-92.

1770. — Philippe III Cavillier, en société avec son neveu Louis-Florentin : — refonte de « la troisième cloche du clocher » (« ancienne cloche gothique cassée. »)

« Le 18 février 1770 (écrit Philippe Cavillier), j'ai fait écrit de marché avec MM. les doïen et chanoines de l'église collégiale de Saint-Florent de Roye, représentés par Messieurs Pépin, doyen, et par Aubert Delamerryer, chanoine fabricier, et ce pour refondre la troisième cloche de leur sonnerie à Carrépuis. »

« Le 8me mars 1770, l'ancienne cloche gothique a été pesée à notre balance, en présence de Mr Minart, musicien, lequel a été chargé d'être présent à la pesée. Cette ditte cloche s'est trouvée être du poids de 317 livres, poids de 16 onces. »

« Et le 19me jour de may 1770, la cloche nouvelle fondue a aussy été pesée en présence du dit Minart : étant présentement du poids de 316 livres » ; — elle « pèse une livre moins que l'ancienne » ; il y a, par conséquent, « 28 sols à déduire » de la somme de

90 livres, convenue pour la façon ; — les chanoines « doivent 88 livres 12 sols, dont il appartient à la famille de feu Florentin la somme de 29 liv. 10 s. 8 d., et à moy 59 liv. 1 s. et 4 d. », soit un tiers pour la part du jeune Louis-Florentin.

Le trait de l'ancienne cloche gothique « a été suivi pour la neuve, mais on a donné [à celle-ci] un petit peu plus de fourniture, à raison qu'elle étoit un tant soit peu basse en ton » ; — « cette cloche, bien fondue, n'est venue que comme l'ancienne, étant encore basse en ton » ; — « elle est belle et bien faite »[1].

Archiv. Cavillier, Carrépuits : — reg. J, p. 159-160 ; — journal O, p. 51 ; copie Berthelé, fol. 58.

Église paroissiale Saint-Pierre. — *1779*. — Six cloches (quatre refontes et deux nouvelles), dont une encore existante, — « pesantes au total 8,000 livres environ », — fondues à Carrépuits par Philippe III, Nicolas III et Louis-Florentin Cavillier[2].

Marché passé le 30 mai, avec les dits « Philippe et Nicolas Cavillier, père et fils », par les « curé et marguillier en charge de la paroisse de Saint-Pierre de la ville de Roye, autorisés à cet effet par l'assemblée générale tenue en la chapelle de Saint-Louis de la ditte paroisse, le 25 du présent mois » : — « fondre les quatre cloches actuelles de la ditte église, leur conservant, au moins l'une dans l'autre, le poids tel qu'il se trouvera ; ... en ajouter une cinquième,

---

[1]. Elle fut vraisemblablement montée au clocher le 20 mai : — le dit jour en effet, Philippe III Cavillier paie « 21 sols 6 deniers à Madame Molet, de Roye, pour trois pots de cidre, bus chez elle, après avoir placé la cloche de Saint-Florent. »

[2]. « Ici finit notre société avec Tintin ».

du poids de 250 à 280, laquelle se trouvera à l'octave parfait de la seconde en force » ; — « leur poids actuel ... est près de huit mille » ; — prix convenu (façon, addition de métal, etc.) : 1.610 livres ; — « les dittes quatre cloches principales : ... accord de *fa, mi, ré, ut* » ; — « et au cas qu'il soit ajouté une cinquième cloche, ou même une sixième, les dittes deux cloches seront .., placées du côté de la chapelle de Saint-Jacques, pour la facilité du sonneur. »

« Et pendant le cours de ce travail, Messieurs les curé et marguilliers de cette ditte paroisse nous ont donné ordre de travailler à en faire une seconde petite, pour servir de grosse à l'autre, c'est-à-dire que celle-cy doit être à l'octave de la plus grosse. »

« Le premier juillet 1779, Monsieur Boutteville, curé de Saint-Pierre de Roye, Mons' Boulanger, marguillier en charge, et M. Eussiame, vicaire, se sont rendus à Carrépuis, et [nous] avons pesé les anciennes cloches [1] et marbréaux en leur présence » ; — « la grosse s'est trouvée être du poids de 2.964 livres » ; la seconde grosse ou le *ré*, 2.013 livres ; la troisième, 1.439 livres ; la quatrième ou le *fa*, 1.161 livres, et les huit marbréaux, 90 livres ; total : 7.667 livres.

« Le 7ᵐᵉ juillet 1779, nous avons fait la fonte de six cloches pour la paroisse de Saint-Pierre de Roye, en laquelle nous y avons mis la quantité de 9.000 livres de métal, sçavoir des quatre cloches et huit

---

1. Le 18 juin, « payé 16 sols, pour eau-de-vie bue chez la veuve Pierre Garnier, et ce avec les ouvriers qui nous ont aidés à descendre les cloches de Saint-Pierre de Roye » ; — « encore avoir payé la somme de 9 livres au cousin Démarel, aubergistre à Roye, et ce pour avoir dîné chez lui avec nos ouvriers, et y avoir déjeuné le lendemain, étant à neuf personnes ». (Journal Q.).

marbréaux de cette paroisse, 7.667 livres, et du nôtre, celle de 1.333 livres. Et après la fonte finie, a été retiré les quantités suivantes, sçavoir des six cloches, celle de 7.951 livres, et en lingots et broutilles, celle de 818 livres ; » — « 231 livres ont été consumés en déchet ou fraix de fonte »[1] ; — « de plus, à la fonte des douze marbréaux, pesant ensemble 122 livres, pour le déchet 5 livres »[2].

Poids des cloches nouvelles fondues, pesées le 10 juillet : la grosse, 2.742 livres ; la seconde ou le *ré*, 2.022 livres ; la troisième ou le *mi*, 1.414 livres ; la quatrième des grosses ou le *fa*, 1.180 livres ; la cinquième ou plus grosse des deux petites, 343 livres ; la sixième ou plus petite, 250 livres, et les 12 marbréaux neufs, 122 livres ; total : 8.073 livres ; — « il se trouve une augmentation de 406 livres de métal aux dittes cloches ».

« Les six cloches sont très bien fondues, c'est à dire chaud. Le métal en est bon. Elles sont très bien décorées et sans nul défaut. Au regard des harmonies, on peut les entendre ». — « Les moules étant bien enterrés, [elles] n'ont pris aucune fourniture ».

Les dites cloches, montées par les Cavillier, peut-être les 21 et 22 juillet, en tout cas avant le 23 juillet 1779 [3].

[1]. Soit seulement un peu plus de 2 et 1/2 pour cent.
[2]. Soit quatre pour cent.
[3]. « Le mercredy et jeudy 22ᵐᵉ juillet, j'ai payé la somme de 18 sols, en eau-de-vie buc avec les ouvriers qui nous ont aidés à tirer les cloches de Saint-Pierre au clocher. » — « Le même jour 22ᵐᵉ juillet, nous avons réglé avec la cousine Fanchon, femme à Démaret, de Roye, pour dépense faite chez eux, allant placer les cloches de Saint-Pierre, avec nos ouvriers. La dépense s'est montée à la somme de 19 livres, mais comme Nicolas avoit reçu 21 livres de Monsʳ Goret pour la bénédiction [des cloches, c'est] ce qui a servi à payer cette dépense. Nicolas a eu 40 sols de restant ». (Journal Q.).

« La réception des cloches de Saint-Pierre se fit le jeudi 16 novembre de l'année 1780, Mʳ Dupré, chanoine, étant expert musicien. »

<blockquote>Archiv. Cavillier, Carrépuits : — papiers divers, dossier Roye ; — reg. K, pp. 99-100 ; — journal Q, pp. 23, 34 et 35 ; copie Berthelé, fol. 211-212, 226 et 227-228.</blockquote>

Église du faubourg Saint-Gilles. — *1715*. — Philippe II Cavillier, de Carrépuits, « fait accord avec les curé et marguilliers de Saint-Gilles de Roye, pour fondre deux cloches pour convenir avec la grosse » ; — « pesant 3.000 livres, les deux petites » ; — prix convenu, pour les façons : 360 livres, le fondeur étant « obligé à tout fournir, même le déchet » : — « il est à leur liberté de le supporter, mais je dois diminuer autant de quatre livres qu'elles pèsent de cents ; le métal, à 22 sols la livre de 14 onces » ; — « ils doivent fournir deux anneaux » ; — « je dois reffondre quatre mabréaux par ce marché » ; — « payable, par les curé et marguilliers, 200 livres huit jours après la fonte, et le reste dans deux ans, à leur volonté » ; — « je dois les fondre pour l'Ascension ».

« Fondues le 18 mai 1715, et pesées le 20 » ; — « je redois 53 livres de métal. »

Malgré le peu de distance qui sépare le faubourg Saint-Gilles de Roye et le village de Carrépuits, il semble bien que ces deux cloches aient été fondues *sur place*. — « J'ai receu de Louis Lormier, marguillier, 203 livres, sur quoi m'a diminué 11 livres pour du bois, 4 livres 15 sols pour le pesage, et 7 livres 10 sols, que sa femme m'a baillié en travaillant ». — « Je leur ai rendu 61 livres de métal dans quatre mabréaux, et partant ils redoivent 8 livres de métal ». — « Je n'ai pas satisfait le dit Lormier des voitures de la corde de bois, de quatre voitures d'argille, et trois voitures à Carépuis », — « Il m'a baillié de la paille pour couvrir mon appentis. Je ne sais s'il voudra la vendre ». — « J'ai payé au briquetier de Roye 11 livres 5 sols, le 30 mai, en tamoin de 2.200 de briques crues et 400 de cuites ... » — « J'ai receu 48 livres et demie de potin. Les voitures m'ont été comptées 8 livres. J'en ai baillié quittance, et une de 17 livres 17 sols, pour le surplus du potin, ayant retranché 16 livres pour les 8 livres de métal », [rendues par la parroisse].

Paiement final, seulement en mars 1720.

<small>Archiv. Cavillier, Carrépuits : A. pp. 193 et 194.</small>

Cordeliers. — *16..* (?) — Jean Cavillier, fils de Roger Cavillier, fondeur à Noyon : — deux cloches, — « encore existantes [en 1764]. »

<small>Philippe III Cavillier, *Généalogie*, p. 4. — Berthelé, *Enquêtes campanaires*, p. 228. — Berthelé, *Ephemeris campanographica*, tome I, p. 242.</small>

Minimes. — *1775.* — Refonte de leur grosse cloche, à Carrépuits, par l'association Philippe III, Nicolas III et Louis-Florentin Cavillier.

« En octobre 1774, Nicolas a convenu verbalement de prix avec le Révérend Père correcteur, ... nommé Dom Boulnoy : .....nous sommes obligés à tout, même le déchet, moyennant 5 sols de la livre, tout façonné, ce qui fait 25 livres du cent pesant ; le métail de plus ou de moins, à raison de 30 sols la livre de 16 onces. »

« En mars 1775, leur ancienne cloche fut rendue à Carrépuis, et pesée pour la fonte, le mardy 2ᵐᵉ may suivant : cette ancienne cloche étoit du poids de 134 livres à notre balance. »

Fondue le 3 mai. — Poids de la dite cloche nouvelle fondue, pesée le 6 mai : 138 livres et 1/2. — « Cette cloche, très bien fondue, porte un pied six pouces juste pour diamètre ; étant bien d'accord, point rude. »

Archiv. Cavillier, Carrépuits : — rég. K, p. 16 ; — journal P, p. 72 ; copie Berthelé, fol. 151.

Religieuses. — *1688*. — Nicolas II Cavillier, de Carrépuits : — « Madame de Broye, religieuse à Roye, me doibt, pour une clochette que je luy ay livrée le 16 juin 1688, 19 livres 7 sols. »

Archiv. Cavillier, Carrépuits : A. p. 41.

1698. — Association Nicolas II, Philippe II et Charles Cavillier, fondeurs à Carrépuits. — Nicolas II Cavillier écrit : « J'ay livré, pour trois, moy Nicolas, Philippe et Charles Cavillier, aux Religieuses de Roye, un timbre. par les mains du sieur Colombel, organiste de Roye, pesant 20 livres de métail, poids de Roye, à 18 sols la livre et 9 livres de façon. J'ay sa promesse, en date du 21 avril 1698. »

Archiv. Cavillier, Carrépuits : A, p. 32.

1713. — Philippe II Cavillier « fait marché avec Mʳ Tricot, chanoine de Roye et administrateur des revenus de l'église du sexe féminin du dit Roye, [pour la fonte] d'une cloche pesant 130 livres, moyennant 35 livres de façon ; le métal à 20 sols la livre. »

« Livrée le 6 avril, pesante 203 livres. »

« Mr Tricot nous a rendu une clochette pesant 33 livres ». — « Un cuiret de 9 sols, que j'ai fourni ». — « 45 sols de façon de deux mabréaux ». — « Mon frère a eu sa part. »

Archiv. Cavillier, Carrépuits : A, p. 164.

1716. — Philippe II Cavillier, de Carrépuits : — « Religieuses de Roye. 1716. Le ... novembre, j'ai baillié à la dépositaire de l'Anonciade de Roye un mortier, pesant environ onze ou douze livres ; je dois en faire un neuf, pesant environ 20 livres, moyennant 7 livres, et [elles] me doivent bailler le vieux, alors que je l'irai chercher pour modeler le nouveau. »

Archiv. Cavillier, Carrépuits : A, p. 185.

1740. — Sœurs de la Croix. — Association Philippe II et Philippe III Cavillier, père et fils, de Carrépuits : — une clochette, pesant 14 livres.

Archiv. Cavillier, Carrépuits : G, p. 116.

1742. — Religieuses de l'Annonciade. — Les Philippe Cavillier, père et fils : — trois petites cloches (refonte partielle). — Marché verbal passé par Philippe II. — Les dites cloches, fondues à Carrépuits le 7 août ; — livrées le 9 du même mois ; — poids total : 252 livres.

Archiv. Cavillier, Carrépuits : G, p. 132.

1780. — Sœurs de la Croix. — Philippe III et Nicolas III Cavillier, père et fils ; — une petite cloche, commandée par la supérieure en juin, — « fondue à Carrépuis en juillet », — « livrée le 15 juillet », — « étant du poids de 27 livres 1/2, à 16 onces ».

« Mais cette cloche étant trop petite à leur goût, il en fut livré une autre de 50 livres de poids. »

Archiv. Cavillier, Carrépuits : K, p. 106.

Hôtel-de-Ville. — *1776*. — Philippe III, Nicolas III et Louis-Florentin Cavillier : — « deux petits timbres, pesant ensemble 117 livres, fondus à Carrépuis en décembre 1776 », — en remplacement d'un vieux, cassé.

« Le 8me septembre 1776 (écrit le dit Philippe Cavillier), Mr Cathoire, maire et subdélégué de la ville de Roye, et Goret, receveur et agent pour les réparations de l'Hôtel-de-Ville, m'ont donné ordre de fondre, pour servir à l'horloge de la ditte ville, deux timbres pour sonner les quarts » ; prix convenu : « 36 sols la livre, tout façonné. »

Les dits timbres, fondus le 18 décembre (avec les cloches de Liancourt-Fosse et de Cugny), et expédiés à M. Goret le 15 janvier 1777. — « Le plus gros pèse 67 livres, et le petit pèse 50 livres juste ». — « La composition et la façon est la même chose que celle des timbres de Mr Gorin, bourgeois à Amiens, excepté qu'à ceux de la ville de Roye, il y a trois anses [à] chacun, et ceux de Mr Gorin, ils sont percés pour être soutenus par un barreau de fer ». — « Ils sont de bon métail et très bien fondus ». — « Le 17 may 1777, l'ancien timbre cassé m'a été remis par Monsr Goret. Ce dit timbre s'est trouvé être du poids de 46 livres 1/2, à 16 onces. »

« Ces susdits timbres, [fondus le 18 décembre 1776], furent refondus [en 1777] pour les faire plus gros et de longueur des cloches ordinaires. »

Archiv. Cavillier, Carrépuits : — reg. K, p. 53 ; — journal P, pp. 100 et 102 ; copie Berthelé, fol. 174 et 177, cf. fol. 188.

1777. — Philippe III, Nicolas III et Louis-Florentin Cavillier : — deux timbres, pesant ensemble 166 livres, — fondus à Carrépuits [en novembre 1777??], en remplacement des deux fondus en décembre 1776, qui paraissent avoir été trouvés trop petites.

« Le 28me novembre 1777 (écrit Philippe Cavillier), j'ai remis deux nouveaux timbres à la ville de Roye, dont le plus gros pèse actuellement 96 livres et le petit, 70 livres, (le métal, livré par moi seul), ce qui fait un total de 166 livres », [soit une cinquantaine de livres de plus que ceux de décembre 1776]. » — « Ces timbres sont faits de bon étain d'Angleterre et de pur cuivre rouge. »

« Le 30me mars 1778, j'ai réglé avec Monsr Goret, receveur de la ville de Roye, tant pour métal livré, façon, que pour une clochette fournie pour la ditte Hôtel-de-Ville, et lui ai donné quittance, portant la somme de 232 livres » ; — « j'ai mis la part des enfants de feu Florentin dans leur bourse, ..., et le restant, je l'ai gardé vers moi ; la part de Nicolas est entre mes mains, mais il demeure avec nous. »

Archiv. Cavillier, Carrépuits : reg. K, p. 53.

La Charité. — *16...(?)*. — Jean Cavillier, fils de Roger Cavillier, fondeur à Noyon : — les deux cloches, — « encore existantes [en 1764] ».

Philippe III Cavillier, *Généalogie*, p. 4. — Berthelé, *Enquêtes campanaires*, p. 228. — Berthelé, *Ephemeris campanographica*, tome I, p. 242.

1708. — Philippe II Cavillier, de Carrépuits, et son frère Jean, fournissent « une clochette à la Cha-

rité de Roye, pesant 10 livres, au grand poids »
(refonte ?) ; — paiement, le 19 décembre.

Archiv. Cavillier, Carrépuits : A, p. 142.

1752. — Association Philippe II Cavillier et ses
fils Philippe III et Florentin : — un mortier, pour
l'Hôtel-Dieu, aliàs Couvent de la Charité, — pesant
127 livres, fondu le 18 octobre, et livré le 24 ou le 25
du même mois.

Archiv. Cavillier, Carrépuits : H, p. 66.

Marché au Blé. — *1740.* — Association Philippe II
et Philippe III Cavillier, père et fils, de Carrépuits :
— une clochette, pesant quatre livres environ, « pour
sonner l'ouverture du Marché au Bled. »

Archiv. Cavillier, Carrépuits : G. p. 116.

1752 (?). — Association Philippe II Cavillier et
ses fils Philippe III et Florentin : — une clochette
pour le Marché au Blé.

Archiv. Cavillier, Carrépuits : H, p. 65.

Mortier d'Apothicaire. — *1752.* — Philippe II
Cavillier et ses fils Philippe III et Florentin : — un
mortier, pesant 107 livres 1/2, livré le 24 janvier à
M. De La Porte, apothicaire.

Archiv. Cavillier, Carrépuits : H, p. 60, et I, p. 96.

BALATRE. — *1778.* — Association Philippe III,
Nicolas III et Louis-Florentin Cavillier, à Carrépuits : — une sonnerie de trois cloches (« ils n'en
avoient auparavant que deux »).

Marché passé le 17 mai, par Philippe Cavillier.

Le 7 septembre, « les deux anciennes cloches[1] de Balâtres, et deux autres petites, [qu'ils avoient achetées aux Cordeliers de Noïon], ainsi que plusieurs autres métail à eux appartenant, nous furent livrées à Carrépuis par M^r le curé du dit Balâtres, Messrs Bouffet, sindic, et Coquart, [marguillier] : et les ayant pesées en leur présence, elles se sont trouvées des poids de, sçavoir, la grosse 350, la petite 272, les deux autres plus petites 315, et en autres morceaux et marbréaux 143 livres, ce qui a formé un total de 1.080 livres, poids de 16 onces. »

Les dites cloches, fondues le 10 septembre.

Poids des trois nouvelles cloches, pesées le samedi 19 septembre, en présence du curé Devie : la grosse, 612 livres; la seconde, 456 ; la petite, 322, et les six marbréaux, 30 livres et 1/2 ; total : 1.420 livres 1/2 de métal ; — « il se trouve une augmentation de 340 livres et 1/2 de métal, livré par le s^r Cavillier, qui, joint avec 54 livres pour le déchet de leur ancienne matière, forme la quantité de 394 livres 1/2 de métal dû au dit Cavillier. »

« Ces cloches sont belles et bonnes ; les faux tons sont assez bien d'accord, et elles sont bien fondues. Les sons, étant propres pour la campagne ». — « Le métal est bon. »

Archiv. Cavillier, Carrépuits : — reg. K, pp. 75-76 ; — papiers divers, dossier *Balâtre;* — journal Q, pp. 18 et 26 ; copie Berthelé, fol. 204 et 216.

BILLANCOURT. — *1708.* — Refonte d'une cloche,

[1]. « Le 6me septembre,... [Nicolas III Cavillier a] dépensé la somme de 30 sols, en ayant été descendre les anciennes cloches de Balâtres ». (Journal Q).

par Philippe II Cavillier, de Carrépuits, [avec la coopération de son frère Jean].

« Accord fait le lundi de Pâques ». — Poids de la dite cloche, [après sa refonte] : 252 livres. — Paiement, le 4 octobre.

>Archiv. Cavillier, Carrépuits : A. p. 142.

CARRÉPUITS. — *163..(?)*. — Philippe I Cavillier, fils de Roger Cavillier, fondeur à Noyon : — refonte, sur place, de la « cloche, qui étoit seule pour lors de cloche » ; — la dite fonte sur place ayant été l'occasion 1° du mariage de Philippe Cavillier, en 1636 ou 1638, — 2° de la création de la fonderie de cloches, toujours existante, de Carrépuits.

>Philippe III Cavillier, *Généalogie*, p. 5.
>Jos. Berthelé, *Enquêtes campanaires*, p. 229 ; — *Ephemeris campanographica*, tome I, p. 242.

1752. — Philippe II Cavillier et ses fils Philippe III et Florentin : — « trois cloches, avec les deux qu'il y avoit. »

Les dites cloches, fondues à Carrépuits le 18 octobre, en même temps que les deux cloches de Bussy (Oise) et le mortier de l'Hôtel-Dieu de Roye. — Poids de la nouvelle sonnerie de Carrépuits : 349 liv., 258 livres et 194 livres 1/2.

>Archiv. Cavillier, Carrépuits : H, pp. 69-70, et I, pp. 111-112.

CHAMPIEN. — Église paroissiale. — *1684.* — Nicolas II Cavillier, fondeur à Carrépuits, « faict marché, [le 12 mars], au village de Champien pour fondre deux cloches et en faire trois d'accord, en ajoutant un mille de métail, que les habitants fourniront et achèteront à Saint-Quentin chez Mons' Charpentier » ; — le fondeur « doit fournir toutes choses nécessaires pour faire la fonte, sauf le déchet, que les habitants doivent porter » ; — prix convenu : 150 livres.

« Fondu les trois cloches le trois de juin. »

Archiv. Cavillier, Carrépuits : A, pp. 26-27.

CHATEAU. — [*1711 ?*]. — Une clochette, pesant 18 livres 3/4, fondue par les frères Cavillier (Philippe II et Jean), de Carrépuits ; — livrée, selon toute vraisemblance, en 1711 ; peut-être en septembre 1711 ; en tout cas, antérieurement à la mort de Jean Cavillier (1713).

Archiv. Cavillier, Carrépuits : A, p. 158.

ERMITAGE. — *1745*. — Association Philippe II Cavillier et ses fils Philippe III et Florentin : — une clochette (refonte), pour « frère Martin Trique, hermitte à l'hermitage de Champien » ; — la dite clochette, livrée le 20 septembre ; — poids : 21 livres.

Archiv. Cavillier, Carrépuits : H, p. 2, et I, p. 10.

CRÉMERY. — *1729*. — Fonte de deux cloches, à Carrépuits, par Philippe II et Colin Cavillier.

« Accord verbal » : — « reffondre la petite cloche cassée et en fournir une neuve » ; Philippe Cavillier devait « employer 200 livres de métal à cette opération. »

« La livraison ... fut [faite] le 22 avril 1729 » ; — « la petite pèse 21 livres plus que l'ancienne, et la grosse [nouvelle] est du poids de 175 livres ». — « Gravures de blasons. »

Archiv. Cavillier, Carrépuits : G, 32.

1782. — Trois cloches, fondues par Louis-Florentin Cavillier, de Carrépuits. — « Les deux anciennes cloches de Crémery... [pesoient], les deux ensemble, la quantité de 256 livres ».

Reg. Florentin Cavillier, Solente, ms. orig., 3ᵉ partie, p. 7 ; copie Berthelé, fol. 233.

CRESSY. — *1694*. — Association Nicolas II et Charles Cavillier, fondeurs à Carrépuits. — « Marché fait, pour fondre trois cloches au village de Crécy, le 18 juillet, moyennant la somme au rabais de François Lambert, fondeur, à la somme de 55 livres ; ... on nous doibt tout fournir, le métal et les matériaux nécessaires pour la fonte, même livrer un lieu commode pour fondre les dites cloches » ; — « Madame Cens, de Roye, livre le métail à raison de 17 sols la livre. »

« Fondu le 27 septembre ». — Les deux fils de Nicolas Cavillier, Philippe II et Jean, paraissent bien avoir coopéré à cette fonte.

Archiv. Cavillier, Carrépuits : A, pp. 77 et 79.

CURCHY. — *1714*. — Une cloche nouvelle, fondue par Philippe II Cavillier, à Carrépuits, — pesant 1.025 livres, poids de seize onces.

« J'ai fait (écrit le dit Philippe Cavillier) un faux écrit à Curchy, pour fondre et livrer une grosse cloche, pesant un mille ou environ. Il est dit que je la dois livrer à 26 sols 1/2 la livre ; mais ce n'est pas là mon intention. Je me suis restreint à 29 sols, même la livre de quatorze onces ; tout façonné ». — « Ce marché fut conclu le dimanche 21 octobre. Je la vends 28 sols la livre, façonnée, et je fournirai des mabréaux sur le même pied ». — « Ils doivent m'avancer 100 pistoles. »

« Fondue et livrée le 28 novembre 1714, et pesée à la halle de Roye. Il y avoit trois poids à Monsieur Guilbert, serrurier au dit Roye, à seize onces pour livre, sur quoi nous avons tout réglé. Le premier poids de la cloche est de 1.007 livres. Plus, 21 livres au poids de 14 onces ; réduit à seize onces, porte dix-huit livres. Avec 50 livres de mabréaux, les gans du garçon y compris, portent en total 1.075 livres, à 28 sols la livre, les 1,075 livres étant à 16 onces, bien compté ». — Quittance finale, le 25 février 1715.

Archiv. Cavillier, Carrépuits : A, p. 184.

1741. — Les Philippe Cavillier, père et fils, de Carrépuits : — un timbre, pesant 235 livres, livré le 21 août.

Archiv. Cavillier, Carrépuits : G, p. 147.

DAMERY. — *1714-1715*. — Refonte d'une cloche, par Philippe II Cavillier. — Marché passé moyennant 115 livres, le fondeur étant « obligé à tout fournir », — « pour être fondue à Carépuis » ; — « ils sont obligés de la voiturer » ; — « je la garantis un an » ; — « je dois la fondre pour la Chandeleur. »

« J'ai fondu et livré la cloche le 21 janvier 1715 ; elle pèse deux livres plus que l'ancienne » ; — « joint avec 115 livres [de façon], le total porte 117 livres 8 sols ». — La dite cloche, « pesant 816 livres. »

Archiv. Cavillier, Carrépuits : A, p. 187.

1730. — Philippe II Cavillier fait accord « pour fondre les deux petites cloches, [pesant ensemble 1.100 livres environ], pour accorder à la grosse » ;

— en société avec Colin Cavillier ; — Philippe note qu'il est « obligé à graver les blasons des parains et maraines. »

Les dites deux cloches « fondues le 28 juin 1730 et livrées le 30 » ; fondues à Carrépuits, en même temps que les trois de Piennes et la grosse de Cayeux-en-Santerre.

Archiv. Cavillier, Carrépuits : G, p. 47.

LÉCHELLE, commune de Léchelle-Saint-Aurin. — *1683.* — Nicolas II Cavillier, fondeur de Carrépuits, « fait marché au village de l'Échelle », — 1° « pour fondre deux cloches, pour faire la petite plus grosse, moyennant la somme de 27 livres pour les façons ; ... le marché, passé par devant la justice du dit Léchelle (l'écrit est chez Monsieur Bellot, greffier, demeurant à Marquivillé) ; ... le dit marché, écrit le 13 de may » ; — 2° « pour en faire une petite avec les deux cy-devant parlé, moyennant la somme de dix livres, qui fait, avec la somme de 27 livres, la somme de 37 livres, qui seront payées aussitôt les trois cloches fondues. »

Métal fourni par le fondeur : 510 livres, dont 405 pour les deux premières cloches, et 105 pour la petite ; — après la fonte, la paroisse a « rendu [au fondeur] la quantité de 130 livres de métal, qui sont les restants des cloches. »

« Fondu le troisième de juin l'an comme dessus ». — « Le règlement [de compte] a été fait au dos de l'état de marché. »

Archiv. Cavillier, Carrépuits : A, pp. 20, 21 et 37.

1711. — « L'Échelle ». — Refonte de deux cloches

par les frères Cavillier (Philippe II et Jean). de Carrépuits.

Marché passé le 12 juillet. — Les dites cloches, fondues le 2 septembre ; — « les neuves pèsent 42 livres moins que les vieilles » ; — « pesant 387 livres, les deux. »

<small>Archiv. Cavillier, Carrépuits : A, p. 158.</small>

1778. — « Paroisse de Notre-Dame de Léchelle » : — — refonte des trois cloches à Carrépuits, par l'association Philippe III, Nicolas III et Louis-Florentin Cavillier.

Marché passé par le dit Nicolas Cavillier, le 23 août ; — prix convenu : « 25 livres du cent de ce que les cloches neuves se trouveront peser au total » ; — le métal à 30 sous la livre de 16 onces.

Poids des trois anciennes cloches, livrées aux fondeurs à Carrépuits « et tout de suite pesées en présence de Pierre-Louis Bailliet, garde, et d'Antoine Martin, clerc séculier » : la grosse, 208 livres ; la seconde 160 livres ; la petite, 107 livres, et les six marbréaux, 15 livres ; total : 490 livres, poids de 16 onces.

Les dites cloches, fondues le 17 décembre.

Poids des trois cloches nouvelles, pesées le 30 décembre : la grosse, 307 livres ; la seconde, 233 livres ; la petite, 173 livres, et les marbréaux, 21 livres 1/2 ; total : 734 livres 1/2 ; — « les cloches neuves sont augmentées de 244 livres 1/2 de métal. »

« Cette sonnerie est bien bonne, ... perçante, ... très bien d'accord. Elles sont gentilles. »

En 1781, paiement par « Mr Pierre-Louis Bailliet.

marguillier en charge et garde de chasse au dit Léchelle » ; — saisie faite par Bertout, huissier à Roye, « sur un des fermiers de leur fabrique ». — « Le 21 janvier 1783, j'ai soldé le sieur Tintin. »

« Les cloches ont été refondues en 1861. »

Archiv. Cavillier, Carrépuits : — reg. K, pp. 91-92 ; — journal Q, p. 21 ; copie Berthelé, fol. 208.

SAINT-AURIN, commune de LÉCHELLE-SAINT-AURIN. — *1702.* — Refonte de la grosse cloche de « Saint-Thaurin » par les Cavillier, de Carrépuits (Nicolas II, en société avec ses fils Philippe II et Jean).

Marché verbal passé par Nicolas, le 6 janvier. — La dite cloche, fondue à Carrépuits le 28 mars.

Archiv. Cavillier, Carrépuits : A, p. 104.

1713 (?). — Refonte de « la petite de Saint-Taurin », par les frères Cavillier (Philippe II et Jean), de Carrépuits.

Marché passé par Jean Cavillier, moyennant 30 livres. — « L'ancienne pèse 130 livres et la neuve 136 livres. »

Archiv. Cavillier, Carrépuits : A, p. 168.

1780. — Refonte des deux cloches, à Carrépuits, par Louis-Florentin Cavillier. — Marché conclu le 11 mars. — Poids des deux anciennes : 278 livres. — Poids des deux nouvelles : 336 livres ; — « elles sont bonnes et bien d'accord. »

Reg. Florentin Cavillier, Solente, ms. orig., 3ᵉ partie, p. 2 ; copie Berthelé, fol. 231.

ERCHEU. — *1755.* — Au mois de novembre, Philippe III Cavillier « passe marché avec le sieur curé et marguillier de Saint-Médard d'Ercheu, pour fondre une quatrième cloche [ou petite], accordante avec les trois autres qui sont au clocher, en ton *fa, my, ré, ut* » ; — prix convenu : 120 livres ; — la fabrique fournit le métal, le déchet (à cinq pour cent) et les voitures. — Lieu de la fonte : Carrépuits.

Le 6 décembre, livraison aux fondeurs, de 1.190 l. de métal (poids de 16 onces). — Le 22 décembre, « la cloche neuve a été pesée en présence de deux domestiques de Mr Soier, fermier à Ercheu, ainsi que les marbréaux et batant : la cloche pèse 1.084 livres ; les marbréaux pèsent 31 livres ; ce qui compose, de métail rendu, 1.115 livres, poids de 16 onces » ; plus, 55 livres 3/4 de déchet ; total : 1.170 livres 3/4 de métal rendu à la fabrique ; — restent 19 liv. 1/4 de métal, que les fondeurs payèrent à la fabrique à raison de 25 sols la livre.

A l'occasion de cette fonte, le fils de Philippe III Cavillier, « maître Nicolas », [alors simple apprenti], reçut un écu de la fabrique, [à titre de gratification].

Archiv. Cavillier, Carrépuits : I, pp. 173-174. — Reg. Florentin Cavillier, Solente, ms. orig., p. 16 ; copie Berthelé, fol. 21-22.

ÉTALON. — *1683*. — Nicolas II Cavillier, fondeur de Carrépuits, « fait marché au village de Estallon, le jour de la Saint-Mathieu, qui est le 21 de septembre l'an 1683, moyennant la somme de 66 l., pour les façons de deux cloches, sçavoir la grosse, qui est cassée, et une petite pour servir de troisième » ; — « et sera fourny le métal, par Nicolas Cens, chaudronnier à Noyon, pour faire la dicte petite cloche, que ... [le fondeur] doibt acorder à la moyenne qui restera au clocher » ; — les curé et les marguilliers « fourniront les matériaux pour faire les dites deux cloches » ; — en outre de la susdite somme de 66 l., le fondeur aura « les écumes ». — Le fondeur a par devers lui « un estat de marché, et les dits marguilliers en ont un pareil. »

Les dites deux cloches, fondues le 27 octobre.

Archiv. Cavillier, Carrépuits : A, p. 23.

1699. — Refonte d'une cloche, par les Cavillier, de Carrépuits (Nicolas II, Philippe II et Charles).

Marché passé par Nicolas le 17 octobre. — La dite cloche, fondue à Carrépuits le 26 novembre.

Cette cloche est la dernière en date, à laquelle ait été intéressé le frère cadet de Nicolas II, Charles : il mourut moins d'un mois après cette fonte, le 22 décembre [1]. — Sa veuve, « Marie Delaporte, a receu son tiers. »

Dans « la somme de 100 livres », convenue dans le marché, se trouvait compris « trois livres à boire pour le dit marché ». — La dite cloche paraît avoir été, par suite de cette refonte, diminuée de cinq livres. — « Philippe Cavillier a gravé deux escussons de 7 livres 4 sols pour mettre sur la cloche, par l'ordre du sieur curé. »

Archiv. Cavillier, Carrépuits : A, p. 109.

FONCHES. — *1711.* — Trois cloches (deux refontes et une nouvelle), par les frères Cavillier (Philippe II et Jean), de Carrépuits.

Le dit Philippe « conclud le marché à Fonche, le

---

[1]. Philippe III Cavillier, *Généalogie*, p. 20.

— 303 —

28 juin 1711, moyennant 80 livres » ; — « je suis obligé à tout fournir, sauf le déchet de quatre livres pour cent » ; — « pour être fondues chez nous ; » — « je dois mettre environ 250 livres de métal qui me sera payé à 20 sols la livre de 14 onces. »

« Fondues le 20 août et livrées le vingt-deux » ; — « la grosse pèse 588 livres ; la moyenne 439 livres, et la petite, 316 livres ; le total porte 1.343 livres. » — Les deux vieilles pesaient 1.029 livres. — « Partant, ils nous doivent la quantité de 314 livres en cloche, 54 livres en déchet et 80 livres de façon ; le total est de 448 livres. »

Archiv. Cavillier, Carrépuits : A, p. 157.

1711 (suite). — « Ils ont cassé la petite (continue Philippe II Cavillier), dont on me baille encore 50 livres pour la refondre, sauf l'augmentation ou diminution ». — La dite petite cloche, après avoir été « refondue, ... pèse 313 livres », soit une diminution de trois livres.

Archiv. Cavillier, Carrépuits : A, p. 157.

1771. — Philippe III Cavillier, en société avec son neveu Louis-Florentin et son fils Nicolas III : — refonte de la seconde cloche, à Carrépuits.

Marché passé par Philippe III le 11 août. — Le marché porte l'obligation, pour le fondeur, « de graver sur la ditte nouvelle cloche les armoiries de Monsieur et de Madame de Bray, seigneur et dame de cette paroisse, ainsy que leurs noms, surnoms et qualités, ceux de M' le curé et du marguillier en charge [1] ».

---

[1]. « Jean Varlet, marguillier ».

Poids de l'ancienne cloche : 374 livres.

« Et le 30me aoust 1771, la cloche nouvellement fondue a aussy été pesée, en présent du dit Mons' Poulle, [curé du dit Fonche], dont elle se trouve présentement du poids de 404 livres ; par conséquent, il y a une augmentation de 30 livres de métail [1] ». — « Cette cloche a le son plus net que les autres ; elle tire un peu sur le hautin. »

Archiv. Cavillier, Carrépuits : — reg. J, p. 107 ; — papiers divers, dossier *Fonches ;* — journal O, p. 65 ; copie Berthelé, fol. 74.

FRESNOY-LÈS-ROYE. — *1686.* — Nicolas Cavillier, fondeur de Carrépuits, [et son frère Charles Cavillier]. — Le 13 février, Nicolas Cavillier « fait marché au village de Frénoy, par devant [Sericier?] notaire royal à Roye, pour fondre trois cloches d'accord, moyennant la somme de cent livres pour les façons,... et les rendre fondues le premier avril » ; — « les marguilliers fourniront toutes les choses nécessaires pour la fonte des dites trois cloches » ; — « si nous faisons les briques pour le fourneau, ils nous bailleront 50 sols.... Nous avons fait les briques. »

« Nous avons fondu les trois cloches le 25 avril l'an cy-dessus ». — La dite fonte, faite sur place, malgré le peu de distance qui sépare Fresnoy-lès-Roye de Carrépuits : — « pour nos dépenses de bouche, 27 livres ». — Lors du règlement des comptes, « il a esté défalqué 27 livres 17 sols pour les dépenses de bouche et 4 livres pour la manœuvre. »

Archiv. Cavillier, Carrépuits : A. p. 36.

---

1. « Il n'a point été fait de mémoire du poids de cette cloche, ni devant, ni après [la fonte]. La bonne foi suffit ».

1702. — Nicolas II Cavillier[1] fait marché, le 10 juillet, « pour fondre la moyenne cloche de Fresnoy »; — « je dois la fondre à Carrépuis, et tout fournir, sauf le déchet ou le métal [d'augmentation], que je fournirai au poids, et ce qui se trouvera employé me sera payé à 22 sols la livre. »

Vin de la fonte : « j'ay payé à Galet, cabaretier au dit Carrépuis, pour vin bu par les sieur curé et habitans du dit Fresnoy, 18 livres[2]. »

Archiv. Cavillier, Carrépuits : A, p. 126.

1710. — « J'ai fait marché (écrit Philippe II Cavillier) pour fondre la grosse cloche de Frénoy, moyennant cent livres ; je suis obligé à tout fournir, sauf le déchet ; pour la faire à Carépuis ; ils la doivent amener et ramener, pour être fondue pour le 15 février de l'an 1710 » ; « on pèsera les restans devant et après, et l'employé[3] nous sera payé : le prix n'est pas spécifié, mais le prix est de 20 sols. »

Poids de la dite cloche : 2.400 livres.

« Le 12ᵐᵉ avril, jour de fonte, j'ai livré, pour fondre la dite cloche, 157 livres de métal, à notre poids, dont il en est resté après [la fonte], 120 l.; c'est 37 livres qu'ils doivent, au prix de 19 ou 21 sols,

---

1. La majeure partie, sinon la totalité des cloches fondues en 1702 par la société Nicolas II, Philippe II et Jean Cavillier, de Carrépuits (*Saint-Aurin, Harbonnières, Sauconrt, Chaulnes, Bresle* et *Fresnoy-lès-Roye*) sont l'œuvre exclusive de Nicolas II et de son second fils Jean. — Pendant ce temps-là, Philippe II Cavillier faisait campagne avec Charles Gorlier, dans la région de Cambrai, etc., et y fondait pour Cattenières, Marcoing, Reumont, Villers-Outréau, Fressies et Fressin (Nord). — Cf. Archiv. Cavillier, Carrépuits, A. p. 112.

2. La mention de cette dépense est suivie de ces mots : « *le 12 de septembre* », qui nous paraissent être la date du paiement, plutôt que celle de la *beuverie*... et de la fonte.

3. Le métal employé.

la petite livre ou la grande livre de seize onces ». — « Il s'est dépensé pour 4 livres de brandevin[1] et d'autres choses pour le dîné[2], dont j'ai payé tout pour les écumes. »

Philippe Cavillier termine l'article de Fresnoy en ces termes : « J'ai fini avec ceux de Frenoi, ayant receu 25 livres pour la grosse et la moyenne[3]. J'ai baillié quittance... et rendu les écrits, et partant, quitte. »

Archiv. Cavillier, Carrépuits : A, p. 151.

1765. — « Les sieurs curé, marguilliers, sindic et habitans de la paroisse Saint-Sulpice de Fresnoy », font refondre « la seconde cloche de leur sonnerie, à Carrépuis[4] », par les frères Philippe III et Florentin Cavillier.

Marché écrit passé par le dit Philippe, le 19 mai : — prix convenu : 140 livres, pour les fournitures et façon ; — de plus, la fabrique devra « tenir compte [aux fondeurs] de cinq livres de métal, pour le déchet, par chaque cent de ce que la cloche se trouvera peser, après être fondue » ; — « le métal augmenté ou diminué sera tenu compte l'un à l'autre, sur le prix de 30 sols la livre, poids de 16 onces » ; « laquelle somme à quoy tout se trouvera monter, nous sera payée des deniers de la fabrique, en deux termes égaux, sçavoir la moitié au jour de Noël en cette année 1765, et l'autre moitié, à pareil jour de l'année 1766 » ; — « la cloche sera livrée et reprise

---

1. Eau-de-vie.
2. Le diner après la fonte.
3. Vraisemblablement pour la fin du paiement de la refonte de la grosse, et pour quelques travaux de réparations (?) à la moyenne.
4. « Trait de mon père grand ».

à Carrépuis, par la paroisse, et au dépend de la fabrique. »

« Le 12ᵐᵉ juin 1765, l'ancienne seconde cloche de Fresnoy nous a été livrée à Carrépuis, par Jean Hardier, marguillier, et par Pierre Damay, laboureur au dit lieu. Étant pesée en leur présence, elle étoit du poids de 1.384 livres, poids de 16 onces. J'ai, au même instant, donné au dit Hardier un récépissé de ce poids, que j'ai signé. »

« Et le 6ᵐᵉ juillet ditte année 1765, la cloche neuve a été pesée de même, en présence de Mʳ Belanger, curé du dit Fresnoy, et des sieurs Jean Hardier et Damay ; laquelle est présentement du poids de 1.474 livres, étant augmentée de 90 livres de métail en sus de l'ancienne » ; — « de plus, doivent 73 livres 3/4 de métail, pour le déchet de la fonte ».

Le 22 juillet 1766, reçu à compte, donné au susdit « Hardier, marguillier comptable de la fabrique du dit Frénoy » ; — le 1ᵉʳ janvier 1767, quittance finale au même « Jean Herdier, ancien marguillier. »

« La cloche est bien fondue, bon métail, et bien d'accord ». — « Cette cloche porte de diamètre trois pieds quatre pouces et une ligne. »

<small>Archiv. Cavillier, Carrépuits : reg. J, pp. 67-68.
Reg. Florentin Cavillier, Solente, ms. orig., p. 139 ; copie Berthelé, fol. 177-178.</small>

GOYENCOURT. — *1694.* — Association Nicolas II et Charles Cavillier frères, fondeurs à Carrépuits, avec la coopération du jeune Philippe II Cavillier[1] :

---

[1]. « Il est ordonné que Philippe aura de mon frère Charles Cavillier cinquante sols ».

trois cloches (refontes : « des deux vieilles cloches, en faire trois, sans y ajouter de métail. »)

Marché verbal, passé par Nicolas Cavillier, le 30 août (?). — Fondues le 26 octobre.

Archiv. Cavillier, Carrépuits : A. p. 80.

1714. — Refonte de la grosse cloche, par Philippe II Cavillier, de Carrépuits.

« Fondue [à Carrépuits], le 21 février. » — Poids de la vieille : « 250 livres, avec un mabréau » ; — poids de la neuve : 253 livres, non compris les marbréaux.

Archiv. Cavillier, Carrépuits : A. p. 172.

1753. — Refonte des trois cloches, par Philippe III et Florentin Cavillier. — Marché écrit, passé par Florentin, le 18 novembre. — Lieu de la fonte : Carrépuits.

Poids des trois anciennes cloches, livrées aux fondeurs le 17 décembre par Antoine Leroy, laboureur à Goyencourt : « la grosse étoit du poids de 225 livres 1/2, la seconde de 164 livres et la petite de 124 livres, poids de 16 onces. »

Ces trois cloches, vraisemblablement refondues dans la nuit du 18 au 19 décembre, en même temps que les deux d'Évricourt (Oise) et la grosse de Villers-lès-Roye (Somme).

« Et le 20me du même mois, les trois cloches nouvelles fondues ont été pesées, avec les mêmes poids et balance, en présence de Jérosme Leroy, sindic du dit Goiencourt : la grosse pèse présentement 235 livres 1/2, étant augmentée de 10 livres ; la seconde, 176 livres, augmentée de 12 livres, et la petite 129 livres, augmentée de 5 livres » ; ensemble : 540 livres 1/2 ; — « elles sont bonnes. »

« Nous avons refondu la petite et la grosse... ...ayant été cassées par accident. »

Archiv. Cavillier, Carrépuits : I, pp, 129-130. — Reg. Florentin Cavillier, Solente, ms. orig., p. 9 ; copie Berthelé, fol. 11-12.

Château. — *1765.* — Philippe III et Florentin Cavillier, fondeurs à Carrépuits : — « le 27ᵐᵉ may 1765, Florentin a convenu de prix avec Monsieur [de] Fontaine, seigneur de Goiencourt, pour refondre la petite clochette du château, qui s'est décroché de sa place, et étant tombé dessus le pavé, s'est cassée ; le prix convenu pour la refondre est de quinze livres ; » — « le 23ᵐᵉ juin 1765, l'ancienne nous a été livrée, pesante 33 livres, et au même instant nous en avons livré une neuve, pesante aussy 33 livres juste ; par conséquent, il ne nous est dû que la façon, de 15 livres. »

Archiv. Cavillier, Carrépuits : J, p. 16.

GRUNY. — *1713.* — Refonte d'une cloche, par Philippe II Cavillier, de Carrépuits, en société avec son frère Jean. — « Elle a été pesée avant la fonte et a pesé 300 livres 1/2, et la neuve pèse 323 livres. »

Archiv. Cavillier, Carrépuits : A, p. 171.

1744. — Refonte des deux cloches, par les Philippe Cavillier, père et fils. — Marché passé par Philippe II, le 6 janvier. — Les dites cloches fondues à Carrépuits le 5 ou le 6 mars ; — livrées le 6 mars ; — poids : 415 et 308 livres.

Archiv. Cavillier, Carrépuits: G. p. 173-174 et 177.

HATTENCOURT. — *1713*. — Refonte de ....? cloches, par les frères Cavillier (Philippe II et Jean), de Carrépuits.

Les dites cloches, « fondues le 29 mai et livrées le 31 » du même mois ; — « le total du poids est de 1735 livres, les neuves » ; — « les vieilles nous ayant été fournies deux jours auparavant, pesantes ensemble 1466 livres, de sorte qu'ils nous doivent 269 livres de métail [d'augmentation et] 87 livres de déchet. »

« J'ai receu de [François] Goujart, [marguillier], 250 livres ; la quittance est au dos de leur état de marché, datée du 5 de novembre 1713. J'ai rendu la moitié à Marie-Marguerite Richard, femme de feu mon frère ». — Autre paiement, le 5 octobre 1714 : « Marguerite Richard a eu sa moitié. »

Archiv. Cavillier, Carrépuits : A, p. 167.

1737. — Refonte de la grosse cloche, par les Philippe Cavillier, père et fils. — Marché passé le 1ᵉʳ septembre. — La dite cloche, fondue à Carrépuits ; — poids : 717 livres 1/2 ; — livrée le 20 septembre.

Archiv. Cavillier, Carrépuits : G, p. 107.

HERLY. — *1750*. — Association Philippe II Cavillier et ses fils Philippe III et Florentin : — trois cloches (deux refontes et une nouvelle) : — « avec les deux qu'ils ont cassées, en fondre trois. »

Marché passé par Florentin, le 11 février.

Les dites cloches, fondues à Carrépuits, le 5 ou le 6 mai ; livrées le 6 mai ; — poids : la grosse

456 livres, la moyenne 331 livres 1/2, et la petite 248 livres.

> Archiv. Cavillier, Carrépuits: H, pp. 38-39, et I, pp. 69-70.

LAUCOURT. — *1704*. — La petite des trois cloches, par les Cavillier, de Carrépuits (Nicolas II, en société avec ses fils Philippe II et Jean). — « Marché passé par Philippe, en juillet. — Fondu [à Laucourt], le 27 d'aoust. »

> Archiv. Cavillier, Carrépuits : A, pp. 114, 144 et 192.

LIANCOURT, auj. LIANCOURT-FOSSE. — *1766*. — Refonte des trois cloches de « Liencourt » à Carrépuits, par les frères Philippe III et Florentin Cavillier.

Marché passé par les dits fondeurs, le 14 juin ; — prix convenu : 450 livres, payables des deniers de la fabrique.

Le 6 août, livraison des trois anciennes cloches aux fondeurs, « par Mr Cuvillier, curé, Rousselle, lieutenant, et Pierre Deloir, procureur fiscal de la justice du dit Liencourt » ; « et les ayant pesées en leur présence, la grosse étoit du poids de 1188 livres »; la seconde, 853 livres ; la petite, 636 livres, et les six marbréaux, 52 livres ; ce qui formait en total la quantité de 2729 livres d'ancien métal, poids de 16 onces.

« Et le 9me du dit aoust, les cloches nouvelles fondues, ainsi que les marbréaux, ont été repesées, en présence du dit sieur curé et de Pierre Verrier, marguillier en charge [1]; dont la grosse pèse présentement... 1235 livres » ; la seconde, 896 livres ; la

---

[1]. Florentin Cavillier : « Hubert Verrier, marguillier ».

petite, 657 livres, et les six marbréaux, 46 livres ;
« ce qui forme en total de métal neuf 2834 livres ;
par conséquent, il se trouve 105 livres d'augmentation de métal. » — « Cette sonnerie est bien fondue ; métal passable. »

Archiv. Cavillier, Carrépuits : J, pp. 87-88. — Reg. Florentin Cavillier, Solente, ms. orig., p. 153 ; copie Berthelé, fol. 192-193.

1776. — Philippe III, Nicolas III et Louis-Florentin Cavillier, fondeurs à Carrépuits : — « les deux grosses cloches, [lesquelles] pèsent environ de 2221 livres (refondues à Carrépuis en décembre) ».

« Le 14ᵐᵉ novembre 1776 (écrit le dit Philippe Cavillier), j'ai fait écrit de marché.... [pour] refondre la grosse cloche de leur église, qui s'est trouvée être cassée, par avoir un battant trop fort et par être mal moutonnée » ; — le dit marché, passé avec « [Cuvillier], curé de la paroisse Saint-Médard de Liencourt, Philippe Sorelle, marguillier en charge, Nicolas Rousselle, lieutenant, Simon Guilmain, procureur fiscal et sindic, aux noms et comme fondés de procuration de la dite paroisse, insérée dans l'acte de délibération du dix novembre de la présente année » : — refondre « la grosse cloche de la dite paroisse de Liencourt ; la rendre poids pour poids, sans qu'on soit obligé de payer le déchet ; ... la descendre et la remonter, sans toutefois être obligé au passage et ouvertures nécessaires ; ... la garantissant suivant l'usage des fondeurs » ; — prix convenu : 180 livres.

« Et pendant le cours du travail, la seconde est venue à casser, par la même maladresse que la grosse, et en sus la petite est tombé dessus cette ditte moyenne, qui lui a donné sa cassation. Et incontinent j'ai fait marché pour refondre cette ditte moyenne, moyennant la somme de 100 livres, aux mêmes conditions que la grosse » ; — « ces prix sont trop bas, mais j'ai entré en considération, comme les ayant fondues » [en 1766].

Le 16 décembre, livraison aux fondeurs des deux anciennes cloches, pesant : la grosse, 1234 livres, et la seconde, 895 livres ; total : 2129 livres, à 16 onces.

« Le 18me décembre 1776, nous avons fait la fonte des deux grosses cloches de Liencourt, et les trois de Cugny, avec trois paires de marbréaux pour le dit Cugny et deux petits timbres pour servir à l'horloge de la ville de Roye. »

Poids des deux nouvelles cloches de Liancourt : la grosse, 1272 livres, et la seconde, 949 livres ; total : 2221 livres ; — « les cloches neuves sont augmentées de 92 livres de métail. »

« Ces deux cloches sont sans aucun défaut, ... bien fondues et bonnes. Le métail est meilleur que l'ancien, à raison qu'il a été bonifié avec celles de Cugny et avec 1300 livres du nôtre, que nous avons mis à cette fonte. »

« Le 5me janvier 1777 (écrit encore Philippe Cavillier), nous avons été, nous deux Nicolas, mettre les deux cloches de Liencourt au clocher. Et après avoir fini, nous avons été boire avec ceux qui nous ont aidés ; pour quoy, j'ai payé la somme de 2 livres 18 sols en dépense. (Cette somme a été tirée de la bourse commune). » — « Le 13me janvier 1777, j'ai été à Liencourt rechercher nos cordages. J'ai réglé avec Pierre Étienne, charpentier au dit Liencourt, qui nous a aidés à placer leurs cloches : je lui ai donné 3 livres, pour lui et pour Grammont, son ouvrier, et pour 8 sols de vin bu avec lui.... Cecy est pour entrer en compte entre nous trois. »

Archiv. Cavillier, Carrépuits : — papiers divers, dossier *Liancourt-Fosse* ; — reg. K, pp. 51-52 ; — journal P, pp. 97, 98, 100 et 102 ; copie Berthelé, fol. 171, 173, 174, 175 et 176.

CHATEAU. — *1767*. — Philippe III et Florentin Cavillier, de Carrépuits : — « nous avons fait, par ordre à nous donné, pour Monsieur de Lescalopier, seigneur de Liencourt, six crapaudines, ainsy que six roulettes de métal et cuivre jaune, étant de bonne matière » ; — « le tout ensemble a été livré à un envoyé de [la] part de Mr Deloir, économe du château du dit Liencourt, le 20me aoust 1767 » ; — « dont le poids étoit de 70 livres, la livre de 16 onces ; qui, à raison de 36 sols la livre, tout façonné, qui est le plus bas prix que l'on puisse faire, se monte à la somme de 126 livres, qui nous est deue, à nous deux Florentin, pour raison de cette livraison. »

Archiv. Cavillier, Carrépuits : J, p. 372

MARCHÉ-ALLOUARDE. — *1686*. — Nicolas II Cavillier, fondeur à Carrépuits, « fait marché au village de Marchez-Levuarde pour fondre, fournir et livrer [pour le 15 août] une cloche, pour servir de plus grosse à deux autres qui sont à présent au clocher du dit Marchez, moyennant le prix et somme de 20 sols pour chacune livre, poids de 16 onces » ; — mode de paiement convenu : 200 livres payables au mois d'août, et pour « le reste de la somme, ils bailleront [au fondeur] par les mains du marguillier, tous les ans à... Noël..., la somme de 40 livres, et lorsque le bled se vendra plus de 3o sols, la mesure de Neelle[1], ils bailleront la somme de 45 livres ou plus. »

« Fondu le 8 aoust; pesé à Roye le 9, et livré le 10 »; — « la dite cloche s'est trouvée pesée au grand poids 556 livres, y compris six marbréaux pesant 25 livres. »

Il fut fait au fondeur « un transport par les curé, marguillier et habitants du dit Marché, à recevoir, chez Jean Vasseur, la somme de 88 livres 11 sous ; sur François Mouton (de Thilloy), la somme de 36 livres 5 s.; sur Pierre Cardon, la somme de 99 livres ; le tout, pour des redevances de marguilliers à la dite église... » ; — dès le mois de juillet (avant la coulée de la cloche), le marguillier Pierre Cardon avait déjà fait au fondeur un paiement de 39 livres.

Archiv. Cavillier Carrépuits : A, pp. 38 à 40.

1731. — « Luarde » : — refonte de trois cloches, par Philippe II et Colin Cavillier.

Marché passé par Philippe, le 2 septembre. — Les dites cloches, fondues à Carrépuits, avant le 29 octobre ; — poids : 545 livres 3/4, 399 livres 1/2 et 294 livres 1/4.

Archiv. Cavillier, Carrépuits : G, p. 62.

MOYENCOURT. — Église paroissiale. — *1696.* — Association Nicolas II, Philippe II et Charles Cavillier, fondeurs à Carrépuits : — refonte de la moyenne cloche.

Marché verbal, passé par Nicolas, le 1er mai ; marché écrit, passé par Charles.

1. Nesle, Somme.

« Fondu la cloche et livré le 18 de juin en suivant de la ditte année » ; — « après la cloche pesée, elle s'est trouvée peser plus, de 86 livres et demie de métail, poids de Roye. »

Archiv. Cavillier, Carrépuits : A, p. 88.

1712-1713. — Refonte de la moyenne cloche, par les frères Cavillier (Philippe II et Jean), de Carrépuits.

Marché passé le 10 avril 1712. — La dite cloche, « fondue le 9 janvier 1713 » ; — « elle s'est trouvée moins pesante de 28 livres, au poids de Roye ». — « Leur vieille cloche pesoit 578 livres, et la neuve [pèse] 550 livres. »

Archiv. Cavillier, Carrépuits : A, p. 162.

CORDELIERS. — *1684*. — Le 25 juillet, Nicolas II Cavillier, fondeur de Carrépuits, « faict marché au couvent de Moyencourt, avec le Révérend Père Jannel, gardien, pour faire deux petites cloches, moyennant la somme de 30 livres pour les façon et fourniture ».

« Fondu le 5 de septembre 1684 ».

« Le père Cordelier n'en a pris qu'une des deux, qui est la grosse, attendu (écrit le fondeur) qu'il m'auroit dû 67 [livres] de métal, sans le déchet ; tellement qu'il s'est trouvé que nous lui devons 55 [livres] de métal, qui est en la petite restée chez nous. »

Archiv. Cavillier, Carrépuits : A. p. 28.

POPINCOURT. — *1783*. — « La grosse cloche », aliàs « une troisième cloche, supérieure aux deux qu'ils avoient », — « fondue et livrée à neuf », par Philippe III et Nicolas III Cavillier, de Carrépuits.

Marché passé par le dit Philippe Cavillier, le 9 juin ; — prix convenu : « 34 sous de la livre de métal qui sera fourny et livré, tant en la dite cloche que marbréaux », — payable « des deniers de la fabrique. »

Poids de la cloche, pesée le 31 août « en présence du voiturier envoyé de la dite paroisse » : 239 livres ; — poids des deux marbréaux : 6 livres ; — total : « 245 livres de métal livré au dit voiturier. »

Second et dernier paiement, le 30 octobre 1785, par Martin Fournier, marguillier en charge : « je lui ai remis l'écrit du marché » (écrit Philippe Cavillier).

Archiv. Cavillier, Carrépuits: K, p. 153.

RETHONVILLERS. — *1687*. — Nicolas II Cavillier, fondeur à Carrépuits, « fait marché au village de Retonvillez et escrit par devant M' Thomas, notaire à Neelle, le 21 mars 1687, pour fondre la petite cloche, moyennant 50 livres. »

« Fondu le 23 avril l'an courant. »

Nicolas Cavillier ajoute ce détail de comptabilité : « ils me doivent un escu pour les armoiries que j'ay gravées. »

Archiv. Cavillier, Carrépuits : A, p. 40.

1701. — On lit dans le registre de Nicolas II Cavillier, fondeur à Carrépuits : — « Philippe Cavillier [1] a fondu la petite cloche de Retonvilez, qui est la

---

[1]. Philippe II, fils ainé du dit Nicolas II.

petite des trois, chez Christophe Guérin, à Noyon, que Charles Gorlier avoit marchandée avec le dit Guérin, moyennant la somme de 54 livres. Ils ont esté payés chacun par moitié, sçavoir le dit Cavillier et Gorlier, sinon que le dit Gorlier a receu de Philippe 40 sols et 30 sols pour des fraix, pour sa part, à cause qu'il n'a pu aider à faire la ditte cloche. La ditte somme sera diminuée sur le métail de Marché-le-Pot. Fondu et receu la ditte somme du dit Guérin, le 3 octobre 1701. »

Archiv. Cavillier, Carrépuits : A, p. 107.

1715. — Philippe II Cavillier « fait accord avec Vilain, lieutenant de Retonvillers, moyennant 120 l. comptant », pour la refonte d'une cloche, — « pour être fondue à Carépuis pour la Pentecôte. »

« Fondue le 7 juin ». — L'ancienne pesait « 720 l. ». — « La cloche neuve pèse 725 livres, et partant [les parroissiens] doivent 5 livres 10 sols », le métal étant compté « à 22 sous la livre de 14 onces. »

Le fondeur ayant « fourni neuf livres d'étain fin, pour la fonte, à 25 sols la livre, ... il faut joindre 27 sols [sic] pour les neuf livres d'étain fin ». Il fut tenu compte également d'une « clochette, pesant sept quarts et demi », que Philippe Cavillier avait livrée (le 27 mai?).

Paiements, par le lieutenant, en argent et en nature : — au mois de juin 1715, quittance de 70 livres, « dont j'ai compris les 5 livres 10 sols de métal et un sac de bled de 6 livres 12 sols 6 deniers » ; — « le 20 janvier, j'ai receu de Mr [le] lieutenant un sac de bled de 8 livres.... »

Archiv. Cavillier, Carrépuits : A, p. 198.

ROIGLISE. — *1687*. — Nicolas II Cavillier, fondeur à Carrépuits, fournit « à l'église de Royglise, une clochette et un marbriau. »

<small>Archiv. Cavillier, Carrépuits : A, p. 36.</small>

1689. — Nicolas II Cavillier, de Carrépuits, « fait marché au village de Royglise, le vingt mars 1689, pour fondre les deux cloches et y adjouter deux cens de métail » ; — « marché nul. »

<small>Archiv. Cavillier, Carrépuits : A, p. 51.</small>

1691. — Nicolas II Cavillier, fondeur à Carrépuits, « fait marché au village de Royglise, moyennant la somme de 27 livres de façon, pour fondre la grosse cloche cassée » ; — le dit fondeur « doit tout fournir, sauf le déchet à raison de 17 sols 6 deniers. »

« Fondu le 12 mai » ; — compte réglé le 17 du dit mois ; — « la cloche livrée le 4 juin ». — La dite fonte, en société [avec son frère Charles Cavillier].

<small>Archiv. Cavillier, Carrépuits : A, p. 42.</small>

1706 (???). — « Réglise ». — Refonte de deux cloches, par les frères Cavillier (Philippe II et Jean), de Carrépuits.

Marché passé par Philippe. — Il parait y avoir eu d'augmentation « 13 livres au grand poids. »

<small>Archiv. Cavillier, Carrépuits : A, p. 134.</small>

1757. — Refonte des deux cloches, à Carrépuits, par les frères Philippe III et Florentin Cavillier.

Le 6 mars, les dits fondeurs « ont passé écrit de marché avec les sieurs curé, marguillier et principaux habitans de Royglise pour fondre les deux cloches de leur paroisse à Carrépuits » ; — « nous sommes obligés à toutes les fournitures, les prendre dans le clocher et les y remettre, fondre quatre marbréaux, moyennant la somme de 74 livres, pour les fournitures et main d'œuvre » ; — « en outre, nous devons les augmenter de 60 livres de métail, au prix de 28 sols, poids de 16 onces » ; — le « paiement total sera fait par les habitans, sitôt les cloches dans le clocher, et ce à leur pur et privé nom, comme il est dit sur l'état de marché, qui est signé de chacun des habitans. »

« Le 21me avril 1757, les deux anciennes cloches et marbréaux ont été pesées à notre balance, en présence de Toussaint Hadangue, marguillier en charge ; la grosse pesoit 173 livres 1/2, et la petite 120 l. 1/2, et les marbréaux 9 livres, ce qui forme un total de 303 livres, poids de 16 onces.

« Et le 27me du dit mois, les cloches neuves ont été pesées en présence du dit Hadangue ; la grosse pèse présentement 196 livres, et la petite 144 l. 1/2, et les marbréaux 11 livres ; ce qui forme en total la quantité de 351 livres 1/2 ; ainsi il y a 48 livres 1/2 de métail augmenté. »

<small>Archiv. Cavillier. Carrépuits : I, pp. 193-194. — Reg. Florentin Cavillier, Solente, ms. orig., p. 48 ; copie Berthelé, fol. 66 à 68.</small>

1769. — Philippe III Cavillier passe marché, le 5 novembre, « pour refondre les deux cloches, qu'ils ont cassées par brutalité ».

« Le 18me décembre, les deux anciennes cloches de Royglise ont été pesées, en présence de M^r le curé, dont la grosse étoit du poids de 194 livres 1/2, et la petite, de celuy de 142 livres 1/2 ».

« Et le 20ᵐᵉ du dit décembre, les deux cloches nouvelles fondues ont été aussy pesées en présence de Mʳ le curé, dont la grosse pèse présentement la quantité de 212 livres, et la petite 151 livres 1/2 ; ... les cloches neuves pèsent 26 livres et demy plus que les anciennes ».

Il est dû 99 livres 15 sous à Philippe III Cavillier, « par moitié avec la famille de feu Florentin ».

« Le 22ᵐᵉ décembre 1769, nous avons été mettre les cloches au clocher ; après quoy, Mʳ Longuet, curé, m'a payé la somme de 96 livres pour tout finy ; et de cet argent, j'ai mis la somme de 48 livres dans la bourse des enfans de Florentin, et j'ai retenu ma part. »

Archiv. Cavillier, Carrépuits : J, p. 144.!

SAINT-MARD. aliàs Saint-Mard-lès-Triot. — *1692*. — Nicolas II Cavillier, fondeur à Carrépuits, « fait marché au village de Saint-Mard-les-Triio, le 27 de janvier 1692, pour fondre et livrer deux cloches, du poids de deux cens cinquante livres, poids de la ville de Roye, à raison de 19 sols la livre, et en outre encore la somme de 33 livres ... pour les façons, fournitures et déchet d'une vieille cloche cassée, du poids de soixante-neuf livres », que le dit fondeur est « tenu de la fondre, pour aider à la construction des dittes deux cloches du poids de 250 livres », et qui lui « a esté baillée, au poids de la dite ville de Roye, par Capel, lieutenant de la paroisse du dit Saint-Mard, Morlet, Laviolette et Alexy, agent de Monsieur le prieur du dit lieu. »

« Le surplus du métal, qui sera employé au pardessus de la ditte vieille cloche du poids de 69 livres, [métail] que je dois livrer, me sera payé, sçavoir : par le dit sieur prieur, au jour de la livraison et réception des dites deux cloches, la somme de 5o livres ; et le reste de la dite somme me sera payé par les parroissiens et habitans, la moitié à la Saint-Remy prochain, et l'autre moitié à la Saint-Remy en suivant » ; — « il sera fait un autre escrit, à Roye, après les cloches fondues, pour obliger la plus saine partie [des habitants], pour la seureté de ma somme et des payements ». — « L'estat de marché [est] entre les mains de Monsr de Lépine, curé. »

« Fondu les dittes cloches le 17 de may et livré le 23 du dit mois » ; — « la grosse, du poids de 165, et la petite, de 125 [livres]. »

« A esté défalqué, sur les deux petites cloches, une plus petite, provenant de la Prieurée, de 69 livres » ; — « les 69 livres défalquées, reste à payer la quantité de 221 livres [de métal] à 19 sols » ; — plus, « 8 cent 14 sols, pour les marbriaux » ; — somme totale, due au fondeur : 248 livres 13 sous.

Archiv. Cavillier, Carrépuits : A, p. 63.

1699. — Refonte de la grosse cloche, par les Cavillier, de Carrépuits (Nicolas II, Philippe II et Charles).

Marché verbal passé le 15 mai. — La dite cloche, fondue [à Carrépuits] le 16 juillet et livrée le 29 août ; — poids : 167 livres, avant la refonte, et après la dite refonte, 161 livres seulement.

Archiv. Cavillier, Carrépuits : A, p. 94.

1759. — Philippe III et Florentin Cavillier, fondeurs à Carrépuits : — refonte de la petite cloche.

Marché passé par Florentin le 1er mai. — Coulée le 28 ou le 29 mai ; — poids de la cloche neuve : 113 livres ; — livraison le 2 juin.

Archiv. Cavillier, Carrépuits : J, p. 136.

TILLOLOY. — Église paroissiale. — *1753*. — Association Philippe II Cavillier et ses fils Philippe III et Florentin : — refonte de quatre petites cloches, pour en faire trois.

Marché passé par Philippe III et Florentin, le 6 mai. — Les dites cloches, fondues à Carrépuits, le 12 ou le 21 juillet ; — poids : 322 livres, 240 liv. 1/2 et 179 livres.

Archiv. Cavillier, Carrépuits : H, pp. 74-75, et I, pp. 121-122.

CHATEAU. — *1751*. — Philippe II Cavillier et ses fils Philippe III et Florentin : — une clochette, de deux livres moins une once, — livrée le 27 août.

Archiv. Cavillier, Carrépuits : H. p. 47.

VILLERS-LÈS-ROYE. — *1705*. — Philippe II Cavillier, de Carrépuits, [et son frère Jean] : — « accord fait pour fondre la cloche de Villers, moyennant 60 livres comptant » ; — « je dois tout fournir, même le déchet » ; — « pour fondre chez nous ».

Poids de la vieille cloche, pesée à Roye : 585 livres. — « La neuve a été repesée le 11 décembre et livrée ; dont elle se monte à 596 livres ; partant il y a 11 livres de surplus. »

Archiv. Cavillier, Carrépuits : A. p. 133.

1753. — Refonte de la grosse cloche, par Philippe III et Florentin Cavillier. — Marché écrit passé par Philippe III le 30 novembre. — Lieu de la fonte : Carrépuits.

« Le 3ᵉ décembre 1753, l'ancienne grosse cloche de Villers, cy-devant fondue par feu mon père [en 1705], nous a été livrée à Carrépuis par François Massias, marguillier de l'église, assisté de Vincent Seret, clerc de cette paroisse, et pezée en leurs présences à notre balance : cette cloche étoit du poids de 543 livres, poids de 16 onces. »

Cette cloche fut vraisemblablement refondue, en même temps que les deux d'Évricourt (Oise) et les trois de Goyencourt (Somme), dans la nuit du 18 au 19 décembre : le fourneau allumé dans la soirée du 18, et la coulée à l'aube ou même avant l'aube du 19, conformément à une habitude qui s'est conservée à Carrépuits jusqu'à nos jours.

« Et le 20ᵐᵉ du dit mois, la cloche nouvelle fondue a été pezée, aussy en présence des dits marguillier et clerc, et leur a été rendue du poids de 577 livres, même poids de 16 onces; ainsy cette cloche a été **augmentée de 34 livres de métal.** »

Archiv. Cavillier. Carrépuits : I, pp. 131-132. — Reg. Florentin Cavillier, Solente, ms. orig., p. 11 ; copie Berthelé, fol. 14-15.

1764. — Refonte des trois cloches par Philippe III et Florentin Cavillier. — « La seconde fête du Noël de l'année 1764 (écrit Florentin), mon frère a fait marché avec les sieurs curé, marguillier et principaux habitans de Villers, pour fondre les trois cloches à Carrépuis [1]. et ce moyennant la somme

---

[1]. Philippe III Cavillier écrit, de son côté : « Le 22ᵉ *février* 1764, j'ai passé écrit de marché avec les sieurs curé, marguilliers et

— 325 —

de 350 livres » ; — les fondeurs sont obligés de « tout fournir les matériaux ; ... prendre [les cloches] dans le clocher et les y remettre, moutonnées en neuf et ferrées à écroux : faire rajuster les trois battants, enfin mettre le tout en bon état » ; — le métal, à 30 sous la livre de 16 onces.

« Le 29ᵐᵉ mars 1764, les anciennes cloches de Villers nous ont été livrées, avec les marbréaux, moutons et ferrailles, à Carrépuis, par le sieur Boienval, marguillier en charge, et Vincent Seret, clerc [séculier] ; et ayant pesé les dittes cloches et marbréaux en leur présence, elles étoient la grosse de 577 livres, la seconde de 404 livres et la petite de 287 livres 3/4, et les marbréaux 49 livres 1/2. Ce qui fait, en total d'ancien métal, 1317 livres 3/4, qui nous ont été livrées. »

« Et le 6ᵐᵉ avril suivant, les trois cloches neuves, et les six marbréaux, ont été pesées avec les mêmes poids et balance, en présence de Mʳ Varet, curé du dit Villers ; dont la grosse pèse présentement 711 livres, la seconde pèse 519 livres et la petite 376 livres 1/2, et les marbréaux 46 livres 1/2, ce qui forme en total 1.653 livres, poids de 16 onces. »

« Par conséquent, les cloches neuves et marbréaux sont augmentées de 335 livres 1/4 : à raison de 30 sols la livre, fait la somme de 502 livres 17 sols 6 deniers, qui joint avec le prix de la façon de 350 livres, la somme totale est de 852 livres 17 sols

---

habitants de la paroisse Saint-Remy de Villers-lez-Roye, pour fondre les trois cloches de leur paroisse à Carrépuits, et les six marbréaux..... » — « ..... Les rendre bien accordantes en *la, sol, fa* ; ..... les rendre, après être fondues, du poids de quinze cens aux environs ». (Marché daté du 22 janvier 1764).

6 deniers ; et, pour un christ de plomb, que nous avons livré, de 4 livres[1] ; le tout fait 856 livres 17 sols 6 deniers, que la fabrique du dit Villers nous doit à nous deux mon frère. »

> Archiv. Cavillier, Carrépuits : — reg. J. pp. 31-32 ; — papiers divers, dossier *Villers-lès-Roye*.
> Reg. Florentin Cavillier, Solente, ms. orig., pp. 117-118 ; copie Berthelé, fol. 148 à 151.

1768. — Philippe III et Florentin Cavillier : — « le 14 juillet 1768, nous avons livré, pour l'église de Villers-lez-Roye, un bassin de plomb, servant aux fonts baptismaux du dit lieu, lequel est du poids de 73 livres » ; — « le prix, tant du plomb que de la façon, est de 10 sols à la livre, pour amis ; dont que la somme totale est de 36 liv. 10 sols, qui nous est due à nous deux Florentin pour cet article. »

« Plus, un christ d'étaim, de 24 sols. »

« En sus, nous avons encore livré un christ de plomb, pesant 7 livres, et un autre d'étaim ». — « Le tout ensemble s'est trouvé monter à la somme de 42 livres 18 sols, que Monsieur Veret, curé, m'a payé le 14^{mr} décembre 1768. Florentin a touché sa part. »

> Archiv. Cavillier, Carrépuits : J, p. 374.

---

[1]. « De plus, nous avons livré un christ de plomb, qui vaut quatre francs ». (Phil. Cavillier).

ARRONDISSEMENT DE PÉRONNE

PÉRONNE

Église collégiale Saint-Fursy. — *1693.* — Nicolas II Cavillier, fondeur à Carrépuits, son frère Charles Cavillier et son cousin Charles Gorlier, en société avec deux fondeurs lorrains ambulants : — « trois cloches du gros clocher », — fondues sur place.

« Nous avons (écrit Nicolas Cavillier) fait accord et marché avec les chanoines et chapitre de l'église Saint-Furcy de Péronne, moyennant le pris et somme de 450 livres, qui seront payées six semaines après, pour fondre et façonner trois cloches du gros clocher, sçavoir la grosse moyenne de 5000 [livres], et les deux autres petittes de six » ; — « nous devons tout fournir, sauf le déchet et augmentation, qui nous seront payés sur le prix de 20 sols la livre » ; — « nous sommes à cinq, sçavoir Nicolas et Charles Cavillier, et Charles Gorlier, et deux lorrains ; dont nous partagerons le profit à cinq » ; — « l'escrit [du dit marché], fait chez Monʳ Touchez [?], notaire à Péronne, en date du 3 de may 1693. »

« Fondu les dittes cloches le 22 de juin, et mis au clocher le premier juillet. » — « Pour la bénédiction (ajoute Nicolas Cavillier),... [mon frère] a receu pour nous quatre, sçavoir moy, mon frère, Gorlier et Philippe [1]. 7 livres 4 sols, et 30 sols en particulier. »

« Nous avons livré, pour les restants des cloches [de] Saint-Furcy, moy Nicolas Cavillier, 177 livres, [et] mon frère, 177 livres, de métail de cloches, et de la petite cloche du Mont Saint-Quentin [2], 69 livres et demie, qui fait ensemble la quantité de 423 livres, le tout au grand poids : et à nostre poids de Roye, nous en avons fourni, moy et mon frère, chacun 203 livres, qui fait ensemble 406 livres..... On nous a rendu nostre métail de Péronne, le 24 juillet. Il y en a à Roysel une partie, et l'autre est à Rouveroy [3] pour servir de restants aux cloches..... Nous avons rafiné toutes nos mousses : il y en a la quantité de 551 livres..... »

Archiv. Cavillier, Carrépuits : A, p. 69.

Dans le catalogue de l'œuvre des fondeurs de Roisel, dressé par Pierre Gorlier, on lit ceci, à l'actif de son grand-père Charles Gorlier : — « 1693, il a fondu le *ré* du gros clocher de l'église royale de Saint-Fursy à Péronne [4]. » — Nous venons de voir, par le registre de Nicolas II Cavillier, que cette fonte avait compris plus que « le *ré* du gros clocher » et que Charles Gorlier n'avait été qu'un des cinq fondeurs, associés pour cette entreprise. Peut-être Charles Gorlier avait-il été spécialement chargé du moulage du *ré*. Le souvenir de cette part dans l'œuvre commune se serait conservé dans la famille,

---

1. Philippe II, fils de Nicolas II Cavillier.
2. *Mont-Saint-Quentin*, Somme, canton de Péronne.
3. *Rouvroy*, Somme, canton de Rosières.
4. Registre de Pierre Gorlier.

et ainsi s'expliquerait le libellé exclusif de la note de Pierre Gorlier.

1747. — Charles-Étienne et Pierre Gorlier, père et fils, de Roisel : — « mon père (écrit Pierre Gorlier) a fondu le *mi* du petit clocher de Saint-Fursy de Péronne, pour 66 livres ; » — « pendant que la cloche fondoit[1], nous avons appris que Bergère étoit tuée par Quentin Berger, son fils ; mon père a quitté la fonte pour aller voir ; j'ai été prest à couler seul ; elle a reçu quatorze coups de couteau, dont cinq au cœur. »

Registre de Pierre Gorlier.

1769. — Pierre Gorlier, de Roisel : — « le 17 décembre 1769, j'ai fondu [à Roisel] le *moinneau* du gros clocher de Saint-Fursy de Péronne, avec celle de Fin ; » — « ils me devoient à Saint-Fursy, 298 livres. »

Registre de Pierre Gorlier.

Église Saint-Jean-Baptiste. — *1712.* — Fonte [sur place] par Charles Gorlier, de Roisel, en société avec les frères Cavillier (Philippe II et Jean), de Carrépuits.

« Accord fait par Charles Gorlier, moyennant 270 livres » ; — « nous sommes chacun de moitié (écrit Philippe Cavillier) et obligés à tout fournir, sauf le déchet ». — « Le marché est sur les registres de l'église. »

Poids : 1900 livres.

« Fondue le 24 mai, après leur avoir fourni

[1]. Vraisemblablement dans l'atelier de Roisel.

205 livres de métal, dont j'ai acheté 162 livres d'un mortier à Mʳ de Commartin, apoticaire au dit Péronne, que j'ai payé 129 livres 12 sols...... et 41 livres de la cloche de Biache ;..... ils nous en ont rendu 238 livres, et partant sont 33 livres que nous leur devons ». — « 60 livres, que nous avons receu en travaillant. »

Archiv. Cavillier, Carrépuits : A, p. 163.

Église Saint-Quentin-Cappelle. — *1769.* — « Les trois petites cloches, pesant environ de 1450 livres, fondues à Carrépuis », par Philippe III et Florentin Cavillier frères.

Le 30 juillet, Florentin passe écrit de marché avec « Charles-François Cabour [1], avocat au bailliage de Péronne, étant marguillier en charge de l'église de Saint-Quentin-Capelle du dit Péronne, et Mʳ Louis Delanchy, bourgeois de la dite ville, ancien marguillier et commis aux ouvrages de la dite église, commissaires nommés par acte de délibération des sieurs curé et marguilliers, à l'effet de faire refondre trois cloches, pour venir en accord avec les deux grosses qui restent au clocher, lequel accord doit être sur les tons de *sol, fa, mi*, pour les trois neuves, et les deux restantes, *ré, ut* [2] ; » — prix convenu : 420 livres, payables par la fabrique en trois termes.

« Le 30ᵐᵉ aoust 1769, les anciennes cloches de Saint-Quentin-Cappelle, au nombre de quatre, ont été pesées à notre balance, en présence de Mʳ Ca-

---

[1]. Aliàs « Jean-Charles-François Cabour ».
[2]. « Refondre les quatre cloches inférieures de la dite église de Saint-Quentin, de manière à en former et fournir trois cloches bien sonnantes et concordantes, en *sol, fa, my*, avec les deux autres qui sont *ré, ut*. » (Marché du 30 juillet 1769).

bour, marguillier, et de Lanchy » : — la grosse pesait 710 livres ; la deuxième, 512 livres ; la troisième, 373 livres, et la quatrième, 276 livres 1/2 ; total : 1871 livres 1/2 de métal, poids de 16 onces.

Poids des trois cloches nouvelles, pesées le 1ᵉʳ septembre en présence des sus nommés : la grosse, 641 livres ; la deuxième, 531 livres, et la troisième ou petite, 389 livres : total : 1561 livres. — « Les cloches neuves pèsent 310 livres 1/2 moins que les anciennes. » — « Bien fondues, belles et bon métal, et bien d'accord. » — « De plus, nous avons fondu dix marbréaux neufs, qui sont du poids de 65 livres. »

« Le 27ᵐᵉ et suivant de septembre 1769 (écrit Philippe Cavillier), j'ai été placer les cloches de Saint-Quentin-Capelle de Péronne au clocher..... J'ai eu à la bénédiction, 22 livres... »

<small>Archiv. Cavillier, Carrépuits : — reg. J, pp. 153-154 : — papiers divers, dossier *Péronne* ; — journal O, pp. 42 et 43 ; copie Berthelé, fol. 47, 47-48 et 49.</small>

1769 (suite). — Une autre cloche (plus petite), fondue à Carrépuits par Philippe III Cavillier, avec le métal restant de la fonte précédente.

« Et le 27ᵐᵉ du dit septembre 1769, j'ai fait un second marché avec Mʳ Cabour, marguillier, et Delanchy, pour de leur métal en faire une sixième cloche et deux marbréaux. » — « Et le 19 décembre 1769, la sixième cloche fut fondue, étant du poids de 270 livres. » — « Et le 16 février 1770, j'ai remis cette sixième cloche au clocher, étant très bien en son accord. »

<small>Archiv. Cavillier, Carrépuits : — reg. J, p. 154 : — papiers divers, dossier *Péronne* ; — journal O, p. 47 ; copie Berthelé, fol. 54.</small>

Église Saint-Sauveur. — *1736*. — Charles et Charles-Étienne Gorlier, père et fils, de Roisel : — « [une cloche] pour Saint-Sauveur de Péronne », — fondue à Roisel (?).

Registre de Pierre Gorlier.

Église du Faubourg de Bretagne. — « Notre-Dame de Bretagne à Péronne. » — *1774*. — Pierre Gorlier, de Roisel : — « le 24 décembre 1774, j'ai fondu les cinq cloches du faubourg de Bretagne de Péronne » ; — « il m'étoit dû 850 livres. »

Registre de Pierre Gorlier.

Capucins. — *1695*. — Charles Gorlier, de Roisel : — « 1695, il a fondu la cloche des Capucins de Péronne. »

Registre de Pierre Gorlier.

Cordeliers. — *1729*. — Charles Gorlier [et son fils Charles-Étienne], de Roisel : — « mon père-grand (écrit Pierre Gorlier) a fait marché au château de Manancourt [1] pour fondre les deux cloches des Cordelliers de Péronne, pour 100 livres de façon ; Monsieur de Manancourt a tout payé, 1729, et la ville de Péronne ont payé la grosse. »

Registre de Pierre Gorlier.

Minimes. — *1762*. — Pierre Gorlier, de Roisel, refond « la cloche des Minimes de Péronne », avec la grosse de Saint-Georges [de Cambrai ?].

Registre de Pierre Gorlier.

1. *Manancourt*, Somme, canton de Combles.

Sainte-Agnès. — *1732* (?). — Charles et Charles-Étienne Gorlier, père et fils, de Roisel : — « ils ont fondu (écrit Pierre Gorlier) la cloche de Sainte-Agnès de Péronne, que mon père-grand nomme les *Sœurs hospitalières* ; elle pèse 233 livres : ils avoient 40 sols la livre. »

Registre de Pierre Gorlier.

Religieuses de Sainte-Claire. — *1727 ou 1728.* — Refonte de « leur cloche cassée, pesante environs de 325 livres » ; — fondeurs : Philippe II et Colin Cavillier.

« Marché verbal [fait par le dit Philippe] avec Mʳ Dournel, sindic de la [dite] communauté des filles religieuses de Sainte-Claire de Péronne, en présence de Mʳ de Genlis, chanoine de Saint-Fursy du dit Péronne, qui a répondu pour les deux parties » ; — lieu de la fonte : Carrépuits ; — « ils doivent amener leur cloche et la revoiturer ». — La cloche neuve, « pesante 10 livres, à notre poids, moins que l'ancienne ».

Philippe Cavillier ajoute : « plus, j'ai fourni une petite cloche (de mon métal), pesante 27 livres à notre poids et un battant d'une livre. »

Archiv. Cavillier, Carrépuits : F, p. 10.

Ursulines. — *1718.* — Charles Gorlier, de Roisel : — « 1718, il a fondu une cloche pour les Ursulines de Péronne. »

Registre de Pierre Gorlier.

Hôtel-Dieu. — *1751.* — Association Philippe II Cavillier et ses fils Philippe III et Florentin : — une cloche (neuve, en échange d'une ancienne), livrée et mise au clocher le 14 juillet ; — pesant 280 livres.

Archiv. Cavillier, Carrépuits : II, p. 55.

Collège. — *1754.* — Pierre Gorlier, de Roisel, refond « la cloche du Collège de Péronne, pour 32 livres. »

Registre de Pierre Gorlier.

Mortier d'Apothicaire. — *1739.* — Charles et Charles-Étienne Gorlier, père et fils : — « ils ont fondu un mortier d'apoticaire pour Mr Commartin de Péronne ; il pèse 125 livres ;... le déchet cinq livres par cent et dix sols par livre de façon. »

Registre de Pierre Gorlier.

Canton de Péronne.

AIZECOURT-LE-HAUT. — *1752.* — Charles-Étienne et Pierre Gorlier, père et fils, de Roisel : — « 1752, nous avons fondu la grosse d'Aizecourt-le-Haut, pour 40 livres. »

Registre de Pierre Gorlier.

ALLAINES. — *1700.* — Charles Gorlier, de Roisel : — « 1700, il a fondu trois cloches pour Allaine, où il lui étoit dû 800 livres : il y a apparence d'une grande augmentation. »

Registre de Pierre Gorlier.

1714. — Le même Charles Gorlier ; — « 1714, il a fondu une cloche pour Alleine. »

Registre de Pierre Gorlier.

1766. — Pierre Gorlier, de Roisel : — « au mois de mars 1766, j'ai fondu les trois cloches d'Alleine, pour 200 livres : je les ai augmentées de 422 livres. »

Registre de Pierre Gorlier.

BARLEUX. — *1698.* — Refonte des deux cloches, sur place, par l'association Nicolas II, Philippe II et Charles Cavillier, de Carrépuits.

Marché passé par Nicolas le 5 octobre. — Les dites cloches, « fondues le 13 décembre. »

« Nous avons payé nos dépenses au cabaretier, que nous avons faites pendant le travail, de la somme de 30 livres. » — « Nous avons livré, à trois, la quantité de 450 livres de métal ; .... le 15 du dit mois [de décembre, on nous a] rendu le métal de restant, de 252 livres, poids de Roye, et réduit au poids de Paris, vient à la quantité de 224 livres ; rédigé à 18 sols la livre, fait la somme de 201 livres 4 sols. » — Mention d'une dépense de dix livres, pour « du vin bu », qui paraît bien être le « vin du marché. »

Archiv. Cavillier, Carrépuits : A, p. 106.

1729. — Charles et Charles-Étienne Gorlier, père et fils, de Roisel : — « le 13 octobre 1729 (écrit Pierre Gorlier), ils ont fondu les deux cloches de Barleux, pour 120 livres : ils ont fourni 169 livres de métail à 28 sols » : — « je les ay refondues (ajoute Pierre Gorlier) et en ay fait trois, comme vous verrez. »

Registre de Pierre Gorlier.

1765. Pierre Gorlier, de Roisel : — « le 29 may

1765, j'ai fondu six cloches, sçavoir trois pour Barleux, ... deux pour Driencourt, ... et une pour Sequehart... » ; — à Barleux, « ils n'en avoient que deux : j'en ai fait trois, en fournissant 100 livres de métail, pour 400 livres. »

Registre de Pierre Gorlier.

BIACHES. — *1691-1692*. — Le 18 novembre 1691, Nicolas II Cavillier, de Carrépuits, « fait marché au village de Biache, pour fondre la moyenne cloche, moyennant la somme de 75 livres pour les façon et fournitures, sauf le déchet à 18 sols la livre » ; — par le même marché, le dit fondeur « doibt fondre et façonner quatre mabriaux. »

« Fondu la moyenne cloche le 22, et livré le 23 de may [1692], et receue. » — « Le déchet et augmentation se montent la somme de 100 livres 18 sols. » — Première quittance du fondeur, le 23 mai.

Archiv. Cavillier, Carrépuits : A, p. 61.

1712. — Fonte d'une cloche, pesant 450 livres environ, par Charles Gorlier, de Roisel, en société avec les frères Cavillier (Philippe II et Jean), de Carrépuits.

« Marché passé par mon cousin à Biache (écrit Philippe Cavillier), au prorata de Saint-Jean de Péronne, et vingt livres d'augmentation, à cause qu'il la faut fondre séparée, de sorte que l'église nous donnera 110 livres » ; — « s'il y a du métal d'augmentation, il sera payé à 20 sols la livre. »

« Fondue le 4 juin 1712 et livrée le même jour » ; — « il y a 65 livres de métal d'augmentation ». —

Poids de la dite cloche, [avant ou après la refonte] : 452 livres.

Archiv. Cavillier, Carrépuits : A, p. 164.

1787. — Pierre Gorlier, de Roisel : — quatre cloches, — fondues au dit Roisel, en même temps que les trois de Tugny[1] et les deux de Fieulaine[2] ; — « j'ai gravé les huit armes de Messieurs les parreins et marreines de Biache, où il m'est dû 24 livres. »

Registre de Pierre Gorlier.

BOUCHAVESNE. — *1737.* — Charles et Charles-Étienne Gorlier, père et fils, de Roisel : — « ils ont fondu, le 28 mars 1737, les trois cloches de Bouchavesne, pour 130 livres ; la petite a été cassée avant être montée » ; — « elle n'est pas encore refondue » (écrivait Pierre Gorlier) : « voilà 49 ans qu'elle est cassée ! »

Registre de Pierre Gorlier.

1779. — Pierre Gorlier, de Roisel, a « fondu la petite de Bouchavesne. »

Registre de Pierre Gorlier.

BRIE. — *1766.* — Pierre Gorlier, de Roisel : — « le 4 juillet 1766, j'ai fondu les quatre cloches de Brye, qui sont tres belles. »

Registre de Pierre Gorlier.

BUIRE, commune de BUIRE-COURCELLES. — *1751.* — Charles-Étienne et Pierre Gorlier, père et fils,

---

1. *Tugny-et-Pont,* Aisne, canton de Saint-Simon.
2. *Fieulaine,* Aisne, canton de Saint-Quentin.

de Roisel : — « 1751, nous avons fondu la grosse de Buire, pour 75 livres. »

Registre de Pierre Gorlier.

1778. — Pierre Gorlier, de Roisel, a « fondu la grosse de Buire. »

Registre de Pierre Gorlier.

BUSSU. — *1738.* — Charles et Charles-Étienne Gorlier, père et fils, de Roisel : — « ils ont fondu la grosse de Bussu, en même temps [que la grosse d'Hamelet], du moins le 21 juin 1738 [1]. »

Registre de Pierre Gorlier.

1745. — Charles-Étienne Gorlier, de Roisel, « a fondu la moyenne de Bussu, pour 60 livres et 5 livres de déchet par cent » : — « bénite le jour des Rameaux. »

Registre de Pierre Gorlier.

1765. — Pierre Gorlier, de Roisel : — « le 15 octobre..... le même jour [que la petite de Walincourt], fondu la grosse de Bussu, pour 90 livres. »

Registre de Pierre Gorlier.

CARTIGNY. — *1713.* — Charles Gorlier, de Roisel : — « 1713, il a fondu deux cloches à Cartigny. »

Registre de Pierre Gorlier.

1731. — Charles Gorlier [et son fils Charles-Étienne], de Roisel : — « mon père-grand (écrit Pierre Gorlier) a fait marché à Cartigny pour fondre

---

1. Ms. : *1737.*

la grosse : ce fut le 8 juin 1731 : pour façon, 102 livres. »

<small>Registre de Pierre Gorlier.</small>

1735. — Charles et Charles-Étienne Gorlier, père et fils, de Roisel : — « ils ont fondu la grosse et la petite de Cartigny, pour 35 écus, en 1735. »

<small>Registre de Pierre Gorlier.</small>

CLÉRY-SUR-SOMME. — *1688.* — Nicolas II Cavillier, fondeur à Carrépuits, « fait marché au village de Cléry-sur-Somme pour fondre les deux moyennes des quatre cloches », moyennant 100 livres ; — le fondeur devant fournir 300 livres de métal, « pour servir de restant » ; la paroisse, d'autre part, devant fournir « tous les matériaux nécessaires pour faire la fonte » : — les cloches devant être rendues « fondues pour la saint-Martin. » — « L'écrit [du marché avait été] fait le 16 octobre » ; il devait se « récrire par devant notaire à Péronne » ; — « le marché [fut] remis pour le carême prochain. »

1689. — « Le dit marché, écrit par devant Gautier, notaire, en la ville de Péronne, le 31 mai 1689, pour les rendre fondues le 4 juillet prochain. » — Nicolas II livre « à Catherine Le Roy, de Chaulnes, la quantité de 340 livres de métal en lingots et sept vieux mabriaux, pour mener en la maison de Frénoy à Péronne, le 11 juin » : — « j'ai été rendu (écrit-il) du métail que j'avois livré au village du dit Cléry. »

« Fondu les cloches le 6 juillet. » — Le lendemain, le fondeur reçoit 50 livres et en donne quittance « sur le dos du marché » au marguillier Alphonse Leleu ; — un an après, il reçoit les 50 autres livres : « l'écrit déchargé, le 8 de juillet 1690. »

Archiv. Cavillier, Carrépuits : A, p. 48.

1743. — Charles-Étienne Gorlier et Pierre Gorlier, son fils, de Roisel, en société avec [Philippe II et Philippe III] Cavillier, de Carrépuits : — « 1743 (écrit Pierre Gorlier), nous avons fondu les deux grosses de Cléry, avec les Cavilliers, pour 260 livres, et le déchet de 5 livres par cent, dans la Bassée, près de l'église. » — Les dites cloches furent « fondues le 4 août. » — Le marché en avait été passé par Philippe III Cavillier.

Registre de Pierre Gorlier.
Archiv. Cavillier, Carrépuits : G, p. 161.

DOINGT, commune de DOINGT-FLAMICOURT. — *1701.* — Refonte de trois cloches sur place, par Nicolas II Cavillier, de Carrépuits, en société avec Charles Gorlier, de Roisel [1].

« J'ai fait marché (dit Nicolas Cavillier), au village de Doüen, avec Mons'' le prieur, pour fondre trois cloches, moyennant la somme de cent livres ; » — « je dois tout fournir, même le déchet, sauf le bois, charbon et briques » : — le métal : à 21 sous la livre, poids de 16 onces : — « l'escrit [de marché] fait le 10 de juin 1701 : .... il est entre les mains du sieur prieur » ; — « Charles Gorlier en est de la moitié. »

« Fondu les trois cloches le 7 juillet. »

---

1. Charles Gorlier : « 1701, il a fondu les trois cloches de Douang avec Cavillier. » (Registre de Pierre Gorlier).

« Nous avons tout réglé avec le dit prieur le jour de la fonte : il nous doit, chacun par moitié, à moi Nicolas Cavillier et Charles Gorlier, la somme de 41 livres, à payer, du jour d'huy 7 de juillet de l'année 1701, à pareil jour 1702 », — déduction faite de « 20 livres au cabaretier et 39 livres de métal, à raison de 20 sols la livre, que les dites cloches pesoient moins, que le dit prieur nous a diminuées le dit jour du dit compte. »

« Charles Gorlier a receu [le 28 juillet ?] des parins et marines, de dons, la somme de 5 livres 3 sols 6 deniers, pour la part de Philippe Cavillier..... »

« J'ai raffiné les escumes de La Motte[1] : il y en a 56 livres : il en appartient le tiers au dit Gorlier : sur quoy, il m'en doit trois livres et pour 12 sols de charbon pour sa part. »

Archiv. Cavillier, Carrépuits : A, p. 118.

ÉTERPIGNY. — Église paroissiale. — *1688.* — Nicolas II Cavillier, fondeur à Carrépuits, « fait marché au village d'Esterpigny, le 22 août 1688, pour refondre la petite des trois cloches, moyennant le prix et somme de 40 livres » : — « je dois tout fournir (écrit-il), sauf le déchet et l'augmentation, qui me sera payé, à raison de 17 sols la livre, savoir avec les dons des parins et marines, et le reste en deux payements, dont le premier au jour de saint Remy en 1689 et le dernier en 1690 ; et au cas que l'on me paye comptant, je dois relâcher la somme de cent sols sur celle de 40 livres » : — « le marché est entre les mains de Mons' le curé. »

---

[1]. *Lamotte-en-Santerre,* Somme, canton de Corbie.

« Fondu le 28 septembre l'an courant.

« Après [la refonte], la cloche repesée s'est trouvée augmentée, plus que la cloche cassée, de la quantité de 15 livres 1/2, sans préjudice au déchet de la dite cloche, du poids de 400 livres. »

La paroisse remit au fondeur « l'état de marché et une promesse au dos, portant la somme de 53 livres 12 sols, sçavoir pour 16 livres de métail pour le déchet, à raison de 17 sols pour livre, faisant la somme de 13 l. 12 s. pour le dit déchet, et 40 l. pour la façon, fait celle de 53 l. 12 s. », sur quoi le fondeur reçut [en 1688] 22 liv. 10 s. « provenant des dons des parins. » — Quant au reste, il y eut « procès intenté pour le paiement » (1691), procès qui se termina par une « sentence contre l'église. » — Nicolas Cavillier ajoute ce détail : « mon frère m'a remboursé la moitié des frais », ce qui prouve que cette cloche d'Éterpigny fut fondue en société, par moitié, avec Charles Cavillier.

Nicolas II Cavillier note également : — « il a été promis, pour le vin du garçon, 20 sols par Mons' le curé » ; — « j'ai reçu du métail une livre et demye pour le vin du garçon » : — ce qui porte à croire que Philippe II Cavillier [alors âgé de douze ans] aida son père et son oncle, en qualité d'apprenti, et qu'il lui fut accordé de ce chef une gratification.

Archiv. Cavillier, Carrépuits : A, p. 47.

1698. — Refonte des trois cloches, sur place, par l'association Nicolas II, Philippe II et Charles Cavillier, de Carrépuits.

Marché passé par Nicolas, le 6 octobre 1697 : — les dites cloches fondues le 24 avril 1698.

« J'ai livré six mabriaux pour du métail (ajoute Nicolas Cavillier) : ils m'ont baillé les escumes pour les façons de trois [de ces] mabriaux, et [en ce qui concerne] les trois autres, ils me devront trois livres d'argent pour les façons. »

Archiv. Cavillier, Carrépuits : A. p. 97.

1752. — Refonte de la seconde cloche, par l'association Philippe II Cavillier et ses fils Philippe III et Florentin.

Marché passé par Florentin, le 12 mars. — La dite cloche, fondue à Carrépuits le 17 mai ; — poids : 370 livres environ.

Archiv. Cavillier, Carrépuits : H, p. 64, et I, pp. 103-104.

LA COMMANDERIE. — *1752.* — Refonte d'une cloche, par l'association Philippe II Cavillier et ses fils. — Marché passé par Florentin. — La dite cloche, fondue à Carrépuits le 17 mai et livrée le lendemain ; — poids : 148 ou 149 livres.

Archiv. Cavillier, Carrépuits : H, p. 64, et I, p. 92.

FEUILLÈRES. — *1743.* — « Feuillierre. » — Charles-Étienne Gorlier, de Roisel : — « 1743, il a fondu la grosse de Feullière-Bucourt, pour 100 livres. »

Registre de Pierre Gorlier.

FLAUCOURT. — *1738.* — Refonte du *mi* des quatre cloches, par les Philippe Cavillier, père et fils, de Carrépuits. — La dite cloche, fondue le 2 octobre ; — poids : 383 livres.

Archiv. Cavillier, Carrépuits : G. pp. 118-119.

1749. — Refonte de la grosse et de la petite des quatre cloches, par Philippe II Cavillier et ses fils Philippe III et Florentin.

Marché passé le 21 octobre. — Les dites cloches, fondues à Carrépuits le 12 novembre, et livrées le même jour; notes *ut* et *fa* ; — poids des deux : 895 livres.

Archiv. Cavillier, Carrépuits: H, pp. 34-35, et I, pp. 63-64.

LE MESNIL-BRUNTEL. — *1689.* — Trois cloches, fondues par Nicolas II Cavillier, de Carrépuits.

« J'ay fait marché au village de Ménil-Bruntel, pour leur faire trois cloches, [ensemble du poids] d'un mil, en adjoutant six cents de métail (que je dois fournir), avec deux vieilles, pesant l'une 238 livres et l'autre 166 livres, faisant ensemble 404 livres, poids de Péronne » ; — « les curé, marguillier et habitants bailleront, en livrant les dites cloches, pour les façons, déchet et fournitures des dites deux ... cloches, la somme de 40 livres » ; — « l'augmentation du surplus, qui doit estre de six cens, au prix de 19 sols pour chacune livre » ; — « l'escrit [de marché a] esté fait soubz simple privé ; il doibt estre ratifié à Péronne, chez un notaire, au jour de la livraison. »

« Les trois cloches, fondues le 10 novembre l'an courant et livrées le 12 » ; — « elles pèsent : la première (grosse), 418 livres, poids de Péronne ; la segonde, 324 ; la petite pèse 230 » ; plus, « six marbriaux pesant 20 livres ; le tout, tant cloches et marbriaux, pèse la quantité de 992 [livres]. » — Première quittance du fondeur, le 13 novembre.

Archiv. Cavillier, Carrépuits : A. pp. 51 à 53.

1751. — Charles-Étienne et Pierre Gorlier, père et fils, de Roisel : — « 1751, nous avons fondu la grosse de Ménil-les-Bruntel, ... pour 66 livres », — « dont à présent la voilà seconde » (écrivait Pierre Gorlier en 1786).

Registre de Pierre Gorlier.

1768. — Pierre Gorlier, de Roisel : — « j'ai fondu la grosse de Ménil-les-Bruntel : j'ai fondu de la petite la grosse ; [en] 1768, le 23 février. »

Registre de Pierre Gorlier.

MOISLAINS. — *1703*. — Charles Gorlier, de Roisel : — « 1703, il a fondu à Moilins trois cloches et manqué la première. »

Registre de Pierre Gorlier.

1761. — Pierre Gorlier, de Roisel : — « Moïlin : 1761, j'ai fondu la seconde de Moislin et le timbre qui est en dehors du clocher ; je l'ai manquée ; j'ai perdu, tant en déchet qu'en métail perdu, pour 319 livres 10 sols ; je n'avois pas enterré dur assez le dernier lit, c'est à dire le lit des anses. »

Registre de Pierre Gorlier.

1777. — « Le 3 janvier 1777 (écrit Pierre Gorlier, de Roisel), j'ai fondu les deux grosses cloches de Moilins » ; — « ils ont mis à la fonte 4150 livres de métail, et moi j'en ai mis 292 livres : il y avoit la cloche, que j'avois fait pour Notre-Dame de Moyenpont, pesant 78 livres, et deux mabriaux neufs et le restant de Monchy[1] de 184 livres 1/2 » ; — « j'ai

1. Le restant de la fonte, qui avait été faite la veille, de la seconde cloche de Monchy-Lagache (Somme).

été obligé encore d'y mettre la cloche du réfectoire des Cordeillierres de Saint-Quentin, qui pesoit 14 livres » : — « après la fonte, ils m'ont rendu mon métal bien plus mauvais que je [le] leur avois prêté ; .... il y a eu [1] plusieurs personnes malades, à cause qu'il y avoit, dans le métal qu'ils ont amené de Paris, beaucoup de mauvaise drogue : potin, tombac, etc. » : — « le déchet n'a pas été grand, malgré la drogue à fondre » : — « les cloches sont fondues dans le dernier degré et bien faites » : — « ils me doivent 300 livres pour ma façon » : — « j'ai eu beaucoup de chagrin des curé et paroissiens ; .... je ne sçais pas encore quelle sera la disgrâce que j'aurai à la suite ; .... ils ne sont pas traitables. »

Registre de Pierre Gorlier.

MONS-EN-CHAUSSÉE. — *1722*. — Charles et Charles-Étienne Gorlier, père et fils, de Roisel : — « 1722, ils ont fondu la grosse pour 35 écus. »

Registre de Pierre Gorlier.

1736. — Charles et Charles-Étienne Gorlier, père et fils, de Roisel : — « ils ont fondu, le 29 août 1736, la petite de Mont-en-Chaussé, pour 50 livres. »

Registre de Pierre Gorlier.

1750. — Refonte des trois cloches, par l'association Philippe II Cavillier et ses fils Philippe III et Florentin. — Marché passé par Philippe II, le 13 septembre. — Les dites cloches, fondues à Car-

[1]. Pendant la fusion du métal.

réputés, le 20 octobre : — poids : 1181, 835 et 612 livres.

Archiv. Cavillier. Carrépuits : H. pp. 44-45. et I. p. 81.

1772, — Pierre Gorlier, de Roisel, fond, « le 28 mars 1772, la grosse de Montz-en-Chaussée » : — « la façon, de 100 livres, et le déchet, à 5 livres par cent »; — « elle est augmentée de 63 [livres] à 30 sols, et 59 livres pour le déchet. »

Registre de Pierre Gorlier.

MONT-SAINT-QUENTIN. — ABBAYE. — *1693*. — « Nicolas Cavillier et Charles Gorlier... [ont] fait marché avec le prieur du Mont-Saint-Quentin pour fondre la petite moyenne de six, pesant aux environs de 200, moyennant la somme de 50 livres pour les façons et déchet, » les dits fondeurs fournissant tous les matériaux nécessaires : — « la fondre au village de Roysell : » — le marché, d'abord purement « verbal, en présence de Monsr Obrel, chanoine de Péronne » ; puis, on fit « un escrit. »

« La cloche, fondue et livrée le 10 juillet : » — « elle s'est trouvée peser la quantité de 190 livres, et la vieille estoit de 196, tellement que nous avons six livres de leur métail. »

Nicolas Cavillier ajoute : « j'ay... receu du Mont-Saint-Quentin 42 livres, je que dois compter *par tiers*. » — Ce partage *entre trois* prouve que Charles Cavillier fut l'associé de son frère et de son cousin, pour cette fonte, comme pour les autres faites à Roisel ou sur place en 1693.

Quittance baillée par le dit Nicolas Cavillier « au dit Mont-Saint-Quentin, en date du 21 juillet 1693. »

Archiv. Cavillier. Carrépuits : A. p. 60.

1757. — Pierre Gorlier, de Roisel, a « fondu les quatre cloches de l'abbaye du Mont-Saint-Quentin, pour 200 livres, et cinq livres par cent pour le déchet. »

Registre de Pierre Gorlier.

Canton d'Albert.

AUTHUILLE. — *1759.* — Pierre Gorlier, de Roisel, « a fondu une cloche pour Hamel-Autuille (elle pèse 429 livres), à 35 sols par livre » : — la dite cloche d' « Hamel-Autuille », fondue avec la seconde de Villers-Guislain (Nord) et la petite de Vaux, près Étreiller (Aisne).

Registre de Pierre Gorlier.

BEAUMONT, commune de Beaumont-Hamel. — *1717.* — Projet de refonte de la grosse cloche, pesant 750 livres environ : — Philippe II Cavillier, de Carrépuits, « conclud le marché à Beaumont, [près de Miraumont], le dimanche 5 septembre, moyennant 110 livres » : — les paroissiens « doivent fournir le bois, briques et terre, avec le métail, et le fondeur « doit fournir les menus matériaux : — « pour être fondue au 15 novembre prochain » : — « pour fondre sur le lieu. » — « Il y a un écrit, que j'ai signé, conforme à celui de Fricourt pour la teneur. Il est resté entre les mains de M' Duprez, receveur. » — [Marché repris en 1721].

Archiv. Cavillier, Carrépuits : A, p. 217.

1721. — Refonte de trois cloches, sur place, par

Philippe II Cavillier et son cousin Nicolas Cavillier (dit Colin), de Carrépuits : — poids de la grosse : 800 livres environ (?).

D'après le marché, les paroissiens « doivent fournir le bois, briques, terre et appentis, avec les anneaux, » et Philippe Cavillier, « le reste. »

« Fondu le 26 juillet. »

Archiv. Cavillier, Carrépuits : D, pp. 11-12.

BOUZINCOURT. — *1738*. — Refonte des trois cloches, pesant ensemble 2.800 livres environ, par les Philippe Cavillier, père et fils. — Les dites cloches, fondues à Carrépuits : — livrées le 30 janvier.

Archiv. Cavillier, Carrépuits : G, pp. 111-112.

BUIRE-SOUS-CORBIE. — *1767*. — Refonte de la grosse cloche à Carrépuits, par Philippe III et Florentin Cavillier.

Le 23 février, marché passé par Florentin au dit « village de Buires, près Albert » ; — prix convenu : « 100 livres, payables par la fabrique, aussitôt la cloche au clocher : » — le métal à 28 sous la livre de 16 onces.

« Le 28me avril 1767, l'ancienne cloche de Buires nous a été livrée à Carrépuis par Nicolas Lemaire, habitant, député pour être présent au poids [1] : cette cloche étoit du poids de 574 livres, poids de 16 onces. »

« Et le 30me du dit avril, la cloche nouvelle fondue a été pesée en présence du dit Lemaire : elle

---

[1]. « Laquelle pesée a été aussy faite en présence de Mons' Dupré, curé de Bray, et d'Arnoud Chopart, aussi de Bray » (Bray-sur-Somme).

pèse présentement 584 livres, étant augmentée de 10 livres, » — « Cette cloche étant fondue chaude, a pris fourniture. Elle n'est point d'accord, étant trop haute en ton. »

<blockquote>Archiv. Cavillier, Carrépuits : J, p. 115. — Reg. Florentin Cavillier, Solente, ms. orig., pp. 170-171 ; copie Berthelé, fol. 214.</blockquote>

COURCELETTE. — *1714*. — Refonte d'une cloche, par Philippe II Cavillier, de Carrépuits.

« Accord fait à Courcellette (près de Bapaume), moyennant 45 écus », le fondeur étant « obligé à tout fournir, même le déchet ; » — « le métal, à 24 sols la livre. » — « Monsr le curé a l'état de marché ; je n'en ai pas. »

« Fondue le 19 octobre 1714. » [à Carrépuits, en même temps que les deux cloches d'Ovillers]. — [1] « Leur vieille est du poids de 498 livres, et la neuve pèse 490 livres, et partant je redois 8 livres de métal. »

Première quittance, le 7 novembre 1714 ; — « receu [1] le reste de la somme, et partant quitte et bons amis, lui ayant baillié quittance sans décharger l'écrit du marché, mais il s'est engagé d'honneur de le rayer. »

<blockquote>Archiv. Cavillier, Carrépuits : A. p. 183.</blockquote>

1765. — Pierre Gorlier, de Roisel : — « le 4 juillet, j'ai fondu les trois de Courcellette, avec les mêmes mezures qu'à Gœudcourt, pour 350 livres ; j'ai livré 105 livres de métal. »

<blockquote>Registre de Pierre Gorlier.</blockquote>

1. Vraisemblablement « de Mr Deupont, curé ».

DERNANCOURT. — *1707.* — Le 28 août. Philippe II Cavillier, de Carrépuits, « fait marché à Darnancourt, [près d'Albert], pour fondre trois cloches pesant douze à treize cens » ; — le fondeur « doit tout fournir, sauf le déchet » ; — « pour fondre au dit lieu » ; — « le métail sera livré par nous, à vingt sols la livre, poids de 15 onces ; ils sont obligés de le venir chercher à Carépuis et raconduire le reste » ; — « je suis obligé à la garantie d'un an et jour » ; — « ils ont le choix de les peser là où ils veulent, pourvu que le métail soit réglé au poids de 15 onces. »

« Fondues le dimanche 23 octobre, et livrées, après être pesées, le 25 du dit octobre. » — « Ils nous doivent 620 livres de métail. » — Les dites cloches « pesant 1700 livres les trois. »

Archiv. Cavillier. Carrépuits : A. p. 141.

FRICOURT. — *1717-1718.* — Refonte, sur place, des trois cloches, « pesant 4000 livres » environ, par Philippe II Cavillier, de Carrépuits, [avec la coopération de son cousin Nicolas Cavillier, dit Colin].

« 1717. J'ai conclu le marché des trois cloches de Fricourt, le 14 février,..... pour être fondues, pour la fin de mars, au dit lieu », — « moyennant 200 livres » ; — « je suis obligé à fournir les menus matériaux, mais l'église doit fournir le bois, briques, avec les anneaux. »

« Fondu le 29 mai, et réglé le 30. 1718. » — « J'ai payé à l'hôtesse, en présence du clerc, 27 livres 4 sols 6 deniers, à quoi se montoient nos dépenses. J'ai tout aquitté au dit lieu. Nos outils y sont restés chez l'hôte. » — « On a donné 5 livres à Colin. » — « Je n'ai rien receu à la bénédiction. »

Archiv. Cavillier, Carrépuits : A, p. 210.

1719. — Philippe II Cavillier, fondeur à Carrépuits, note, en date du 2 octobre 1719, la fourniture de six marbréaux « à Fiacre Rondaut, cabaretier à Croix [1],.... par l'ordre de PIERRE GUIOT, *charron, monteur de cloches, demeurant à Fricourt.* »

Archiv. Cavillier, Carrépuits, : C, p. 21.

1750. — Association Philippe II et ses fils Philippe III et Florentin : — refonte de la grosse cloche.

Marché passé par Philippe III et Florentin, le 7 décembre 1749. — La dite cloche, fondue à Carrépuits, entre le 2 et le 4 mars ; — livrée le 4 mars ; — poids : 1688 livres.

Archiv. Cavillier, Carrépuits : H, pp. 35-36, et I, pp. 65-66.

GRANDCOURT. — *1738.* — Refonte de la grosse cloche, par les Philippe Cavillier, père et fils.

Marché passé par Philippe II. — La dite cloche, fondue à Carrépuits le 29 ou le 30 janvier : — poids : 893 livres.

Archiv. Cavillier, Carrépuits : G, p. 113.

1771. — Pierre Gorlier, de Roisel : — « j'ai fondu le jour sainte Catherine 1771 [2], les trois cloches de Grandcourt, pour 500 livres et cinq livres de déchet par cent. »

Registre de Pierre Gorlier.

1. *Croix-Molignaux*, canton de Ham.
2. Le 25 novembre.

LA VIÉVILLE. — *1723*. — « La Viéville, près d'Albert » : une cloche, pesant 180 livres environ, en remplacement d'une ancienne, en pesant 125 environ ; — fondeurs : Philippe II et Colin Cavillier, en société avec Charles Gorlier [1].

Philippe Cavillier écrit au sujet de cette fonte : « Accord moyennant 50 livres, pour tout fournir ; le métail, à 39 sols la livre de 16 onces ; nous devons l'augmenter de 60 ou 70 livres..... J'ay livré la cloche ... le 27 de juillet 1723. La vieille pèse 126 livres, au poids du bureau de Bray [2] : repesée la nôtre contre, elle pèse [3] 62 livres de plus, à notre poids, ce qui doit porter environ de 54 livres, au même poids de 16 onces au dit Bray. »

Archiv. Cavillier, Carrépuits : D, p. 43.

MAMETZ. — *1741*. — Association Philippe II et Philippe III Cavillier, père et fils, de Carrépuits : — trois cloches (deux refontes et « une neuve grosse ») ; — poids total : 2700 livres environ, dont 1200 livres pour la grosse.

Marché passé par Philippe II, le 1ᵉʳ mars. — Les dites cloches, fondues [à Carrépuits ?] avant le 17 juin.

Archiv. Cavillier, Carrépuits : G, pp. 139-140.

LE MESNIL-MARTINSART. — Église paroissiale. — *1777*. — « Le 27 avril (écrit le fondeur Pierre Gorlier, de Roisel), j'ai fait marché au Ménil-Mar-

---

[1]. « Cet ouvrage, à trois : Gorlier en est ».
[2]. *Bray-sur-Somme*, chef-lieu de canton.
[3]. Lisez : la dite vieille cloche repesée à Carrépuits, la nôtre contre, celle-ci (à savoir la nouvelle, qui devait être augmentée de 60 ou 70 livres) pèse.....

tinssart pour fondre trois cloches, avec la brochette de Vielly [1], pour 250 livres » ; — « ils me fournissent tout, et m'ont payé 150 livres pour le retard et gratification. »

Registre de Pierre Gorlier.

CHATEAU. — *1777*. — Pierre Gorlier, de Roisel : — « une petite, pour le château du Ménil-Martinssart, appartenant à M⁽ʳ⁾ Armand-Eugène de Blocquel, baron de Wimes, qui a épousé Marie-Françoise de Rogé » : — la dite petite cloche, vraisemblablement coulée le 1ᵉʳ octobre.

Registre de Pierre Gorlier.

MILLENCOURT. — *1724*. — « Millancourt, près d'Albert. » — Refonte de trois cloches, sur place, par Philippe II et Colin Cavillier.

Marché passé par Philippe, le 1ᵉʳ ou le 4 aoūt : — d'après ce marché, le dit fondeur est « obligé à tout fournir, sauf le bois, briques, terre, appentis et déchet ; » il s'est, de plus, « engagé de fournir un millier de bon métail, poids de 15 onces, à 35 sols la livre » : les paroissiens « doivent le voiturer [de Carrépuits à Millencourt], et ramener le reste à Carépuis. »

« Fondu le 20 aoust : » — « voici le poids des cloches : la grosse pèse 801 livres 1/4 ; la seconde pèse 588 livres 1/4, et la petite, 428 livres 1/2. » — Philippe Cavillier ajoute qu'il a « eu du parrain, à la bénédiction, 10 livres » et que « les cloches [ont été] montées pour le 10 septembre. »

Archiv. Cavillier, Carrépuits : E, pp. 29-30, et G, pp. 22 à 24.

---

1. *Viesly*, Nord : cloches fondues par Pierre Gorlier en 1769.

MIRAUMONT. — *1772.* — Pierre Gorlier, de Roisel, a « fondu les trois cloches de Miraumon, la veille du Saint-Sacrement de 1772, pour 600 livres » ; — [lieu de la fonte : Miraumont] ; — les dites cloches, fondues par Pierre Gorlier, vraisemblablement avec la collaboration de François Gorlier, son fils cadet, qui devait plus tard s'établir à Frévent (Pas-de-Calais) : — « à Miraumont, François a fait deux cloches pour Carnoy, et une petite pour les Récolets de Bapaume, et huit à l'accord pour un carillon. »

Registre de Pierre Gorlier.

OVILLERS, commune d'OVILLERS-LA-BOISSELLE. — *1714.* — Philippe II Cavillier, de Carrépuits, « fait accord à Ovillé, [près d'Albert], le 8 septembre 1714, pour fondre deux cloches, pesant un mille ou environ » ; — prix convenu : « 150 livres pour la façon » ; — « je suis obligé à tout fournir, sauf le déchet de cinq livres par cent de ce que les neuves pèseront » ; — « je dois [les] augmenter [de] trois cents de métail, à 24 sols la livre moyenne » ; — « pour être fondues à Carépuis. » — « Ils doivent payer 300 livres comptant, et [pour] le reste, ils prendront du temps. »

« Ils m'ont livré les vieilles cloches, pesant savoir la grosse 514 livres, et la petite, 304 livres ; le total est de 818 livres, sur quoi il faut défalquer 16 livres 1/2, pour des anses de fer qu'il y avoit à la grosse. »

« Fondu le 19 octobre 1714. »

« Repesées, la grosse est du poids de 659 livres, et la petite est de 481 livres ; le total porte 1140 livres » ; — « diminution faite de 24 livres, à cause que je leur vend le mien à 15 onces, reste à 371 livres 1/2 [de métal] : à 24 sols la livre, fait la somme de 445 livres 16 sols ; joint avec 150 livres pour la façon, le tout fait la somme de 595 livres 16 sols. »

« J'ai receu de Nicolas Dupré, marguillier, la somme de 300 livres, dont le lieutenant du dit lieu a payé 50 livres pour les Religieuses de Corbie : il y a un receu au dos de l'état de marché, et une quittance pour cette même somme : elles sont datées du 6ᵐᵉ novembre 1714 » : — « je leur ai donné quatre ans pour me satisfaire de 295 livres 16 sols, qu'ils doivent de reste.... » — Quittance finale, le 23 novembre 1718 : — « bons amis. » — « Bonnes cloches. »

Archiv. Cavillier, Carrépuits : A, p. 182.

LA BOISSELLE, commune d'OVILLERS-LA-BOISSELLE. — *1728.* — Philippe II Cavillier « fait accord avec M' d'Aigreville, le curé, marguillier et lieutenant de la Boisselle pour fondre une cloche sans accord, moyennant la somme de 60 livres :.... l'augmenter de 150 livres, à 30 sols, poids de 15 onces :.... la fondre à Carrépuis. »

« La vieille pesoit 139 livres, poids de Roye, et la nouvelle pèse en tout 354 livres » : — livrée le 16 juillet. — Quittance du 5 août. — En société avec Colin Cavillier.

Archiv. Cavillier, Carrépuits : G, p. 14.

POZIÈRES. — *1720.* — Philippe II Cavillier, de Carrépuits, avait tout d'abord, « fait marché à Pozières, le jeudy 8 août 1720, pour fondre **deux** cloches pesantes environ 700 livres », ou plus exactement pour leur fournir deux cloches, de son métal, et « reprendre le leur en échange. » — Ce marché fut ensuite « rebattu pour en faire trois », le fondeur étant « obligé à fournir 450 livres de métail. »

Poids des deux anciennes, livrées au fondeur le 8 octobre : « la petite, 290 livres, et la grosse, 388 livres, » soit au total 678 livres. — Des nouvelles cloches, « fondues et livrées le 9 octobre, la grosse pèse [515 livres] ; la seconde, 379, et la petite, 272 livres 1/2 ; » total : 1166 livres 1/2.

Archiv. Cavillier. Carrépuits : C, p. 22.

PYS. — *1786-1787.* — « Piys, près Bapaume, » aliàs « la paroisse de Pys, près Miraumont. » — Refonte des trois cloches à Carrépuits, par Philippe III et Nicolas III Cavillier.

Marché passé le 9 juillet 1786 : — « refondre les trois cloches..... les rendre accordantes sur les tons de *la, sol, fa* » ; — « remettre au net et en saumons le métal de la petite, qui avoit passé par l'incendie du clocher et de l'église, et ce avant la fonte des dites cloches, pour pouvoir compter sur la juste quantité de métal, que cette paroisse pouvoit avoir. »

« Et le 25 juin 1787, les deux anciennes cloches existantes de Pys et les débris de la petite, marbréaux et clochettes, furent rendues à Carrépuis par Messieurs Savary, marguillier en charge, et Pierre Duriez, clerc séculier ;.... la grosse s'est trouvée du poids de 849 livres ; la seconde, 707, et des débris de la petite, 387 ; marbréaux, 43 : total : 1986 livres. »

« Et le 27 suivant, les trois cloches nouvelles fondues, et les marbréaux et clochettes, furent aussi pesées avec les mêmes poids et balance en présence des dits marguillier et clerc : et la grosse se trouve actuellement du poids de 803 livres ; la seconde, 576 ; la petite, 418, et les marbréaux et clochettes, 53 ; total : 1850 livres » ; — soit, « une diminution de métal, sur le poids des nouvelles cloches, de 136 livres de métal. »

Somme totale, due aux fondeurs par la fabrique de Pys : 186 livres. — « La Révolution française est survenue ;.... les cloches furent prises et emportées par la sainte Nation républicaine. La ditte somme fut cependant paiée par le Département de la Somme, après bien des pas et des peines : et elle fut reçue, en argent de papier, au mois de septembre 1795. »

Archiv. Cavillier, Carrépuits : K, pp. 197-198.

CANTON DE BRAY-SUR-SOMME.

BRAY-SUR-SOMME. — *1728.* — Refonte [ou, pour être plus exact, remplacement], par Philippe II Cavillier, de « la grosse moyenne des quatre petites cloches », pesant 125 livres environ.

« La cloche a été fournie chez Mr Sené, cabaretier à Lihons : on a retiré l'ancienne, pesante une livre et 1/2 moins que la neuve : ce fut environs des fêtes de saint André 1728[1]. »

En société avec Colin Cavillier.

Archiv. Cavillier, Carrépuits : G, p. 15.

1. Fin novembre.

1729-1730. — Refonte de « la petite des deux grosses cloches de Bray, à Carrépuis », par les dits Philippe II et Colin Cavillier : poids : 1800 livres environ.

Marché passé par Philippe en 1729. — « La cloche a été fondue le 9 février 1730 et livrée le 10 à Charles Le Cocq, marguillier, et Chopart, de la Croix Blanche, voiturier. »

Archiv. Cavillier, Carrépuits : G, p. 43.

1757. — Philippe III et Florentin Cavillier, fondeurs à Carrépuits. — Le 5 juin, Florentin Cavillier « fait marché avec les sieurs curé, marguilliers, maire et échevins de la ville de Bray-sur-Somme, pour fondre une troisième cloche neuve, pour venir en accord avec les deux grosses de leur paroisse, sur le ton de *la, sol, fa* » : plus, « fondre six marbréaux pour les trois cloches » ; — les dits fondeurs sont « obligés de fournir tout, même le déchet » : — prix convenus : pour le métal, 30 sous la livre de 16 onces ; pour la façon, « 5 sous par livre de ce que la cloche et les marbréaux se trouveront peser » ; — de plus, « pour parvenir à un juste accord, a été convenu de gratter la grosse, qui se trouvoit trop haute en ton d'un demi-ton ; pour laquelle peine, il nous seroit payé la somme de 18 livres, et les cizelures à notre profit. »

« Le 6ᵐᵉ juillet 1757, nous a été livré à Carrépuis trois petites cloches et un marbréau, appartenant à l'église de Bray, par les sieurs Michel Copillon et Louis Moiencourt, tous deux marguilliers ; lesquelles ayant été pesées en leur présence, elles étoient du poids de 269 livres, poids de 16 onces. »

« Et le 7ᵐᵉ du dit mois de juillet, nous avons livré aux dits sieurs marguilliers la cloche neuve, qui s'est trouvée peser la quantité de 1183 livres 1/4, poids de 16 onces » : plus, six marbréaux neufs, du poids de 69 livres 3/4 : — métal fourni par les fondeurs : 974 livres.

« Le 20, 21 et suivant, nous avons cizelé la grosse cloche du dit Bray : nous l'avons mise en son ton et accord » : — « le 6ᵐᵉ aoust 1757, le sieur Michel Copillon a ramené notre tour, et en même temps aussy ramené quatre anciens marbréaux.... »

Archiv. Cavillier, Carrépuits : I, pp. 199 à 201. — Reg. Florentin Cavillier, ms. orig., pp. 51-52 ; copie Berthelé, fol. 70 à 73.

1767. — Philippe III et Florentin Cavillier, de Carrépuits : — « refonte de la grosse cloche de l'église de la ditte paroisse, cassée depuis quelque temps, ainsi que d'une autre petite cloche, non cassée, destinée à sonner les basses messes », autrement dit « la grosse cloche des trois, pesant environ de 2400 livres, avec le petit *dindin* » : — lieu de la fonte : Carrépuits.

Le 8 mars, marché par Florentin avec le curé et les « marguilliers en charge et anciens marguilliers, ... convoqués au prône de la messe paroissiale et assemblés à l'issue d'icelle pour délibérer » : — « fondre la ditte grosse cloche, ... la rendre d'accord avec la seconde et la troisième, qui restent au clocher, en sorte qu'elle s'accorde en ton plein avec la ditte seconde et en tierce majeure pleine avec la ditte troisième » : — en ce qui concerne la petite cloche, « l'accord ... n'est pas nécessaire, la ditte petite cloche n'étant pas destinée à s'accorder avec les autres ; .... pour grossir et fortifier un peu la ditte petite cloche, le dit sieur Cavillier y ajoutera cent livres de matière » : — prix convenu : 240 livres, payables en trois années consécutives, des deniers de la fabrique ; plus, le métal d'augmentation, à 30 sous la livre. poids de 16 onces : — les voitures et le déchet, à la charge de la paroisse.

« Le 28me avril 1767 (écrit Florentin Cavillier), l'ancienne cloche nous a été livrée à Carrépuis, ainsi que le petit *dindin*, et pesée en présence de Mr Dupré, curé, de Mr Chopart [1], marguillier, et de Nicolas Louis, laboureur. Cette cloche pesoit la quantité de 2232 livres, et le petit dindin 156 livres 1/2 : ce qui forme un total de 2388 livres 1/2 de métail. poids de 16 onces. »

« Et le 30me avril, la cloche nouvelle fondue a été pesée en présence des susnommés. Elle se trouve du poids de 2261 livres, et le petit dindin 240, ce qui forme en total celle de 2501 livres. Par conséquent, il y a 112 livres 1/2 de métail d'augmentation et 125 livres de déchet. »

Le 24 mai, arrêté de compte et marché pour la refonte de la seconde cloche.

<small>Archiv. Cavillier, Carrépuits : — reg. J, pp. 105-106 ; — papiers divers, dossier *Bray-sur-Somme* ; — journal O, pp. 18 et 20 ; copie Berthelé, fol. 22 et 23.

Reg. Florentin Cavillier, Solente, ms. orig., p. 166 ; copie Berthelé, fol. 207 à 209.</small>

1767 (suite). — Refonte de la seconde cloche, par

---

[1]. « Alexandre-Eustache Chopart ».

les dits Philippe III et Florentin Cavillier ; — lieu de la fonte : Carrépuits.

« Le 24 may 1767 (écrit Florentin), j'ay fait un arrêté de compte avec M^rs les curé, marguilliers et habitans de la ville de Bray, pour la fonte de la grosse cloche et le petit dindin. Et comme la grosse cloche se trouve un peu haute pour la seconde, j'avons fait marché pour refondre la seconde, moyennant la somme de 275 livres, pour tout fournir, même le déchet, et y ajouter 75 livres de métail pour le dit prix. »

Le 20 octobre, livraison aux fondeurs, par le curé Dupré, de l'ancienne seconde cloche, pesant 1481 livres, poids de 16 onces.

« Et le 22me du dit mois et an, la cloche nouvelle fondue a été pesée avec la même balance. Elle se trouve présentement du poids de 1637 livres. Par conséquent, elle est augmentée de 156 livres de métail. Mais comme nous étions obligés [par le marché] de l'augmenter de 75 livres de métail, ... il n'y a que 81 livres à payer, au prix de 30 sous la livre. »

Archiv. Cavillier, Carrépuits : — reg. J, pp. 127-128 ; — papiers divers, dossier *Bray-sur-Somme*.

Reg. Florentin Cavillier, Solente, ms. orig., pp. 166-167 ; copie Berthelé, fol. 209-210.

CAPPY-SUR-SOMME. — *1693*. — Nicolas II Cavillier, fondeur à Carrépuits, en société avec son frère Charles Cavillier et son cousin Charles Gorlier : — trois cloches (une refonte et deux nouvelles).

Marché passé par Nicolas Cavillier : — « fondre trois cloches, deux desquelles seront fournies et livrées par nous, ... à raison de 20 sols la livre, poids de Paris, du poids de 2100 livres, y compris une pour servir de petite, du poids de 500 livres, qu'ils nous fourniront (les curé, marguillier et parroissiens) au poids de la ville de Roye, avec encore cent livres ou plus de lingot, pour estre mis en cloches » : — « pour la refonte de la susdite petite cloche, avec trois paires de vieux marbriaux, il nous sera payé, par la dite église, la somme de vingt-cinq livres, dont il y a cent sols pour le vin du marché et six livres pour les façons des marbriaux » ; — « nous sommes obligés d'en faire un transport à Mons'' Senault, par-devant notaire à Soissons en date du 18 février 1693, à cause qu'il nous fournira la quantité de 1800 livres de métail bon et loyal [1] » : — « la fabrique baille[ra] tous les ans 300 livres, ... jusques à la somme de 1200 livres, à commencer le premier payement en livrant les cloches, et encore la somme de 120 livres, par transport sur des anciens marguilliers estans relicataires à la ditte église » : — « ils ne bailleront que la quantité de trente septiers de bled, mesure de Péronne, tous les ans, après la réception de la dite somme de 1200 livres. »

« La vieille cloche, pesée à Roye, est de 546 livres » ; la paroisse fournit en outre aux fondeurs, tant en lingot qu'en « marbriaux », 146 livres de métal.

---

[1]. « Nous avons fait accord et marché avec Monsieur Senault, marchand chaudronnier à Soissons, par devant Bronquant, notaire au dit Soissons, le 18 février 1693, pour nous livrer la quantité de 18 cens de métail de cloches (pour livrer au village de Cappy-sur-Somme), à raison de 17 sols 6 deniers la livre. Nous luy sommes obligés, moy Nicolas Cavillier et Charles Gorlier, de luy en faire transport, après la fonte faite au dit Cappy.... » (Archiv. Cavillier. Carrépuits, A, pp. 56-57).

« Fondu les dites cloches le 28 avril l'an courant, et livré le 4 mai, au poids de Roye » ; — « la petite, du poids de 597 livres; la seconde, 815 livres; la grosse, 1107 livres » ; — « les six mabriaux, 63 livres ». — « Le déchet, pour la petite cloche, [fut] de 30 livres de métail. »

« Il a esté fait transport, par moy Nicolas Cavillier, au dit Senault, le 4 de mai, par procuration à Martin Cens, marchand chaudronnier à Roye, par devant Louis Villecoq, notaire, de la somme de 1680 livres, quoiqu'il n'est dû au dit Senault que la somme de 1575 ; partant le dit Senault nous doit 105 livres d'argent. »

Gratification de trois livres, par Charles Cavillier et Charles Gorlier, au jeune Philippe II Cavillier.

<small>Archiv. Cavillier, Carrépuits : A. p. 68.</small>

1752. — Charles-Étienne et Pierre Gorlier, père et fils, de Roisel : — « 1752, nous avons fondu la grosse de Cappi, avec les Camus, lorrains, le tout au rabais pour cinquante livres. »

<small>Registre de Pierre Gorlier.</small>

CERISY, commune de CERISY-GAILLY. — *1703.* — Huit clochettes, pesant ensemble 222 livres et 1/2, fondues par les Cavillier, de Carrépuits (Nicolas II, en société avec ses fils Philippe II et Jean). — Marché passé par Philippe le 21 avril. — Les dites clochettes, livrées le 3 août.

<small>Archiv. Cavillier, Carrépuits : A. pp. 114 et 121-122.</small>

1755. — « Cerizy, sur la rivière de Somme », aliàs « Cerisy, près Corby ». — église Saint-Georges : —

— 365 —

refonte des quatre cloches, à Carrépuits. par les frères Philippe III et Florentin Cavillier.

Marché passé par Philippe III avec le curé et les principaux habitants, le 1er juin; — les fondeurs sont « obligés à tout fournir, même les prendre dans le clocher et les y remettre après la fonte, sauf toutefois les voitures et le déchet de cinq livres du cent »; — prix convenu : 600 livres; — le métal de déchet ou d'augmentation : 28 sous la livre, poids de 15 onces.

« Le 24me octobre 1755, les quatre anciennes cloches nous ont été livrées à Carrépuis, et pesées, en présence de Nicolas Delaporte, marguillier en charge, et de plusieurs habitants. La grosse étoit du poids de 2361 livres ; la seconde grosse étoit du poids de 1736 ; la troisième ou seconde petite, du poids de 1335 ; la quatrième ou petite étoit du poids de 927, et les six marbréaux, du poids de 55, ce qui formait en total d'ancien métail 6414 livres, le tout poids de 16 onces. »

« Et le 28me jour du même mois, les nouvelles fondues, ainsi que les marbréaux, ont été pesées en présence des sus nommés ; dont la grosse pèse présentement 2384 livres », la seconde grosse 1744, la troisième 1279, la quatrième 1049, et les six marbréaux 65 ; total : 6521 livres, poids de 16 onces ; — soit, 107 livres d'augmentation pour les cloches neuves.

« La sonnerie est très belle, et bien d'accord en *fa, my, ré, ut.*

10 octobre 1757. Certificat de satisfaction, délivré aux fondeurs par les « curé et marguilliers de l'église de Saint-George de Cerisy-sur-Somme » : — Phi-

lippe et Florentin Cavillier « ont fondu quatre cloches pour notre église, du poids de 6521 livres, poids de 16 onces, en laquelle sonnerie ils ont donné des preuves de leur habileté, tant pour le bel accord de *fa, mi, ré, ut*, que pour la beauté de l'ouvrage; étant même très experts pour la pendéson des cloches, tant des moutons que des ferrures. »

>Archiv. Cavillier, Carrépuits : — reg. I, pp. 165 à 167 ; — papiers divers, dossier *Cerisy-Gailly*.
>Reg. Florentin Cavillier, Solente, ms. orig., pp. 35-36 ; copie Berthelé, fol. 47 à 50.

1771. — Refonte de « la seconde grosse cloche[1], dite le *ré* », par Philippe III Cavillier, en société avec son fils Nicolas III et son neveu Louis-Florentin.

Marché passé par le dit Philippe, le 24 février : — « le 24 février 1771, le deuxième dimanche de carême, nous soussignés curé, marguillier en charge et principaux habitants de l'église et fabrique de Saint-George de Cerisy-Gailly, du consentement de Monseigneur l'Évêque d'Amiens, nous sommes assemblés, à l'issue de la messe paroissiale, à l'effet de faire marché pour la reconstruction des autels des deux chapelles de Saint-Nicolas et de la Sainte-Vierge, et de la fonte de la troisième cloche, cassée depuis six à sept ans. Et les menuisiers ne s'étant point trouvé à la dite assemblée, nous avons remis à un autre dimanche de faire accord avec eux, pour ce qui leur regarde. Et en attendant, nous sommes convenus avec Philippe Cavillier, fondeur de cloches à Carrépuis, de faire la fonte de notre ditte troisième cloche ; ..... la rendre bien sonante et accordante avec les

---

[1]. Lisez : la seconde *moyenne* cloche.

trois autres » : — prix convenu : « la somme de 190 livres, et en outre le déchet ou frais de fonte, à raison de cinq livres pesant par cent de ce que la cloche se trouvera peser après la fonte » : — « comme il arrivera presque infailliblement qu'elle sera plus ou moins pesante qu'elle n'étoit auparavant, les parties s'en feront réciproquement raison au prix de 3o sols la livre, poids de marc » : — « nous nous chargeons de la voiture, et toujours des deniers de la fabrique » ; — « le fondeur [la] replacera le plus tard à la Saint-Georges. »

L'ancienne cloche, « livrée à Carrépuis [le mercredi 15 mai], par Mr Antoine-Éloy Caron, marguillier, et par Innocent Caron, parain de la cloche neuve », pesait 1735 livres, poids de marc. — Poids de la cloche neuve, pesée le 17 du dit mai, en présence des susnommés : 1777 livres : — soit 42 livres d'augmentation. — « Cette cloche est très bien d'accord, et un peu meilleure que les autres, mais le métal n'est point encore de bonne nature. »

<small>Archiv. Cavillier, Carrépuits : — papiers divers, dossier *Cerisy-Gailly;* — reg. J. pp. 177-178 ; — journal O, p. 57 ; copie Berthelé, fol. 66.</small>

FRISES. — *1711-1713.* — Refonte d'une cloche, « pesant 1200 livres » environ, par les frères Cavillier (Philippe II et Jean), de Carrépuits.

Marché passé par Philippe « le 8 novembre 1711, moyennant 115 livres » ; — « payable un mois après la livraison ; » — « je suis obligé à tout fournir, sauf le déchet qui doit être ôté à la cloche » ; — « je dois bailler une clochette à main, pesant 3 livres, par le même marché. »

« Fondu le 24 de mars [1713] et livrée le 25 du même mois. » — « Nous avons fait un réglé, par lequel je redois 17 livres d'argent, qu'il faudra déduire sur la façon. » — « Il faut faire payer une livre de cire à l'église. » — « Il y a un écrit .... du règlement, qui est double, mais la cire n'y est pas comprise. » — « J'ai reçu d'Antoine Bourdon 98 livres, et sommes quittes, lui ayant rendu les écrits et quittance au dos, datée du 7me mai 1713, et sommes très bons amis. Mon frère a eu la moitié. »

Archiv. Cavillier, Carrépuits : A, p. 166.

HERBÉCOURT-EN-SANTERRE. — *1716*. — Refonte à Carrépuits, par Philippe II Cavillier, de deux cloches, pesant ensemble 700 livres environ.

Marché passé le dimanche 25 mars.

« Fondu le 17 avril » ; — « livré le 18 du même mois » ; — il semble bien qu'il y ait eu, à la refonte, une augmentation de « 24 livres 1/2 de métal. »

Arch. Cavillier, Carrépuits : A, p. 189.

1766. — « Cloche à vermisselle, fondue à Carrépuits, l'an 1766 », par Philippe III et Florentin Cavillier.

Le 16 avril, Philippe est « convenu de prix avec Monsieur Christophle, curé d'Herbécourt-en-Santerre, pour lui fondre une cloche à faire du vermissel. Cette pièce doit porter 17 pouces de hauteur, huit de diamètre et huit lignes pour épaisseur. Le prix est de 40 sols à la livre, pour la lui livrer tout façonnée .... Cette cloche doit être de bronze et cuivre rouge. »

« Fondue le 15 may 1766, étant du poids de 104 livres 1/2, à 16 onces : et en terre, l'épaisseur étoit du poids de 17 livres 1/2. » — Livraison, le 20 mai, au neveu du curé d'Herbécourt.

<small>Archiv. Cavillier, Carrépuits : J, p. 80.</small>

MÉRICOURT-L'ABBÉ, — *1727*. — Philippe II Cavillier, de Carrépuits, avait « fait marché à Méricourt-l'Abbé pour fondre trois cloches, [pesant 1000 livres les trois], et six marbréaux, à Carrépuits ; ... [le dit fondeur] étant obligé à tout fournir, et livrer 400 livres de métail, poids de 15 onces, payables 400 livres avant travailler et le reste après la fonte, qui ... [devait] être sur la fin du mois de juin ; moyennant 850 livres en tout .... »

Nous ne savons si le dit Ph. Cavillier s'était déjà mis à l'œuvre, quand il fut « assigné, par le marguillier, pour un rabais de 300 livres, fait par Michel Henriot, lorrain, au vendredy 29 aoust. » — Il comparut à Corbie et choisit Mr Grandhomme pour son procureur. — « Il a été ordonné qu'ils feroient faire des adjudications, après avoir fait publier dans les villes voisines le marché disputé. »

Ph. Cavillier ajoute : « j'ay payé 6 livres à ce procureur et lui ay laissé l'état du marché pour chicaner. » — Ce furent des frais inutiles. (Il les partagea avec Colin).

<small>Archiv. Cavillier, Carrépuits : E, p. 61.</small>

MÉRICOURT-SUR-SOMME. — *1695*. — Association de Nicolas II, Philippe II et Charles Cavillier, fondeurs à Carrépuits : — les trois cloches (refontes).

Marché passé par Nicolas, le 25 avril. — Fondues

à Méricourt, le 5 juin. — « Notre hôtesse : 34 livres pour nos dépenses. »

Archiv. Cavillier, Carrépuits : A, p. 70.

1733. — Refonte, sur place, des trois cloches, pesant ensemble 1000 livres environ, par les Cavillier de Carrépuits (Philippe II, Colin et Philippe III).

Marché passé par Philippe II, le 12 avril. — Les dites cloches, fondues à Méricourt, le 1ᵉʳ août.

Archiv. Cavillier, Carrépuits : G, pp. 72-73.

MORCOURT. — *1697*. — Trois cloches (refontes), par l'association Nicolas II, Philippe II et Charles Cavillier, fondeurs à Carrépuits.

Marché passé par Nicolas le 3 mars. — Fondues à Morcourt, [dans la dernière huitaine d'avril ou au commencement de mai].

Archiv. Cavillier, Carrépuits : A, pp. 93-94.

1703. — Nicolas II Cavillier et ses fils : — « livré à Morcourt une clochette pesant trois livres, le 2 décembre 1703. »

Archiv. Cavillier, Carrépuits : A, p. 94.

1723. — Refonte, sur place, de la grosse cloche, pesant 2300 livres environ, par Philippe II et Colin Cavillier, en société avec Charles Gorlier [1].

---

1. « Compte réglé avec Gorlier, le 19 de novembre 1724, tant pour ses mains d'œuvre que métal fourni aux ouvrages de Morcour, Béquigny, Hangest, Ham, que Eclainvillier et La Viefville, et pour les 27 livres [de la clochette] de Hombleux..... Reste à payer, savoir Hangest pour 32 l. 3 s., Béquigny pour 233 l. 7 s. 6 d., Eclainviller pour 54 l. 10 s. ; le total porte 320 l. encore deub à nous trois : moi Ph. Cavillier, Gorlier et Colin.... » (Archiv. Cavillier, Carrépuits : E, p. 37).

Marché passé par Philippe Cavillier, le dimanche 2 mai. — La dite cloche, fondue le 3 juillet. — Règlement de compte avec le curé, le surlendemain.

Archiv. Cavillier, Carrépuits : D, p. 44.

1731. — Refonte sur place, par Philippe II et Colin Cavillier, de Carrépuits, de la grosse cloche, pesant 2100 livres environ. — Marché passé par Philippe le 18 mars. — La dite cloche, fondue le 20 juin.

Archiv. Cavillier, Carrépuits : G, p. 56.

1779-1780. — « Paroisse de Saint-Gentien de Morcourt, diocèse et élection d'Amiens » : — refonte des trois cloches, à Carrépuits, par Philippe III Cavillier, en société avec son fils Nicolas III.

Marché passé par le dit Philippe Cavillier « en l'assemblée convoquée à la sortie de la messe paroissiale du dimanche 14ᵉ jour de novembre 1779 » : — « fondre les trois cloches de la fabrique du dit Morcourt, du poids d'environ 4500 [livres] : ... les rendre d'accord sur les tons de *la, sol, fa* ; .... refondre les six fontaines » ; — « les rendre fondues pour le jour de la Purification prochain, hors que le temps ne soit trop incommode par la gelée. »

Les cloches ne furent mises en train qu'après l'hiver. — « Le 9 avril (écrit Philippe Cavillier), j'ai payé la somme de 6 livres à Mʳ Bazancrie, de Roye, pour un mille de briques crues qu'il nous a livrées en février et mars 1780, et ce pour raccommoder notre petit four et pour bâtir les moules des cloches de Morcourt. »

Le 22 mai 1780, les trois anciennes cloches sont

livrées aux fondeurs, à Carrépuits, « par Mʳ Chopart, curé du dit lieu [de Morcourt] et par Jean-François Lamotte, marguillier en charge » ; — la grosse pèse 1735 livres, à 16 onces : la seconde, 1225 livres ; la petite, 900 livres : les six anciens marbréaux, 108 livres ; total : 3968 livres de métal.

« La fonte en fut faite le 23ᵐᵉ may suivant. »

« Le 23ᵐᵉ may 1780, nous avons fait la fonte des trois cloches de Morcourt et des deux de la paroisse de Verts, près Corbie. Nous avons mis en cette fonte la quantité de 5537 de métal, en notre petit fourneau. (Il étoit trop empli, et c'est risquer beaucoup [1]). Et après la fonte, en a été retiré les quantités suivantes, sçavoir en restant de fonte, lingots, celle de 327 livres : la grosse de Morcourt, pesant 1721 livres : la seconde du dit Morcourt, pesant 1235 : la petite est de 892 ; la grosse de Vert se trouve peser 587, et la petite du dit Vert pèse la quantité de 425 : ce qui fait un total de 5187. Et tout calcul fait, il nous reste, en métal de perdu par le déchet, la quantité de 350 livres, à quelques broutilles près, et conséquemment le dit déchet a monté à raison de six livres au cent [2], non compris les anneaux neufs des dittes cloches. »

« Et le 29ᵐᵉ du dit may, les trois cloches du dit lieu [de Morcourt] nouvellement fondues, ont été... pesées, en présence de Mʳ Antoine Blanchet, greffier, et de Mʳ Tallon, sindic, [et] de plusieurs autres habitans » : — les dites cloches, pesant 1721, 1235

---

1. Philippe III Cavillier écrit, d'autre part : « Il y avoit 5050 livres de métal en notre petit fourneau. Mais il étoit trop chargé, et c'est trop risquer ».
2. « Le déchet a excédé six livres et demie par cent ».

— 373 —

et 892 livres ; plus, les six marbréaux neufs, 74 livres 3/4 : total : 3923 livres 3/4 : — « il se trouve une diminution de 45 livres 1/4 de métal, que nous devons faire compte. »

« Cette sonnerie est très bien fondue. Les cloches sont très belles et sans aucun défaut. Elles sont très bonnes et très bien d'accord. Le métal des anciennes étoit fort en cuivre jaune, et quoique nous ayons mis douze cents de métal neuf et pur en cette fonte, il n'a point encore absolument de bonne qualité. » — « Ils sont contents : aussy sont-ils bien servis. »

Archiv. Cavillier, Carrépuits : — reg. K. pp. 109-110 ; — papiers divers, dossier *Morcourt ;* — journal Q, pp. 39, 44 et 55 ; copie Berthelé, fol. 232, 239 et 251.

MORLANCOURT. — *1700.* — Refonte de trois cloches, sur place, par les Cavillier, de Carrépuits (Nicolas II, en société avec ses fils Philippe II et Jean).

Marché passé par le dit Philippe, le 14 mars. — « Fondu le 6 de mai. »

Archiv. Cavillier, Carrépuits : A, p. 113.

1779. — Pierre Gorlier, de Roisel, a « fondu les quatre cloches de Morlancourt » ; — « elles sont faites comme à Bullecourt[1]. »

Registre de Pierre Gorlier.

VILLERS-LE-VERT, commune de MORLANCOURT[2]. — *1762.* — Refonte de la seconde cloche, à Carré-

---

[1]. *Bullecourt*, Pas-de-Calais, canton de Croisilles.
[2]. « La paroisse de Villers-le-Vert » (Reg. J, p. 6). — « Villers-Morlancourt » (Ibid., p. 6).

puits, par les frères Philippe III et Florentin Cavillier.

Marché passé par Florentin, le 13 décembre 1761 ; — prix convenu : 160 livres, payables « des deniers de la fabrique, la moitié comptant, et le restant au bout de l'année de garantie. »

« Le 25me may 1762, l'ancienne cloche de Villers nous a été livrée à Carrépuis par les sieurs Henry Tourbier, marguillier, et Nicolas Delaval, laboureur ; et l'ayant pesée en leur présence, elle étoit du poids de 814 livres, poids de 16 onces. »

« Et le 27me du dit mois, la cloche nouvelle fondue a été pesée en présence des susnommés : elle est du poids de 794 livres, étant diminuée de 18 livres. » — « Reste 133 livres d'argent, que la fabrique nous doit à nous deux mon frère. »

<blockquote>Archiv. Cavillier Carrépuits : reg. J. pp. 5-6. — Reg. Florentin Cavillier, Solente, ms. orig., p. 105 ; copie Berthelé, fol. 129-130.</blockquote>

LA NEUVILLE-LÈS-BRAY. — 1696. — Association Nicolas II, Philippe II et Charles Cavillier, fondeurs à Carrépuits : — deux petites cloches (une refonte et une nouvelle), pesant ensemble 130 livres, — fondues à Carrépuits.

Marché passé par Nicolas Cavillier : — « fondre deux cloches, en ajoutant 50 livres de métail » ; — prix du dit métal : « 20 sols la livre, poids marchand » ; — « la somme de 31 livres pour les façons et 6 livres de métail pour le déchet d'une, du poids de 79 livres, que me bailleront les habitants pour en faire la grosse » ; — « les deux dites cloches, ... les rendre fondues à la Quasimodo » ; — « les fondre chez nous à Carrépuis » : — le dit marché, « fait double, en date du 2 avril » : — « la réception des cloches sera six semaines, ... [après le] jour de la fonte. »

« Livré les deux cloches le 19 mai. » — La paroisse doit aux fondeurs « la quantité de 50 livres et demie de métail, qui est le poids ci-dessus de la petite cloche neuve. » — Sommes payées aux dits fondeurs : d'abord, 41 livres 15 s. (« le reçeu est au dos du marché ») ; ensuite, 46 livres moins 5 s., soit au total 87 l. 10 s.

Archiv. Cavillier, Carrépuits : A, p. 64.

SAILLY-LAURETTE. — *1703*. — Nicolas II Cavillier, de Carrépuits, « fait marché au village de *Sailly-sur-Somme* pour fondre et livrer deux cloches, du poids de 700 ou environ » ; — prix convenu : « la somme de 24 sols pour chacune livre, poids de Paris » : — « dans la quantité du métail, que je mettrai en cloches, il sera fourni par l'église une petitte, pesant aux environs d'un cent ou 120 livres » ; — « au cas qu'elle pèse plus, il me sera payé à 4 sols de la livre, pour les façons du surplus » : — « l'escrit [du marché], fait le 10 avril 1703. »

« La paroisse ont afermé leur commune pour 400 livres, et l'église me paiera 100 livres, et le reste, je [le] prendrai sur les vins des terres de l'église. » — « Les dites cloches seront et demeureront affectées et hypothéquées jusqu'à la fin du paiement. » — « J'ai payé au marguillier et cabaretier 12 sols de vin bu du marché. »

« J'ai fondu le premier juin » : — « j'ai livré deux

cloches pesant ensemble la quantité de 718 livres : rédigé au grand poids, fait la quantité de 630 livres. » — « J'ai le marché et la réception au dos, en date du premier juin l'an 1703. » — « Il est deu à Philippe Cavillier 72 sols pour la gravure des armoiries. »

Archiv. Cavillier, Carrépuits : A, p, 127.

1749. — Philippe II Cavillier et ses fils Philippe III et Florentin refondent trois cloches. — Les dites cloches, fondues avant le 11 octobre ; — poids des trois : 1173 livres.

Archiv. Cavillier, Carrépuits : H, p. 32.

SAILLY-LE-SEC. — *1749.* — Refonte de la petite cloche, par l'association Philippe II Cavillier et ses fils Philippe III et Florentin. — La dite cloche, [fondue à Carrépuits le 17 juin], et livrée le lendemain ; — poids : 678 livres environ.

Archiv. Cavillier, Carrépuits : H, pp. 31 et 32.

VILLE-SOUS-CORBIE. — *1769.* — Association Philippe III et Florentin Cavillier. — Le 14 mai, Philippe passe « écrit de marché avec les curé, marguillier et habitans de la paroisse de Saint-Martin de Ville-sous-Corbie, pour refondre les deux cloches de leur église à Carrépuis. »

« Le 11 juillet 1769, les deux anciennes cloches de Ville, un marbréau cassé et une clochette à viatique, nous ont été livrées à Carrépuis par Étienne Beauval, marguillier en charge ; et les ayant pesées en sa présence, la grosse, non cassée et faite par Antoine Denainville, étoit du poids de 747 livres ; la petite, faite par Pierre Capron, étoit du poids de 582, avec le marbréau, et la clochette étoit du poids de 3 livres ; ce qui formoit, en total, la quantité de 1332 livres, poids de 16 onces. »

« Et le 13ᵐᵉ du dit juillet, les deux cloches nouvelles fondues, le marbréau et la clochette ont été aussy pesées en présence du dit Beauval, dont la grosse pèse présentement la quantité de 789 livres ; la petite pèse aussy celle de 583 livres ; le marbréau neuf pèse celle de 5 livres, et la clochette à viatique pèse celle de 2 livres ; ce qui forme, en total, la quantité de 1379 livres, aussy poids de 16 onces. » — « Ces deux cloches sont assez bonnes, bon métal, bien d'accord et bien fondues. Bon travail. »

Premier paiement, fait aux fondeurs le dit jour 13 juillet 1769. — Deuxième paiement, le 7 juillet 1770 : « partagé entre la famille de feu mon frère et moy » (écrit Philippe Cavillier).

Archiv. Cavillier, Carrépuits : J. pp. 141-142.

Canton de Chaulnes.

CHAULNES. — Église paroissiale. — *1702.* — Le 25 avril, Nicolas II Cavillier, de Carrépuits, fait marché pour refondre sur place la grosse cloche, « pour racorder à la moyenne » : — « l'église fournit toutes choses nécessaires » : — travail « à commencer le 2 de mai, et la rendre fondue dans un mois » : — le dit marché, passé devant Delaporte (?), notaire à Chaulnes.

« J'ai fait un escrit particulier pour fournir trois

cents de métail, à raison de 21 sols la livre. L'on doit le mener de Carrépuis au dit Chaulnes, et me le ramener après la fonte faite, aux dépens de l'église. »
— « J'ai livré pour Chaulnes 298 livres de métail, le 1ᵉʳ (?) mai. Il m'est dû 43 livres de métail, au poids de Chaulnes, et le reste m'a esté rendu. »

« La cloche, fondue le 14 de juin. »

« Payé à Jean Leclerc, cabaretier et maistre taillandier au dit Chaulnes, pour nos dépenses de bouche, 18 livres. »

Archiv. Cavillier, Carrépuits : A, p. 125.

1713. — Fonte (sur place?) [d'une cloche], « pesant 2100 livres » environ, par les frères Cavillier (Philippe II et Jean), de Carrépuits.

Marché passé par Philippe le 30 juillet, moyennant 100 livres : — « je ne fournis que mes œuvres ; les fournitures seront achetées par l'église. »

« Fondu le 9 novembre » : — « livré 27 livres de métal à 24 sols la livre. » — « J'ai reçu 132 livres 8 sols, qui est le total de toutes mes mises et main d'œuvre. J'ai payé sa part à la femme de mon frère [1]. La quittance est au dos du traité, que j'ai rendu. »

Archiv. Cavillier, Carrépuits : A, p. 172.

1735. — Refonte des trois cloches, sur place, par Philippe II Cavillier, de Carrépuits, [et son fils Philippe III] : — poids de la grosse : 2200 livres environ.

Marché passé par Philippe II le 29 juin. — Les

---

[1]. Jean Cavillier, mort le 10 octobre 1713.

dites cloches, fondues le 1ᵉʳ septembre et commencées à sonner le 16 du même mois.

Archiv. Cavillier, Carrépuits : G, p. 90.

CHATEAU. — *1731*. — Philippe II et Colin Cavillier, de Carrépuits : — une petite cloche, pesant 67 livres environ.

Archiv. Cavillier, Carrépuits : G, p. 61.

1737. — Philippe II et Philippe III Cavillier, de Carrépuits : — deux timbres pour le duc de Chaulnes, fondus avant le 17 septembre, pesant ensemble 152 livres.

Archiv. Cavillier, Carrépuits : G, pp. 98 et 106.

1754. — Une cloche « servant à la cuisine, » fondue à Carrépuits, pesant 82 livres (refonte ?) : — marché passé par Philippe III Cavillier. le 9 mars : — livraison, le 10 mai.

Archiv. Cavillier Carrépuits : I, p. 88.

ABLAINCOURT. — *1691*. — Nicolas II Cavillier, fondeur à Carrépuits, « fait marché au village d'Ablincourt pour fondre trois cloches, le 3 septembre 1691. moyennant la somme de 100 livres, pour... [sa] main d'œuvre. » — « Fondu le 26 octobre. »

Archiv. Cavillier, Carrépuits : A, p. 61.

1756. — Refonte de la seconde cloche, à Carrépuits, par les frères Philippe III et Florentin Cavillier : — trait de Nicolas II Cavillier.

Marché passé par Philippe III le 1ᵉʳ mai.

Le 8 juin, livraison aux fondeurs de l'ancienne

cloche, pesant 645 livres 1/2, et de quatre anciens marbréaux. — Le 16 octobre, livraison par les fondeurs de la nouvelle cloche, pesant 648 livres, et de quatre marbréaux neufs.

<blockquote>Archiv. Cavillier, Carrépuits : I, pp. 181-182. — Reg. Florentin Cavillier, Solente, ms. orig., p. 40 ; copie Berthelé, fol. 55 à 57.</blockquote>

1779. — Refonte, à Carrépuits, par Philippe III et Nicolas III Cavillier, père et fils [1], de la petite cloche d' « Ablaincourt, près Chaunes, » laquelle « pèse environ de 500 livres. »

Marché passé, par le dit Philippe Cavillier, dans l'assemblée convoquée à cet effet à l'issue des vêpres, le dimanche 2 mai, avec les « prieur-curé, dame du lieu, marguillier en charge et anciens, lieutenant et principaux habitans de la paroisse Saint-Aignan d'Ablincourt, diocèse de Noyon » : — « fondre la petite cloche de l'église du dit Ablincourt, qui se trouve être cassée depuis plusieurs années » ; — la rendre « d'accord avec la seconde en ton plain » ; — lieu de la fonte : Carrépuits ; — prix convenu pour la façon : 110 livres.

L'ancienne cloche, livrée aux fondeurs à Carrépuits, le 11 juillet, pesait 482 livres, poids de 16 onces.

La dite cloche, fondue le 30 septembre.

Poids de la cloche nouvelle fondue, pesée le 27 octobre : 496 livres ; — « la cloche neuve est de 14 livres plus pesante que n'étoit l'ancienne. » — « C'est le trait de mon père grand. L'ancienne étoit encore de lui, étant de date 1696. »

1. « Tintin n'en est plus ».

« La cloche neuve est bien fondue, belle et bon métal ; étant à plein ton avec la seconde. Ils sont contents. »

Somme totale due par la paroisse pour cette refonte de cloche : 131 livres. — « Le 4me juin 1780, j'ai été à Ablincourt, et ce même jour j'ai donné un reçu à Madame d'Ablincourt, portant la somme de 50 livres à compte, et ce à la décharge de la fabrique, quoique ces deniers provenoient des habitans, à ce qu'elle m'a dit. — Le 10 décembre 1783, quittance finale délivrée à Jean-Pierre Bernaville, marguillier comptable. »

<blockquote>Archiv. Cavillier, Carrépuits : — reg. K, p. 101 ; — papiers divers, dosssier Ablaincourt ; — journal Q, pp. 32 et 51 ; copie Berthelé, fol. 224 et 247.</blockquote>

ASSEVILLERS. — <i>1692</i>. — Le 5 juin, Nicolas II Cavillier, de Carrépuits, « fait marché au village de Asvillez, pour fondre les deux cloches, moyennant la somme de 69 livres » ; — « sur la dite somme, il y a 60 sols pour le vin du marché » ; — le déchet et l'augmentation de métal, à raison de 17 sous la livre ; — le fondeur « doit tout fournir les matériaux, sauf le déchet » ; — le marché était « demeuré entre les mains de Madame du dit lieu » ; — « le dit marché [a] esté révocqué, le 16 juin, » en ce qui concerne les époques fixées pour les paiements.

« Fondu le 17 de juillet. » — « Les dittes cloches de Assevillez se sont trouvées, après la fonte faite, peser plus que les vieilles de 43 livres ; » — plus, 44 livres de métal pour le déchet : « fait, en tout, la quantité de 87 livres de métail, qu'il m'est dû, à raison de 17 sols la livre » : — plus, pour les façons, 66 livres d'argent (le vin du marché, déduit); — plus, « livré quatre mabriaux, pesant ensemble 15 livres et demie, à 17 sols la livre » ; — somme totale, due au fondeur : 153 l. 2 s. 6 d. ; — « arrêté compte avec les curé [et] marguillier pour la somme de 154 livres 6 deniers ; ils m'ont fait leur promesse, signée de leurs mains et de Madame d'Asseviller. »

Archiv. Cavillier, Carrépuits : A, pp. 64-65.

1701. — Refonte de deux cloches, par les Cavillier, de Carrépuits (Nicolas II, en société avec ses fils Philippe II et Jean).

Marché passé par Nicolas le 3 avril.

« Fondu [à Carrépuits] le onze de mai. » — « Il a esté employé [comme augmentation] dans les dites cloches, la quantité de 65 livres et demie de métail, à raison de 21 sols la livre. »

Archiv. Cavillier, Carrépuits : A, p. 117.

1729. — Philippe II Cavillier « conclud le marché verbal, à Assevillé, » le 18 septembre, — et « passe écrit, le 25 septembre, [en] double, » — « pour fondre deux cloches, sur le lieu » (refontes avec augmentation), — les dites cloches « pesant 1200 livres [environ] les deux » : — prix convenu pour la façon : 100 livres, « payables 50 livres comptant, et l'autre moitié, après que les cloches seront au clocher » : — le métal d'augmentation, à 30 sous la livre ; — la fourniture des matériaux, à la charge de l'église.

Date de la fonte : vraisemblablement vers le 13 octobre ; — « nous avons livré 244 livres de métail, qu'ils ont payé comptant. » — La dite fonte, en société avec Colin Cavillier.

<small>Archiv. Cavillier, Carrépuits : G, p. 41.</small>

1784. — Refonte de « la grosse des deux cloches, » à Carrépuits, par Philippe III et Nicolas III Cavillier, père et fils.

Marché passé par le dit Philippe Cavillier, — avec « Paubon, curé de Fay et d'Assevillé, et [le] marguillier en charge, et [les] principaux habitans de la ditte paroisse de Notre-Dame-de-Bon-Secours [?] [1] d'Assevillé, diocèse de Noyon, » — dans une « assemblée convoquée à cet effet, à l'issue de la messe, le dimanche premier de carême, le 29 de février » : — « fondre la grosse cloche du dit Assevillez, qui se trouve être cassée depuis plusieurs années » ; — la rendre « d'accord avec la petite en ton plein » ; — prix convenu : 130 livres ; — le métal d'augmentation ou de diminution, à 30 sous la livre, poids de marc ; — la cloche « sera fondue un mois après que les inscriptions auront été livrées » aux fondeurs ; — paiement, « des deniers de la fabrique. »

L'ancienne cloche cassée, rendue à Carrépuits le 4 mai et « pesée en présence du voiturier, » était du poids de 646 livres, à 16 onces.

Poids de « la cloche nouvelle fondue.... pesée en présence du voiturier envoyé de M[r] le curé du dit Assevillé » : 693 livres : — augmentation de 47 livres de métal.

<small>Archiv. Cavillier, Carrépuits : — papiers divers, dossier *Assevillers* ; — reg. K, p. 161.</small>

1. Ms. : *Bonscourt* [??].

BELLOY-EN-SANTERRE. — *1691*. — Trois cloches, fondues [sur place?] par Nicolas II Cavillier et Charles Cavillier, son frère, fondeurs de Carrépuits.

Marché passé par Nicolas Cavillier, le 7 octobre : — « les curé et marguillier fourniront toutes choses pour fondre les dites trois cloches, du poids de 800 la grosse » ; — prix convenu pour les façons : 100 livres, payables « la moitié aussitôt les cloches fondues, et les autres 50 livres un an après, à pareil jour de la fonte, qui sera aux environs de la saint André » ; — « si nous livrons le métal pour les restants, les dits marguilliers bailleront trois livres de métal de profit par cent, pour le prêt » du dit métal.

« Nous avons livré, moy et mon frère, au marguillier, la quantité de 4 cents ou environ, poids de 16 onces, le 31 octobre, qui sont les restants d'Ablincour [1] ; pesé à Péronne le 13 novembre : il y en a la quantité de 354 livres et demi » : — « plus, livré la quantité de 300, poids de Roye, le 16 novembre. » — « Fondu le 20 novembre. » — « Il m'a esté rendu, au poids de Péronne, la quantité de 380 livres de métal. »

Première quittance des fondeurs, le 26 novembre. — « 50 livres, de la libéralité de Mons' Gognet, curé. »

Archiv. Cavillier, Carrépuits : A, p. 62.

[*1723*]. — Refonte de la seconde cloche, par Philippe II et Colin Cavillier. — Poids de la dite cloche : 550 livres environ. — « Marché fait à Beloy par

---

[1]. *Ablaincourt*, Somme, canton de Chaulnes.

Colin, moyennant 100 livres, sans être tenu au déchet, » — « pour fondre à Faucocourt. »

Archiv. Cavillier, Carrépuits : D, p. 45.

1767. — Pierre Gorlier, de Roisel : — « en septembre 1767, j'ai fondu la petite de Belloy, pour 60 livres. »

Registre de Pierre Gorlier.

BERNY-EN-SANTERRE. — *1761.* — « Berny, près Péronne. » — Refonte de la seconde cloche, à Carrépuits, par Philippe III et Florentin Cavillier.

Marché passé en mai par Philippe, moyennant 100 livres. — « Le 5me novembre 1761, l'ancienne cloche nous a été livrée à Carrépuis, et les six marbréaux, par Adrien Fournier, marguillier : et l'ayant pesée en sa présence, elle étoit du poids de 366 livres, et les six marbréaux étoient de 18 livres 1/4, ce qui formoit en total la quantité de 384 livres 1/4, poids de 16 onces. »

« Et le 6me du dit mois, la cloche nouvelle fondue a été pesée, ainsi que les six marbréaux, en présence du dit marguillier, dont elle pèse présentement la quantité de 394 livres 1/2, et les six marbréaux 32 livres ; ce qui forme en total la quantité de 426 livres 1/2 ; ce qui fait 42 livres 1/4 d'augmentation de métal ; au prix de 30 sols la livre, fait la somme de 63 liv. 7 s. 6 d., qui joint avec le prix de la façon, la somme totale est de 163 liv. 7 s. 6 d., que la fabrique du dit Berny nous doit à nous deux mon frère. »

Archiv. Cavillier, Carrépuits : I, pp. 265-266. — Reg. Florentin Cavillier, Solente, ms. orig., p. 77 : copie Berthelé, fol. 104-105.

25

CHUIGNES. — *1766-1767.* — Refonte de la seconde cloche à Carrépuits, par les frères Philippe III et Florentin Cavillier.

Le 2 novembre 1766, marché passé par Philippe III ; — les fondeurs sont « obligés à tout, même le déchet, moyennant la somme de 25 livres du cent pesant ; [plus], le métail à 30 sols la livre de 16 onces ; payable par la fabrique aussitôt la cloche fondue. »

« Le 28me avril 1767, l'ancienne cloche de Chuines nous a été livrée à Carrépuis par Mr Louis Pingret, clerc et marguillier, et l'ayant pesée en sa présence, elle étoit du poids de 429 livres, poids de 16 onces. »

« Et le 30me du dit avril, la cloche nouvelle fondue a été pesée en présence du dit Pingret, dont elle s'est trouvée du même poids que l'ancienne. »

« La cloche nouvelle fondue a le son plus net que les deux autres. Quoiqu'elle n'ait pas pris de fourniture, elle est cependant un peu hautine en ton. »

Le 24 mai 1767, paiement total.

> Archiv. Cavillier, Carrépuits : — reg. J, p. 117 ; — journal O, p. 14 ; copie Berthelé, fol. 19.
> Reg. Florentin Cavillier, Solente, ms. orig., p. 153 ; copie Berthelé, fol. 193-194.

ESTRÉES, commune d'ESTRÉES-DENIÉCOURT. — *1688.* — Nicolas II Cavillier, fondeur de Carrépuits : — « marché au village d'Estrez en Santer, pour fondre trois cloches ; l'écrit fait par un notaire nommé Delaporte, à Chaulne, le 19 avril 1688 » ; — « je les dois rendre faites pour le 20 mai ; ils fourniront le bois, brique, charbon, terre, chanvre et le planche seulement, et l'apentit des moules ; et je dois fournir le reste » ; — prix convenu : 5o livres, dont 3o payables lors de la fonte.

« J'ai fondu le 2 juin les trois cloches, et six marbriaux moyennant la somme de 12 livres, et une pistole de récompense, et 70 sols pour trois anneaux de fer. »

Sur les 3o livres payées au fondeur pour les façons, il « en a été baillé 23 livres au cabarettier pour les dépenses » faites pendant la fonte sur place.

Archiv. Cavillier, Carrépuits : A, p. 46.

1739. — Association Philippe II et Philippe III Cavillier, père et fils : — refonte de la seconde cloche, pesant environ 700 livres.

Marché passé par Philippe II. — La dite cloche, fondue à Carrépuits, avant le 18 décembre.

Archiv. Cavillier, Carrépuits : G, p. 124.

DENIÉCOURT, commune d'ESTRÉES-DENIÉCOURT. — *1694.* — Association Nicolas II et Charles Cavillier frères, fondeurs à Carrépuits, avec la coopération du jeune Philippe II Cavillier : — deux cloches.

Nicolas Cavillier écrit : « j'ay fait marché verbal au village de Diénécourt [1], avec Monsieur le curé, Madame et habitants, le dimanche 5 septembre 1694, moyennant la somme de cinquante livres ; je dois tout fournir et livrer, mesme porter le déchet ; pour fondre une cloche de environ trois cents, pour en faire deux, en ajoutant un cent de mon métal, qui me sera payé à raison de 20 sols la livre » ; — ultérieurement, « il m'a esté ordonné par Madame de augmenter encore [de] cinquante livres. »

1. Alias « Deniécourt ».

Les deux cloches, fondues [ou livrées, et le règlement de compte établi] le 27 octobre : — « il est ordonné que Philippe Cavillier aura 50 s. pour sa part. »

Nicolas Cavillier paraît avoir fourni, pour cette fonte, 167 livres de métal d'augmentation.

Archiv. Cavillier, Carrépuits : A, p. 81.

1728. — Refonte de « la petite des deux cloches, » la dite « petite cassée, pesant 200 livres » environ.

Marché signé par Philippe II Cavillier, le 8 octobre : — en société avec Colin Cavillier.

« La cloche, livrée le 12 de novembre » : — « la cloche est diminuée de 8 livres 3/4. »

Archiv. Cavillier, Carrépuits : G, p. 16.

CHATEAU. — *1781.* — Association Philippe III et Nicolas III, père et fils, fondeurs à Carrépuits : — refonte de la petite cloche de « Monsieur de Canisy, seigneur à Deniécourt. »

« Le 16 septembre (écrit le dit Nicolas Cavillier), nous avons fait venir de Roye la petite cloche de Monsr de Canisi, laquelle avoit été envoyée à Mr Doublé, demeurant au dit Roye : et elle pesoit 50 livres, à 16 onces ; laquelle avoit été faite par nous en 1779, et cassée par quelque étourdi. »

« Et le 13me octobre 1781, nous avons remis au dit s^r Doublé la neuve, que nous avons refondue très solide : et elle est présentement du poids de 49 livres, aussi à 16 onces » : — « comme nous avons fait arranger le battant, nous avons compté la dite cloche de 50 livres, et rien pour le dit battant » ; — « le prix porté au mémoire est de 8 sous la livre pour façon. »

Archiv. Cavillier, Carrépuits : K, p. 54.

1782. — Pierre Gorlier, de Roisel : — « une petite [cloche] pour M^r le comte d'Hervilly de Canizy, pesante 54 livres. »

Registre de Pierre Gorlier.

1784-1785. — Philippe III et Nicolas III Cavillier : — « les timbres du château, fondus à Carrépuis l'an 1784, étant du poids de 600 livres environ les trois. »

En septembre 1784, Nicolas Cavillier « fait accord avec M^r le vicomte d'Hervilly, seigneur de Deniécourt, pour lui livrer trois timbres pour son horloge au château,... et ce moyennant le prix et somme de 33 sous la livre de 16 onces. »

« Et après la fonte faite et les ayant pesés, le plus fort s'est trouvé être du poids de 398 livres; le second, 112 et le troisième, 84 » ; total : 594 livres. — Somme due aux fondeurs « par le dit seigneur vicomte d'Hervilly » : 980 livres 2 sous.

Les dits timbres, fondus seulement en 1785 [1] et livrés postérieurement au 12 avril de cette année, jour où Nicolas Cavillier reçoit un acompte de 450 livres.

Second et dernier paiement (530 livres), fait au dit Nicolas Cavillier, à Deniécourt, le 15 août 1785, par « Monsieur Jolie, receveur de Mr de Canisy. »

Archiv. Cavillier, Carrépuits : — reg. K, p. 174 ; — papiers divers, dossier *Deniécourt*.

1. Fondus en février (??) 1785.

FAY. — *1707*. — Philippe II Cavillier, de Carrépuits, « fait marché, moyennant 130 livres, pour fondre les deux cloches, pesant 1900 livres ou environ » ; — il « doit tout fournir, même le déchet » ; plus, fondre quatre « mabréaux » ; — « pour être payé 15 jours après la fonte » ; — « il m'est commandé d'y ajouter 50 livres de métail, qui me sera payé à 20 sols, quoy pourtant qu'il soit expliqué, sur l'état de marché, sur le pied marchand. »

« Fondu le 12 novembre. » — Les deux nouvelles pèsent 23 livres et 1/2 de plus que les vieilles. — Les deux paiements sont reçus par Jean Cavillier.

En tête de l'article consacré à cette fonte, Philippe Cavillier a ajouté, comme poids des cloches : « 1500 livres les deux. »

Archiv. Cavillier, Carrépuits : A, p. 136.

1709. — Philippe II Cavillier, de Carrépuits, « fait marché au village de Fay pour fondre leurs deux cloches, moyennant 60 livres. »

« La livraison a été le 14ᵉ novembre. » — « Il y a la quantité de 126 livres 1/2 de métail d'augmentation, à notre poids, sur les deux cloches neuves. » — Dernière quittance, le 14 mars 1714.

Poids des deux cloches : 1500 livres.

Archiv. Cavillier, Carrépuits : A, p. 149.

FONTAINE-LÈS-CAPPY. — *1723*. — Refonte de la petite cloche, qui pesait 180 livres ; — fondeurs : Philippe II Cavillier, de Carrépuits, et Charles Gorlier, de Roisel.

Accord fait par Philippe Cavillier, au prix de 50 livres. — [La dite cloche, vraisemblablement fondue à Morcourt (Somme), le 3 juillet, en même temps que la grosse de cette localité]. — « Livré la cloche le 5 juillet ; il y a augmentation de 13 livres. »

Gorlier « a reçu du seigneur 63 livres ; il a rendu l'état [de marché], avec quittance du 26 août 1723. »

<small>Archiv. Cavillier, Carrépuits : D, p. 43.</small>

1759. — Pierre Gorlier, de Roisel : — « au mois de décembre, j'ai fondu la petite de Fontaine-lès-Cappy, pour 24 livres, et 18 1/4 de métal ; le tout faisoit 51 livres. »

<small>Registre de Pierre Gorlier.</small>

FOUCAUCOURT-EN-SANTERRE. — *1723.*

[Refonte, sur place, de] trois cloches, pesant environ 2800 livres les trois ; — fondeurs : Philippe II et Colin Cavillier, de Carrépuits.

« Accord du 21 mars, moyennant 300 livres, ... [les fondeurs étant] obligés à tout, sauf le déchet, pour être fondues au dit Faucaucourt pour le 3 may. »

« Fondu le 5 may. »

<small>Archiv. Cavillier, Carrépuits : D, p. 42.</small>

1767. — Refonte de la grosse cloche à Carrépuits, par les frères Philippe III et Florentin Cavillier.

Le 1ᵉʳ mars, marché passé par Florentin.

Le 7 mars, « l'ancienne cloche de Foucaucourt nous a été livrée à Carrépuis, par François Egret, marguillier en charge, et l'ayant pesée en sa présence, elle étoit du poids de 973 livres, poids de 16 onces. »

« Et le 2ᵐᵉ may 1767, la cloche nouvelle fondue

a été pesée en présence du dit Egret. avec la même balance : elle pèse présentement 1046 livres. étant augmentée de 73 livres de métail. »

Archiv. Cavillier, Carrépuits : J. pp. 109-110. — Reg. Florentin Cavillier, Solente, ms. orig., p. 168 : copie Berthelé, fol. 210-211.

1778. — Refonte de « la grosse cloche. faisant la troisième et plus grosse » de la « paroisse de Saint-Quentin de Foucaucourt ». — par Philippe III Cavillier. de Carrépuits, en société avec son fils Nicolas III et son neveu Louis-Florentin : — « laquelle [cloche] a été cassée par sa chute. qui fut du haut en bas du clocher » : — « cette ditte cloche avoit été fondue par nous en l'année 1767. »

Marché passé par le dit Philippe Cavillier, le 20 avril : — prix convenu : 260 livres.

Poids de l'ancienne cloche « détruite par accident », livrée aux fondeurs, à Carrépuits, le 6 septembre : 1043 livres, à 16 onces.

La dite cloche, fondue le 10 septembre.

Poids de la nouvelle cloche, pesée et livrée le 7 octobre : 1050 livres juste : — soit une augmentation de sept livres.

« Cette cloche est bien fondue. Elle est belle. Le métal est bon. Le son est un peu lugubre. .... Elle est un peu hautine en ton. »

Archiv. Cavillier, Carrépuits : — reg. K, p. 77 ; — papiers divers, dossier *Foucaucourt* : — journal Q, pp. 15 et 18 ; copie Berthelé, fol. 200 et 204.

FRAMERVILLE. — *1695*. — Association Nicolas II, Philippe II et Charles Cavillier. fondeurs à Carrépuits. — « J'ay fondu, moy Nicolas Cavillier, six mabriaux, moyennant 21 livres. Le gaignage à trois, sçavoir Nicolas, Philippe et Charles Cavillier. Payé par Louis Haraux, marguillier, le 20 juin 1695. »

Archiv. Cavillier. Carrépuits : A. p. 37.

1734. — Philippe II et Colin Cavillier, de Carrépuits : — refonte des trois cloches. pesant ensemble 3400 livres environ.

Marché passé par Philippe le 7 mars. — Les dites cloches, fondues à Framerville le 2 juin.

Archiv. Cavillier Carrépuits : G, p. 81.

1771. — Refonte des trois cloches à Carrépuits, par l'association Philippe III, Nicolas III et Louis-Florentin Cavillier.

Marché passé par Philippe, le 2 avril : — prix convenu : 775 livres ; — le métal, en plus ou en moins, à 30 sous la livre de 16 onces. — « Et le même jour 2ᵐᵉ avril 1771, j'ai convenu de prix avec Nicolas Boitiaux, charpentier, demeurant à Raynecourt, de déplacer les dittes cloches, comme de les replacer au clocher et mettre tout en règle, moyennant la somme de 50 livres. »

Les trois anciennes cloches de Framerville, livrées aux fondeurs le 12 mai, pesaient : la grosse, 1562 livres ; la seconde, 1120 livres. et la troisième ou petite, 844 livres.

Poids des trois cloches nouvellement fondues, pesées le 29 mai : la grosse, 1637 livres : la seconde, 1166 livres. et la petite. 843 livres. — « Les cloches de Framerville. bien fondues. ont le son trop maigre, avec une harmonie un peu interroclite [*sic*] ; .... elles ont belle grâce. » — « La grosse porte de diamètre 3 pieds 5 pouces et 5 lignes, juste. »

> Archiv. Cavillier. Carrépuits : — reg. J, pp. 181 à 184 ; — papiers divers, dossier *Framerville* ; — journal O, pp. 56, 58, 59, 60, 61 et 62 ; copie Berthelé, fol. 64, 67, 69, 70, 71 et 72.

FRESNES, commune de FRESNES-MAZANCOURT. — *1694*. — Association Nicolas II et Charles Cavillier, fondeurs à Carrépuits : — « fondre trois cloches, de huit cens la grosse, et y employer et fournir .... la quantité de six cens de métail. »

Les dites cloches, fondues à Fresnes le 22 octobre.

Les deux fils de Nicolas Cavillier, Philippe II et Jean, paraissent bien avoir coopéré à cette fonte.

> Archiv. Cavillier, Carrépuits : A, p. 77.

1751. — Association Philippe II Cavillier et ses fils Philippe III et Florentin : — refonte des trois cloches.

Marché passé par Philippe III et Florentin, le 8 décembre 1750. — Les dites cloches, fondues à Carrépuits, entre le 1er et le 3 avril 1751 ; — livrées le 4 avril : — poids : 963 livres 3/4, 707 liv. 1/4 et 528 liv. 1/2.

> Archiv. Cavillier, Carrépuits : H, pp. 50-51, et I, pp. 85-86.

1766. — Refonte de la grosse cloche à Carrépuits, par les frères Philippe III et Florentin Cavillier.

« Le 19 may 1766, accord fait avec les marguilliers et habitans de la paroisse de Saint-Médard de Fresne, et ce du consentement de Mons' Léger, curé » : — les fondeurs sont obligés à tout, la prendre au clocher et la remettre en place, sauf la voiture » : — prix convenu : 140 livres, payables par la fabrique.

Le 9 juillet, livraison de l'ancienne cloche aux fondeurs, par Pierre Capel, marguillier. « Elle étoit du poids de 962 livres, et deux anciens marbréaux... 12 livres: le total étoit de 974 livres, poids de 16 onces. »

« Et le 10me du dit juillet, la cloche nouvelle fondue a été repesée en présence du dit Capel, étant du poids de 943 livres, et les deux marbréaux, de 15 livres 1/2 ; le total est de 958 livres 1/2 ; ainsi, il y a une diminution de 15 livres 1/2 de métail. » — « Cette cloche tire sur le bas : cependant elle est bien fondue. »

  Archiv. Cavillier. Carrépuits : reg. J, pp. 81-82.
  Reg. Florentin Cavillier, Solente, ms. orig., p. 148 : copie Berthelé, fol. 197-188.

HERLEVILLE. — *1717*. — Fonte pour cette localité, par Philippe II Cavillier, de Carrépuits, en société avec le lorrain [Charles] Procureur : — poids : 2200 livres.

Lieu de la fonte : vraisemblablement Herleville.

« Fondu le 11 juillet 1717. » — « Nous devons à notre hôte Capelier 30 livres, comprenant 20 sols pour sa fille. » — « Nous devons encore [un] jour et demi de manœuvre à un garçon. »

« Fourni [1] 223 livres de métail à 16 onces, et rendu [2] 225. » — « Il y a 226 livres de métail, à

---

[1]. Fourni, par Philippe Cavillier.
[2]. Rendu, par les paroissiens.

16 onces. chez le maréchal de Lihons ; il y a quatre pièces du même lingot, qui doit se trouver entier en rejoindant les pièces » : — « je l'ai rapporté à Carépuis. »

Archiv. Cavillier, Carrépuits : A, p. 214.

1743. — Refonte de la seconde cloche, par les Philippe Cavillier, père et fils.

Marché passé par Philippe II, le 13 janvier.

La dite cloche, fondue à Carrépuits, en même temps (selon toute vraisemblance) que les cloches de Saint-Aubin (Oise), de Guillaucourt et d'Hallivillers (Somme) ; — livrée le 15 mars ; — poids : 1631 livres à 14 onces.

Archiv. Cavillier, Carrépuits : G, p. 159.

1754. — Refonte de la seconde cloche, par Philippe III et Florentin Cavillier.

Marché écrit passé par Philippe III le 10 mars ; — lieu de la fonte : Carrépuits ; — les fondeurs sont « obligés à tout, même le déchet, moyennant la somme de 150 livres » ; — les paroissiens « sont obligés de l'amener. »

« Le 2me may 1754, l'ancienne cloche d'Herleville a été pesée à notre balance, en présence de Mr Loisel, curé, et du marguillier : elle étoit du poids de 1429 livres, poids de 16 onces. »

« Et le 3me may, la cloche neuve a été repesée avec les mêmes poids et balance : elle pèse présentement la quantité de 1520 livres ; ainsy cette cloche est augmentée de 91 livres de métal. »

Archiv. Cavillier, Carrépuits : I, pp. 133-134. — Reg. Florentin Cavillier, Solente, ms. orig., p. 15 ; copie Berthelé, fol. 19-20.

1764. — Refonte de la grosse des trois cloches, par Philippe III et Florentin Cavillier.

Marché fait par Florentin le 19 février [1] ; — lieu de la fonte : Carrépuits ; — les fondeurs sont « obligés à tout fournir, même le déchet, moyennant la somme de 230 livres, payable des deniers de la fabrique aussitôt la cloche reçue : les voitures étant à la charge de la fabrique. »

« Le 4me juin 1764, l'ancienne cloche du dit Herleville nous a été livrée à Carrépuis et pesée en présence de Mr Loisel, curé : elle étoit du poids de 1782 livres 1/2, poids de 16 onces. »

« Et le 6me du dit juin, la cloche nouvelle fondue a aussi été pesée en présence de M^r le curé : elle pèse présentement 1997 livres 1/2, étant augmentée de 215 livres de métail. » — « Même trait que la seconde, que nous avons fondue en l'année 1756. »

« Et en éprouvant la grosse cloche, ils ont cassé la petite. »

  Archiv. Cavillier, Carrépuits : — reg. J, pp. 33-34 ; — papiers divers, dossier *Herleville*.
  Reg. Florentin Cavillier, Solente, ms. orig., p. 120 ; copie Berthelé, fol. 153-154.

1764 (suite). — Refonte de la petite cloche, par Philippe III et Florentin Cavillier.

Marché passé par Florentin le 29 juin, « aux mêmes conditions que la grosse, moyennant la somme de 140 livres. »

« Le 22me aoust 1764, l'ancienne petite cloche nous

---

[1]. « Fondre la grosse cloche, présentement cassée ; ... la rendre bonne et accordante avec les deux autres, sans cizelure, ébarbure, rupture ny fraction, et la garantir pendant un an et un jour ». (Marché du 19 février 1764).

a été livrée à Carrépuits, et pesée en présence de Mr Loisel, curé : elle étoit du poids de 1054 livres, poids de 16 onces. »

« Et le 24 du même mois, la cloche nouvelle fondue a été pesée : elle s'est trouvée du même poids que l'ancienne juste : ainsi il n'y a pas de métal à compter. »

<small>Archiv. Cavillier, Carrépuits : — reg. J, p. 34 ; — papiers divers, dossier *Herleville*.
Reg. Florentin Cavillier, Solente, ms. orig., p. 120 ; copie Berthelé, fol. 154-155.</small>

LIHONS-EN-SANTERRE. — Église paroissiale.

1684. — Nicolas II Cavillier, fondeur de Carrépuits. « faict marché au bourg de Lihon pour fondre trois cloches, dont la plus grosse de 2400 ou environ » ; — à part « le déchet, au despent de l'église », le fondeur « doit tout fournir. moyennant la somme de 225 livres », payable « 30 livres en commençant le travail », 70 livres à la fin et le reste un an après la fonte ; — ce « sera Monsieur Charpentier, [de Saint-Quentin], qui livrera le métail pour faire la grosse. »

« Fondu au dict Lihon le 22 septembre. »

<small>Archiv. Cavillier, Carrépuits : A, pp. 27-28.</small>

1701. — Refonte de « la grosse cloche des trois », par les Cavillier, de Carrépuits (Nicolas II, en société avec ses fils Philippe II et Jean) ; — [poids : 2400 livres environ].

Marché passé par Nicolas en octobre. — « Fondu [à Lihons] le 17 novembre. »

La dite cloche, refondue à nouveau par les dits Philippe II et Jean Cavillier, le 30 juillet 1711.

<small>Archiv. Cavillier, Carrépuits : A, p. 120.</small>

1711. — Refonte de la grosse cloche, par les frères Cavillier (Philippe II et Jean), de Carrépuits ; — mêmes conditions qu'en 1701 ; — la dite cloche, pesant 2400 livres environ, « fondue le 30me juillet. »

« J'ai fourni 262 livres de métal (écrit Philippe Cavillier); [il m'en a été] rendu 90 livres, compris les écumes, et partant c'est la quantité de 172 livres, que l'église nous doit : il faut ajouter 60 livres de façon [et] 50 sols de louage du reste » ; — « le prix du métal à 21 sols la livre. »

Archiv. Cavillier, Carrépuits : A, p. 156.

1717. — Refonte de la petite cloche, par Philippe II Cavillier, en société avec le lorrain Charles Procureur[1].

« Marché [verbal] fait à Lihon, moyennant 50 livres ; rien fournir. » — « Nous deux Charles Procureur avons fondu la petite cloche de Lihons, sans écrit, le 11 juin : payé comptant, dont il a eu sa part. J'ai fourni du métail, qui m'a été payé aussi comptant. J'ai baillié quittance à Monsr le doyen pour 160 livres ; elle est datée du 13 juin 1717. Quitte et bons amis. »

Lieu de la fonte : Lihons. — « J'ai baillié 100 sols à notre hôtesse de Lihons, le 4 juin 1717 ; elle en avoit besoin » ; — « compte général : elle est payée chacun de moitié, à nous deux Procureur. »

Philippe II Cavillier et Charles Procureur paraissent avoir fondu à Lihons, le 11 juin, — en même temps que la petite de l'église paroissiale, —

1. De Levécourt (Haute-Marne, canton de Bourmont).

la petite du couvent du dit Lihons et deux cloches pour Vermandovillers.

  Archiv. Cavillier, Carrépuits : A, pp. 212 et 216.

1732. — Refonte de la seconde cloche, par Philippe II et Colin Cavillier, de Carrépuits. — Marché passé par Philippe le 9 mars. — La dite cloche, fondue avant le 18 avril.

  Archiv. Cavillier, Carrépuits : G, pp. 65 et 67.

1739. — Refonte de la petite cloche, par les Philippe Cavillier, père et fils, de Carrépuits : — la dite cloche refondue, livrée le 25 juin : — « elle fut au clocher, du jeudi 9 juillet. »

  Archiv. Cavillier, Carrépuits : G, p. 120.

1758. — Refonte de la seconde cloche, à Carrépuits, par les frères Philippe III et Florentin Cavillier.

Le 3 avril, marché passé par Florentin « avec les sieurs curé, marguillier et principaux habitans du bourg de Lihons. »

Le 11 mai, l'ancienne cloche est livrée aux fondeurs, à Carrépuits, et pesée à leur balance « en présence de M' le curé du dit Lihons » : elle pèse 1356 livres, poids de 16 onces.

« Et le 13 may, la cloche nouvelle fondue a été pesée, avec les mêmes poids et balance, en présence de M' Camus, curé de Carrépuis, et de Martin Borbier, clerc du dit Carrépuis ; cette cloche pèse présentement 1489 livres 1/4 : ainsi elle est augmentée de 133 livres 1/4. »

  Archiv. Cavillier, Carrépuits : I, pp. 221-222. — Reg. Florentin Cavillier, Solente, ms. orig., p. 62 ; copie Berthelé, fol. 84 à 86.

— 401 —

Prieuré. — *1684.* — Nicolas II Cavillier, de Carrépuits : — une petite cloche [1], [vraisemblablement fondue à Lihons, le 22 septembre 1684, en même temps que les trois cloches pour l'église paroissiale].

« J'ay faict une petitte cloche acordant et pour servir de quatrième petite ; elle pèse 114 livres » ; plus, deux « mabriaux », pesant ensemble trois livres ; — « tant la dite petite cloche que mabriaux, ensemble se monte à la quantité de 117 livres de métail, poids de Lihon, pour l'abbaye du dit Lihon. »

Archiv. Cavillier, Carrépuits : A, p. 28.

1717. — Philippe II Cavillier, de Carrépuits, en société avec le lorrain [Charles] Procureur : — « marché de 25 ou 30 livres, pour fondre la petite cloche du couvent de Lihons » ; — le dit couvent fournit « une demie corde de bois et deux mandes de charbon ; nous devons fournir le reste, à nous deux Procureur. »

« Fondu une petite cloche au couvent [2] » ; — « elle pèse 6 livres 1/2 moins que l'ancienne ; il faut que Procureur en paie sa part, attendu que c'est son déchet. » — Cette cloche se trouvant « fendue par le cerveau, nous l'avons laissée à l'épreuve aux religieux » ; — « rien receu à cause de la cassure. » — [Nous en avons] « baillié une autre [3] » ; — « payée par Mr François, 30 livres » : — « partagé entre nous deux. »

Archiv. Cavillier, Carrépuits : A, pp. 212 et 216.

1. Nicolas Cavillier n'en indique pas la date.
2. La dite cloche, vraisemblablement fondue à Lihons, le 11 juin, en même temps que la petite de l'église paroissiale.
3. Peut-être fondue le 11 juillet à Herleville.

1736. — Refonte de la seconde cloche, par Philippe II Cavillier [et son fils Philippe III]. — Marché passé le 21 mai.

Archiv. Cavillier, Carrépuits : G, p. 98.

1757-1758. — Refonte de la grosse cloche, par les frères Philippe III et Florentin Cavillier.

Le 15 décembre 1757, Philippe « passe écrit avec Mr Legendre, agent de M^r l'abbé du couvent de Lihons, pour fondre la grosse cloche à Carrépuis. » — « Le 14me décembre 1757, l'ancienne cloche a été pesée à Lihons et à Carrépuis : elle étoit du poids de 243 livres, poids de 16 onces. »

Fondue le 10 avril 1758, en même temps que la grosse de Longueil-sous-Thourotte (Oise), la seconde de Vauvillers (Somme) et la petite de Mélicocq (Oise). — « Le 11me jour du mois d'avril 1758, la cloche neuve a été pesée : elle pèse présentement 256 livres », soit 13 livres de métal d'augmentation.

Archiv. Cavillier, Carrépuits : I, p. 206. — Reg. Florentin Cavillier, Solente, ms. orig., p. 66 ; copie Berthelé, fol. 92-93.

PRESSOIR. — *1736*. — Philippe II Cavillier [et son fils Philippe III] : — trois cloches (deux refontes et une nouvelle), fondues à Carrépuits, pesant ensemble 1562 livres, livrées le 20 octobre. — Le marché avait été passé le 13 septembre.

Archiv. Cavillier, Carrépuits : G, pp. 100-101.

1780. — Philippe III et Nicolas III Cavillier, père et fils : — refonte de « la grosse cloche de cassée, [laquelle] pèse environ de 600 livres. .... fondue à Carrépuis en juillet. »

Marché passé par le dit Philippe Cavillier, le 4 juin : — prix convenu pour la façon, les matériaux et le déchet : « seize livres du cent de ce que pèsera la cloche neuve » ; — le métal, à 30 sous la livre de 16 onces. — « Feu mon père avoit fondu ces trois cloches en l'année 1736. »

Poids de l'ancienne cloche, livrée aux fondeurs à Carrépuits le 27 juin : 606 livres, à 16 onces. — La dite cloche, fondue le 4 juillet. — Poids de la cloche neuve, pesée le 10 juillet : 623 livres, soit une augmentation de 17 livres de métal.

Archiv. Cavillier, Carrépuits : — reg. K. p. 117 ; — journal Q. p. 55 ; copie Berthelé, fol. 252.

PROYART. — *1696*. — Association Nicolas II. Philippe II et Charles Cavillier, fondeurs à Carrépuits : — trois cloches (refontes).

Marché passé par Nicolas, le 31 mai.

Fondues à Proyart, le 20 juillet : — poids de la grosse : 2000 livres environ.

Archiv. Cavillier, Carrépuits : A, p. 93.

1703. — Nicolas II Cavillier, de Carrépuits, « fait marché au village de Proyart, le 10 avril 1703, pour fondre la grosse cloche [sur place] et racorder avec la moyenne » ; — prix convenu : « 40 livres pour les façons, argent comptant » ; — « l'église fournit toutes choses nécessaires. »

« Morfy dans le fondelieu le matromme. J'ai envoyé, à nostre poids, 140 livres de métal. Quanne forancle [?] morfiantibus et le chioncomme la sampol chanument refy[1]. »

« Le 2 aoust, elle est receue et bien d'accord. »

« Il a esté convenu avec les sieurs curé et paroissiens, ce que il seroit ordonné par les supérieurs d'Amiens, que nous y passerions ; ce qui s'est fait, en ma présence. Après toutes nos déclarations des frais, de part et d'autre, quoyque la perte de mon côté estoit grande, et les façons avec, il n'a esté ordonné que 10 livres, qui me seroient [payées] par le marguillier de l'église, et cent sols de la volonté

---

[1]. Le Glossaire de l'argot des fondeurs de cloches, rédigé par Nicolas III Cavillier, ne nous fournit pas toutes les données nécessaires pour l'interprétation de ce passage.

La première phrase paraît bien signifier que, tout d'abord, par un accident qui n'était pas rare dans les fontes sur place, le métal, *matromme*, — « métail : *matrone* » (art. 339), — avait mal fondu, *morfy*, — « mal fondre, *morfier* » (art. 359), — dans le fourneau, *fondelieu* [??].

Le mot *quanne* signifie *quatre* (art. 465) et le mot *chioncomme*, aliàs *choncomme*, signifie *cinq* (art. 65 et 472). — Le Glossaire ne donne ni *fondelieu*, ni *forancle*, ni *foraucle*, ni *morfiantibus*.

Il serait possible de lire (la graphie de Nicolas II Cavillier le permet) presque aussi bien *jorancle*, ou *jorauele*, que *forancle*, ou *foraucle*. Et nous serions alors amenés à faire un rapprochement avec les termes de l'argot signifiant *jour*, *journée* : — « jour, *jourouffle* ; journé[e], *jouroffé[e]* » (art. 251 et 263). — La graphie de Nicolas Cavillier permet également de lire *joranche*, aussi bien que *jorancle* : il semblerait même que l'avant-dernière lettre soit un *l* corrigé en *h*. Nous nous trouverions alors en présence d'un exemple de plus de cette désinence en *anche*, qui est une des plus caractéristiques de cet ancien argot : — cuivre, *cuivranche* ou *cuivroche* ; cordes, *cordanches* ; farine, *farinanche*, etc. ; — le mot *cendre* affecte parallèlement les deux formes *cendrofle* et *cendranche*. (art. 54)

Nicolas Cavillier aurait-il voulu dire que quatre jours, *quanne joranches*, furent consacrés à casser le gâteau de métal, qui s'était formé dans le four, — et que le cinquième jour, *le chioncomme*, on recommença la fonte, cette fois avec succès (???). — Toujours est-il que la fin de la phrase semble bien signifier que la *sampol*, c'est-à-dire la cloche (art. 56, 579 et 580), — fut, [à la seconde fonte], parfaitement réussie : — on trouve dans le Glossaire, *erfier* avec le sens de *fondre* (cf. les art. 56 et 480) ; — l'adverbe *chanument*, dérive de *chanu*, qui exprime l'idée de bien, de bon (cf. les art. 41 et 121).

du sieur curé : perte considérable pour moy, et peu de récompense. Nous avons terminé toute chose par devant les Messieurs doyen et grand vicaire d'Amiens, moyennant la somme de 15 [livres]. Nous avons fait un escrit, annexé au marché, qui décharge le dit marché.... »

Archiv. Cavillier, Carrépuits : A. p. 120.

1742. — Refonte de la grosse cloche, par les Philippe Cavillier, père et fils. — Marché passé par Philippe III, le 8 juillet. — La dite cloche, fondue à Carrépuits le 7 août : — poids : 2217 livres 1/2.

Archiv. Cavillier, Carrépuits : G, p. 156.

1750. — Association Philippe II Cavillier et ses fils Philippe III et Florentin : — refonte de « la seconde et la petite cloches », autrement dit « les deux moindres cloches, pour accorder à la grosse restée au clocher. »
Marché passé par Philippe III et Florentin, le 8 décembre 1749. — Les dites cloches, fondues à Carrépuits, entre le 2 et le 4 mars ; — livrées le 4 mars ; — poids : 1576 et 1127 livres à 15 onces.

Archiv. Cavillier, Carrépuits : H, pp. 36-37, et I, pp. 67-68.

PUZEAUX. — *1698.* — Trois cloches, fondues [sur place à Puzeaux], par l'association Nicolas II, Philippe II et Charles Cavillier, de Carrépuits.
Le marché, « fait au village de Pluziau par Charles et Philippe Cavillier » ; — « l'église fournit toutes choses » : — « pour nos peines et mains d'œuvre, l'église nous baillera, à trois, lorsque les

cloches seront receues, la somme de 66 livres » : — « l'escrit [du marché] fait le 19 de juillet. »

« Livré aux curé, marguilliers et habitans la quantité de 586 livres de métail, pour la fonte de leurs cloches, au poids de la ville de Roye, à raison de 14 sols 6 deniers la livre, s'ils paient comptant, et [s'ils paient] à deux termes, sçavoir à la Saint-Remy de 1699 et 1700, à raison de 15 sols 6 deniers la livre ; le tout sera rédigé au poids de 16 onces, à raison de 16 s. 6 d., comptant, et aux termes cy-exprimés, à 17 s. 6 d. la livre. »

« Fondu le 19 du dit mois » [de juillet].

Il est dû « à Philippe [Cavillier] six livres pour les gravures des armoiries de Monsieur le duc de Chaulnes et de Saint-Vaas d'Aras [1]. »

« Il nous a esté rendu au même poids [de Roye], 144 livres [de métail], sçavoir en lingot, 123 livres, et en soupirail, 20 livres ; ..... j'ai la promesse de Puzeau pour la quantité de 424 livres de métail, poids de 16 onces ; .... fait la somme de 350 livres 4 sols, qui a esté employé dans les trois cloches du dit Pluzeau... » — Première quittance, par Charles Cavillier, le 29 juillet 1698.

Archiv. Cavillier, Carrépuits : A, pp. 97 et 100.

1700. — Nicolas II Cavillier et ses fils Philippe II et Jean, fondeurs à Carrépuits. — Nicolas écrit : « j'ay livré à Mr Devaux, curé de Puiseau, une cloche pesant 34 livres et demie, poids de Paris, à 20 sols la livre : [plus], 15 livres pour les façons, fournitures et déchet. Receu de Mr Devaux les 15 livres,

---

[1]. Saint-Waast d'Arras.

et pour la clochette, 34 livres et demie, le 24 juillet 1700. »

Archiv. Cavillier, Carrépuits : A, p. 70.

1745. — Association Philippe II Cavillier et ses fils Philippe III et Florentin : — refonte de la grosse cloche.

Marché passé par Philippe III le 5 septembre. — La dite cloche, fondue à Carrépuits : — poids : 615 livres ; — placée au clocher le 2 octobre.

Archiv. Cavillier, Carrépuits : II, p. 9, et I, p. 26.

1766. — Refonte, à Carrépuits, par les frères Philippe III et Florentin Cavillier, de la grosse cloche, qui avait été cassée par un coup de tonnerre.

Convention verbale, par Florentin, le 17 août, « moyennant la somme de 70 livres et 5 livres de déchet par cent [1]. »

Le 10 septembre, livraison de l'ancienne cloche aux fondeurs, par Michel Mahier, marguillier : « elle étoit du poids de 613 livres, poids de 16 onces. »

« Et le lendemain, la cloche nouvelle fondue a été pesée en la présence du dit Mahier ; elle pèse 626 livres, étant augmentée de 13 livres de métal. »

Quittance finale, donnée au dit marguillier, par Philippe III Cavillier, le 22 novembre 1766.

---

1. « Le prix est le même que l'ancien, c'est-à-dire de 70 livres, et cinq livres par cent pour le déchet, attendu que nous avions fondu cette cloche en 1745. Mais, quoique bien fondue, elle s'est trouvée cassée en cinq ou six endroits du haut, par un coup de tonnerre, ce dit an. Les cassures étoient assez extraordinaires. » (Philippe Cavillier).

« Cette cloche est un peu hautine ; belle, bien fondue, et meilleure que les autres. »

> Archiv. Cavillier, Carrépuits : reg. J, pp. 99-100.
> Reg. Florentin Cavillier, Solente, ms. orig., p. 160 ; copie Berthelé, fol. 201-202.

1778. — Refonte de la seconde et de la troisième cloches, à Carrépuits, par Philippe III Cavillier, en société avec son fils Nicolas III et son neveu Louis-Florentin.

Marché passé par le dit Philippe Cavillier, « au presbitère de Puzeaux, » le 5 avril : — « fondre la petite et seconde cloches de la dite paroisse ;... les rendre d'accord sur le ton de *la, sol, fa*, et *fa* qui reste au clocher ;.... à la charge par la dite fabrique de payer au dit sieur Cavilly la somme de 120 livres pour façon et main d'œuvre » : — le métal d'augmentation ou de diminution à 30 sous la livre, poids de 16 onces : le « déchet de la fonte sera à la charge du dit sieur Cavilly. »

Poids des deux anciennes cloches, livrées aux fondeurs le 9 septembre : la seconde, 432 livres, et la petite, 316 livres ; plus, une clochette de procession, pesant 2 livres 1/2.

Les dites cloches, fondues le 10 septembre.

Poids des deux cloches nouvelles fondues, pesées le 12 septembre : la seconde, 485 livres ; la petite, 353 livres ; — plus, « la clochette, de trois livres » : — soit une augmentation de 90 livres et 1/2.

> Archiv. Cavillier, Carrépuits : — papiers divers, dossier *Puzeaux* : — reg. K, p. 73 ; — journal Q, pp. 15 et 18 ; copie Berthelé, fol. 199 et 204.

SOYÉCOURT-EN-SANTERRE. — *1695*. — Asso-

ciation Nicolas II. Philippe II et Charles Cavillier, fondeurs à Carrépuits : — trois cloches (deux refontes et une nouvelle). — fondues sur place.

Marché passé par Nicolas Cavillier, le 16 octobre : — « faire trois cloches : refondre les deux et en faire une neuve » ; — « au cas que l'on ne fasse que les deux vieilles, l'église ne nous paiera que la somme de 90 livres, pour les façons ; et si l'on en fait trois, la somme de 100 livres » ; — l'écrit de marché est « demeuré entre les mains de Monsr le curé » : — les parroissiens doivent « bailler la somme de 40 livres pendant le travail », et le reste un mois après la fonte ; — « ils fourniront toutes les matières nécessaires pour la dite fonte, même le métal pour la dite cloche neuve. »

« Fondu les trois cloches le 25 novembre. »

« Il a esté livré 300 [livres] de nostre métail ; il nous a esté rendu 140 livres ; ils nous doivent les louages, à six deniers la livre », et « la quantité de 161 livres, à 18 sols la livre. » — « Je baillerai une paire de mabriaux, pour les cendres, de 10 livres de pesant ; il nous faut [en plus] deux livres de métal sur les dits mabriaux. » — « 70 s. de visite de métail et 70 s. de louage. »

Archiv. Cavillier, Carrépuits : A. p. 84.

1740. — Refonte de la grosse cloche, par les Philippe Cavillier, père et fils, de Carrépuits.

Marché écrit passé le 17 octobre. — La cloche neuve, livrée le 14 novembre ou le 14 décembre suivant.

Archiv. Cavillier, Carrépuits : G. p. 137.

VAUVILLERS. — *1700*. — Refonte de trois cloches, sur place, par les Cavillier, de Carrépuits (Nicolas II, en société avec ses fils Philippe II et Jean).

Marché passé par Nicolas, le 7 mars. — « Fondu les trois cloches le 6 avril. »

Archiv. Cavillier, Carrépuits : A, p. 105.

1727. — Refonte de la seconde cloche, pesant 800 livres environ, par Philippe II Cavillier, de Carrépuits.

Marché passé le 13 janvier ; ledit Ph. Cavillier écrit à ce sujet : « j'ay fait accord avec le curé et habitans de Vauvillé pour fondre la seconde cloche ; je suis obligé à tout, moyennant 115 livres, et le métail [d'augmentation] à 30 sols la livre : [2°] j'ai fourni un anneau, pour retourner la grosse ;.... [3°] je dois râcler la petite, et les grattures m'appartiendront » : — pour la refonte de la dite seconde cloche, « il faut une livre de cire, qu'ils doivent payer. »

« La cloche neuve, [vraisemblablement fondue à Carrépuits, en même temps que les deux de Guillaucourt], pèse 15 livres plus que l'ancienne » ; — « livrée le 29 mars » ; — « les marchés, brûlés. »

Archiv. Cavillier, Carrépuits : E. p. 56.

1758. — Refonte de la seconde cloche, à Carrépuits, par les frères Philippe III et Florentin Cavillier.

Marché écrit passé par Philippe le 8 janvier.

Le 4 mars, l'ancienne cloche est livrée aux fondeurs par François Dupaigne, marguillier en charge ; elle pèse 702 livres, poids de 16 onces.

Le 11 avril, la cloche nouvelle fondue est pesée en présence du dit marguillier et de Christophe Hénon, clerc : « cette cloche pèse présentement la quantité de 744 livres, même poids de 16 onces ; ainsi elle est augmentée de 42 livres de métail » ; — « bien d'accord. »

<blockquote>Archiv. Cavillier, Carrépuits : I, pp. 215-216. — Reg. Florentin Cavillier, Solente, ms. orig., p. 59 ; copie Berthelé, fol. 80-81.</blockquote>

VERMANDOVILLERS. — *1683.* — Le 16 mai, Nicolas II Cavillier, fondeur de Carrépuits, « fait marché au village de Vermandouvillez, proche de Lihon, pour fondre la grosse cloche, moyennant la somme de 40 livres » pour la façon : — les curé et marguillier « fourniront tous les matériaux nécessaires pour la fonte » : — le métal « pour servir de restant » sera fourni « par Monsieur Charpentier, marchand à Saint-Quentin. »

« La dicte cloche, fondue le 5 [?] de juillet l'an comme dessus. » — « Le marché estoit entre les mains du curé » : — paiement « par les mains de Thomas Vacquette, marguillier » ; — le fondeur bailla « la quittance au dos du dit estat de marché, dattée du 24 de juillet. »

<blockquote>Archiv. Cavillier, Carrépuits : A, p. 21.</blockquote>

1717. — Refonte de deux cloches, par Philippe II Cavillier, de Carrépuits, en société avec le lorrain [Charles] Procureur ; — les dites cloches, « pesant 1300 livres les deux. »

« Fondu [à Lihons-en-Santerre?], le 11 juin. » — « J'ai livré (écrit Philippe Cavillier) 221 livres 1/2 de métal, au poids de seize onces, et [les paroissiens] en ont rendu 80 livres, et partant doivent, au petit poids, 160 livres, à 22 sols la livre. » — « J'ai receu de Monsieur Cavet, curé, la somme de 150 livres à compte : la quittance est sur le dos de l'état de marché, avec une garantie pour une veine en dehors, auprès du crucifix, à la petite.... Procureur doit être de la moitié de la garantie ; mais il n'a pas signé, quoi qu'il eût receu 40 livres, qui est ce qui lui appartient pour moitié des façons, n'ayant aucune part au métal. »

Difficultés pour obtenir le reste du paiement.

Philippe Cavillier ajouta finalement à cet article de « Vermandouvillé, » ces deux mots en argot : « leuf chobas », qui paraissent plutôt résumer son mécontentement [1].

Archiv. Cavillier, Carrépuits : A, p. 213.

1739. — Les Philippe Cavillier, père et fils : — une grosse cloche (nouvelle).

Marché passé par Philippe II, le 31 mars. — La dite cloche, fondue à Carrépuits le 22 juin ; — poids : 1126 livres ; — livrée le 27 juin.

Archiv. Cavillier, Carrépuits : G, pp. 121-122.

1785. — « Paroisse et fabrique de Saint-Martin de Vermandovillers. » — Philippe III et Nicolas III Cavillier, père et fils, refondent, à Carrépuits, « les

---

[1]. D'après le Glossaire de l'argot des fondeurs de cloches, rédigé par Nicolas III Cavillier, *leuf* semble bien avoir eu le sens de *prêtre, curé* (cf. l'art. 116). — D'après le même glossaire, le mot *chobas* signifiait : bélître, gueux (art. 46), ingrat (art. 267), maraud (art. 327), mauvais (art. 334), nigaud, niais (art. 372), racaille (art. 478). — On doit sans doute traduire : *curé mauvais !*

trois cloches de l'église de la ditte paroisse de Vermandovillers, dont deux se trouvent cassées. »

Marché passé par le dit « Philippe Cavilly », le 17 avril : — « les rendre.... concordantes en *la, sol, fa* » ; — « la grosse portera le même diamètre que l'ancienne, lequel est de deux pieds onze pouces et un tiers » ; — prix convenu : 480 livres.

Les trois anciennes cloches, livrées à Carrépuits le 25 juillet, pesaient : la grosse, 972 livres ; la seconde, 700 ; la petite, 507, et les deux marbréaux de la petite, 13 ; total : 2192 livres.

« Et le 14me août de l'année susditte, les sieurs Houssart et Cavel le fils, tous deux marguilliers, sont venus à Carrépuis pour enlever la nouvelle sonnerie de leur dite paroisse : et les ayant pesées en leur présence, la grosse se trouve actuellement du poids de 1050 livres ; la seconde, de 754 livres ; la petite de 532 livres, et les marbréaux, 15 livres ; total : 2351 livres » ; — soit « une augmentation de métal de 159 livres. » — « 12 livres.... payées au charpentier qui a mis les dites cloches au clocher. »

Archiv. Cavillier, Carrépuits : — reg. K, pp. 185-186 ; — papiers divers, dossier *Vermandovillers*.

CANTON DE COMBLES.

COMBLES. — *1696*. — Le 20 mai, Nicolas II Cavillier, de Carrépuits, « fait marché au village de Comble, envers Péronne, pour fondre deux cloches : une qui est cassée, et en fournir une neuve du poids de 250 livres ;.... les rendre fondues pour le 15 de juillet prochain. » — « Marché rétracté. »

Archiv. Cavillier, Carrépuits : A, p. 91.

1697. — Charles Gorlier, de Roisel : — « 1697. il a fondu une cloche pour Comble. »

Registre de Pierre Gorlier.

1733. — Fonte [sur place ?] par les Cavillier, de Carrépuits (Philippe II et Colin) : — coulée. avant le 2 octobre.

Archiv. Cavillier, Carrépuits : G, p. 68.

1774. — « Vers le Carnaval », Pierre Gorlier, de Roisel, refond « la grosse de Comble », pour 100 livres.

Registre de Pierre Gorlier.

CARNOY. — *1772*. — Pierre Gorlier et son fils François, de Roisel : — « à Miraumont [1], François a fait deux cloches pour Carnoy. »

Registre de Pierre Gorlier.

CURLU. — *1714*. — Philippe II Cavillier, de Carrépuits, « fait accord avec les curé, marguilliers et habitans de Curlu, pour fondre deux cloches », — « pesant 1900 livres, les deux », — « moyennant 150 livres et un maneuvre vingt jours » ; — « ils sont obligés généralement à tout fournir » ; — « pour fondre dans le lieu. »

« Fondu le 27 septembre 1714, et bien réussi. » — « Bonnes cloches. » — « J'ai baillié une obliga-

---

1. Somme, canton d'Albert.

tion à Jean Lefeuvre, cabaretier au dit lieu, pour 30 livres, dépensé chez lui en faisant l'ouvrage. »

Archiv. Cavillier. Carrépuits : A, p. 179.

ÉQUANCOURT. — *1773*. — Pierre Gorlier et son fils François, de Roisel : — « j'ai fondu, en même temps [que les trois de Roisel, en octobre 1773], (écrit Pierre Gorlier), les trois d'Équencourt ; François faisoit les moules à Équencourt, et moi celles de Roisel ici » : — « elles sont de même mesure, [faites avec] les mêmes brochettes, excepté qu'elles ne sont pas élargies du haut. »

Registre de Pierre Gorlier.

GUEUDECOURT. — *1764*. — Pierre Gorlier, de Roisel : — « 1764, dans le mois de may, j'ai fondu les trois cloches de Gœudcourt » ; — « elles sont bonnes, renforcées sur les bords. »

Registre de Pierre Gorlier.

LESBŒUFS. — *1778*. — Pierre Gorlier, de Roisel, a « fondu les deux cloches de Lesbœuf, pour 550 livres. »

Registre de Pierre Gorlier.

LONGUEVAL. — *1705*. — Charles Gorlier, de Roisel : — « 1705, il a fondu les trois cloches de Longueval. »

Registre de Pierre Gorlier.

1741. — Charles-Étienne Gorlier, de Roisel : — « la petite de Longueval, fondue [en] 1741. »

Registre de Pierre Gorlier.

1743. — Charles-Étienne Gorlier, de Roisel : — « 1743, il a refondu la seconde cloche de Longueval, pour 100 livres, en supportant le déchet. »

Registre de Pierre Gorlier.

1747. — Charles-Étienne et Pierre Gorlier, père et fils, de Roisel : — « mon père a fondu la grosse de Longueval » ; — « Mr Renard, curé, nous a vendus aux commis : c'étoit alors dans le temps des droits que l'on payoit à la ferme, de 2 sols 6 deniers par livre ; nous avons plaidé contre la ferme à Albert ; il a fallu que nous payassions 101 livres 8 sols : nous n'avions que 100 livres pour la fondre. »

Registre de Pierre Gorlier.

1783 — Pierre Gorlier, de Roisel : — « le jour de la Notre-Dame des Avants [1], j'ai fondu les trois cloches de Longueval » ; — « payé 1556 livres. »

Registre de Pierre Gorlier.

MANANCOURT. — *1743.* — Charles-Étienne Gorlier, de Roisel : — « il a fondu en 1743 la seconde de Manancourt pour 75 livres, et les 5 livres par cent de déchet. »

Registre de Pierre Gorlier.

ÉTRICOURT, commune de MANANCOURT. — *1764.* — « Vers la Saint-Martin », Pierre Gorlier, de Roisel, a « fondu les deux cloches d'Étricourt pour 127 livres. »

Registre de Pierre Gorlier.

---

1. Le 8 décembre.

MARICOURT. — *1693*. — Charles Gorlier, de Roisel : — « 1693, il a fondu à Maricourt. »

<small>Registre de Pierre Gorlier.</small>

1714. — Philippe II Cavillier, de Carrépuits : — *a*. « J'ai fait accord à Maricourt [le dimanche 14 octobre 1714] pour fondre la grosse, moyennant 45 écus et 5 livres par chaque cent pour le déchet,.... pour être fondue à Carépuis ; je fournis tous matériaux... » : — *b*. « Mon dernier prix, sans déchet, est de 180 livres pour tout. » — Philippe II Cavillier ne paraît pas avoir été chargé de cette refonte.

<small>Archiv. Cavillier, Carrépuits : A, p. 185.</small>

1727. — Refonte de la grosse cloche, par Philippe II et Colin Cavillier. — Accord fait par le dit Philippe, « avec les sieurs curé et marguilliers,.... le dimanche 31 août 1727, pour la somme de 90 livres ;.... ils sont obligés à la voiturer à Carépuis, où elle sera fondue. »

L'ancienne cloche pesait 735 livres à 16 onces. — « Fondue le jour de saint Remy [1], et repesée, elle s'est trouvée du poids de 708 livres au même poids ; ainsi elle est diminuée de 27 livres. »

<small>Archiv. Cavillier, Carrépuits : F, p. 6.</small>

MAUREPAS. — *1745*. — Charles-Étienne Gorlier et Pierre Gorlier, son fils, de Roisel : — « nous avons fondu la petite de Maurepas, pour en faire la grosse, au mois d'aoust 1745 » ; — « il avoit fondu les deux grosses avant ; elles n'étoient pas d'accord. »

<small>Registre de Pierre Gorlier.</small>

1. Premier octobre.

1773 ou 1775. — Pierre Gorlier, de Roisel : — « j'ai fondu la grosse de Maurepas, en *1775*, au mois de juillet : — « il m'étoit dû, après la fonte, 85 livres. »

Cette mention de la refonte de la grosse cloche de Maurepas se trouvant entre les articles de l'année 1773 et ceux de l'année 1774, il serait possible qu'il faille lire *1773*, au lieu de *1775*.

Registre de Pierre Gorlier.

RANCOURT. — *1741*. — Charles-Étienne Gorlier, de Roisel : — « il a fondu la petite de Rancourt, pour 73 livres : il a tout fourni, même le déchet. »

Registre de Pierre Gorlier.

YTRES. — *1725*. — Charles et Charles-Étienne Gorlier, père et fils, de Roisel : — « 1725, ils ont fondu les trois cloches d'Ittre, pour 180 livres; tracées à l'ordinaire de mes ancêtres » (écrit Pierre Gorlier).

Registre de Pierre Gorlier.

CANTON DE HAM.

HAM. — **Église Saint-Martin.** — *1769*. — Association Philippe III et Florentin Cavillier, frères : — refonte de la seconde cloche.

Le 4 juin, Philippe et son fils Nicolas « ont passé écrit de marché (bleu) avec les sieurs prieur-curé, marguillier et notables habitans de la paroisse Saint-Martin de Ham, pour refondre la seconde cloche de leur paroisse à Carrépuis » : — « nous sommes obligés à tout : la prendre au clocher et la remettre en place, même faire un passage et le réparer » ; — prix convenu : 330 livres, payables par la fabrique ; — en cas de différence de poids à la refonte, « les parties s'en feront réciproquement raison, au prix de 28 sols la livre, poids de 16 onces. »

« Le 11ᵉ juillet 1769, l'ancienne [cloche] a été pesée à notre balance, en présence de Monsieur Guérin, député et marchand au dit Ham, laquelle cloche s'est trouvée être du poids de 1712 livres, poids de 16 onces » : — « de plus, a été pesé les deux anciens marbréaux de cette cloche, étant de potin, lesquels étoient du poids de 21 livres ; je ne suis point obligé à les refondre, et la façon nous en doit être payée à 10 sols la livre. »

« Et le 22me du dit juillet, la cloche nouvelle fondue, ainsi que les marbréaux, furent pesées en présence de Mʳ Lescrivain, marguillier ; dont la cloche pèse présentement.... 1693 livres, et les marbréaux, 29 livres. »

« Et le 27me juillet 1769, j'ai remis la cloche à Ham, là où la bénédiction a été faite *à la crocquosel* ; cependant le sʳ Lécrivain m'a dit qu'il y avoit douze livres pour nous. »

« Cette cloche est très bien fondue, belle, bon métail » ; — « ce trait n'est ny bon, ny agréable ; cependant la sonnerie est passable, la cloche neuve étant bien fondue, belle et bien d'accord. »

« Et après que la ditte cloche a été éprouvée, et chacun en étant content, le dit Lécrivain, marguillier, m'a payé la somme de 40 livres à compte ;.... de plus, m'a donné 6 livres de la bénédiction » ; —

il reste dû aux fondeurs « la somme de 289 livres 2 sols, et 6 livres de la bénédiction, que le s^r marguillier a retenu mal à propos ;..... cette dette étant à nous deux Florentin, chacun par moitié » ; — « l'argent, que j'ai reçu, a servi à payer le charpentier et le maçon, sçavoir 33 livres au charpentier et 6 livres au maçon ; si jamais il y avoit une autre cloche à refondre en ce clocher, il se faudroit parer de la descendre et de la remettre en place, à raison que ce dit clocher est très difficile ; il mériteroit au moins 80 livres pour la descendre et la remettre, ainsi que les voitures, si c'étoit la grosse ; le prix convenu pour la seconde étoit trop bas de 50 livres ! »

Les paiements des 25 mai 1771 et 13 septembre 1772, partagés « entre Tintin et moy, chacun par moitié ». — « Les 6 livres restant [de la] bénédiction, ont été employées à réparer le clocher, à ce qu'a dit le dit Lécrivain, *choba*[1] *merleu*[2]. »

> Archiv. Cavillier, Carrépuits : — reg. J, pp. 147-148 ; journal O, pp. 38, 39 et 40 ; copie Berthelé, fol. 43, 44 et 45.

Église Saint-Pierre (?) — *1687*. — Nicolas II Cavillier, fondeur de Carrépuits, « fait marché en la ville de Ham, pour fondre la grosse cloche Saint-Pierre, moyennant la somme de 45 livres pour les façons », la paroisse fournissant « toutes choses nécessaires » ; — « l'écrit, fait le 3 de may. »

---

1. Dans le manuscrit, le mot *choba* a été raturé.
2. Termes de l'argot des fondeurs de cloches, signifiant le premier : *mauvais* (voir ci-dessus p. 412), et le second : *marguillier* (cf. le Glossaire de Nicolas III Cavillier, art. 326).

« Fondu le 8 juin l'an cy-dessus » ; — paiement par Mr Lupigne, marguillier.

Archiv. Cavillier, Carrépuits : A, p. 36.

Abbaye de Notre-Dame. — *1723.* — Refonte de quatre cloches, par Philippe II et Colin Cavillier, en société avec Charles Gorlier.

« Marché passé par Philippe Cavillier » ; — « le déchet de 2000 livres, [compté] à 4 au cent » ; — lieu de la fonte : Carrépuits : — « ils doivent amener les vieilles » cloches à la fonderie, et le fondeur doit « faire ramener les neuves. »

« Fondu et livré les quatre cloches le 20 octobre. »

« Les poids des nouvelles cloches sont, savoir la petite, 564 livres ; la seconde, 714 livres ; la troisième, 1040 livres, et la grosse, 1420 livres ; le total est de 3738 livres. »

« Les vieilles pesoient 1721 livres. »

Archiv. Cavillier, Carrépuits : E. pp. 17 à 19.

1774. — Philippe III Cavillier, en société avec son fils Nicolas III et son neveu Louis-Florentin : — « les quatre cloches, pesant environ 4100 livres, fondues à Carrépuis », — plus, une petite cloche, pour le dortoir ou pour le réfectoire de la dite abbaye.

Le 5 février [1], marché passé par les dits Philippe

---

[1]. « Abbaye de Ham : écrit du marché pour la fonte des 4 cloches, en datte du *12 février 1774* », ledit marché « fait double à Ham, le *cinq février 1774* » (Marché original). — « Le *12{me} février 1774*, j'ai passé écrit de marché avec Messieurs les religieux de l'abbaye Notre-Dame de Ham » (Philippe III Cavillier, reg. K). — « Le *4 et 5me février*, moi et Nicolas ont été à Ham pour le marché des quatre cloches de l'abbaye..... Le *12{me} février*, j'ai été à Ham pour fixer le diamètre de leurs cloches... » (Philippe III Cavillier, journal P).

et Nicolas Cavillier, père et fils, avec les « prieur, procureur et chapitre de l'abbaye de Notre-Dame de Ham », pour la fonte, à Carrépuits, de « quatre grosses cloches, dont la première sera du poids de 1300 ou environ, et les trois autres d'une pesanteur proportionnelle, de façon qu'elles forment un accord parfait entre elles de *fa, mi, ré, ut* » : — le métal (« composé de rozette et d'étain fin d'Angleterre »), à 27 sous la livre de 16 onces ; — « les dits Cavillier fondront les dittes cloches dans le commencement du mois d'avril prochain » ; — « ils seront tenus de les charger sur les voitures qui leur seront envoyées aux frais de la ditte abbaye, de les accompagner dans la route, de se trouver présents lorsque on les descendra des dittes voitures, lorsque l'on les suspendra pour les enlever sur la voute de la chapelle de Saint-Waneng et de là dans le clocher, où ils les attacheront eux-mêmes à leurs moutons » ; — « il sera payé aux dits Cavillier par la ditte abbaye la somme de 424 livres pour leur façon et livraison des ouvrages cy-dessus » ; — « inscriront les dits Cavilliers bien et duement les noms et armoiries, tels qu'ils leur seront envoyés, et fondront, par dessus le marché, la petite cloche du dortoir. »

« Le 25me avril 1774, le métail en lingot, que nous avons cherché et refondu après l'incendie de leur église, qui arriva en 1760, nous a été livré à Carrépuis par Monsieur le Procureur de l'abbaye » ; — poids du dit métal : 2946 livres, poids de marc.

Coulée des dites cloches, le 26 avril (le même jour que la sixième de l'abbaye de Cuissy).

Le mardi 3 mai, pèsement des cloches nouvellement fondues : — « la grosse pèse présentement la quantité de 1493 livres : la seconde grosse pèse celle de 1060 : la troisième, ou le *mi*, pèse celle de 812 : la quatrième ou petite, pèse celle de 653 ; la petite cloche du réfectoire pèse la quantité de 24. et les huit marbréaux pèsent ensemble 68 : ce qui forme un total de 4110 livres de métail de mis en cloches et marbréaux ». — « Le déchet de cette quantité, à raison de 5 livres par cent, se monte à celle de 205 livres 1/2, qui, étant joint avec la quantité première, fait en dernier total celle de 4315 livres 1/2 de métail ; de laquelle, il convient d'en soustraire celle de 2946 livres, par eux fourny ; par conséquent il reste celle de 1369 livres 1/2, qui nous sont dues, à raison de 27 sols la livre ;.... joint avec le prix convenu de 380 [livres, pour la façon], fait en total la somme de 2228 livres 16 sols et 6 deniers, qui nous est due pour cette fonte. »

« La petite ou quatrième porte les 3/4 de largeur de la grosse, et la dite grosse cloche porte 3 pieds et 3 pouces juste de diamètre ». — « Cette sonnerie est assez agréable. Le métail est assez bon. Elles sont très bien fondues et sans nul deffaut, mais elles sont pesantes. »

« Le 28me may, les cloches de l'abbaye de Ham furent mises au clocher ». — « Le 29me mai 1774, après que les cloches furent mises au clocher et l'épreuve faite, Monsieur Carrier, procureur de la ditte abbaye, a fait un arrêté de compte avec nous, dont le montant est de la somme de 2228 liv. 16 s. 6 d., ainsi qu'il est ci-dessus dit ; il a joint au bas de son mémoire qu'il étoit [dû] la somme de 180 [?] livres pour les ferrures, et cette somme appartient à nos maréchaux ». — Le dit jour 29 mai, paiement aux fondeurs d'un acompte de 1200 livres.

Part respective des trois fondeurs associés, dans cette fonte pour l'abbaye de Ham : — « de cette somme de [2228 livres....] à nous due (écrit Philippe Cavillier), il m'en appartient celle de 1159 livres 14 sols, à raison que j'y suis pour 762 livres de métal, le tiers de la façon, et moitié des moutons » ; — « Tintin touchera la somme de 645 livres 7 sols, à raison qu'il y est pour 381 livres de métal, le tiers de la façon, et la moitié des moutons, que j'ai estimés au total 26 livres » ; — « et Nicolas ne touchera que la somme de 423 livres 15 sols et 6 deniers, à raison qu'il n'y est que pour la quantité de 226 livres 1/2 de métal et pour le tiers de la façon. »

2 mars 1775. Certificat de satisfaction (sur parchemin), délivré par les « prieur [et] procureur de l'abbaye des chanoines réguliers de Notre-Dame de Ham », aux fondeurs Philippe et Nicolas Cavillier, pour les quatre cloches susdites : — « elles sont du meilleur accord, au jugement des connoisseurs » : — « elles sont fabriquées avec solidité et la plus exacte fidélité. »

> Archiv. Cavillier, Carrépuits : — papiers divers, dossier *Ham* ; — reg. K, pp. 1 à 3 ; — journal P, pp. 43, 48, etc. ; copie Berthelé, fol. 127, 130, 131 et 133.

Château. — *1741.* — Association Philippe II et Philippe III Cavillier, père et fils, de Carrépuits : — une petite cloche (refonte), pesant 98 livres, fondue et livrée avant le 18 juillet.

> Archiv. Cavillier, Carrépuits : G, p. 147.

1760. — Pierre Gorlier, de Roisel : — le 11 avril 1760, « en même temps [que la grosse d'Honnecourt], j'ai fondu la cloche du château de Ham, pesant 84 livres, pour 30 livres de façon. »

Registre de Pierre Gorlier.

1769. — Refonte à Roisel, par Pierre Gorlier, de « la cloche du château d'Ham, dont elle fut augmentée de 31 livres. »

Registre de Pierre Gorlier.

1774. — Association Philippe III, Nicolas III et Louis-Florentin Cavillier. de Carrépuits. — « Le 8me juin 1774, marché fait avec Monsieur Clément, administrateur des réparations du château de Ham, pour refondre la cloche de la chapelle de ce château. »

« Cette cloche, fondue deux fois par Pierre Gorlier, de Roisel, en six années de temps, fut refaite de nouveau par nous, en cette dille année 1774,..... chez nous à Carrépuis. »

« Le 17me du dit juin, Monsr Clément a envoyé cette cloche à Carrépuis ; et l'ayant pesée à la balance de Mr Guerrin, ainsi qu'à la nôtre, elle s'est trouvée du poids de 105 livres ». — « Et le 24me du dit mois [1], nous avons remis cette cloche neuve, bien fondue, bonne et de bon métail,.... du poids de 111 livres 1/2 ; par conséquent, il y a une augmentation de 6 livres et 1/2 de métail ». — Prix de la façon : « six sols de la livre. »

Archiv. Cavillier. Carrépuits : J, p. 356.

[1]. Il serait possible qu'il faille lire ici : *le 24me du mois de juillet*. — Philippe III Cavillier écrit, dans son journal de dépenses : « le 12me juillet 1774, nous avons fait la fonte des cloches de Bièvre, abbaye de Vaucler, Bezincourt, timbres de Voïenne et cloche du château de Ham, avec plusieurs marbréaux ». (Journal P. pp. 52-53; copie Berthelé, fol. 137).

Hôtel-Dieu. — *1726*. — Philippe II Cavillier fond « un mortier pour l'Hôtel-Dieu du dit Ham, [ayant 18 pouces 8 lignes diamétrales et 8 pouces 2 lignes de haut], à 35 sols la livre de 16 onces. »

La commande, en date du 9 août ; — « il est livré du 21 décembre 1726..... et pèse 68 livres à 16 onces », ce qui représente une valeur de 119 livres.

Philippe Cavillier écrit : « j'ai baillé quittance à M. le receveur pour 108 livres 16 sols : ils ne m'ont voulu payer que 32 sols la livre, par rapport aux deffauts. J'en dois faire un autre et reprendre celui-là (ceci est seulement de parole, du 5 février 1727). »

Archiv. Cavillier, Carrépuits : E, pp. 48, 56 et 71.

1755. — Pierre Gorlier, de Roisel : — « 1755, j'ai fondu la cloche de l'Hôtel-Dieu de Ham, avec le métal que j'ai fourny ; ils m'ont donné 79 livres 10 sols. »

Registre de Pierre Gorlier.

ATHIES. — *1727*. — Charles et Charles-Étienne Gorlier, père et fils, de Roisel : — « 1727, ils ont fondu la grosse cloche d'Athies ici [1], le 10 de décembre, pour 135 livres. »

Registre de Pierre Gorlier.

1744. — Trois cloches (refontes), par Philippe II et Philippe III Cavillier, père et fils, de Carrépuits, en société avec Charles-Étienne et Pierre Gorlier, de

---

[1]. À leur fonderie de Roisel.

Roisel, « pour la façon seulement, et non pour le métail. »

Marché passé le 26 octobre.

Les dites cloches, fondues à Athies le 6 décembre. — Poids de la grosse : 2500 livres environ.

Archiv. Cavillier, Carrépuits : G, pp. 175 à 177.

« Les trois cloches (écrit Pierre Gorlier) furent refondues, le 6 décembre 1744, par mes cousins de Carrépuits et feu mon père et moy, qui avoit alors 14 ans. Le métail a été depuis minuit jusqu'à neuf heures dans le fourneau ». — « 1744, ils ont ensemble fondu les trois cloches d'Athies, pour 320 livres (on leur a tout fourni, même le déchet), le 6 décembre. M⁺ de Gagny, curé. »

Registre de Pierre Gorlier.

BROUCHY. — *1685*. — Deux cloches, fondues par Nicolas II Cavillier, fondeur à Carrépuits, en société avec Charpentier, marchand de métal à Saint-Quentin ; — fonte, le 18 décembre.

Archiv. Cavillier, Carrépuits : A, p. 29.

1749. — Charles-Étienne et Pierre Gorlier, père et fils, de Roisel : — « 1749, nous avons fondu la moyenne cloche de Brouchy. »

Registre de Pierre Gorlier.

CROIX-MOLIGNAUX. — *1724*. — « Croix. » - Charles Gorlier, de Roisel : — « 1724, mon père-grand (écrit Pierre Gorlier) a fondu la grosse de Croix-Matigny : il est tombé d'accord le 5 de janvier ; il l'a fait pour 140 livres. (Suivent des observations sur le tracé) : « l'harmonie n'est pas bonne, selon moy » (ajoute Pierre Gorlier).

Registre de Pierre Gorlier.

1736. — « Croix-Matigny ». — Charles et Charles-Étienne Gorlier, père et fils, de Roisel : — « ils ont fondu la moyenne de Croix, à Roisel, et une des petites, avec les Cavilliers, 1736, et une pour Saint-Sauveur de Péronne. »

Registre de Pierre Gorlier.

1777. — Pierre Gorlier, de Roisel : — « la seconde de la petite sonnerie de Croix-Matigny », — coulée vraisemblablement le 1ᵉʳ octobre.

Registre de Pierre Gorlier.

1781. — Pierre Gorlier, de Roisel : — « j'ai fondu la grosse de la petite sonnerie de Croix-Matigny, avec celles de Saint-Amand [1]. »

Registre de Pierre Gorlier.

DEVISE. — *1752.* — [Charles-Étienne Gorlier et son fils] Pierre Gorlier, de Roisel : — « j'ai fondu la cloche de Devise (écrit Pierre Gorlier), pour 55 livres (Mʳ Prévost, du château, m'a payé seul), et 90 livres de métail augmenté » ; — « depuis j'en ai fondu trois, comme vous verrez. »

Registre de Pierre Gorlier.

1774. — Pierre Gorlier, de Roisel : — « vers le Carnaval, j'ai fondu une cloche pour Mœuvre..... la

---

1. Vraisemblablement *Neuville-Saint-Amand* (Aisne), ce qui donnerait pour la refonte des deux cloches de cette localité, la date *1781* plutôt que *1780*.

— 429 —

grosse de Comble.... et les trois cloches de Devise, où ils me devoient, après la fonte, 469 livres 16 sols. »

<small>Registre de Pierre Gorlier.</small>

CHATEAU. — *1779.* — Association Philippe III. Nicolas III et Louis-Florentin Cavillier : — trois petits timbres d'horloge, fondus à Carrépuits.

« Marché verbal » : — « en mars 1779, Monsr Huet, chanoine à Neelle, m'a donné ordre de fondre trois petits timbres, en accord de *sol, fa, ut,* pour servir à l'horloge du château de Monsieur de Devise, seigneur, près de Saint-Quentin », — en remplacement « d'un vieux timbre qu'il avoit, pesant 16 livres 1/2, à 16 onces » : — « le prix convenu entre nous est de 38 sols la livre de métal tout façonné, ou autrement le métal à 30 sols, et 8 sols par chacune livre, de façon. »

« Le 8me may 1779, nous avons fondu trois timbres pour Mr de Devise.... Le métal a été livré par moi (écrit Philippe Cavillier) ; il y a eu trois livres de métal de consumé en déchet, pour quoy Tintin me doit faire compte d'une livre pesant ; ... il aura le tiers de la façon seulement. » — « Ces trois timbres sont du poids de 52 livres 1/2 à 16 onces. » — « Le 18me may 1779, j'ai livré les trois timbres ci-dits à Monsieur Huet. »

<small>Archiv. Cavillier, Carrépuits : — reg. K, p. 54 ; — journal Q. p. 21 ; copie Berthelé, fol. 209.</small>

DOUILLY. — *1788.* — Pierre Gorlier, de Roisel : — « j'ai fondu, au mois de juin 1788, la grosse cloche de Douilly » : — « je l'ai fait, sans être d'accord, mais j'étois très assuré de la noblesse du cœur de Monsieur de Marolle de Forest ; il m'a payé le jour du Saint-Sacrement, même un louis de plus que [ce que] j'ai demandé : je n'osois le demander, vu qu'il a eu la bonté de me nourrir, et j'ai fondu dans sa basse cour » ; — « j'ai fait faire un beffroy, et de deux croix, j'en ai fait mettre une seule sur le clocher » ; — « la cloche pèse environ douze cents [livres] » ; — « payé à 5 sols la livre. »

Registre de Pierre Gorlier.

ENNEMAIN. — *1773*. — Pierre Gorlier, de Roisel : — « à la fin d'aoust 1773, j'ai fondu les trois cloches d'Ennemain, pour 250 livres, et 276 livres de métail d'augmentation » ; — « j'en ai fondu avec elles une petite de 91 livres. »

Registre de Pierre Gorlier.

CHAPELLE DE NOTRE-DAME-DES-JOIES. — *1700*. — Le 8 juillet, Nicolas II Cavillier, de Carrépuits, fait marché « avec Monsieur Devaux, curé de Puzeau, pour faire une petite cloche, pesant 35 livres, pour la chapelle de Nostre-Dame-des-Joyes, proche de Saint-Crist, ... moyennant la somme de 15 livres, pour tout livrer et fournir le déchet » ; — « le métail ... sera payé, à 20 sols, poids de Roye, ou [poids] de 16 onces, à 22 sols 6 deniers. »

Archiv. Cavillier, Carrépuits : A, p. 87.

EPPEVILLE. — *1700*. — Refonte de la petite cloche, par les Cavillier, de Carrépuits (Nicolas II, en société avec ses fils Philippe II et Jean).

. Marché passé le 21 septembre. — Fondue à Carrépuits le 22 octobre.

Archiv. Cavillier, Carrépuits : A. p. 114.

1724. — Refonte de la seconde cloche, pesant 600 livres environ, par Philippe II et Colin Cavillier.

Marché passé par Colin. — La dite cloche, fondue à Carrépuits ; — « livrée le 14 juin » : — elle « pèse 22 livres à 14 onces moins que l'ancienne : font 19 livres à 16 onces. »

Archiv. Cavillier, Carrépuits : E. p. 28.

1765. — Refonte, à Carrépuits, par les frères Philippe III et Florentin Cavillier, de la grosse cloche de la paroisse Saint-Martin d'Eppeville, qui avait été « gâtée par un fondeur de Lorraine. »

Marché passé par Florentin, « avec les sieurs prieur-curé, seigneur, marguillier, sindic et habitans », le 19 août ; — prix convenu : « la somme de 120 livres, payable avec autre [pour augmentation de métail], s'il y échet, par les mains du marguillier en charge, des deniers de la fabrique pour les deux tiers de la somme, et l'autre tiers, payable par les habitans, toujours par les mains du marguillier » ; — « le métail, au prix de 30 sols la livre de 16 onces. »

« Le 24me avril 1765, l'ancienne cloche d'Eppeville a été pesée à notre balance, en présence d'Antoine Bacquet, marguillier en charge : elle étoit du poids de 588 livres à 16 onces; plus, deux marbréaux de 8 livres. »

« Et le 28me may 1765, la cloche nouvelle fondue,

ainsi que les deux marbréaux, ont été pesés aussi en présence du dit marguillier ; dont la cloche pèse présentement la quantité de 632 livres et les marbréaux 10 livres, ce qui forme en total la quantité de 642 livres. Par conséquent, il y a 45 livres d'augmentation, non compris l'ancien anneau. qui étoit de 4 livres plus pesant que le neuf, ce qui fait un total de 49 livres de métal ; à 30 sols, fait la somme de 73 livres d'argent. »

« Les habitants et seigneur n'ont pas voulu tenir compte de cette augmentation. La cloche est restée chez nous assez longtemps. »

« Et à la fin (écrit Florentin), j'ay été à Eppeville, là où j'ai fait un arrangement avec le dit seigneur et habitans, moyennant la somme de 36 livres d'argent pour toute l'augmentation : a fallu perdre, pour ne pas refondre cette cloche. »

Philippe Cavillier écrit, de son côté : « Comme Florentin a fait un écrit de marché assez mal digéré, le seigneur et habitans du dit Eppeville n'ont point voulu payer cette augmentation [de 73 livres d'argent]. Et après bien du temps et beaucoup de raisons, Florentin a convenu avec eux qu'ils ne payeroient que 36 livres, pour tout l'augmentation de métal : ce qui nous fait perdre la somme de 37 livres 10 sols, plutôt que de la refondre pour avoir notre métal. Cette convention est en datte du 28me juillet 1765. Et après avoir attendu encore bien du temps, la dame du dit lieu a enfin envoyé ses qualités, avec celles de Mr Binet, que Florentin a gravées dessus la cloche : et l'a enfin ramenée au dit Eppeville le mardy 10me septembre 1765 ; la bénédiction s'étant faite sur le champ. La dame n'a rien voulu donner, sinon de graver les deux blazons du parain et maraine de cette cloche. Cette dame est d'un très mauvais aloi, ainsi que les habitans de ce lieu. » — « Paroisse du diable ! » (conclut Philippe Cavillier). — « Paroisse du diable ! mauvais aloi ! » (répète Florentin).

« Ils nous doivent en tout 156 livres, payables deux ans après la réception de la cloche, c'est-à-dire le 15me septembre 1767. » — Le 18 octobre 1767, Florentin Cavillier « donne deux reçus, l'un à la fabrique et l'autre aux paroissiens d'Eppeville, pour la somme de 156 livres, étant demeuré quitte. »

Archiv. Cavillier, Carrépuits : reg. J, pp. 57-58.
Reg. Florentin Cavillier, Solente, ms. orig., pp. 131-132 ; copie Berthelé, fol. 168 à 170.

ESMERY-HALLON. — *1689*. — Nicolas II Cavillier, fondeur à Carrépuits, « fait marché au village d'Émery, le 16 mars, ... pour fondre la petitte cloche, moyennant la somme de 54 livres » : — les paroissiens « me doivent fournir tous les matériaux nécessaires, au pied du fourneau » : — « le métail, qu'il sera employé, me sera payé à raison de 17 sols la livre » ; — « les façons et métail me sera payé, sçavoir 20 livres, après la fonte ; la moitié, d'un an après la dite fonte, et le reste de la dite somme, encore d'un an après, à pareil jour, qui sera 1691 » : — « en outre, je dois fondre six mabriaux, en me fournissant le métail et les déchets. »

« J'ay fondu la petitte cloche, avec les six marbriaux le dernier avril l'an courant. » — « J'ay fourni, avec mon frère [1], la quantité de 91 livres de métail. » — Somme totale, due aux fondeurs : 131

---

1. Charles Cavillier.

livres 7 sous. « sur quoy, receu .... pour nos despences la somme de 20 livres, [dont] j'ay baillé quittance, datée du 22 juillet l'an courant, au nom du curé et du marguillier.... »

Archiv. Cavillier, Carrépuits : A, p. 49.

1717. — Nous pensons ne pas nous tromper, en attribuant à Esmery-Hallon, une fonte sur place, — par Philippe II Cavillier, de Carrépuits, en société avec le lorrain [Charles] Procureur, — qui est mentionnée en ces termes par le dit Philippe Cavillier :

« Marché fait à Lihon, moyennant 50 livres, rien fournir ; à Émery, 75 livres, rien fournir ; payé comptant. »

« Fondu le 13 mai. » — « Receu 25 livres, et la quittance au dos de leur état de marché. Payé à l'hôtesse 10 livres .... Baillié la moitié à Procureur. » — — « Reste à payer 50 livres, à deux » : — « nous sommes payés. »

Nous croyons que le premier paiement « à l'hôtesse » se rapporte à une fonte sur place, faite exclusivement pour Esmery. Les fondeurs opérèrent ensuite *sur place à Lihons*, ainsi qu'en témoignent, d'une part, un acompte versé, le 4 juin, « à notre hôtesse de Lihons (.... elle en avoit besoin) » ; d'autre part, diverses grosses fournitures, faites aux dits fondeurs, pour la refonte d'une cloche du couvent de Lihons.

Archiv. Cavillier, Carrépuits : A, p. 212.

1729. — Refonte, par Philippe II Cavillier, de « la seconde des trois cloches », pesant 1000 livres environ.

Prix convenu : « 90 livres, pour fondre à Carrépuis, ou 80 livres. sur les lieux, pour ma façon, et chez nous je dois tout fournir, sauf le déchet de 5 livres au cent. » — Le marché, d'abord « écrit et non signé, ... fut signé le 29 juin 1728. »

« Receu l'état de marché et la cloche [à refondre], le 4 juillet 1729 » ; — « l'ancienne cloche m'a été fournie pesante 1025 livres à 14 onces. » — « J'ay rendu la neuve le 21 août 1729, étant augmentée de 63 livres à 14 onces : nous l'avons réduit à 16 onces, ce qui porte la quantité de 54 livres [de métal], à 30 sols la livre. » — Façon de Nicolas II Cavillier. — La dite cloche, en société avec Colin Cavillier ; « Colin a eu son tiers, et de la bénédiction, de même. »

Archiv. Cavillier, Carrépuits : G, p. 13.

1748. — Charles-Étienne Gorlier, de Roisel, « a fondu la grosse d'Émery, pour 110 livres » ; — « ils[1] ont payé le déchet et les droits aux fermes. »

Registre de Pierre Gorlier.

1787. — Philippe III et Nicolas III Cavillier, père et fils : — « le timbre de l'horloge, fondu à Carrépuis, ...[lequel] pèse environ 250 livres. »

Le dimanche 25 mars, « assemblée convoquée au prône de la messe paroissiale du dit jour, annoncée au son de la cloche en la manière accoutumée, composée du sieur curé, du sieur Vinchon, marguillier actuel, des anciens marguilliers, principaux habitans, et enfin du sieur Phillippe Cavillier, fondeur, demeurant à Carrépuy » ; — « l'objet de la

1. Les paroissiens.

ditte assemblée étant de donner un timbre à l'horloge de l'église d'Esmery-Hallon » ; — le dit Cavillier s'oblige « de fondre pour la paroisse du dit Esmery et faire un timbre, un peu plus évasé que la forme d'une cloche et moins haut, avec six anches [1] pour le suspendre et un anneau de fer de neuf lignes de grosseur à la culasse ; lequel sera du poids de 250 livres environ » ; — garantie : « un an, selon l'usage » ; — « le prix du dit timbre, à raison de 33 sols la livre pesant » ; — livrable « dans le courant du mois de mai prochain. »

Nicolas Cavillier écrit, d'autre part : — « le 25 mars 1787, marché conclu à Émery... pour leur livrer un timbre, en forme de cloche, pour servir à leur horloge de paroisse ou d'église » ; — « moyennant le prix de 33 sous de la livre tout façonné », — payable « des deniers de la fabrique » ;

« Et le 23 de novembre suivant, nous avons livré à un voiturier du dit Émery, envoyé par M' Plomion, curé, le dit timbre, lequel s'est trouvé du poids de 237 livres, poids de 16 onces ; ce qui forme la somme de 391 livres 1 sou, que la fabrique du dit Émery nous est devable. »

Le 21 mai 1788, quittance donnée à la dite fabrique pour la somme de 390 livres, « ayant perdu 21 sous. »

  Archiv. Cavillier, Carrépuits : — papiers divers, dossier *Esmery-Hallon ;* — reg. K, p. 158.

ESTOUILLY. — *1690.* — Nicolas II Cavillier, fondeur à Carrépuits, « fait marché avec Monsieur d'Estoully, pour fondre la grosse cloche de trois » ;

1. Anses.

— il « doibt tout fournir, même le déchet, moyennant le prix et somme de 45 livres, [payable] aussitôt la dite cloche reçue » ; — « l'escrit fait le 4 de juin. »

« Fondu le 7 dudit mois » [à Carrépuits, avec la cloche de Voyennes]. — « Il a esté diminué, pour trois livres et demie de métail, que la cloche s'est trouvée moins peser, 60 sols. » — « Tout payé par le dit Monsieur. »

<small>Archiv. Cavillier, Carrépuits : A, p. 55.</small>

1754-1755. — « Étouilly, près de Ham. » — Refonte de la grosse cloche, par les frères Philippe III et Florentin Cavillier.

Marché écrit, passé par Florentin le 30 novembre 1754 ; — prix convenu pour la façon : 45 livres. — Lieu de la fonte : Carrépuits.

Coulée, le 25 ou le 26 avril 1755, vraisemblablement en même temps que la sonnerie de la paroisse Saint-Remy d'Amiens et la grosse cloche de Fresnières (Oise) ; — poids de la nouvelle cloche : 205 livres ; « la cloche fondue est augmentée de 12 livres. »

<small>Archiv. Cavillier, Carrépuits : I, p. 159. — Reg. Florentin, Solente, ms. orig., p. 8 ; copie Berthelé, fol. 10-11.</small>

1780. — Pierre Gorlier, de Roisel : — « la petite d'Estouilly », fondue en même temps que les trois cloches de Savy (Aisne) ; — lieu de la fonte : vraisemblablement Savy.

<small>Registre de Pierre Gorlier.</small>

MATIGNY. — *1727.* — Charles et Charles-Étienne

Gorlier, père et fils, de Roisel : — « 1727, ils ont fondu la petite de Matigny, pour 70 livres. »

Registre de Pierre Gorlier.

MONCHY-LAGACHE. — *1714*. — Charles Gorlier, de Roisel : — « 1714, il a fondu les trois cloches de Monchy-Lagache. »

Registre de Pierre Gorlier.

1722. — Charles Gorlier et son fils Charles-Étienne, de Roisel : « 1722, mon père-grand et mon père (écrit Pierre Gorlier) ont fondu la grosse cloche de Monchy-Lagache, pour 100 livres. »

Registre de Pierre Gorlier.

1768. — Pierre Gorlier, de Roisel, refond « la petite de Monchy-Lagache. »

Registre de Pierre Gorlier.

1777. — Refonte de la seconde cloche, par Pierre Gorlier, de Roisel : — « j'ai fondu, 1777, le 2 janvier, la seconde cloche de Monchy-Lagache, pour 100 livres » : — « le métail a été pezé avant la fonte, ainsi que la cloche, pour pouvoir constater le déchet du total, à cause que celle de Gouzaucourt [1] a été fondue avec elle » : — « la cloche [ancienne] de Monchy pesait 1429 3/4 » ; — « j'ai mis au fourneau un lingot de 306 livres, et quatre mabréaux et des petits lingots », pesant ensemble 50 livres : « avec 306 livres, fait 356 livres » ; — « après la

---

1. *Gouzeaucourt*, Nord, arr. de Cambrai.

fonte, nous avons retiré, tant en lingots qu'en cornes, qui sont les droits du garçon.... 184 livres 1/2 ; pesé en présence de M^r le curé de Moilins » ; — « partant il m'est dû tant en déchet qu'en augmentation, la quantité de 171 livres 1/2 de métail. sinon que la cloche de Gouzaucourt payera sa part de déchet, en décomptant ce qu'elle pèze de moins ;... celle de Gouzaucourt rend six livres à Monchy, vu qu'elle a été diminuée ; [par conséquent, pour] la cloche de Monchy après être fondue, il m'est donc redû 165 livres 1/2 de métail, tant en déchet qu'en augmentation ; le tout, y compris même les mabréaux, à raison de trente sols la livre, fait 248 livres 5 sols ; y joignant la façon, de 100 livres, [le] total [est] : 348 livres 5 sols... » ; — « bien fondue, bon métail. »

Registre de Pierre Gorlier.

MUILLE-VILLETTE. — *1730-1731*. — Philippe II Cavillier fournit pour cette paroisse. vraisemblablement en décembre 1730, « une petite cloche, pesante 24 livres à 16 onces. » — Cette clochette ayant cassé vers le 1er janvier, le curé Évrard décida d'en faire faire une neuve, un peu plus forte. — « La clochette neuve pèse 31 livres. »

Archiv. Cavillier, Carrépuits : G, p. 27 *bis*.

1739. — Refonte de la grosse cloche, par les Philippe Cavillier, père et fils, de Carrépuits.

Marché passé par Philippe III. — La dite cloche, livrée le 20 mars : — poids : 204 livres.

Archiv. Cavillier, Carrépuits : G, p. 104.

OFFOY. — *1778*. — Association Philippe III, Nicolas III et Louis-Florentin Cavillier : — « les trois cloches, fondues à Carrépuis,... étant du poids de 1600 livres environ » (trois refontes).

« Le 16me aoust 1778 (écrit le dit Philippe Cavillier), j'ai passé écrit de marché avec les sieurs prieur-curé, marguillier et habitans de la paroisse de Saint-Léger d'Offoy, pour refondre les trois cloches de leur paroisse..., [dont] la grosse... se trouvoit être cassée[1] » ; — paiement « des deniers de la fabrique. »

« Écrit du marché, en datte du 6me septembre 78, pour la fonte des trois cloches[2] » : — « Nous... prieur-curé, marguillier en charge et principaux habitans de notre paroisse d'Offoy, assemblés au son de la cloche à l'issue de la messe paroissiale; après le rapport qui nous a été fait d'une visite exacte faite aux trois cloches de notre église, dans laquelle visite on a reconnu que les cloches étant faites dans l'ancien goût, elles se trouvoient plus épaisses en haut qu'en bas et que [cette] ancienne méthode préjudicioit tant à leur harmonie qu'à leur solidité, et qu'en outre les deux plus petites dépérissoient de vétusté et étoient à la veille de se casser; ...[c'est] pourquoi, pour éviter les frais particuliers qu'occasionne toujours la refonte d'une seule cloche, et aussi pour profiter de l'offre avantageuse que le sieur fondeur nous fait, ... nous avons jugé néces-

---

1. « Le 9me juin [1777], écrit Philippe Cavillier, au voyage d'Offoy, pour leur grosse cloche cassée, j'ai dépensé 9 s. 6 d., étant à cheval ». (Journal P).
2. « Extrait,... conforme à la minute » [du 6 septembre 1778]. « signé, ce 9 février 1779, [par] Fallon, prieur-curé d'Offoy ».

saire, pour le plus grand avantage de notre église, de faire refondre nos trois cloches par le sieur Philippe Cavillier, fondeur des cloches, demeurant à Carrépuis » ; — « il refondra les trois cloches en ton plein et d'accord l'une avec l'autre » ; — lieu de la fonte : Carrépuits ; — prix convenu : 1° pour la refonte de la grosse cloche, « la somme de 20 livres par cent pesant » ; 2° « pour la refonte des deux autres cloches, le sieur fondeur veut bien se contenter d'une somme pareille à celle que coûtera la refonte de la grosse seule. »

Le 16 décembre, les trois anciennes cloches sont pesées à Carrépuits, « en présence de Mr Pierre Boinet, marguillier en charge. » La grosse pèse 683 livres ; la seconde, 481 livres, et la petite, 375 livres ; total 1539 livres.

« Le jeudi 17me décembre 1778, nous avons fait la fonte des cloches d'Offoy, Leschelle, Fayel, Reucourt, Roollot et Coivrel, et plusieurs marbréaux. En laquelle fonte, nous y avons mis la quantité de 4414 livres de métal, et après la fonte, nous n'en avons retiré que celle de 4234, d'où il paroit qu'il y a eu la quantité de 180 livres de métal de perdu et de consommé en déchet [1]... (Tintin doit fournir son tiers de ce dit déchet... Il a sa part des escories chez lui). »

Le 18 janvier 1779, les trois cloches nouvelles fondues sont pesées en présence du dit Boinet. La grosse pèse 738 livres ; la seconde, 532 livres, et la petite, 383 livres ; total : 1653 livres, soit « une augmentation, aux cloches neuves, de 114 livres de

[1]. Ce qui fait, comme déchet, un peu plus de 4 *pour cent*.

métal. » — Les dites cloches, mises au clocher le 9 février suivant.

> Archiv. Cavillier, Carrépuits : — papiers divers, dossier *Offoy;* — reg. K, pp. 85-86 ; — journal Q, pp. 21, 30, etc. ; copie Berthelé, fol. 208, 223, etc. : — cf. journal P, p. 108 ; copie Berthelé, fol. 183.

QUIVIÈRES. — *1727.* — Charles et Charles-Étienne Gorlier, père et fils, de Roisel : — « le 23 décembre 1727, ils ont fondu la moyenne cloche de Quiviers », (aliàs « Quivierre »), pour « 60 livres ; ils ont fourni 167 livres de métal à 26 s. »

> Registre de Pierre Gorlier.

1768. — Pierre Gorlier, de Roisel, refond « la petite de Quivierre. »

> Registre de Pierre Gorlier.

SANCOURT. — *1687.* — Nicolas II Cavillier, fondeur de Carrépuits, « fait marché au village de Sancourt, le 24 juin 1687, pour fondre la petite des trois cloches, moyennant la somme de 58 livres pour les façon et fournitures » ; — « et le déchet de la dite cloche sera payé quatre livres pour chaque cent, à raison comme il se vend chez les marchands. »

La dite cloche, « fondue le 23 octobre » ; — « elle s'est trouvée plus pesante que la vieille de 20 livres de métal. »

> Archiv. Cavillier, Carrépuits : A, pp. 41-42.

1702. — Nicolas II Cavillier, de Carrépuits, fait marché « au village de Sancourt pour fondre la grosse cloche et la rendre d'accord avec la moyenne » ; — prix convenu : « 40 escus ou 120 livres, et cent sols au vin » ; — « la fondre à Carrépuis » : — « j'ai un escrit, datté du dernier apvril » ; — « je dois tout fournir, même le déchet. »

« Fondu le 30 et livré le 31 de mai. » — A la refonte, la dite cloche est augmentée de « la quantité de 68 livres de métail et un 1/4, à 21 sols [la livre]. »

Archiv. Cavillier, Carrépuits : A, p. 122.

TERTRY. — *1685.* — Deux cloches, fondues par Nicolas II Cavillier, fondeur à Carrépuits, en société avec Charpentier, marchand de métal à Saint-Quentin.

Archiv. Cavillier, Carrépuits : A, p. 29.

1718. — Charles Gorlier, de Roisel : — « 1718, il a fondu trois cloches pour Tertry. »

Registre de Pierre Gorlier.

1761 (?). — Pierre Gorlier, de Roisel : — « j'ai fondu la grosse de Tertry : ils me devoient 700 livres pour six ans de crédit. »

Registre de Pierre Gorlier.

1763. — Le même Pierre Gorlier écrit un peu plus loin : — « 1763, j'ai refondu la grosse de Tertry, à mes dépens : elle n'étoit pas accordante, elle étoit trop basse » ; — « je l'ai faite avec la petite de Pontrue » (Aisne).

Registre de Pierre Gorlier.

UGNY-L'ÉQUIPÉE. — *1705.* — Charles Gorlier, de Roisel : — « 1705, il a fondu une cloche pour Uniléquippé. »

Registre de Pierre Gorlier.

1732. — Charles et Charles-Étienne Gorlier, père et fils, de Roisel : — « 1732, ils ont fondu la cloche d'Ugni-Léquippé, pour 60 livres. »

<small>Registre de Pierre Gorlier.</small>

1741. — Charles-Étienne Gorlier, de Roisel : — « 1741, il a fondu la petite d'Ugni-Léquippé, pour 75 livres. »

<small>Registre de Pierre Gorlier.</small>

1753 (?). — Charles-Étienne Gorlier, de Roisel, « a fait le marché d'Ugny-Léquippé pour fondre la grosse », — la dite cloche vraisemblablement fondue en société avec Pierre Gorlier.

<small>Registre de Pierre Gorlier.</small>

VILLECOURT. — *1768.* — Pierre Gorlier, de Roisel : — « la grosse de Villecourt fut refondue neuve ; ils m'ont payé 463 livres 15 sols. »

<small>Registre de Pierre Gorlier.</small>

Canton de Nesle [1].

NESLE. — **Église collégiale Notre-Dame.** — *1721.* — Philippe II Cavillier, de Carrépuits, « fait accord avec M[r] [le chanoine] De La Mare, député du chapitre de Neelle, par écrit fait le 3 octobre 1721, pour fondre la seconde et la septième cloches », pe-

---

1. M. Duhamel-Decéjean, dans sa notice sur *les Cloches et le Clocher de l'église de Nesle*, a donné quelques indications sommaires relativement aux cloches fondues par les Cavillier pour les églises de Nesle et des environs (pp. 13-14).

sant les deux ensemble, environ 1200 livres ; — la dite refonte, en société avec Nicolas Cavillier, dit Colin.

« Fondu [à Nesle] le 25 octobre. » — Ces deux cloches paraissent avoir été montées le 29 du dit mois.

Archiv. Cavillier, Carrépuits : D, pp. 19-20.

1735-1736. — Le 18 août 1735. Philippe II Cavillier, de Carrépuits, passe marché pour la refonte de la sixième cloche. — La dite cloche, fondue avant le 17 février 1736 ; — poids : 270 livres environ.

Archiv. Cavillier, Carrépuits : G, p. 92.

1743. — Philippe II et Philippe III Cavillier, père et fils, de Carrépuits : — refonte de trois cloches : — 1° le *mi* des grosses, dont les sonneurs veulent faire un *fa* ; — 2° « la grosse de Saint-Léonard » ; — 3° « la plus grosse » ; — notes : *fa, ré, ut*.

Marchés passés par Philippe II, le 5 et le 11 septembre. — Les dites cloches, fondues à Carrépuits avant le 6 novembre ; — poids : 639, 584 et 337 livres.

Archiv. Cavillier, Carrépuits : G, pp. 166-167.

La plus grosse des trois cloches fondues en 1743, *Urbana, quatuor sororum prima et maxima*, a survécu à la Révolution. Elle est devenue, depuis 1820, la seconde de la sonnerie. Son inscription a été publiée en 1901 par M. Duhamel-Decéjean, avec commentaires historiques et iconographiques.

Cette inscription relate que la cloche en question, — ainsi que la petite, nommée *Claudie*, — avait été refondue aux frais du chanoine Urbain Duhamel : *Magister Urbanus Duhamel, Nigellanus, hujus collegialis ecclesiæ Beatæ Mariæ Nigellensis canonicus sacerdos, quem, cum domina Claudia Germain, susceptorem habui, vir sinceræ pietatis, me et quartam sororem meam Claudiam, in spem beatæ immortalitatis, suis sumptibus refundi curavit.*

La cloche *Urbaine* est ornée de « deux médaillons » : — « le premier est le sceau du Chapitre de Nesle ;..... le second médaillon est la marque du fondeur des cloches. »

Duhamel-Decéjean, *les Cloches et le Clocher de l'église de Nesle* (Péronne, typ. Quentin, 1901, in-8°), pp. 20 à 22.

1745-1747. — Association Philippe II Cavillier et et ses fils Philippe III et Florentin : — « reffondre une petite cloche cassée et la rendre accordante avec les sept autres de leur clocher. »

La dite cloche, fondue à Carrépuits le 4 ou le 5 octobre 1745 ; — poids : 154 livres à 14 onces.

Refondue (par les mêmes fondeurs) « à raison qu'elle a le son trop aigu de trois quarts de ton. » — « Le 17 juillet 1747, livré la cloche nouvelle reffondue à Neelle, pesante 159 livres à 14 onces. »

Archiv. Cavillier, Carrépuits : H. p. 5.

1770. — Refonte de la « seconde grosse » à Carrépuits, par Philippe III Cavillier, en société avec son neveu Louis-Florentin.

« Le 15me juillet 1770, j'ai passé écrit de marché avec Mr Florent Guérin, chanoine et receveur [des biens et revenus] de la fabrique de Notre-Dame de Neelle, pour refondre le *ré* ou la seconde grosse cloche de cette église collégiale[1] ; » — prix convenu : 240 livres ; — le métal en plus ou en moins, à 28 sous la livre de 16 onces.

Inscription consignée à la suite du marché, sous la signature du dit « Florent Guérin, receveur de la fabrique » : — « *J'ai été fondue à Carépuits au mois d'août 1770, bénite et nommée Marie-Louise.* »

« Et le 28me juillet 1770, Monsieur Guérin, chanoine et fabricier de l'église collégiale de Neelle, s'est rendu à Carrépuis, et avec mon neveu, ont pesé la cloche cassée ; elle étoit du poids de 718 livres, poids de 16 onces. »

Fondue vraisemblablement dans la première huitaine de septembre, en même temps que la petite de la paroisse Saint-Nicolas du dit Nesle et la petite de Fescamps (Somme) : — le 8 septembre, Philippe Cavillier paie « 36 sols à Benoit Desrues, pour avoir travaillé trois jours à la fonte des cloches de Neelle, Fescamps et autres. »

« Et le onzième septembre suivant, la cloche nouvellement fondue a été aussi pesée en présence du dit Monsieur Guérin : elle se trouve présentement être du poids de 856 livres ; par conséquent, il se trouve une augmentation de 138 livres de métal. » — « Cette cloche est bonne. »

« De plus, Messieurs du Chapitre doivent nous faire compte de 20 livres, pour le mouton de la clo-

---

[1]. « Fondre la seconde cloche de la ditte église ; luy donner le ton propre entre celle qui la précède et celle qui la suit ;..... la mettre en état de sonner harmonieusement entre ses deux compagnes ». (Marché du 15 juillet 1770).

che du feu, pour lequel je me suis chargé de payer M. Massoul, charon au dit Neelle. »

> Archiv. Cavillier, Carrépuits : — reg. J, pp. 169-170 ; — papiers divers, dossier *Nesle* ; — journal O, p. 54 ; copie Berthelé, fol. 62.

Église Saint-Jacques. — *1751-1752.* — Refonte des deux cloches, par l'association Philippe II Cavillier et ses fils Philippe III et Florentin.

Marché passé par Philippe II, le 1ᵉʳ décembre 1751. — Les dites deux cloches, fondues à Carrépuits ; — livrées le 21 janvier 1752 ; — poids des deux : 435 livres environ.

> Archiv. Cavillier, Carrépuits : H, p. 60 et I, p. 90.

1782. — Refonte de la petite cloche, par Louis-Florentin Cavillier, de Carrépuits. — Poids de l'ancienne, « pesée le 13 janvier 1782, en présence de M. Coquin, marguillier » : 151 livres. — Poids de la nouvelle : 174 livres (?).

> Reg. Florentin Cavillier, Solente, ms. orig., 3ᵉ partie, p. 8 ; copie Berthelé, fol. 233.

Église Saint-Pierre. — *1721.* — Philippe II Cavillier, de Carrépuits, « passe écrit avec Mᵐ les curé et marguilliers, de Saint-Pierre de Neelle pour fondre la grosse des trois petites cloches », pesant 200 livres environ ; — fonte d'une cloche neuve, en remplacement d'une ancienne ; — la dite cloche neuve vraisemblablement fondue à Nesle, en même temps que les deux de l'église Notre-Dame ; — « fourny [le 28 novembre ?] une cloche pesant 16 livres plus que l'ancienne » ; [la dite ancienne reprise ultérieurement] ; — en société avec Nicolas Cavillier (dit Colin).

Archiv. Cavillier, Carrépuits : D, p. 22.

1740. — Association Philippe II et Philippe III Cavillier, père et fils, de Carrépuits : — refonte de la grosse cloche.

Marché passé par Philippe II. — La dite cloche, fondue le 4 mai (?) ; — poids : 838 livres (?).

Archiv. Cavillier, Carrépuits : G, p. 126.

Église du faubourg Saint-Léonard. — *1696.* — Refonte de la grosse cloche [à Carrépuits], par l'association Nicolas II, Philippe II et Charles Cavillier.

« J'ai fait marché au faubourg Saint-Liennar de Neelle (écrit Nicolas Cavillier), pour fondre la grosse cloche, moyennant la somme de 92 livres, pour les façons, déchet et fournitures » ; — en outre, « je refondrai une paire de mabriaux et donnerai les les façons d'une clochette » ; — « le métail sera payé à 20 sols la livre » ; — « il n'y a pas d'escrit fait [pour ce marché], sinon de parole. »

« Fondu la dite cloche le 18 de juin l'an courant, et livré le 19. »

Archiv. Cavillier, Carrépuits : A, p. 92.

1743. — Nous avons vu plus haut, à propos de la sonnerie de l'église collégiale Notre-Dame de Nesle, que « la grosse de Saint-Léonard » fut refondue en 1743 par Philippe II et Philippe III Cavillier.

Archiv. Cavillier, Carrépuits : G, pp. 166-167 [1].

---

1. Cf. ci-dessus, p. 445.

1769. — Philippe III et Florentin Cavillier, de Carrépuits : — refonte de la petite cloche.

« Le 29 may 1769, le marché de la petite cloche de Saint-Léonard de Nesle a été fait chez nous, M' Leroy, curé de cette paroisse, y étant..... Nous sommes convenus de la faire, moyennant le prix et somme de 80 livres, payable par la fabrique et par les mains du dit M' Leroy, curé, attendu qu'il s'en est chargé, comme pouvoir à lui donné par acte de délibération de ses paroissiens ». — Le dit curé « a récrit sur les traités, voulant nous obliger à refondre une paire de marbréaux par le même marché ; c'est à quoy nous n'avons point consenti, puisque nous n'avons point signé les écrits. »

« L'ancienne cloche nous a été livrée, pesante 410 livres au poids de M' Navet, de Nesle ; et les deux anciens marbréaux étoient du poids de 10 livres ; en total, 420 livres de métal, poids de 16 onces. »

« La cloche fut fondue le 12me jour de juillet 1769. » — « Cette cloche est très bien fondue, et douce en ton. »

« Et le 31me jour du dit juillet, la cloche fut repesée au dit Nesle, étant présentement du poids de 392 livres 1/2, et les deux marbréaux, de 13 livres ; ce qui forme, en total, la quantité de 405 livres 1/2 ; par conséquent, la cloche et marbréaux sont diminués de 14 livres 1/2 de métal, qui, à raison de 30 sols la livre, fait la somme de 21 livres 15 sols à diminuer du prix convenu ; par conséquent, ils ne doivent que la somme de 58 livres 5 sols pour la fonte de cette cloche : de plus, doivent 6 livres 10 sols pour la façon des deux marbréaux ; la somme totale est de 64 livres 15 sols, à nous deux Florentin. »

« Le 22ᵉ janvier 1770, Monsʳ Leroy, curé, m'a payé la somme de 58 livres 5 sols, pour la fonte de la cloche seulement, n'ayant point voulu payer pour les marbréaux » ; — « l'argent a été partagé, moitié à moy, et l'autre moitié à la bourse de la famille de feu Florentin. »

<small>Archiv. Cavillier, Carrépuits : J, p. 143.</small>

Église du faubourg Saint-Nicolas. — *1770*. —

Refonte, à Carrépuits, par Philippe III Cavillier, en société avec son neveu Louis-Florentin, de la petite cloche de « la paroisse Saint-Nicolas, faubourg de Neelle. »

Marché passé par le dit Philippe Cavillier, avec les « prêtre desservant..., marguillier en charge et habitans de la dite paroisse,... le 22 juillet, dans une assemblée convoquée au prône en la manière ordinaire et tenue à l'issue de la grande messe paroissiale ; » — raccord avec la grosse, « en ton plein » ; — prix convenu pour la façon : 75 livres.

Poids de l'ancienne cloche, pesée le 31 août : 241 livres. — « Et le 11 septembre suivant, la cloche neuve a été pesée en présence de Monsʳ Guérin, chanoine au dit Neelle : cette cloche pèse 9 livres plus que l'ancienne, » soit 250 livres, le tout poids de 16 onces. — Part respective des deux associés, dans la recette : à Philippe Cavillier, deux tiers, et à « Tintin », un tiers.

<small>Archiv. Cavillier, Carrépuits : — reg. J, p. 160 ; — papiers divers, dossier *Nesle*.</small>

Hôtel de Ville. — *1713*. —

Philippe II et Jean Cavillier frères, de Carrépuits, fournissent « une cloche à Mʳ Cathoire, de Neelle, pour l'hôtel de ville du dit lieu, pesante 64 livres. »

« Ils nous en ont rendu une, pesante 13 livres 1/2 » ; — « porte 50 livres 10 sols [de métal], joint avec 15 livres de façon, total : 65 livres 10 sols. »

Archiv. Cavillier, Carrépuits : A, p. 163.

Hôtel-Dieu. — *1752.* — Philippe II Cavillier, de Carrépuits, et ses fils Philippe III et Florentin : — un mortier, pesant 144 livres, — livré le 21 janvier, par la voiture des cloches de Saint-Jacques.

Archiv. Cavillier, Carrépuits : H, p. 60.

1774-1775. — Philippe III Cavillier, en société avec son fils Nicolas III et son neveu Louis-Florentin : — « les trois timbres, [lesquels] pèsent 252 livres 3/4, fondus à Carrépuis en l'année 1775. »

Le 2 novembre 1774, les administrateurs passent marché avec Philippe Cavillier : — « fondre pour le dit hôtel-Dieu... trois timbres, en forme de cloche percée par le haut, pour être suspendues par un boulon de fer, à l'effet de servir à l'horloge », que les dits administrateurs doivent faire faire ; « lesquelles trois cloches seront du poids de 200 à 230 livres ; deux desquelles cloches donneront les tons *fa*, *my*, et la troisième, l'*ut* en descendant » ; — prix convenu : « 36 sols la livre pesant, y compris la façon et transport. »

Les dits timbres, fondus le 3 mai.

« Le 9me may 1775 (écrit Philippe Cavillier), j'ai fait rendre les trois timbres en la maison de

M' Lefebvre, marchand [1], et les ayant pesés à sa balance, le gros se trouve être du poids de 131 livres ; le second, de celui de 65 livres 3/4, et le petit, de celui de 56 ; ce qui forme un total de 252 livres 3/4, qui, à raison de 36 sols la livre, fait la somme de 454 livres 19 sols » ; — « et de cette somme (continue Philippe Cavillier), il m'en appartient celle de 404 livres 8 sols, à raison que la totalité du métail a été livrée par moi seul, et le tiers de la façon ; Nicolas ne touchera que la somme de 25 l. 5 s. 6 d., à cause qu'il n'y est que pour le tiers de la façon ; et Tintin ne touchera que comme Nicolas, la somme de 25 l. 5 s. 6 d., à raison qu'il n'a livré aucun métail, non plus que Nicolas. »

Le 18 août, « règlement des timbres [2]...

Réception des dits timbres, le 2 septembre [3].

Paiement total, le 22 octobre.

Archiv. Cavillier, Carrépuits : — papiers divers, dossier *Nesle* ; — reg. K, p. 19 ; — journal P, pp. 71-72 et 78 ; copie Berthelé, fol. 151 et 155-156.

Sœurs de la Croix. — *1769.* — Philippe III et Florentin Cavillier, de Carrépuits. — « Le 7 octobre 1769 (écrit Philippe), j'ai convenu de prix avec les Sœurs de la Croix de Neelle, pour leur livrer une petite cloche, à raison qu'elles n'en ont point » ; —

1. « Le 9me may 1775, (écrit, d'autre part, Philippe Cavillier), j'ai été à Neelle livrer les trois timbres de l'Hôtel-Dieu de cette ville... J'ai dépensé, avec mon cheval et en eau-de-vie, 7 sols... » (Journal P).
2. « Le 18me aoust, j'ai été à Neelle pour le règlement des timbres de l'Hôtel-Dieu. J'ai dépensé 12 sols, avec mon cheval ». (Journal P).
3. « Le 2me septembre, j'ai été à Neelle pour la réception des timbres de l'Hôtel-Dieu. J'ai dépensé 12 sols,... moy et mon cheval » (Journal P).

« elles la demandent de 80 livres de poids, ou environ. »

« Le 26™° octobre 1769, j'ai livré cette cloche à un exprès envoyé de leur part, laquelle est du poids de 94 livres 1/2. »

Archiv. Cavillier, Carrépuits : J, p. 110.

~~~ — *1768.* — Philippe III et Florentin Cavillier, de Carrépuits. — « Le 5 juin 1768, Monsieur Nevers, marchand ferblantier à Nesle, a envoyé un exprès pour enlever de chez nous huit marbréaux de puits[1], lesquels nous avons fondus par son ordre ; les huit ensemble sont du poids de 57 livres 1/2, poids de 16 onces » ; — « le prix de la façon est de dix sols par chacune livre » ; — « de plus, nous avons livré 17 livres et 1/2 de cuivre pour cette fonte, que je passe à 20 sols la livre..., le restant du cuivre ayant été livré par le dit Nevers : il en avoit 53 livres, ayant eu 13 livres de déchet à cette mitraille, laquelle étoit très chétif. »

<div style="text-align:center">Archiv. Cavillier, Carrépuits : J. p. 374.</div>

CIZANCOURT. — *1770.* — Pierre Gorlier, de Roisel : — « le 25 février 1770, j'ai fondu les quatre cloches de Cizencourt, pour 150 livres. »

<div style="text-align:center">Registre de Pierre Gorlier.</div>

ÉPÉNANCOURT. — *1768.* — Pierre Gorlier, de Roisel, refond « la grosse d'Epenancourt. »

<div style="text-align:center">Registre de Pierre Gorlier.</div>

FALVY. — *1708.* — Philippe II Cavillier, de Carrépuits, passe marché, le 8 juin, « pour fondre deux

---

1. Ms. : *marbreaux de puy.*

cloches, l'une pesant 1800 livres et l'autre 250 livres » ;
— fonte sur place : — le fondeur « doit fournir les menus matériaux, excepté le bois, les briques et la terre, que l'église fournira. »

« Fondu le 22 juillet ». — « Auparavant la fonte, j'ai fourni la quantité de 247 livres de métal, au poids de Neelle ; ils m'en ont rendu 282 livres au même poids, et partant je dois 35 livres de métal ; réduit au poids de 16 onces, fait 30 livres 10 sols » ; — « de plus, j'ai acheté les cendres, cent sols. » — Quittances données par Jean Cavillier.

Archiv. Cavillier, Carrépuits : A, p. 145.

1733-1734. — Refonte de la grosse des deux petites cloches, par Philippe II et Colin Cavillier, de Carrépuits ; — la dite cloche, fondue avant le 12 janvier 1734 ; — poids : « 425 livres, ou 378 livres 8 onces, à 16 onces. »

Archiv. Cavillier, Carrépuits : G, p. 54.

1754. — Pierre Gorlier, de Roisel : — « j'ai fait marché à Falvi, le 2 feuvrier 1754, pour fondre la grosse pesante 4.000 pour 20 pistoles » ; — « on me fournissoit tout, même le déchet » ; — « fondu sur le lieu. »

Registre de Pierre Gorlier.

1779. — Pierre Gorlier, de Roisel, a « fondu la seconde de Falvy. »

Registre de Pierre Gorlier.

1780 ou 1781. — Pierre Gorlier (et fils), de Roisel ; — « la seconde de Falvy fut refondue à mes dépens » : — « l'on nous a tout fourni » ; — « erchuez un misson »[1].

<small>Registre de Pierre Gorlier.</small>

HOMBLEUX. — *1719*. — Association Charles Gorlier, de Roisel, et Philippe II Cavillier, de Carrépuits. — Ch. Gorlier avait tout d'abord « fait accord à Hombleux pour fondre deux cloches, la grosse et la petite. et laisser les moyennes au clocher », le dit marché « moyennant 210 livres, à moitié », et les paroissiens étant « généralement obligés de tout fournir » ; — Ph. Cavillier refit « un autre marché, moyennant 320 livres, pour en fondre quatre accordantes ; la grosse, de 13 ou 1400 livres. »

Lieu de la fonte : Hombleux. où les dits Gorlier et Cavillier fondirent aussi pour Libermont, Saint-Christ, etc. ; — payé au cabaretier « 66 livres, pour toutes dépenses faites [pend]ant l'ouvrage [de Hombleux] et pendant celle de Libermont, [de Pithon] et de Saint-Christ. »

Le 31 août 1719, « règlement final... [entre Philippe II Cavillier et son] cousin Gorlier, pour toutes les ouvrages faites à Hombleux. »

<small>Archiv. Cavillier, Carrépuits : C, pp. 10 et 11.</small>

1723 (?). — « Une clochette, pesant 27 livres, et une petite de [une] livre et 1/2 », fondues à Carrépuits, par Philippe II Cavillier ; — « le 6 avril, j'ai réglé avec Mr le Doyen. ;... le même jour,

---

[1]. Termes de l'argot des anciens fondeurs de cloches, signifiant vraisemblablement : *gâté un peu.* — « Gâtté : *ressué* ». (Glossaire de Nicolas III Cavillier, art. 212) : — « petit: *misson* » (ibid., art. 444).

j'ai demandé 100 livres pour fondre le carillon entier. »

Archiv. Cavillier, Carrépuits : E, p. 16.

1726. — Le 26 septembre, Philippe II Cavillier, de Carrépuits, « fait marché avec M. le Doyen d'Hombleux pour fondre 8 clochettes... et un timbre.... »

Poids total des 8 anciennes clochettes livrées au fondeur : 120 livres ; — le 31 octobre, le fondeur fournit 8 clochettes pesant ensemble 132 livres.

Le 6 novembre, il livre un timbre pesant 112 livres ; — poids de l'ancien timbre, repris par le dit fondeur le 19 mars 1727 : 64 livres 1/2.

Archiv. Cavillier, Carrépuits : E, p. 51.

1737. — Charles et Charles-Étienne Gorlier père et fils, de Roisel : — « ils ont fondu, le 12 juin 1737, la grosse de Hombleux, pour 120 livres ; elle fut fondue à Roisel ; on a pesé la mise de métail avant et après [la fonte]. »

Registre de Pierre Gorlier.

LANGUEVOISIN. — *1735.* — Refonte de la grosse cloche de « Landevoisin », par Philippe II Cavillier, de Carrépuits, et son fils Philippe III.

Marché passé par Philippe III le 24 février. — La dite cloche, fondue avant le 27 avril : — poids : 342 livres à 14 onces.

Archiv. Cavillier, Carrépuits : G. p. 88.

MARCHÉ-LE-POT. — *1701.* — Refonte de trois cloches, sur place, par les Cavillier, de Carrépuits

(Nicolas II, en société avec ses fils Philippe II et Jean).

Marché passé par Nicolas, le 23 février, « pour les rendre fondues trois semaines après Pasques » ; — « l'église doit tout fournir les matériaux et déchet, et moy Nicolas Cavillier je dois fournir le métail, un mille ou 1200, pour faire les cloches plus grosses.... le dit métail. au poids de 16 onces, à 21 sols la livre » ; — « pour les façons : 160 livres. »

Paiement d'un acompte de 400 livres sur le prix du métal, le 31 mai. — « J'ai livré au curé et marguillier la quantité de 1021 livres de métail et 231 livres d'estain fin, poids de Roye, le 14 juin ».

« Moy Nicolas Cavillier et Philippe et Jean Cavillier, avons fondu le dix-sept de juin. »

Archiv. Cavillier, Carrépuits : A. p. 115-116.

1757. — Refonte des trois cloches, pesant ensemble 4.200 livres environ, **par les frères Philippe III et Florentin Cavillier, de Carrépuits.**

Marché passé par Philippe III, « avec les sieurs curé et marguillier et habitants de Saint-Marcel de Marché-le-Pot », le 27 mars : — « nous sommes obligés à toutes les fournitures, même refondre les six marbréaux, et ce moyennant la somme de 300 livres. »

« Le 5ᵐᵉ juillet 1757, nous a été livré à Carrépuis, les trois anciennes cloches de Marché et six marbréaux, le tout cassé par morceaux, par Mʳ Pierre Lévêque, marguillier en charge ; le tout pesé en sa présence, il s'en est trouvé la quantité de 4245 livres, poids de 16 onces. »

Coulée des dites cloches, le 6 juillet.

« Et après la fonte faite, les cloches neuves ont été aussy pesées en présence du dit Lévêque ; dont la grosse pèse présentement la quantité de 1797 livres, la seconde 1339 livres, et la petite 964 livres, et les six marbréaux 74 livres ; ce qui forme en total de métal neuf rendu la quantité de 4174 livres, ainsi les cloches neuves et marbréaux sont diminués de 71 livres. »

Archiv. Cavillier, Carrépuits : I, p. 197. — Reg. Florentin Cavillier, Solente, ms. orig., pp. 49 et 50 ; copie Berthelé, fol. 68-69.

1770. — Pierre Gorlier, de Roisel : — « en 1770, au mois de juillet, j'ai fondu les trois cloches de Marchelpot, pour 500 livres. »

Registre de Pierre Gorlier.

LE MESNIL-SAINT-NICAISE. — *1749.* — Refonte de la petite cloche, par l'association Philippe II Cavillier et ses fils Philippe III et Florentin.

Marché passé par Philippe III (?) et Florentin, le 16 février. — La dite cloche, fondue à Carrépuits, [en même temps, selon toute vraisemblance, que les trois de Parvillers et la seconde de Morlincourt] ; — livrée le 5 avril ; — poids : 926 livres.

Archiv. Cavillier, Carrépuits: H, p. 21.

MISERY. — *1711.* — Refonte d'une cloche, « pesant 300 livres » environ, par les frères Cavillier (Philippe II et Jean), de Carrépuits.

Marché passé par Philippe, le 19 juin. — Fondue à Carrépuits : — « j'ai payé 25 [sols] (écrit Philippe Cavillier) à celui qui a amené la cloche. » — « Il y a 14 livres d'augmentation. »

« Nous avons été râcler la cloche et y avons ôté cinq livres de métal » ; — « reste à 8 livres 1/2 [d'augmentation] ; dont, avec la façon, porte 58 livres 10 sols, qu'ils ont promis payer... ». — « Quittance au dos [de l'écrit de marché], signée de ma femme, du 18 mars 1714 : quitte. Marguerite Richard[1] a eu sa part. »

Archiv. Cavillier, Carrépuits : A, p. 156.

1728. — « Misery-les-Crignons » : refonte de la petite cloche, par Philippe II et Colin Cavillier.

Lieu de la fonte : Carrépuits. — « La cloche, livrée le 12 novembre 1728,... pesante 13 livres, à notre poids, réduit à 12, plus que l'ancienne ». — Quittance finale, le 13 mars 1729.

Archiv. Cavillier, Carrépuits : G, p. 18.

1737. — Refonte de la seconde cloche, par les Philippe Cavillier père et fils.

Marché verbal passé par Philippe III. — La dite cloche, fondue vraisemblablement à Carrépuits ; — pesant 389 livres ; — livrée le 20 septembre.

Archiv. Cavillier, Carrépuits : G, p. 108.

1744. — Refonte de la grosse cloche, à Carrépuits, par les Philippe Cavillier, père et fils. — Ladite cloche neuve, livrée le 6 mars ; — poids 500 livres 1/2.

Archiv. Cavillier, Carrépuits : G, p. 172.

1767. — Pierre Gorlier, de Roisel : — « le 23 dé-

---

1. Veuve de Jean Cavillier.

cembre 1767, j'ai fondu les deux petites de Misery, pour 90 livres. »

<small>Registre de Pierre Gorlier.</small>

MORCHAIN. — *1695*. — Association Nicolas II, Philippe II et Charles Cavillier, fondeurs à Carrépuits : — trois marchés successifs pour le renouvellement de la sonnerie paroissiale.

a. « Marché fait par moy Nicolas Cavillier au village de Morchin, avec les curé, marguillier et paroissiens, pour leur fondre et livrer une cloche neuve, pour le 15 juin 1695, moyennant le prix de vingt sols pour livre, poids de Paris » ; — « les profits et perte seront à trois, sçavoir un tiers à moy Nicolas, un tiers pour Philippe, mon fils, et l'autre tiers pour Charles Cavillier, mon frère ». — « Marché rétracté »

b. « Moi dit Cavillier avons fait le traité avec les curé, marguillier et habitans, pour livrer douze cents de métail, pour faire deux petites cloches, et fondre la grosse, pour en faire trois d'accord » ; — prix convenus : « pour les façons, 90 livres », et le métal à 17 sous la livre ; — lesdites cloches, devant être faites « dans la paroisse » ; en conséquence « les habitans fourniront toutes choses, même un manœuvre pendant le travail » ; — « pour les rendre fondues le 29 juin ». — « Marché au rabais et abandonné par nous. »

c. « Marché de Morchin pour trois cloches, faittes par Charles et Philippe Cavillier et fondues le 15 de juillet 1695 » : — le métal paraît bien avoir été fourni par la paroisse et non par les Cavillier ; — fonte sur place ; — « la dépense de bouche pendant le travail est payée par le marguillier à notre décharge » : — prix de la main d'œuvre, payable comptant : 90 livres ; la dite somme, à partager entre « moy Nicolas, Charles et Philippe Cavillier, par tiers » ; — « nous sommes obligés de faire trois mabriaux, du poids de 25 livres, à raison de 17 sols la livre, et les [dits] trois [mabriaux], nous sommes obligés de les faire pour les soupirailles [1], et encore cent sous pour les façons. »

Archiv. Cavillier, Carrépuits : A, pp. 82-83.

1710. — Refonte de la grosse cloche, par Philippe II Cavillier, de Carrépuits, [avec la coopération de son frère Jean] ; — la dite cloche, pesant 1.000 livres environ.

« Fondu le 12 mars ». — « La cloche a été pesée devant et après, dont elle s'est trouvée pesante de 32 livres de plus que l'ancienne. »

La dernière « quittance, datée du 27 novembre 1714 ; Marguerite Richard [2] a eu sa part. »

Archiv. Cavillier, Carrépuits : A. pp, 149-150.

1723. — Refonte de la petite cloche, par Philippe II [et Colin] Cavillier, en société avec Charles Gorlier ; — poids : 550 livres environ.

Marché passé par Philippe Cavillier le 30 mai. — Composition en 15 ; trait de Nicolas II Cavillier. — Lieu de la fonte : Carrépuits : — « la cloche est augmentée de 20 livres. »

Archiv. Cavillier, Carrépuits : E, p. 7.

---

1. Ms. : *pour les mousse et soupiraille*, les deux mots *mousse et* ayant été barrés.
2. Veuve de Jean Cavillier.

1756. — Refonte de la petite cloche, à Carrépuits, par les frères Philippe III et Florentin Cavillier.

Marché conclu le 19 avril.

Poids de l'ancienne cloche, livrée aux fondeurs le 25 avril : 493 livres, poids de 16 onces. — Poids de la nouvelle cloche, pesée et livrée le 30 mai : 507 livres, « étant augmentée de 14 livres de métal ».

> Archiv. Cavillier Carrépuits : I, p. 179. — Reg. Florentin Cavillier, Solente, ms. orig., p. 12 ; copie Berthelé, fol. 15-16.

1774. — Pierre Gorlier, de Roisel : — « le 22 décembre 1774, j'ai fondu les trois cloches de Morchain » ; — « après la fonte, il m'étoit dû 1980 livres 1 sol ».

> Registre de Pierre Gorlier.

OMIÉCOURT. — *1710.* — Philippe II Cavillier, de Carrépuits, écrit : « J'ai conclu le marché de la petite cloche d'Omiécourt, le 30 mars 1710. Il sera pris du métal sur la grosse, pour la construire. Ils sont obligés généralement à tout fournir, pour la fondre dans le lieu, pour le 1er juin de la présente année. Je serai payé en métail (le prix n'est pas expliqué) ; ils doivent venir chercher les restants et les ramener à Carépuis (ce voyage est marqué inutilement, car ils auront plus d'un mille de métal de trop). Ou 80 livres pour la refaire en grosse, sans rien fournir, seulement pour la façon ».

Le registre ne contenant aucun autre renseignement sur cette entreprise, il y a tout lieu de croire que le marché susdit n'eut pas de suite.

> Archiv. Cavillier, Carrépuits : A, p. 152.

1719. — Refonte de la grosse cloche, par Philippe II Cavillier, de Carrépuits, [avec la coopération de Nicolas, dit Colin ?].

Marché passé par ledit Philippe Cavillier « le dimanche troizième septembre 1719 » ; — la dite cloche fondue en octobre. — Cette fonte paraît bien avoir été faite sur place à Omiécourt. Philippe Cavillier, en effet, note cette dépense : « J'ai paié à Sellier, [cab]aretier au dit lieu, 3o livres pour nos dépences. »

Archiv. Cavillier, Carrépuits : C, pp. 20 et 23.

1749. — Refonte de la grosse cloche, à Carrépuits, par l'association Philippe II Cavillier et ses fils Philippe III et Florentin.

Marché passé le 18 mai. — La dite cloche refondue, livrée le 21 juillet ; — poids : 2300 livres environ.

Archiv. Cavillier, Carrépuits : H, p. 28.

PARGNY. — *1729.* — Refonte, à Carrépuits, par Philippe II et Colin Cavillier, de la grosse cloche pesant 1400 livres environ.

« Ce marché bleu a été conclu par Colin. »

« La cloche fut fondue le 3o juin et livrée le 1ᵉʳ juillet 1729 » ; — « ils doivent dix livres de métail » [d'augmentation à la refonte]. — Quittance finale, en date du 10 juillet 1729.

Archiv. Cavillier, Carrépuits : G. p. 34.

1733. — Refonte d'une cloche par les Cavillier, de Carrépuits (Philippe II et Colin) ; — coulée, le 28 octobre.

Archiv. Cavillier, Carrépuits : G, p. 78.

PERTAIN. — *1691*. — Association Nicolas II et Charles Cavillier frères, de Carrépuits. - Le 17 juin, Nicolas Cavillier fait marché « pour fondre trois cloches du poids de six ou sept mil » ; — les paroissiens « doivent fournir toutes choses, même un maneuvre pendant le travail » ; — prix convenu : cent livres, payables « la moitié aussitôt les dites cloches fondues, et l'autre moitié six semaines après la dite fonte, qui sera le jour de la réception des dites cloches » ; — « elles doivent estre fondues pour le 15 de septembre prochain. »

« Les trois cloches, fondues le 5 de septembre. »
Nicolas Cavillier ajoute : « j'ay livré la quantité de 60 livres et demy de métal, et mon frère autant » : — « ils nous doivent, en outre, la quantité de cent onze livres et demye de métal, au grand poids, qui a esté de reste, que nous avons presté, moy et mon frère, et trois livres, qu'ils ont promis pour les espingue[1] de mon fils. »

<small>Archiv. Cavillier, Carrépuits : A, p. 59.</small>

1703. — Une petite clochette, fondue par les Cavillier, de Carrépuits (Nicolas II, en société avec ses fils Philippe II et Jean), — livrée par le dit Jean Cavillier. — « Il lui a esté baillé par Monsieur le prieur, 2 livres de métal ; pour les façons et déchet, il faut encore 30 sols. »

<small>Archiv. Cavillier, Carrépuits : A, p. 83.</small>

1711. — Philippe II Cavillier, de Carrépuits « fait accord avec Monsieur le prieur de Pertain pour

---

1. Épingles, gratification.

fondre six mabréaux, dont deux sont *doubles* et les autres *simples*... »

Archiv. Cavillier, Carrépuits : A, p. 155.

1745. — Philippe II Cavillier, de Carrépuits, et ses fils Philippe III et Florentin : — refonte de la grosse cloche, pesant 2400 ou 2500 livres environ.

Marché passé les 9 mai, 13 juin et 1er juillet. — Ladite cloche, fondue [à Pertain ?] le 3 juillet.

Archiv. Cavillier, Carrépuits : H, p. 6 et I, p. 27.

1767. — Refonte de la seconde cloche, à Carrépuits, par les frères Philippe III et Florentin Cavillier : — raccord avec les « anciennes qui étoient faites par [feu Nicolas Cavillier, leur]... père grand. »

Le 19 juillet, marché passé par Florentin ; — prix convenu : 150 livres, pour les façon et main d'œuvre ; — « le déchet de 5 du cent et les voitures... sont à la charge des habitans » : — le métal, à 26 sous la livre.

Le 21 octobre, livraison aux fondeurs, « par Nicolas Leroy, marguillier en charge, et sept à huit autres habitans », de l'ancienne cloche pesant 1731 livres, poids de 16 onces.

« Et le 23me du dit octobre, la cloche nouvelle fondue a été pesée en présence du dit Leroy, marguillier ; elle pèse présentement 1742 livres, étant augmentée d'onze livres ». — « Cette cloche est très bien fondue, belle, métail assez bon, et bien d'accord. »

Archiv. Cavillier Carrépuits. J, pp. 123-124. — Reg. Florentin Cavillier, Solente, ms. orig., p. 174 ; copie Berthelé, fol. 218 à 220.

ROUY-LE-GRAND. — *1706*. — Refonte de la moyenne cloche, pesant 600 livres environ.

« Accord fait à Grand-Rouy par Charles Gorlier, fondeur à Roizel, et acheté par... Philippe et Jean Cavillier, fondeurs à Carépuits, pour quatorze livres. » — « Ils ont baillé une liste à mon frère (écrit Ph. Cavillier), portant décharge de solidité chacun pour sa cotte part, montant à 80 livres ; et si au cas les débiteurs viennent insolvables, on aura recours sur l'église ; (elle est du 14 may 1706) ».

« Fondu le septembre 1706, et augmentée de 7 livres 1/2 ». — Prix total : 87 livres 10 sous, payables « en trois termes, aux Saint-Remy 1706, 1707 et 1708 ».

Jean Cavillier n'ayant reçu que 13 liv. 10 s. le 25 avril 1707, il fallut avoir recours à la justice. « Jean Cavillier a mis le dit rolle entre les mains de de Hardonneau, huissier à Nesle, dont il a assigné la paroisse le dimanche 6 octobre... La sentence est du 3 novembre 1711 et fut signifiée par Depriz, huissier à Nesle, le 3 avril 1712. »

Archiv. Cavillier, Carrépuits : A, p. 137, et B, fol. 6.

1782. — « Grandrouys, près de Neelle » : les quatre cloches, fondues par Louis-Florentin Cavillier, de Carrépuits.

Reg. Florentin Cavillier, Solente, ms. orig., 3ᵉ partie, p. 7 ; copie Berthelé, fol. 233.

ROUY-LE-PETIT. — *1734*. — Philippe II et Colin Cavillier, de Carrépuits : — refonte de [deux ?] cloches.

Marché passé le 16 mai. — Lesdites cloches, fondues le 18 juin, — pesant 1187 livres, à 14 onces la livre.

<small>Archiv. Cavillier, Carrépuits : G, p. 83.</small>

SAINT-CHRIST, commune de Saint-Christ-Briost. — *1719*. — Le 26 février, « rencontre faite [à Saint-Christ] entre... Charles Gorlier et... Cavillier, fondeurs », pour l'entreprise de la refonte d'une cloche[1] : nous [sommes] convenus (écrit Philippe II Cavillier)[2] d'être chacun de moitié : la paroisse [aura le] choix de la faire fondre à Roizet ou Caré-[puis, et] celui qui sera choisi aura la peine de faire [la dite cloche] et n'en aura plus de proffit », sous réserve cependant que l'autre associé devra « dédomager celui qui la fondra de ses for[nitures]... Il n'y a pas d'écrit » entre les deux fondeurs, mais seulement « la parole d'honneur. »

« Marché conclu [avec la paroisse] le 16 avril 1719, et fondu la c[loche le...] juin 1719, et augmentée au poids du Roy [de...] de 107 livres ». — Lieu de la fonte : Hombleux (Somme).

<small>Archiv. Cavillier, Carrépuits : C, pp. 7 et 10 ; — cf. p. 14.</small>

BRIOST, commune de Saint-Christ-Briost. — *1779*. — Pierre Gorlier, de Roisel, a « fondu la petite de Briot. »

<small>Registre de Pierre Gorlier.</small>

VOYENNES. — *1690*. — Nicolas II Cavillier, fondeur à Carrépuits, « fait estat de marché au village

---

1. Refonte avec augmentation, semble-t-il. — Le poids de cette cloche à refondre paraît avoir été de 550 livres, ou environ.
2. Plusieurs lacunes dans le manuscrit.

de Voyenne, le 15 apvril 1690, pour refondre la moyenne cloche, moyennant le prix et somme de 50 livres » ; — le fondeur doit tout fournir, sauf le déchet et l'augmentation, qui lui seront payés à raison de 18 sous la livre de métal ; — lieu de la fonte : « chez moy à Carrépuis » ; — « l'amener et ramener, aux despens de la paroisse » ; — le dit fondeur « la doibt rendre faite pour la Pentecoste prochain » ; — « l'escrit [de marché] est entre les mains de Monsieur le curé » ; — « on la pèsera et repèsera à Neelle » (Nesle).

« Fondu la dicte cloche le 7 juin l'an courant » ; — diminution de poids à la refonte[1] : 25 livres environ.

> Archiv. Cavillier, Carrépuits : A, p. 54.

1727-1728. — « Voienne » : refonte des trois cloches, par Philippe II et Colin Cavillier[2].

Marché passé par le dit Philippe, le 30 novembre 1727. — « Les anciennes pesoient 2032 livres,... à 14 onces ». — « Fondues à Carrépuits ». Poids des neuves (au même poids que les anciennes) : 2096 livres. — Il serait possible que ces trois cloches aient été fondues vers la Noël 1727, en même temps que celles de Cernoy et de Trois-Estots (Oise) ; — bénédiction, le 2 ou le 11 janvier 1728.

> Archiv. Cavillier, Carrépuits : F. pp. 8-9, et G, p. 26 *bis*.

---

1. Ms. : *elle s'est trouvée peser moins, de dix-huict* (ce mot a été raturé) *vingt-huict* (ce mot, ajouté dans l'interligne, a également été raturé) *livres, après la refonte* (ces quatre mots ont aussi été raturés), *vingt-cinq livres.*
2. « Colin en est du tiers ».

1774. — Pierre Gorlier, de Roisel, fond, « vers le carnaval », — en même temps que la seconde de Mœuvres (Nord), la grosse de Combles (Somme) et les trois de Devise (id.), — « un petit carillon pour Voyenne, à 36 sols la livre. »

Registre de Pierre Gorlier.

1774 (suite). — « Les timbres de l'horloge ». — Refonte des « trois timbres », à Carrépuits, par l'association Philippe III, Nicolas III et Louis-Florentin Cavillier.

Marché passé par le dit Philippe, le 28 mai : — « refondre trois cloches, du poids d'environ 162 livres, pour l'usage de la dite église [Saint-Étienne] de Voyenne, et les rendre d'accord sur les tons de *la, sol, ut* » ; — prix de la façon : « 35 livres le cent pesant de métal » : — le métal d'augmentation, : 28 sous la livre de 16 onces.

« Le 28me may 1774 (écrit Philippe Cavillier), j'ai fait écrit de marché avec Mr Pointier, curé de Voyenne, marguillier et habitans du dit lieu, pour refondre trois timbres, qui avoient cy-devant été livrés et fondus deux fois par Pierre Gorlier, fondeur Roizet ; leur mauvais accord a obligé de les refondre. Je suis obligé... de les rendre en accord de *la, sol, ut*, ce qui fait sixte et quinte avec le gros timbre. »

« Le 13me juin 1774. Monsieur Pointier, curé, à envoyé ces trois mauvais timbres » ; ils étoient des poids, sçavoir le gros, 88 livres : le second, de 38 livres 1/2, et le petit 33 livres 1/2. ce qui faisoit un total de 160 livres de mauvais métail ».

Les trois timbres de Voyenne, coulés le 12 juillet, en même temps que les « cloches de Bièvre, abbaye de Vaucler. Bezincourt,... château de Ham, avec plusieurs marbréaux. »

« Et le 20ᵐᵉ juillet 1774, mon dit sieur curé a envoyé une voiture pour avoir ces trois nouveaux timbres » ; — « le plus gros pèse présentement la quantité de 122 livres 1/2 ; le second pèse 37 livres, et le petit, 27 livres ; ce qui forme un total de 186 livres 1/2. »

« Le son de ces timbres est un peu baroc ou braque *(sic)*... Ils sont beaux, bien fondus et très bon métal. Ils sont polis à la lime. Le gros timbre porte de diamètre 1 pied 5 pouces 2 lignes juste ; le *sol* porte 11 pouces 6 lignes 1/2 ; et le *la* porte 10 pouces 4 lignes. L'accord est sixte quinte assez juste. »

Archiv. Cavillier, Carrépuits : — papiers divers, dossier *Voyenne* ; — reg. J, p. 355 ; — reg. K. p. 4 ; — journal P, p. 53 ; copie Berthelé, fol. 137.

Canton de Roisel.

ROISEL. — *1691.* — Nicolas II Cavillier, fondeur à Carrépuits, avec la coopération de son cousin germain Charles Gorlier : — « les deux petites cloches », — fondues sur place.

Nicolas Cavillier écrit : « j'ay fait marché au village de Royzel, proche de Nostre-Dame-de-Moyenpont, le 26 mars, pour faire les deux petites cloches, pour racorder sur la grosse d'environ de 1400, moyennant le prix et somme de cent livres pour les façons » : — « les curé et marguillier doivent tous fournir les matériaux nécessaires » ; — « ils bailleront la somme de 25 livres aussitôt les cloches fondues et reçeues, et le reste à la Saint-Remy prochain, pour la moitié, et l'autre reste un an après, à pareil jour de Saint-Remy, en 1692 » ; — « moyennant la dite somme, je dois refondre six marbriaux qui sont usés » ; — « l'escrit est entre les mains du greffier du dit lieu. »

« Fondu le 29 may. » — A la suite de cette fonte (continue Nicolas Cavillier), « j'ay fait un compte au cabaretier, nommé Cortin [1], pour la somme de 27 livres : le marguillier, nommé Jean Trocmez, le doibt payer » ; — d'autre part, « j'ai réglé avec les curé et marguillier : ils m'ont vendu 87 [livres] de métail, à raison de 13 sols la livre, faisant la somme de 56 livres 11 sols » ; — ces 56 livres 11 sous « et 29 livres pour les dépenses de bouche, y compris 40 s. pour le manœuvre », font un total de 85 l. 11 s. « dont j'ai baillié quittance au dit Trocmé, en date du 5 juin 1691 : et le dit Trocmé m'a fait sa promesse, du même jour, portant la somme de 14 livres 9 sols de reste [2], payable au terme de l'estat de marché. » — En 1692, Nicolas Cavillier ajoute : « Tout a esté payé le 12 de décembre. Charles Gorlier a rendu la promesse le dit jour en 1692. »

Archiv. Cavillier, Carrépuits : A, p. 57.

Le 5 juin 1691, bénédiction, par Quignon, curé de Roisel, des deux cloches fondues par Nicolas II Cavillier et Charles Gorlier.

Archives communales de Roisel, GG. 1, p. 119.

1. Chez qui les fondeurs avaient été hébergés. — La « Tousaine Courtin », qu'épousa Charles Gorlier au mois de septembre suivant, était peut-être la fille de ce cabaretier (??).
2. De reste des 100 livres convenues.

C'est à la suite de cette fonte sur place que Charles Gorlier se maria et se fixa à Roisel : — « et travaillans ensemble à fondre les deux cloches du dit Roizet, (écrit Philippe III Cavillier), le dit Charles Gorlier, déjà instruit à fondre, s'est marié au dit Roizet en cette année de fonte[1] et i fit sa résidence. Et voilà l'origine du fondeur de Roizet. »

> Philippe III Cavillier, *Généalogie*, p, p. 29.
> Jos. Berthelé, *Enquêtes campanaires*, p. 253 ; — *Ephemeris campanographica*, tome I, p. 248 et tome II, p. 67.

1732. — Charles et Charles-Étienne Gorlier, père et fils : — « ils ont fondu la moyenne cloche de Roisel, le 7 avril 1732, pour 100 livres, que Mr de Fay a payées en six années ; on ...[leur] a payé 5 livres par cent de déchet. »

> Registre de Pierre Gorlier.

1740. — Charles-Étienne Gorlier « a fondu la petite cloche de Roisel, pour 94 livres 18 [sols] » ; — « il recevoit un sac de bled par an, jusqu'à fin de payement. »

> Registre de Pierre Gorlier.

1773. — Pierre Gorlier : — « au mois d'octobre 1773, j'ai fondu les trois cloches de Roisel » ; — « après toutes les dépenses faites, j'ai été à 36 livres de perte de mon propre argent tiré. »

> Registre de Pierre Gorlier.

---

1. Mariage du dit Charles Gorlier : le 17 septembre *1691*. — C'est par erreur que Philippe III Cavillier a placé cette entreprise des « deux petites cloches de Roizet » en « l'an *1692* ». (Cf. nos *Enquêtes camp.*, p. 253, note 2).

— 474 —

AIZECOURT-LE-BAS. — *1746* — Charles-Étienne Gorlier, de Roisel, « a fondu la grosse d'Aisecour-le-Bas, pour 45 livres. »

Registre de Pierre Gorlier.

1754. — Pierre Gorlier, de Roisel, refond « la petite d'Aisecourt-le-Bas, pour 57 livres. »

Registre de Pierre Gorlier.

BERNES, commune de BERNES-ET-FLÉCHIN. — *1698.* — Charles Gorlier, de Roisel : — « 1698, il a fondu deux fois la grosse de Bernes. »

Registre de Pierre Gorlier.

1734. — Charles et Charles-Étienne Gorlier, père et fils, de Roisel : — « ils ont fondu la grosse de Bernes, le 13 octobre 1734 » ; — « ils[1] ont payé le déchet à 5 livres par cent et 60 livres de façon ».

Registre de Pierre Gorlier.

1766. — Pierre Gorlier, de Roisel : — « le 17 septembre 1766, j'ai fondu les trois cloches de Bernes, pour 150 livres » ; — « les brochettes de Barleux ont servi pour elles,... elles sont en 14 1/2. »

Registre de Pierre Gorlier.

DRIENCOURT. — *1694.* — Charles Gorlier, de Roisel : — « 1694, il a fondu la grosse de Driencourt. »

Registre de Pierre Gorlier.

1698. — Le même Charles Gorlier : — « 1698, il a fondu une cloche à Driencourt. »

Registre de Pierre Gorlier.

1. Les paroissiens.

1725. — Charles et Charles-Étienne Gorlier, père et fils, de Roisel, « ont fondu la moyenne, pour 75 livres, dans l'année 1725. »

Registre de Pierre Gorlier.

1741. — Charles-Étienne Gorlier, de Roisel : — « il a fondu une cloche, pour 100 livres, et fait six marbréaux. »

Registre de Pierre Gorlier.

1765. — Le 29 mai, en même temps que trois pour Barleux (Somme) et une pour Séquehart (Aisne), le fondeur Pierre Gorlier, de Roisel, fait « deux [cloches] pour Driencourt, pour 162 livres. »

Registre de Pierre Gorlier.

FINS. — *1727.* — Charles et Charles-Étienne Gorlier, père et fils, de Roisel : — « la grosse a été fondue le 5 septembre 1727, pour 80 livres de façon. »

Registre de Pierre Gorlier.

1769. — Pierre Gorlier, de Roisel : — « 1769, j'ai fondu chez nous [1] la grosse de Fin : ils me doivent 171 livres. »

Registre de Pierre Gorlier.

GUYENCOURT, commune de Guyencourt-Saulcourt. — *1685.* — « Une [cloche] pour Guiencourt », fondue par Nicolas II Cavillier, fondeur à Carrépuits, en société avec Charpentier, marchand de métal à Saint-Quentin.

Archiv. Cavillier, Carrépuits : A, p. 29.

1. A sa fonderie de Roisel.

1756. — Pierre Gorlier, de Roisel : — « le 16 octobre 1756, j'ai fondu les deux grosses de Guiencourt et la petite de Longavesne » ; — « Guiencourt me devoit 128 livres, et Longavesne, 41 » : — « je me suis marié le lendemain de leur bénédiction. »

Registre de Pierre Gorlier.

1777. — Refonte de « la grosse de Guiencourt », par Pierre Gorlier, de Roisel ; — coulée, vraisemblablement le 1ᵉʳ octobre.

Registre de Pierre Gorlier.

HERVILLY. — *1695*. — Charles Gorlier, de Roisel : — « 1695, il a fondu la petite d'Hervilly. »

Registre de Pierre Gorlier.

1735. — Charles et Charles-Étienne Gorlier, père et fils, de Roisel : — « ils ont fondu la petite cloche d'Hervilly, le 6 octobre 1735, pour 42 livres » ; — « ils[1] ont payé le déchet à 5 livres par cent. »

Registre de Pierre Gorlier.

1737. — Charles et Charles-Étienne Gorlier, père et fils, de Roisel : — « ils ont fondu une cloche pour Hervilly, avec celle de Villers » (Villers-Faucon), le 25 novembre 1737.

Registre de Pierre Gorlier.

HEUDICOURT. — *1684*. — Nicolas II Cavillier, fondeur de Carrépuits. « faict marché au village de Heudicourt, proche de Cambray, pour fondre deux

1. Les paroissiens.

cloches cassées et en faire une neuve » ; — « poids de 1500, la grosse » ; — « le métal sera fourny par Monsieur Charpentier, de Saint-Quentin » ; — prix convenu pour les « façons et mains-d'œuvre : la somme de 120 livres » : — « les marguilliers fourniront tous les matériaux nécessaires pour la fonte de [ces] trois cloches », — le fondeur doit également « façonner les mabriaux qui seront nécessaires pour les susdites cloches » ; — ledit « accord, fait le 24 septembre » ; — le fondeur « doit rendre [les cloches] fondues pour la Toussaint prochain. » — Paiement comptant ; — quittance du fondeur, le 28 novembre.

   Archiv. Cavillier, Carrépuits : A, p. 29.

1752. — Charles-Étienne et Pierre Gorlier, père et fils, de Roisel : — « 1752, nous avons fondu les cloches d'Heudicourt pour 250 livres », écrit Pierre Gorlier ; — il ajoute : « elles n'étoient pas accordantes comme il faut ; la grosse étoit trop basse : je les ai refondues, comme vous verrez. »

   Registre de Pierre Gorlier.

1772 ou 1773. — Pierre Gorlier, de Roisel : — « le 9 juillet *1772*, j'ai fondu les trois cloches d'Heudicourt » ; — « pour la façon : 440 livres. »

Cette fonte pour Heudicourt étant mentionnée par Pierre Gorlier entre celle du 27 mai *1773* et celle d'octobre *1773*, il est probable qu'il faut lire *1773*, et non pas *1772*.

   Registre de Pierre Gorlier.

LIÉRAMONT. — *1698.* — Charles Gorlier, de

Roisel : — « 1698, il a fondu trois cloches à Liéramont. »

Registre de Pierre Gorlier.

1734. — Charles et Charles-Étienne Gorlier, père et fils, de Roisel : — « ils ont fondu la moyenne de Liéramont pour 100 livres, le 12 novembre 1734 : ils ont fourny pour 46 livres 5 sols de métail. »

Registre de Pierre Gorlier.

1746. — Charles-Étienne Gorlier, de Roisel, « a fondu la grosse de Lierramont, pour 184 livres pour tout. »

Registre de Pierre Gorlier.

LONGAVESNES. — *1682.* — Une cloche, entreprise par Thomas Dapremont, chaudronnier à Péronne ; — fondue le 3 août, en même temps que les trois cloches de Sorel-le-Grand, par Nicolas II Cavillier, fondeur à Carrépuits.

Archiv. Cavillier, Carrépuits : A, pp. 16-17.

1700. — Charles Gorlier, de Roisel : — « 1700, il a fondu deux cloches à Longavesne. »

Registre de Pierre Gorlier.

1756. — Le 16 octobre, Pierre Gorlier, de Roisel, refond « la petite de Longavesne » ; — somme due au dit fondeur : 41 livres.

Registre de Pierre Gorlier.

1769. — Pierre Gorlier, de Roisel : — « la grosse de Longavesne » ; — prix [de refonte] : « cinq sols par livre » ; — la dite cloche, fondue à Roisel, avec la grosse de Fins (Somme), avec la cloche du château de Ham et avec le « moineau » du gros clocher de Saint-Fursy de Péronne.

<small>Registre de Pierre Gorlier.</small>

HAMELET, commune de Marquaix. — *1710.* — Charles Gorlier, de Roisel : — « 1710, il a fondu la seconde d'Hamelet. »

<small>Registre de Pierre Gorlier.</small>

1738. — Charles et Charles-Étienne Gorlier, père et fils, de Roisel : — « ils ont fondu la grosse d'Hamelet, le 6 juin 1738 ; elle fut mal fondue : elle a cassé avant sa garantie. »

<small>Registre de Pierre Gorlier.</small>

1740. — Charles-Étienne Gorlier, de Roisel, « a refondu la grosse d'Hamelet pour 80 livres. »

<small>Registre de Pierre Gorlier.</small>

1749. — Charles-Étienne et Pierre Gorlier, père et fils, de Roisel : — « 1749, nous avons fondu la petite cloche d'Hamelet, le 12 juin. »

<small>Registre de Pierre Gorlier.</small>

MOYENPONT, commune de Marquaix. — « La Chapelle de Moyenpont ». — *1731.* — Charles et Charles-Étienne Gorlier, père et fils, de Roisel : — « la même année [que la petite de Pontrue], ils ont fondu la petite de la Chapelle Notre-Dame de Moyenpont : ils ont eu de façon 15 livres, et 14 livres de métail fourni. »

<small>Registre de Pierre Gorlier.</small>

NURLU. — *1737.* — Charles et Charles-Étienne Gorlier, père et fils, de Roisel : — « ils ont fondu la grosse de Nurlu, le 27 avril 1737, pour 100 livres. »

Registre de Pierre Gorlier.

PŒUILLY. — *1734.* — Charles et Charles-Étienne Gorlier, père et fils, de Roisel : — « ils ont fondu, le 24 septembre 1734, la grosse de Pœuilly, pour 100 livres. »

Registre de Pierre Gorlier.

1772. — Pierre Gorlier, de Roisel : — « le 20 décembre 1772, j'ai fondu les deux petites de Pœuilly. » ; — « j'ai eu 200 livres et du chagrin. »

Registre de Pierre Gorlier.

RONSSOY. — *1714.* — Charles Gorlier, de Roisel : — « 1714, il a fondu une cloche pour Ronsois. »

Registre de Pierre Gorlier.

SOREL-LE-GRAND. — *1682.* — Nicolas II Cavillier, fondeur de Carrépuits, « faict marché avec Thomas Dapremont, marchand chaudronnier, demeurant à Péronne, pour faire quatre cloches, savoir trois pour le village de Sorelle et une pour Longavesne, entre Péronne et Cambray,... qui seront payées par le dict Dapremont,... pour les rendre faictes 15 jours après la Pentecoste prochain l'an 1682. »

« Les dictes cloches ont esté fondues le 3 de aoust l'an comme dessus. »

Archiv. Cavillier, Carrépuits : A, pp. 16-17.

1697. — Charles Gorlier, de Roisel : — « 1697, il a fondu deux cloches pour Sorel. »

<small>Registre de Pierre Gorlier.</small>

1764. — Pierre Gorlier, de Roisel : — « au mois d'octobre 1764, j'ai fondu les trois cloches de Sorel, pour 220 livres. »

<small>Registre de Pierre Gorlier.</small>

TEMPLEUX-LA-FOSSE. — *1693*. — Charles Gorlier, de Roisel : — « 1693, il a fondu trois cloches à Templeux-la-Fosse », écrit brièvement Pierre Gorlier.

Nicolas II Cavillier, de Carrépuits, cousin et associé, ainsi que son frère Charles Cavillier, du dit Charles Gorlier, donne plus de détails : — « marché fait par Charles Gorlier, demeurant à Roysel, au village de Templeu-la-Fosse, le ... du mois de juillet 1693, [1°] pour faire, fournir et livrer, par nous Nicolas et Charles Cavillier et dit Gorlier, chacun par tiers, une cloche neuve, [pesant] aux environs de six cents, et pour le prix de chacune livre de métal, à raison de 20 sols ; et [2°] refondre deux plus petites, moyennant la somme de cent livres, pour les façons et fournitures, sauf le déchet de quatre livres de chaque cent de métal »; — « nous devons les rendre fondues pour le dergnier aoust prochain, à peine, de chaque jour après, d'un escu de perte pour nous trois. »

Lieu de la fonte : Roisel, chez Charles Gorlier ; — « il a esté accordé à Charles Gorlier, pour ses dépenses des façons des dites cloches[1] faites chez

---

[1]. Le ms. porte peut-être plutôt : *de huit cloches*.

luy, 29 livres » ; — « il les recevra à Jancourt[1]. »

« Les dittes trois cloches, elles se sont trouvées peser la quantité de 1316 livres » ; — poids de la grosse nouvelle : 592 livres ; — poids de la moyenne : 416 livres ; — poids de la petite : 308 livres. — Les deux anciennes pesaient, la grosse, 406 livres, et la petite, 296 livres.

Bénédiction des trois neuves : le 7 septembre.

>Registre de Pierre Gorlier.
>Archiv. Cavillier, Carrépuits : A, p. 72.

1738. — Charles et Charles-Étienne Gorlier, père et fils, de Roisel : — « ils ont fondu la grosse de Templeux-la-Fosse, le 9 may 1738, pour 86 livres ; on leur a fourni le bois. »

>Registre de Pierre Gorlier.

1774. — Pierre Gorlier, de Roisel : — « le 27 avril 1774, j'ai fondu la grosse de Templeux-la-Fosse » ; — « après la fonte, il m'étoit [dû] 110 livres. »

>Registre de Pierre Gorlier.

Couvent. — *1760.* — Pierre Gorlier, de Roisel : — « en même fonte [que la grosse d'Honnecourt et que la cloche du château de Ham]. j'ai fait le timbre du couvent de Templeux-la-Fosse, pour 18 livres. »

>Registre de Pierre Gorlier.

TEMPLEUX-LE-GUÉRARD. — *1782.* — Pierre

---

[1]. *Jeancourt*, Aisne, canton de Vermand.

Gorlier, de Roisel, a « livré une cloche neuve à Templeux-le-Guérard ».

Registre de Pierre Gorlier.

TINCOURT, commune de Tincourt-Boucly. — *1737*. — Charles et Charles-Étienne Gorlier, père et fils, de Roisel : — « ils ont fondu la petite de Tincourt, le 17 mai 1737, pour 100 livres ; on leur a payé le déchet à raison de cinq livres par cent. »

Registre de Pierre Gorlier.

1748. — Charles-Étienne Gorlier, de Roisel, « a fait marché à Tincourt, pour fondre les deux grosses, pour 120 livres » ; — « ils[1] payent 5 livres par cent de déchet et les droits aux fermes[2]. »

Registre de Pierre Gorlier.

BOUCLY, commune de Tincourt-Boucly. — *1741*. — Charles-Étienne Gorlier, de Roisel : — « il a fondu la petite d'Urvillers et la cloche de Boucly [en] 1741 ; celle de Boucly, pour 32 livres. »

Registre de Pierre Gorlier.

1781. — Pierre Gorlier, de Roisel, a « fondu les deux grosses de Boucly » ; — « la grosse pèse 133. »

Registre de Pierre Gorlier.

VILLERS-FAUCON. — *1692-1693*. — Paroisse Notre-Dame. — Nicolas II Cavillier, fondeur à Carrépuits, en société avec son frère Charles Cavillier et son cousin Charles Gorlier : — « une cloche

---

1. Les paroissiens.
2. Cf. ci-dessus p. 416, art. *Longueval* (canton de Combles), année 1747.

neuve, de 440 [livres] ou environ,..... pour servir de petite sur la vieille. »

Marché passé en octobre 1692. — Prix convenu : « vingt sols la livre, poids de Péronne », payable « sçavoir 200 livres comptant, et le reste en deux paiements, du jour de la livraison de la dite cloche d'année en année. »

« La dite cloche [fut livrée] le 18 février à Péronne et pesée le 8 de mars 1693 ; elle s'est trouvée, au poids de Péronne, de la quantité de 383 livres. » — « Receu le même jour la somme de 185 livres..: »

« Nous avons réglé avec Charles Gorlier pour Viler-Faucon,..... Jancourt, Joncourt, Templux, Chiry, Rouvroy, Méharicourt... »

Archiv. Cavillier, Carrépuits : A, p. 53.

Pierre Gorlier attribue cette fonte pour Villers-Faucon exclusivement à son grand'père Charles Gorlier : — « 1693, il a fondu une cloche à Villers-Faucon. Il a fait bâtir sa maison alors. »

Registre de Pierre Gorlier.

1693. — Nicolas II et Charles Cavillier, de Carrépuits, et Charles Gorlier, de Roisel : — « marché fait avec Monsieur Cary, curé de Villers-Faucon, et marguillier et parroissiens, pour fondre et livrer une petite cloche, pour servir de petite troisième, de poids environ de 300 livres, avec une paire de mabriaux, moyennant le prix et somme de vingt et un sols six deniers la livre ;..... il n'y a pas d'escrit, sinon verbal, qui a été accordé le 17 may. »

« La [dite] cloche, fondue et livrée le 10 juillet, et pesée à Péronne, elle [a] esté du poids de 306 livres, et encore une paire de marbriaux du poids de 8 livres. » — « Tout réglé avec Charles Gorlier. »

Archiv. Cavillier, Carrépuits : A, p. 70.

1695. — Charles Gorlier, de Roisel : — « 1695, il a fondu la cloche Saint-Quentin de Villers-Faucon », écrit son petit-fils Pierre Gorlier. — Peut-être s'agit-il de la cloche livrée le 10 juillet *1693*, par Nicolas et Charles Cavillier, en société avec leur cousin Gorlier?

Registre de Pierre Gorlier.

1726. — Charles et Charles-Étienne Gorlier, père et fils, de Roisel : — « 1726, ils ont fondu les trois de Villers-Faucon pour 12 pistoles. »

Registre de Pierre Gorlier.

1737. — Charles et Charles-Étienne Gorlier, père et fils, de Roisel : — « ils ont fondu la cloche de Saint-Quentin de Villers-Faucon, le 25 novembre 1737, pour 50 livres ; ils ont fourni 60 livres de métail ; on leur a payé 20 livres de métail pour le déchet » ; — « ce fut (écrit Pierre Gorlier) la première que j'ai été à sa bénédiction : j'ai eu 12 sols : je croyois avoir mille livres ! »

Registre de Pierre Gorlier.

VRAIGNES. — *1740*. — Charles-Étienne Gorlier, de Roisel, « a fondu la moyenne de Vraigne, pour 90 livres (il portoit[1] le déchet), le 4 juin 1740. »

Registre de Pierre Gorlier.

1. Il supportait.

TABLE DES MATIÈRES

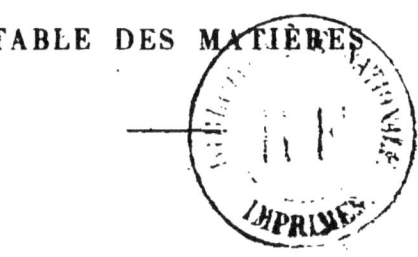

	Pages.
INTRODUCTION	1

PREMIÈRE PARTIE. — BIOGRAPHIE DES FONDEURS (XVIIᵉ-XXᵉ SIÈCLES) 9

CHAPITRE I. — Les Cavillier, fondeurs de cloches 11

Les Cavillier de Noyon	15
La branche aînée de Carrépuits	17
Branche latérale de Carrépuits et Aumale	30
Le successeur des Cavillier à Aumale	34
Branche latérale de Carrépuits et Rouen	36
Branche latérale de Carrépuits et Solente	37
Le Cavillier de Beauvais	41
Les Cavillier d'Amiens	42
Les successeurs des Cavillier à Amiens	45

CHAPITRE II. — Les Gorlier, fondeurs de cloches 49

Les Gorlier de Roisel	49
Guffroy et Caron, de Roisel	55
Les Gorlier de Frévent	57

Pages.

DEUXIÈME PARTIE. — Archives des Fondeurs (XVIIe-XXe siècles).................... 61

Chapitre I. — Les Archives des Cavillier........ 63

    Le fonds de Carrépuits............ 64
    Le fonds de Solente............. 75
    Le registre d'Amiens............. 77

Chapitre II. — Les Archives des Gorlier.......... 79

    Le registre de Pierre Gorlier....... 79

TROISIÈME PARTIE. — Historique des Cloches (XVIIe-XVIIIe siècles).................... 81

Chapitre I. — Département de la Somme......... 83

Arrondissement d'Amiens.

Amiens 83
Commune d'Amiens.............. 117
Canton d'Amiens (sud-est)........ 120
Canton d'Amiens (nord-ouest)...... 121
Canton de Boves............... 122
Canton de Conty................ 131
Canton de Corbie............... 134
Canton de Molliens-Vidame........ 160
Canton d'Oisemont.............. 160
Canton de Picquigny............. 161
Canton de Villers-Bocage......... 162

Arrondissement d'Abbeville.

Abbeville..................... 163
Canton d'Abbeville (nord)........ 168
Canton d'Abbeville (sud).......... 169
Canton d'Ailly-le-Haut-Clocher..... 170
Canton d'Ault................. 173
Canton de Crécy-en-Ponthieu 173
Canton d'Hallencourt............ 174
Canton de Rue................. 177

ARRONDISSEMENT DE DOULLENS.

	Pages.
Canton d'Acheux..................	178
Canton de Bernaville............	178
Canton de Domart-en-Ponthieu...	180

ARRONDISSEMENT DE MONTDIDIER.

MONTDIDIER	183
Canton de Montdidier...........	188
Canton d'Ailly-sur-Noye...........	215
Canton de Moreuil...............	222
Canton de Rosières	248
Canton de Roye.................	281

ARRONDISSEMENT DE PÉRONNE.

PÉRONNE.........................	327
Canton de Péronne..............	334
Canton d'Albert.................	348
Canton de Bray-sur-Somme.......	358
Canton de Chaulnes..............	377
Canton de Combles..............	413
Canton de Ham	418
Canton de Nesle.................	444
Canton de Roisel................	471

Achevé d'imprimer

Par la Maison F. PAILLART, d'Abbeville

Le 12 Juin 1911.

Matrices de signatures et d'ornements des anciens Cavillier

*appartenant aujourd'hui à M. XAVIER CAVILLIER,
fondeur de cloches à Carrépuits.*

ARCHIVES CAMPANAIRES DE PICARDIE.　　　　Pl. I.

Les fils de Roger Cavillier, fondeurs à Noyon.

Les Cavillier de la branche directe, fondeurs à Carrépuits.

ARCHIVES CAMPANAIRES DE PICARDIE. PL. III.

Dimensions de l'original: 0,274 m. × 0,122 m.

Archives campanaires de Picardie. Pl. IV.

Dimensions de l'original : 0,274 m. × 0,122 m.

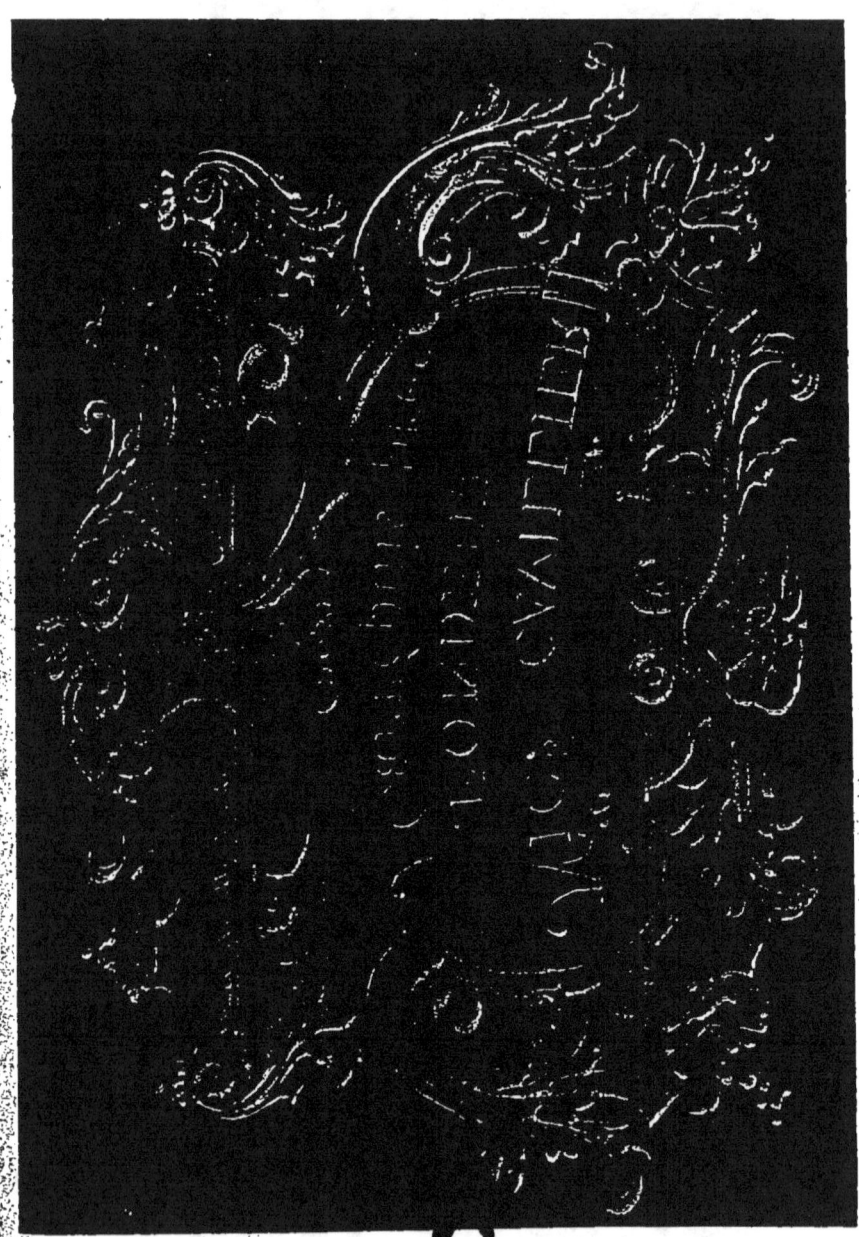

Signature de Philippe III et Florentin Cavillier, remaniée par Nicolas III Cavillier.

Signature de Philippe III Cavillier, de Carrépuits, en société avec son fils Nicolas III.

Signature de Nicolas III Cavillier, de Carrépuits,
en société avec ses fils Philippe et Louis

Signature, sans indication de prénoms,
des Cavillier de la branche directe de Carrépuits.

www.ingramcontent.com/pod-product-compliance
Lightning Source LLC
Chambersburg PA
CBHW050558230426
43670CB00009B/1182